新型柴油车结构与维修

电气（第2版）

王国荣 李 畅 胡小兵 主编

U0782173

SPM 南方出版传媒

广东科技出版社｜全国优秀出版社

·广 州·

图书在版编目（CIP）数据

新型柴油车结构与维修.电气/王国荣，李畅，胡小兵主编.—2版.—广州：广东科技出版社，2017.9
ISBN 978-7-5359-6809-8

Ⅰ.①新… Ⅱ.①王…②李…③胡… Ⅲ.①柴油汽车—电气设备—结构②柴油汽车—电气设备—车辆修理Ⅳ.①U469.74

中国版本图书馆CIP数据核字（2017）第239697号

责任编辑：黄　铸
装帧设计：李康道
责任校对：陈　静　陈素华
责任印制：林记松
出版发行：广东科技出版社
　　　　　（广州市环市东路水荫路11号　邮政编码：510075）
http://www.gdstp.com.cn
E-mail: gdkjyxb@gdstp.com.cn（营销）
E-mail: gdkjzbb@gdstp.com.cn（编务室）
经　销：广东新华发行集团股份有限公司
印　刷：佛山市浩文彩色印刷有限公司
　　　　　（南海狮山科技工业园A区　邮政编码：528225）
规　格：787mm×1 092mm　1/16　印张22.25　字数430千
版　次：2010年11月第1版　2017年9月第2版
　　　　　2017年9月第2次印刷
定　价：55.00元

如发现因印装质量问题影响阅读，请与承印厂联系调换。

编写组名单

主　编：王国荣　李　畅　胡小兵

副主编：陈安宇　唐兆强　杜　晶

编　写：吴忠海　常　敏　黄　鹏
　　　　李国宇　何雪松　王骏一
　　　　况　军　姚德义　李　勇
　　　　王　彪　郝志良　温建生
　　　　黄绍家　王　军　成　忠
　　　　邴卫东　李　京　刘　伟
　　　　宋　强　徐远波

前　言

　　随着我国国民经济的飞速发展，我国的现代物流业也得到了长足的发展。柴油汽车以其动力性和燃料经济性好、污染物排放小和运输成本低等优点，已成现代物流业中不可或缺的主要运输工具。

　　柴油车维修行业每年需要新增数目庞大的从业人员，而图书市场上有关新型柴油汽车的结构和技术，以及维修方面的专业书籍也十分稀缺，为适应汽车维修行业对高素质柴油汽车专业维修人才的需要，让他们能够方便快捷地学会柴油汽车结构、工作原理，掌握和提高维修技能，我们结合军（队）、地（方）柴油汽车使用和维修的经验，并整合了大量的教学和维修实践经验，撰写了本书。

　　本系列书共分三册，分别为：发动机、底盘、电气。书中采用图文结合的形式，详尽地介绍了新型柴油汽车各主要总成和部件的结构、特点和工作原理，以及基本的维修方法和维修技术规范。各总成和零部件均有配图，机件内部结构、间隙尺寸的表达则配有装配剖面图，使读者更容易理解和学习，是汽车维修行业人员培训的不可多得的技术参考资料。同时，也可作为汽车专业院校师生的学习用书或参考资料。

　　在本书的撰写过程中，我们还借鉴和参考了部分专家、学者的研究成果和著作，整合了部分军、地柴油汽车专业维修人员的经验和资料，在此一并表示衷心感谢！

　　由于受篇幅所限，无法把所有车型都一一介绍；同时，也受撰写人员水平所限，书中难免会有疏漏之处，敬请专家、同行和广大读者批评指正。

2010 年 8 月

目　　录

第1章　柴油车电气系统维修设备与使用方法

第一节　常用电气测量设备

一、万用表

万用表又叫多用表，它由有数个量程的电流表、电压表、电阻表、电容表等多种测量功能的仪表组成，有模拟式(指针式)和数字式，数字式指示读数直观、精确，但价格较高。

万用表的形式极多，但原理与使用方法基本相同，现以 MF-16 型万用表为例介绍。

1. 模拟式(指针式)万用表

(1)MF-16 型万用表结构

MF-16 型万用表有 19 个挡位。表头是由高灵敏度的直流微安表和整流锗二极管组成。表面上有开关、电位器调零旋钮、插孔零位调整器和标度盘等。标度盘有 5 条刻线：第 1 条是供测量电阻用的；第 2 条是供测量交流 10V 电压用的；第 3 条是供测量交、直流电压和直流电流用的；第 4 和第 5 条分别供测量电容、电平之用。如图1-1 所示为该万用表的面板。

(2)测量范围

1)直流电压：0～0.5V、0～10V、0～50V、0～250V、0～500V 共 5 挡。

2)交流电压：0～10V、0～50V、0～250V、0～500V 共 4 挡。

3)电阻：×10 的低阻与×1 000 的高阻两挡。

4)直流电流：0～0.5mA、0～10mA、0～100mA 共 3 挡。

5)电容：0.0001～0.03μF。

6)电平：-10～+56dB。

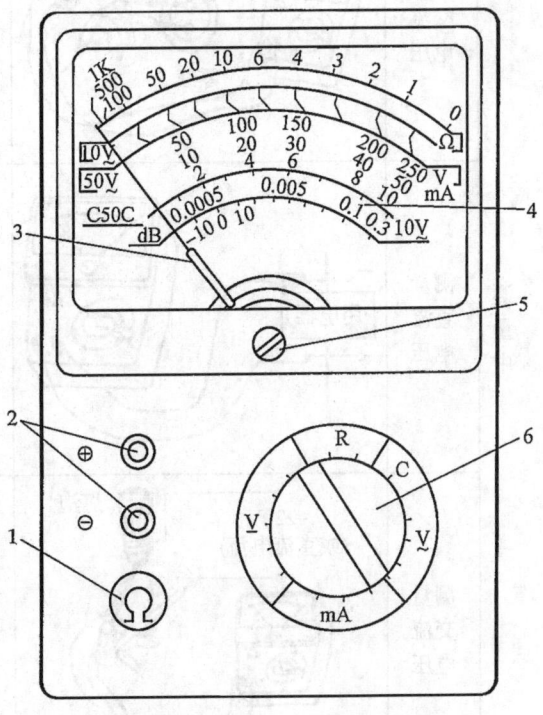

1-电阻调零钮　2-插孔　3-指针　4-刻度盘
5-零位调整器　6-功能选择开关

图1-1　MF-16 型袖珍式万用表

7)灵敏度：2 000Ω/V(DC 和 AC)。

(3)使用方法

模拟式(指针式)万用表使用方法见表1-1。

表1-1　模拟式(指针式)使用方法

步　骤		图　示	使　用　说　明
测量前	万用表的"机械调零"		应将万用表水平放置。如万用表指针不在零位，可通过机械调零旋钮，使指针指在零刻度线上再使用
	插入表笔	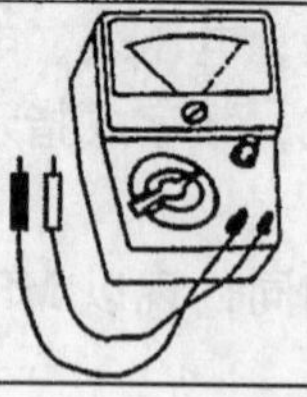	将万用表的红表笔插入正极(+)插孔，黑表笔插入负极(-)插孔
测量中	测量交流电压	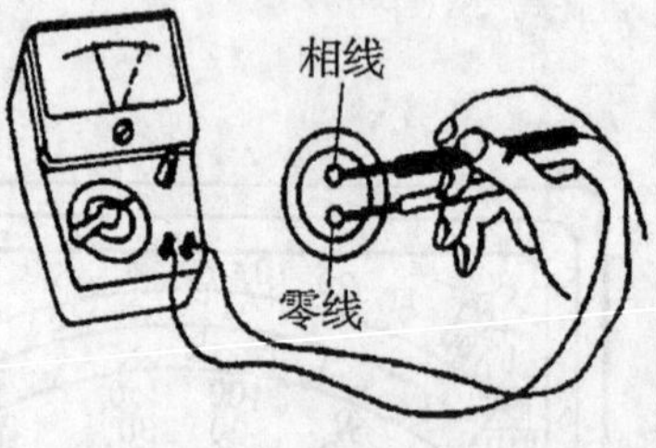	在测量交流电压时，应首先将万用表的量程选择开关拨到交流电压上。如果知道被测交流电压在220V左右，可将量程选择开关直接拨到交流250V的挡位上；如果对被测交流电压无法预测，则应将量程选择开关拨到交流电压的最大挡位上，再逐级减小量程挡位，直到能测出正确数值为止。测量时，将红、黑表笔分别接触被测电压的两端
	测量直流电压	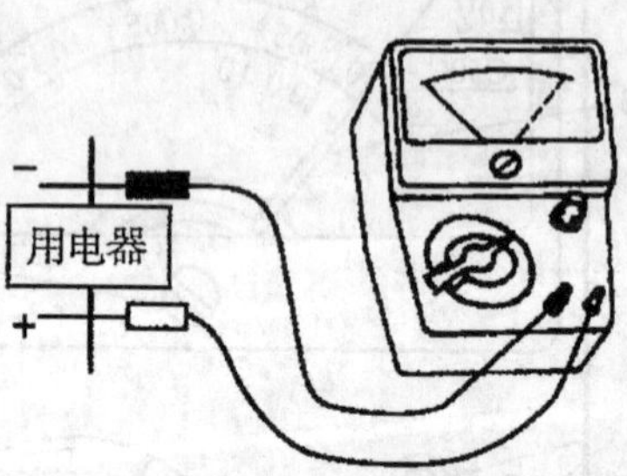	在测量直流电压时，应首先将万用表的量程选择开关拨到直流电压挡上，红表笔与电源(用电器)的正极接触、黑表笔与电源(用电器)的负极接触，其他方法与前相同
	测量交流电压	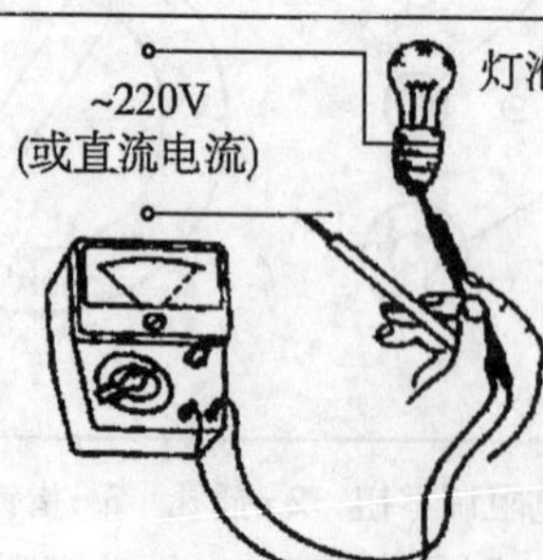	测量方法与测量交流电压相同，但测量电流要将万用表串联在被测电路中，即将万用表的量程选择开关拨到交流电流挡上，一根表笔与电源接触、另一根表笔与电灯(用电器)接触，其他方法与前相同

续表

步 骤		图 示	使 用 说 明
测量中	测量电阻	选择倍率挡位	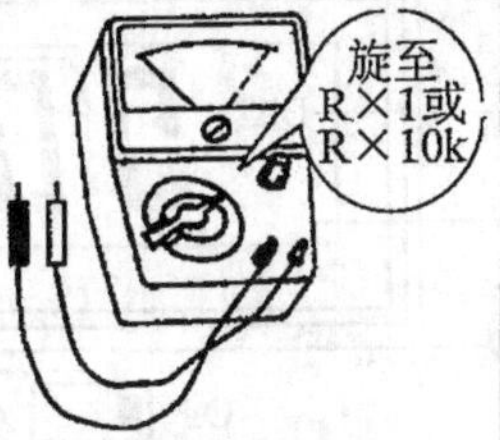 用万用表测量电阻时，首先应根据被测电阻的大小把量程选择开关拨到适当挡位上（如 $R×1$、×10、×100、×1k）。选择的原则：要使指针尽可能偏转在刻度线中心位置的附近，因为这时的误差最小
		进行欧姆调零	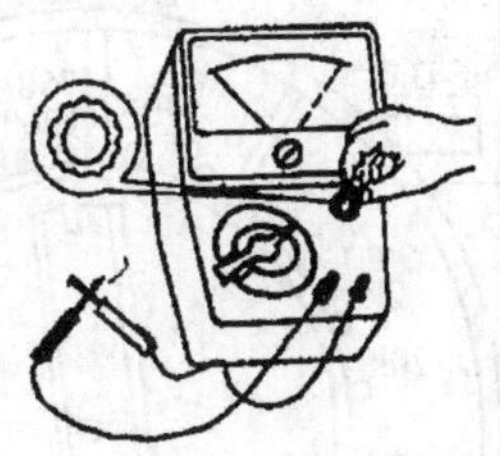 将红、黑表笔短接，如万用表指针不能满偏（指针不能偏转到零欧姆位置），可通过欧姆调零旋钮，使指针指在"0"欧姆处
		测量电阻值	 将被测电阻同其他元器件或电源脱离，单手持表笔并跨接在电阻两端。读数时，应根据指针所在位置的刻度值乘以倍率，即为电阻的实际阻值。例如，指针指示的刻度值是40Ω，若选择的倍率为 $R×10$，则测得的电阻值为400Ω
测量后	保养	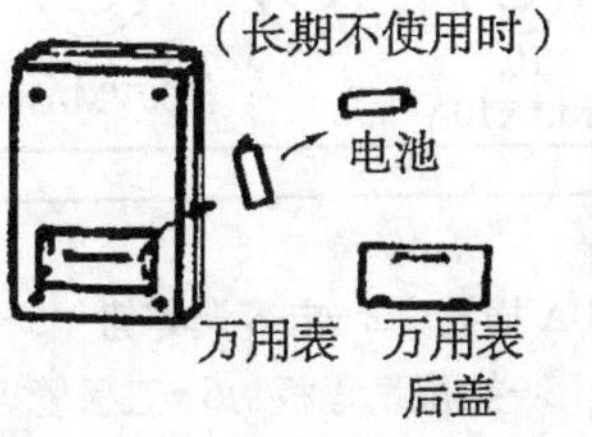 （长期不使用时）	每次使用后，应将选择开关拨到 OFF 或最高电压挡，以免下次使用时不慎烧坏万用表。对长期搁置不用的万用表，应将表内的电池取出。同时，平时要注意对万用表的保洁，要防止万用表受到严重震动或机械冲击

2. 数字式万用表

现以 DT890C 型数字式万用表为例，介绍其使用注意事项。

DT890C 型万用表的面板结构如图 1-2 所示。显示部分采用 $3\frac{1}{2}$ 位 LCD（液晶显示器），并带有电池电压不足、参数极性指示功能，内装一只 9V 的碱性电池或碳锌电池。

（1）功能与量程

1）直流电压：200mV、2V、20V、200V、1 000 共 5 挡。

2）直流电流：200μA、2mA、20mA、200mA、2 000mA、10A 共 6 挡。

3）交流电压：200mV、2V、50V、200V、750V 共 5 挡。

4）交流电流：同 DC. A。

5）电阻：200Ω、2kΩ、20kΩ、200kΩ、2MΩ、20MΩ 共 6 挡，另有线路通断及二

3

极管测量两个专用挡位。

6）温度：测量范围 -20 ～ 1370℃，传感器 K 型（NiCr - NiAl）。

7）电容：200pF、2μF、20μF 共 3 挡。

8）三极管放大系数：NPN、PNP 两挡；测量范围 $h_{FE} = 0 ～ 1000$。

9）电导（$S = 1/\Omega$）只有 200NS 1 挡。

（2）使用注意事项

1）挡位的选择。要与所测参数相对应，先估计所测参数的范围，旋转在较高的一挡。

2）开关的位置。测量直流电和电阻时置于中间（DC，Ω），测量交流电时置于右侧（AC 位），用毕开关置于左侧（OFF）。

3）插座的选择。黑表笔插入共用插孔（COM），红表笔依据所测参数的种类及范围插入相应的插孔，测电压、电阻和温度插入 V. Ω 孔，测 0 ～ 2 000mA 电流插入 mA 孔，测 2 ～ 10A 电流插入 10A 孔。

测三极管放大系数时，将三极管插入 h_{FE} 座孔 6 的对应管脚位置。测电容则将其插入 CAP 座孔 13 中，若为电解电容，须注意正、负极。

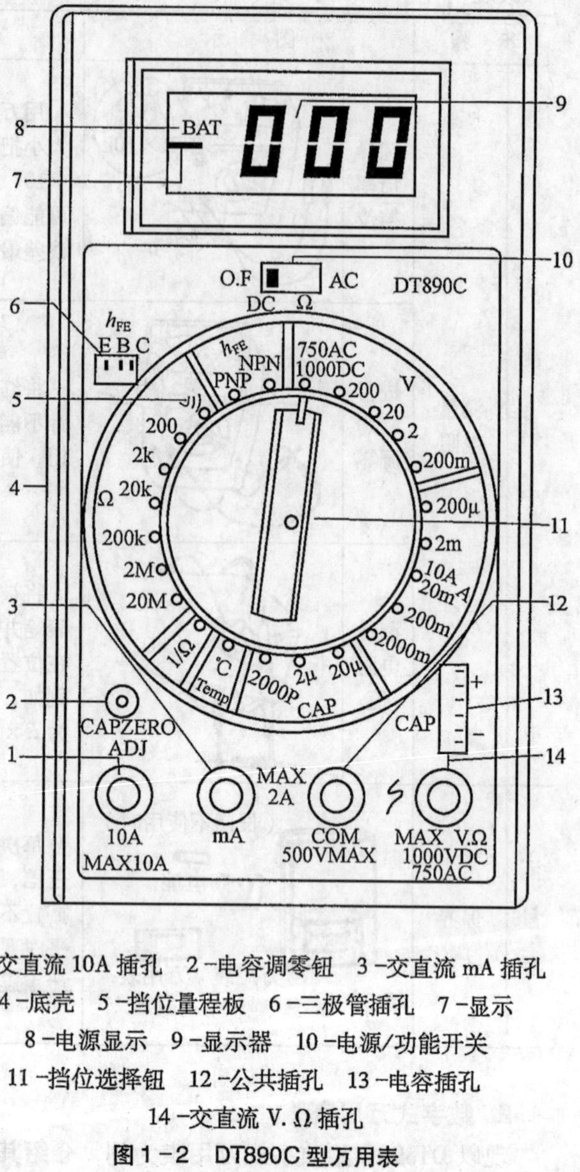

1-交直流 10A 插孔　2-电容调零钮　3-交直流 mA 插孔
4-底壳　5-挡位量程板　6-三极管插孔　7-显示
8-电源显示　9-显示器　10-电源/功能开关
11-挡位选择钮　12-公共插孔　13-电容插孔
14-交直流 V. Ω 插孔

图 1-2　DT890C 型万用表

4）测电流时将万用表串入负载电路，决不可并联在负载或电源两端。测电压时，将万用表并联于所测电路。

5）改变测量参数的种类时，一定注意相应调节挡位选择手柄的位置，及时变换表笔插头的位置，确信无误后再与电路连接。

（3）数字式万用表使用

数字式万用表的正确使用方法见表 1-2

表1-2 数字式万用表的使用方法

步 骤		图 示	使 用 说 明
测量前	打开电源	POWER OFF　ON	电源开关在字母POWER下边注有OFF（关）和ON（开），把电源开关拨至ON时，接通电源，显示屏显示数字
测量中	测量交流电压	相线 DT830 V·Ω COM 零线	将红表笔插入"V.Ω"孔内，黑表笔插入"COM"孔内（下同），在测量交流电压时，应首先将万用表的量程选择开关拨到交流电压上。如果知道被测交流电压在220V左右，可将量程选择开关直接拨到交流250V的挡位上；如果对被测交流电压心中无数，则应将量程选择开关拨到交流电压的最大挡位上，再逐级减小量程挡位，直到能测出正确数值为止。测量时，将红、黑表笔分别接触被测电压的两端
	测量直流电压	用电器 + － DT830 V·Ω COM	在测量直流电压时，应首先将万用的量程选择开关拨到直流电压挡上，红表笔与电源（用电器）的正极接触、黑表笔与电源（用电器）的负极接触，其他方法与前相同。注意：选择不同的量程，其测量精度也不同。例如，测量1节1.5V的干电池，分别选用2V、20V、200V、1000V量程测量，其测量结果分别为1.552V、1.55V、1.6V、2V。因此，不能用大量程去测量小电压
	测量交流电流	灯泡 ~220V（或直流电流） DT830 mA COM	将红表笔插入"mA"插孔（若被测电流大于200mA，则插入"10A"孔内），合理选择量程，并将万用表串联到被测电路中
	测量电阻	DT830 V·Ω COM	将红表笔插入"V.Ω"孔内，合理选择欧姆挡的挡位，将被测电阻同其他元件或电源脱离，单手持表笔，并跨接于被测电阻两端

续表

步　骤		图　示	使 用 说 明
测量中	测量二极管	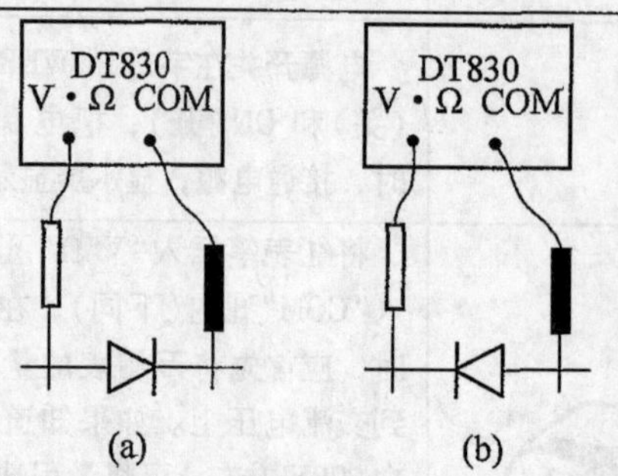 DT830 V·Ω COM (a) 　 DT830 V·Ω COM (b)	将红表笔插入 V.Ω 孔内,量程开关拨至标有二极管符号的位置,两表笔与二极管的连接如左图所示。图(a)为正向测量,若管子正常,则显示值应为 0.5～0.8V(硅管)或 0.25～0.3V(锗管);图(b)为反向测量,若管子正常,应显示"1",若损坏,将显示"0000"或其他数值
	测量 h_{FE}	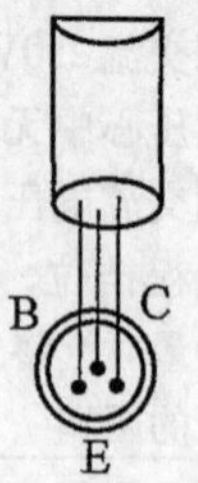 B　C E	根据被测管子类型(NPN 或 PNP)的不同,将量程选择开关拨至 PNP 或 NPN 处,再将被测管的 3 个电极插入相应的 E、B、C 孔内,此时显示屏上的读数即为 h_{FE} 值
	检查电路的通断	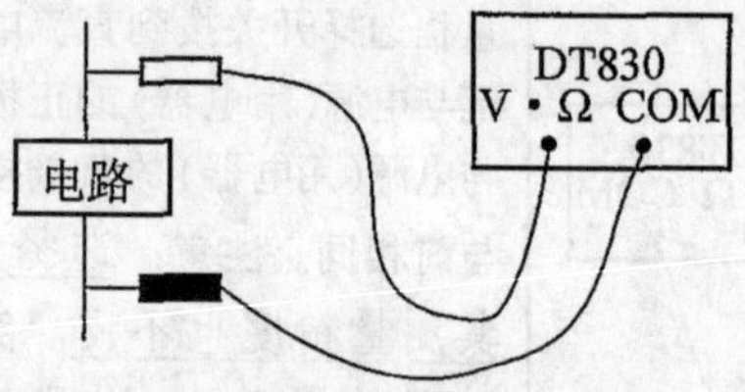 电路　DT830 V·Ω COM	将红表笔插入"V.Ω"孔内,量程开关置于标有"·))"符号处,即测二极管挡,将两表笔接触被测点的两端,若表内蜂鸣器发出响声,说明电路是通的,否则为不通。注意测试条件是开路电压约为 0.5～0.6V
测量后	关闭电源	 POWER OFF　　ON	使用结束,把开关拨到 OFF。对长期搁置不用的数字式万用表,应将表内的电池取出

二、汽车专用万用表

1. 用途及外形

在发动机电控系统故障的检测与诊断中,除经常需要检测电压、电阻、电容、电感、半导体元件和电流等参数外,还需要检测发动机转速、闭合角、频宽比(占空比)、频率、压力、时间、温度等参数,这些参数对于发动机电控系统的故障检测与诊断具有重要意义。但是这些参数用一般数字式万用表无法检测,需要用汽车专用万用表进行检测。汽车专用万用表及配用的电流传感夹外形如图 1-3 所示。

为了方便实现一些专用功能(如温度、转速等)的测量,有些汽车万用表除了具有上述基本功能外,还配有一套专用配套件。比如热电偶适配器、热电偶探头、真空/压力转换器、感应式电流测试夹等,有的还具有背光显示功能(使显示数据在光线较暗时也能看清楚)。

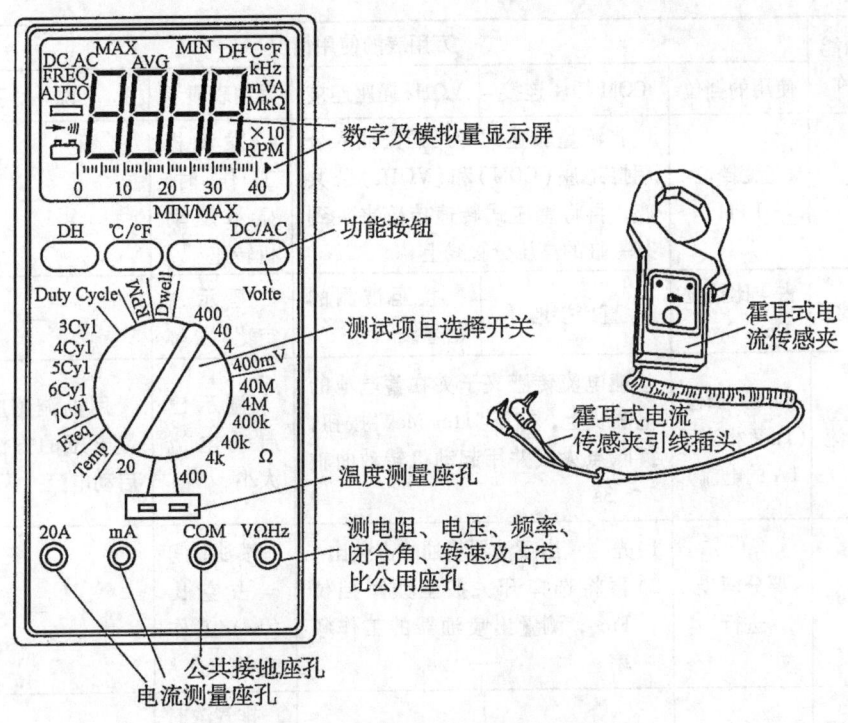

图 1-3 汽车专用万用表及电流传感夹

2. 使用注意事项

1)对于汽车，特别是电控汽车中特有的电气装置及相关参数(如转速、闭合角、占空比、频率、压力、时间、温度等)的测量，都要采用汽车专用万用表。

2)不允许使用普通模拟式万用表检测电控汽车，否则将造成电脑及相关传感器的损坏。使用汽车专用的高阻抗数字式万用表，要注意极性、量程的正确。

汽车专用万用表特殊功能检测如表 1-3 所示。

表 1-3 汽车专用万用表特殊功能检测一览

特殊功能名称	万用表的使用情况				
	使用的挡位	COM 插座连接	VΩHz 插座连接	万用表显示	说　明
信号频率	频率挡位 Freq	直接接地	接至被测的信号线	被测信号的频率	—
温度	温度挡位 Temp	先把温度探针插进温度测量座。选择测量温度挡，把测量探针直接接触到被测物体的表面进行测量	所测的温度	进行冷却水温度、尾气温度和进气温度的测量
闭合角	闭合角挡位 Dwell	直接接地	接至点火线圈负极"-"接线柱	发动机运转，显示闭合角	在相应发动机气缸下

续表

特殊功能名 称	万用表的使用情况				
	使用的挡位	COM插座连接	VΩHz插座连接	万用表显示	说　　明
转速	速度挡位 RPM	将测量转速的专用插头插入公用接地座（COM）和（VΩHz）公共座，再将感应式转速传感夹夹到某一缸的高压分缸线上		发动机工作时，显示发动机转速	—
占空比	占空比挡位 Duty Cycle	直接接地	接至被测的信号线	显示占空比	—
启动电流	400mV挡位（1mV相当于1A的电流）	把电流传感夹子夹在蓄电池的电源线上，按下"Min/Max"按钮，拆除点火线并用起动机转动曲轴2～3s		显示出启动电流大小	用电流感应器测量电压的方法测量启动电流
喷油脉宽	要分两步进行	1)先测量出喷油器喷油的占空比 2)再将选择开关拨至频率挡位 Freq，测量出喷油器的工作频率		喷油时间＝占空比（％）/工作频率(Hz)	—
氧传感器	4V挡位	直接接地	接至氧传感器	排气浓时氧传感器输出电压约为0.8V；排气稀时氧传感器输出电压为0.1～0.2V	（1）先按下DC/AC按钮，使显示屏显示"DC"。再按下"Min/Max"按钮测量 （2）当氧传感器工作温度＜360℃时，无电压信号输出
		让发动机运转至快怠速2 000r/min，氧传感器工作温度≥360℃			

三、兆欧表

兆欧表又叫高阻表或摇表，是测量高值电阻或绝缘电阻的直读式仪表，刻度盘是以兆欧为单位，用符号 MΩ 表示。兆欧表的外形如图1-4所示。

兆欧表的类型很多，但结构基本相同，主要由测量机构和电源两部分组成。电源部分产生的电压越高，其测量范围越大。

几种常见的兆欧表电源电压及测量范围见表1-4。

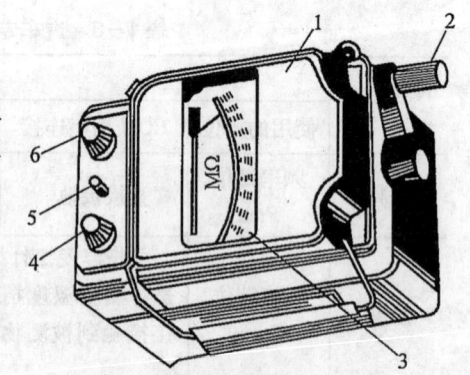

1—壳　2—发电机摇柄　3—表盘
4—L接柱　5—G接柱　6—E接柱
图1-4　ZC-7型兆欧表

表1－4　几种兆欧表的参数

型　　号	ZC－7	ZC－11	ZC－25	ZC－30①
电源电压(V)	500	2 500	1 000	5 000
测量范围(MΩ)	500	10 000	1 000	10 000

注：①为晶体管式

1. 结构与工作原理

如图1－5所示，非晶体管式兆欧表的电源部分是一只手摇永磁式直流发电机，摇转手柄可得到额定的电压，如500V、1 000V、2 500V等。

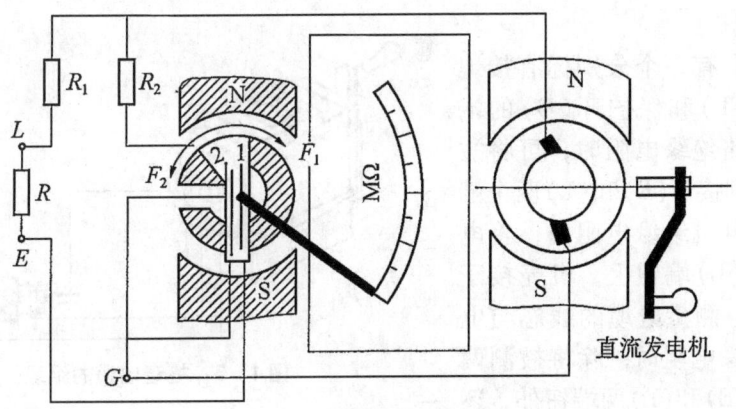

图1－5　兆欧表的结构

测量机构有两个活动线圈(1和2)，装在同一转轴上，相互交叉一定角度，产生的转矩方向相反。电压线圈 2 与电阻 R_2 串联后跨接在发电机两端，只要手摇发电机发电，就有电流通过。电流线圈 1 只有在 E、L 端接有被测电阻时，才有电流通过，R_1 为串联在这一支路中的限流电阻。当 E、L 两点断开时，只有线圈 2 通电产生电磁转矩 M_2，使线圈转动，指针指到"∞"处。当接入被测电阻后，线圈 1 通电产生与 M_2 反方向的电磁转矩 M_1，这两转矩平衡时，指针停止在某一位置指示出读数。这种电表的读数与电压无关，因为手摇发电机的电压变化时，通过两线圈的电流也同时按比例变化。所以合成转矩不变，读数也维持不变。

2. 兆欧表的使用

(1)兆欧表的选择

选择兆欧表，要根据所测量电气设备的电压等级来决定。测量额定电压在 500V 以下的设备时，宜选用 500V 或 1 000V 的表。而额定电压在 500V 以上的设备，则应选用 1 000～2 500V 的表。在选用量程时，应注意不要使其量程过多地超出所需测量的绝缘电阻值，以免测量误差过大。例如，一般测量低压电气设备绝缘电阻时，可选用 0～500MΩ 量程范围的表；测量高压电气设备或电缆时，可选用 0～2 500MΩ 量程范围的表；刻度不是从 0 开始，而是从 1MΩ 或 2MΩ 开始的兆欧表，一般不宜用来测量低压电气设备的绝缘电阻。

（2）测量前的准备

1）被测设备在测试前要先切断电源，并进行充分放电（约需2～3min），以保障设备及人身安全。

2）有可能感应出高电压的设备，在可能性没消除之前，不可进行测量。

3）被测物的表面应擦净，以免引起误差。

4）兆欧表端钮与被测物之间的连接导线，不可用双股绝缘胶线，应用单股线分开单独连接，避免因胶线绝缘不良而引起误差。兆欧表放置要平稳，并远离带电导体和磁场，以免影响测量的准确度。测量前，兆欧表要进行一次开路和短路试验，检查兆欧表是否良好（将兆欧表L、E两端钮开路，摇动手柄时指针应指在"∞"的位置，将两端钮短接，缓慢摇动手柄时指针应指在"0"处），否则兆欧表会有误差。

（3）接线

兆欧表上有3个分别标有接地（E）、线路（L）和保护环（G）的端钮。测量电路绝缘电阻时，可将被测的两端分别接于（E）和（L）两个端钮上；测量电机绝缘电阻时，将电机绕组接于（L）端钮上，机壳接于（E）端钮上；测量电缆的线芯与电缆外壳的绝缘电阻时，除将被测两端分别接于（E）和（L）两端钮外，还

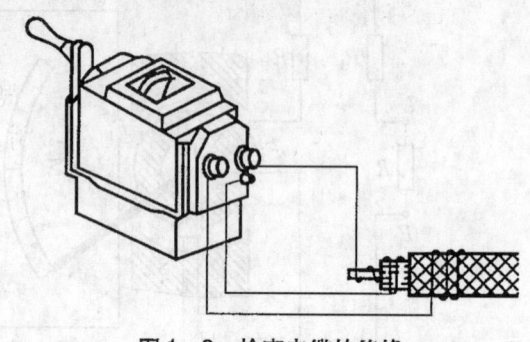

图1-6　检查电缆的绝缘

需将电缆壳芯之间的内层绝缘接于保护环端钮（G）上，以消除因表面漏电引起的误差，如图1-6所示。

（4）测量

摇动发电机手柄时，要保持在120r/min左右。若指针指零，则不能再继续摇动手柄，以防表内线圈过热而损坏。绝缘电阻值随着测量时间的长短而有所不同，一般应采用1min的读数为准。禁止用兆欧表测量半导体器件及装置，在电路中有半导体器件时，应首先将其短路或隔出。

（5）拆线

在兆欧表的手柄没有停止转动和被测物没有放电以前，不可用手动触及被测物的测量部分和进行导线拆除工作，以防触电。

四、电 流 表

1. 用途

电流表是用来测量电路中电流大小的一种仪表。电流表通常以A表示。电流表按电流性质分为直流电流表、交流电流表两类，按使用方法分为固定式和携带式，按量程可分为千安（kA）表、安培（A）表和毫安（mA）表等。

2. 连接方法

使用电流表一定要将仪表串入被测电路中，因而要断开被测电路才能串入。切不可将电流表并在被测电路两端，否则会引起故障，损坏电路元器件和损坏仪表。

在测量直流电流时应注意电流流向，使电流从电流表"＋"极流进去，从"－"极流出来，如图1-7所示。

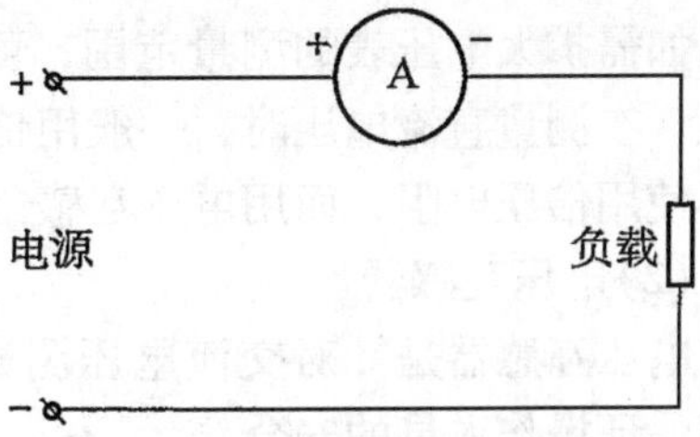

测交流电流时只需将被测电路断开，将交流电流表串入即可。

图1-7 直流电流表的接法

3. 分流器和电流互感器

(1)分流器

分流器是一个电阻很小的器件，热稳定性很好。将其与电流表表头并联，根据分流关系可扩大电流的测试范围。分流器一般外附，接法如图1-8所示。

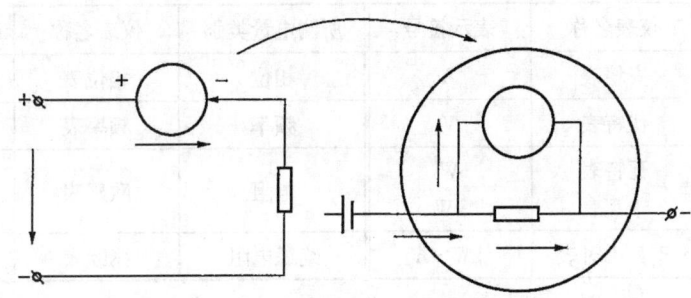

图1-8 直流电流表加有分流器的接法

(2)电流互感器

测量交流电流时，特别是电压高于500V或电流大于50A时，应使用电流互感器。其原因是：减小电流表对电路的影响，扩大电表量程，确保人员安全。

五、电 压 表

1. 电压表的作用

电压表是测量电路中电压大小的一种仪表。电压表按电流性质不同，可分为交流电压表、直流电压表两类；按使用方法不同，可分为固定式和携带式两种；而按量程不同，又有千伏(kV)表、伏特(V)表、毫伏(mV)表等。

2. 电压表的接法

电压表应并接在被测电路上，若是直流电压的测量，应将直流电压表的正极接被测电路的高电位点，电压表的负极接被测电路的低电位点，如图1-9所示。

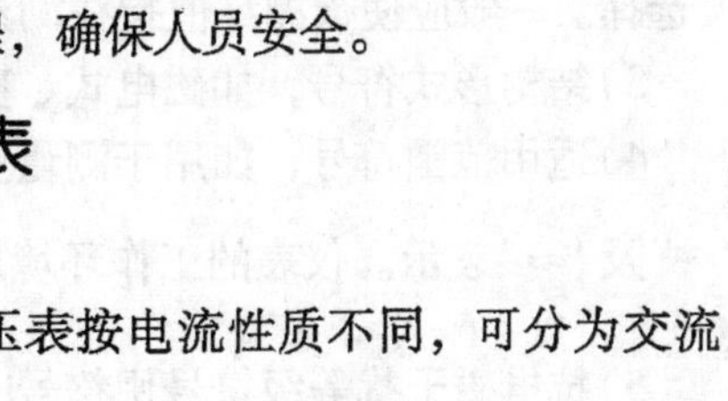

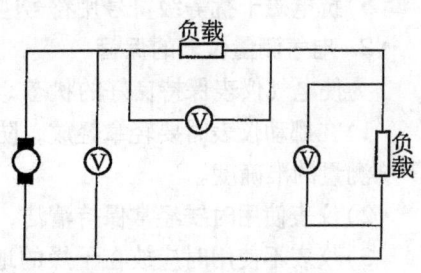

图1-9 电压表的接法

11

3. 倍压电阻和电压互感器

（1）倍压电阻

如需扩大电压表的测量范围，可在电压表中串联一个电阻，这个附加电阻称倍压电阻。在测量直流电压时，一般用倍压电阻来扩大量程，而交流电压在高于 500V 时，则不使用倍压电阻，而用电压互感器。

（2）电压互感器

电压互感器是针对交流电压测试时扩大量程常使用的一种器件。除扩大量程外，还能保证操作人员的安全。

六、常用电气仪表标记符号与保管

1. 标记符号

在仪表的表盘上，除了型号和编号外，还有一些符号标记，用以说明仪表的用途、使用范围及本身的有关性能等。常见的符号见表1-5。

表1-5　仪表的用途符号

所测电量类别	仪表名称	表示符号	所测电量类别	仪表名称	表示符号
电流	安培表	A	相位	相位表	ϕ
电压	伏特表	V	频率	频率表	Hz
电功率	瓦特表 千瓦表	W kW	电阻	欧姆表	Ω
电能	千瓦小时表	kW·h	绝缘电阻	兆欧表	MΩ

1）用途符号，如电流表用 A 表示。

2）精度符号也就是通常所说的精度等级，它指仪表满量程时误差的百分数，如0.1、0.5、1.0 及 2.5 等。数字越小，精度越高。使用时为了减小测量误差，应注意挡位选择。一般应使被测量值指在满刻度值的一半以上。

3）结构形式符号，如磁电式、整流式等。

4）适用范围符号，如用于测量直流电、交流电及交直流电共用的分别由符号"—"、"～"及"≈"表示。仪表的工作环境用 Ⓐ、Ⓑ、Ⓒ 等符号表示。

5）抗电磁干扰等级符号用符号 Ⅰ、Ⅱ 等表示，见表1-6。

2. 电气测量仪的保管

为使电气仪表保持良好的状态，除使用中应认真操作外，还要做好以下几项工作。

1）在挪动仪表时要轻拿轻放，防止震动和撞击，以免仪表的轴尖折断或损坏轴承，影响测量的准确度。

2）仪表使用时要经常保持清洁，每次用完后，应用细软干布擦净。

3）仪表不使用时应放在干燥的地方，不能长期置于太冷、太热或潮湿污秽的地方以及含有酸碱等腐蚀性气体的环境中，避免内部线圈和零件受潮、发霉和腐蚀。

4）仪表的附件和专用接线，要保持完整无缺。

5）工作中常用的电工测量仪表应定期进行校验，以保证测量的准确性。

6）仪表应有专人保管，并建立必要的制度。

7）仪表放置符号及其他符号，见表1-6。

表1-6　仪表的符号、标记及意义

符号	额定相对误差	符号	形式	符号	意义	符号	意义
(0.1)	±0.1%		磁电式	⚡2kV	仪表绝缘耐压2kV	Ⅰ	1级防外界磁场产生误差0.5%
(0.2)	±0.2%		整流式	↑ ⊥	仪表垂直放置	Ⅱ	2级防外界磁场产生误差1.0%
(0.5)	±0.5%		电磁式	→ ⌐	仪表水平放置	Ⅲ	3级防外界磁场产生误差2.5%
(1.0)	±1.0%		电动式	∠60°	仪表倾斜60°放置	Ⅳ	4级防外界磁场产生误差5.0%
(1.5)	±1.5%		铁磁电动式	——	直流	Ⓐ	工作环境0～40℃，相对湿度85%以下
(2.5)	±2.5%		感应式	∼	交流	Ⓑ	工作环境-20～50℃，相对湿度85%以下
(5)	±5%		振动式	≈	交直流	Ⓒ	工作环境-40～60℃，相对湿度96%以下
	静电式		热电式	☆	不进行绝缘耐压试验	★	绝缘耐压试验2kV

第二节　电气检测与维修工具的使用

一、高率放电叉

1. 用途与结构

高率放电叉是使蓄电池在大电流放电情况下，测量蓄电池端电压的一种专用检测工具。它由一个阻值很小的电阻（以满足蓄电池大电流放电）和一个直流电压表并联组成，可分为单格蓄电池高率放电叉和12V整体蓄电池高率放电叉2种，分别用于测量传统的联条外露式蓄电池和现在普遍使用的整体式蓄电池，外形如图1-10所示。

2. 使用注意事项

1）采用高率放电叉检测蓄电池的单格电压。测量前应先将蓄电池加液孔盖旋开，将放电叉的两叉头紧抵同一单格的2个极桩，如图1-11(a)所示。

2）读数指针稳定时，迅速读出数据并移开放电叉，测量时间不得超过5s。放电叉

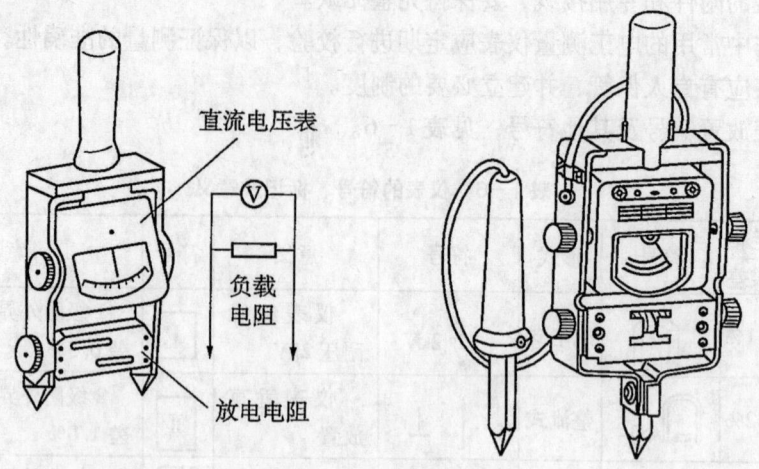

图1-10 高率放电叉

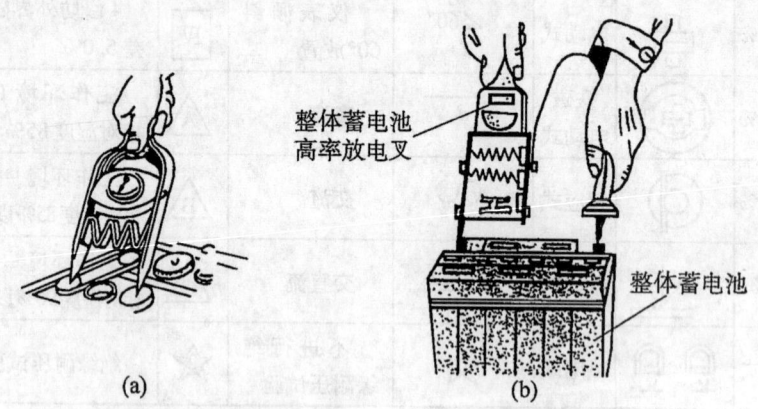

图1-11 使用不同形式高率放电叉测量蓄电池电压

读数与蓄电池单格放电程度关系如表1-7所示。

表1-7 放电叉读数与蓄电池单格放电程度关系

放电叉所示的电压数(V)	1.7～1.8	1.6～1.7	1.5～1.6	1.4～1.5	1.3～1.4
蓄电池单格放电程度(%)	0	25	50	75	100

一般技术状况良好的蓄电池，用高率放电叉测量时，单格电压应在1.5V以上，并且5s内保持稳定；如果5s内单格蓄电池电压虽低于1.5V，但尚能维持稳定，说明该蓄电池过放电；如果5s内蓄电池单格电压会迅速下降，或者某单格测量示值比其他单格低0.1V以上，则说明该单格电池存在故障，应进行修理。

3)采用12V整体蓄电池高率放电叉检测整体蓄电池电压。使用时可以将两叉尖分别紧密接触蓄电池的正、负极柱，保持15s，如图1-11(b)所示。如果放电叉的电压能稳定在10.6～11.6V，说明蓄电池性能良好，存电足；如果电压能保持在9.6V以上，说明蓄电池性能良好，但存电不足；如果电压迅速下降，说明蓄电池已经损坏。

二、蓄电池测试仪

1. 用途与外形

它是一种检测蓄电池的仪表，可测量各种规格的汽车蓄电池和其他用途铅蓄电池的存电状态，通过标度盘上直接指示"充足"、"正常"、"重充"、"放完"各种情况，快速、直观地对蓄电池存电状态作出判断，如图1-12所示。

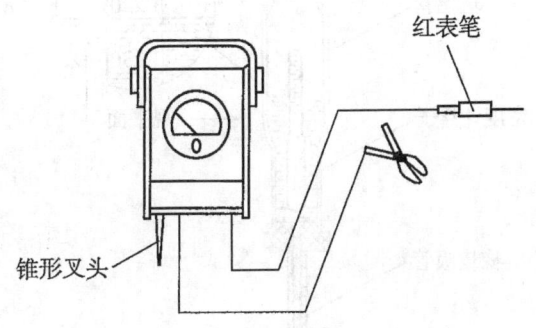

图1-12　蓄电池测试仪

2. 使用注意事项

1)被测蓄电池的额定电压分别为：2V、6V、12V，额定容量范围为：2～150A·h，每次测量时间不得超过3s。

2)使用前先检查仪表指针，将指针调整到标度盘左端的零位。

3)检测蓄电池时，用仪表夹子(或者仪表左下端的锥形叉头)连接蓄电池负极，用红表笔接蓄电池正极。如图1-13(a)所示检测单格蓄电池，在左端0～2.5V的刻度范围读数；检测6V、12V蓄电池，可按照蓄电池不同容量，对应读出6V、12V箭头所指的刻度值，其连接如图1-13(b)所示。

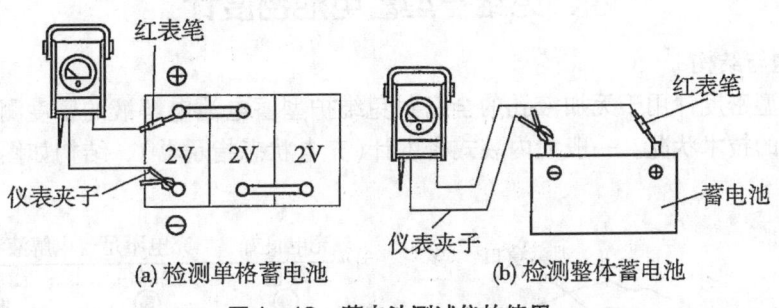

(a) 检测单格蓄电池　　　　　　(b) 检测整体蓄电池

图1-13　蓄电池测试仪的使用

三、吸式密度计

1. 用途与结构

吸式密度计是用来检测普通型铅蓄电池电解液的相对密度，从而确定蓄电池存电和放电状况的专用测量工具，其结构如图1-14所示。

2. 使用注意事项

1)使用时要先捏紧橡皮球，排尽空气再将橡皮吸管插入蓄电池加液孔，吸入适量电解液，直至密度计浮子浮起。

2)读取密度计浮子刻度值时要保持"三平",即垂直提起密度计,使浮子保持浮在玻璃管中央的平衡位置,读刻度时要保持视线与电解液凹平面、浮子刻度三者相平齐,如图1-15所示。

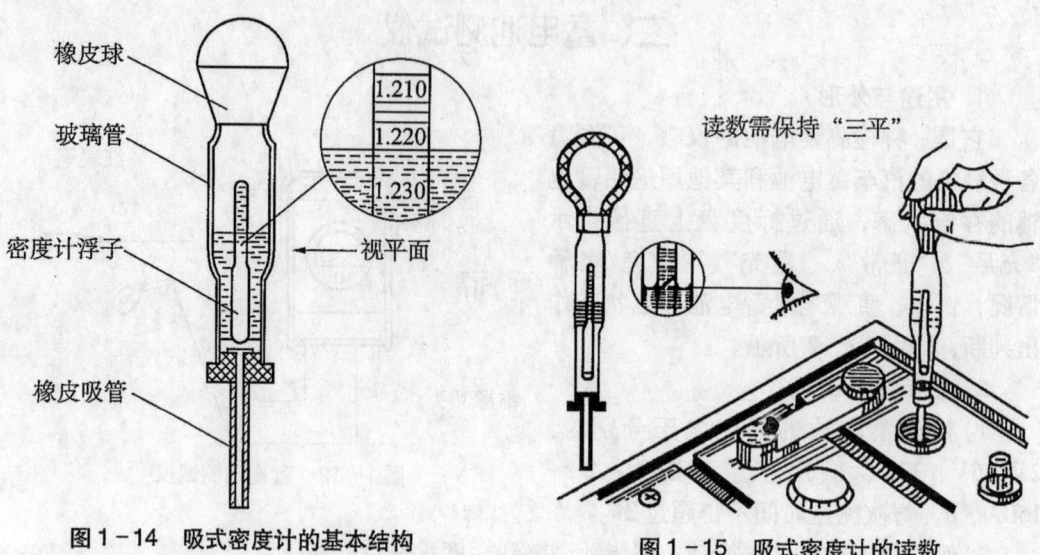

图1-14　吸式密度计的基本结构　　　　　图1-15　吸式密度计的读数

3)测量电解液相对密度时,一般还需同时测量电解液的温度,以便换算到标准温度(25℃)时的密度。简单地说,与25℃相比,环境温度每升高1℃,应在所测得的相对密度值上加0.0007;每降低1℃,则应减少0.0007。

四、免维护型蓄电池密度计

1. 用途与结构

免维护型密度计用于无加液孔的全密封免维护型蓄电池电解液的密度测量,显示出该蓄电池的技术状况。一般为内装式密度计(充电状态指示器),结构如图1-16所示。

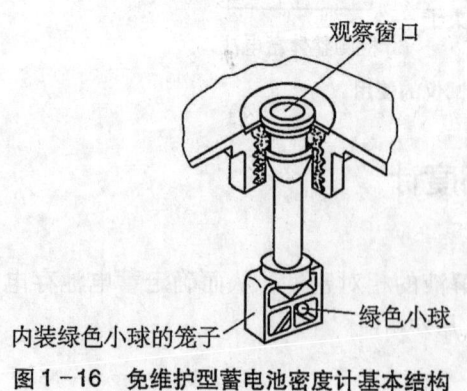

图1-16　免维护型蓄电池密度计基本结构

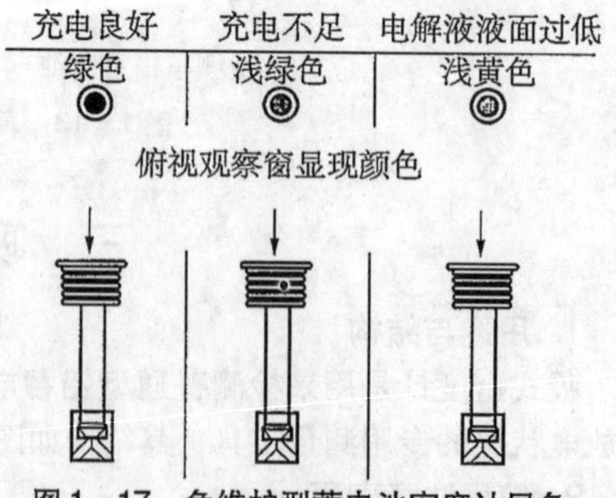

充电良好　充电不足　电解液液面过低
绿色　　　浅绿色　　　浅黄色

俯视观察窗显现颜色

图1-17　免维护型蓄电池密度计显色
原理及对应颜色

2. 使用注意事项

测量时将免维护型蓄电池内装式密度计中的玻璃管伸入电解液中。当电解液密度变化时，观察到绿色小球会在其笼子中上下变动，蓄电池顶端的检视窗口就会显示不同的颜色。

如图 1-17 所示，当密度较高时，绿色小球升至笼子的顶端，与密度计玻璃管下端接触，从蓄电池顶端的观察窗口就会看到绿色，表示蓄电池技术状态良好；如果看不到绿色，而是淡绿色，表示绿色小球位置下降，电解液密度降低，需及时充电；如果电解液液面已下降到笼子高度以下，则蓄电池顶端的观察窗口只看到浅黄色或者无色，说明蓄电池已经无法正常工作，必须检修或更换。

五、电解液液面高度测量

1. 用途

用作测量蓄电池电解液的液面高度，从而保证蓄电池的良好使用性能。

2. 使用注意事项

1）如图 1-18 所示，用内径 4～6mm、长度约为 150mm 的空心玻璃管垂直插入电解液加液孔，用大拇指堵严管口后垂直提起至蓄电池加液孔上方进行测量。电解液的液面高度一般要求为 10～15mm。

2）如果没有直径为 4～6mm 的空心玻璃管，可用大小相仿的其他耐酸空心管代替。

3）如图 1-19 所示，对于壳体上有"上液面线"和"下液面线"标示的半透明式蓄电池，电解液的液面高度应该保持在最高和最低两液面标示线之间。液面过低时，应加注蒸馏水。

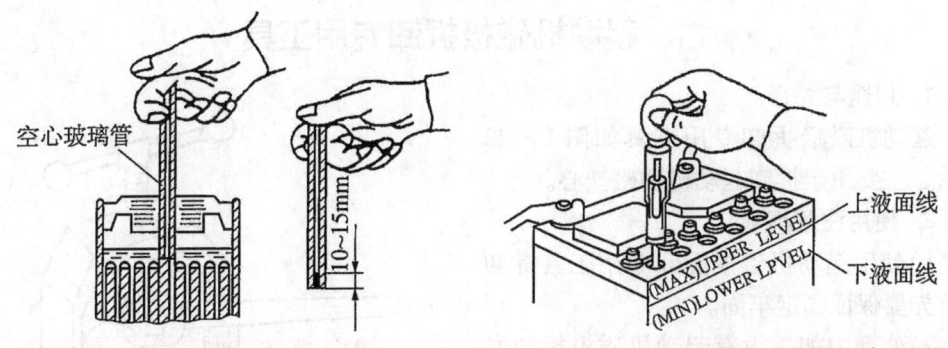

图 1-18　电解液液面高度的测量　　　图 1-19　有液面标示线的液面高度测量

六、拉力器、电刷拆卸专用工具

1. 用途与外形

拉力器是用来拆卸起动电机、发电机端盖及轴承的专用工具。拉力器的使用如图 1-20所示。

电刷拆卸专用工具实际上是一种简易的自制钢丝钩，如图 1-21 所示。该工具在装拆发电机、起动电机电刷时用来钩起电刷压簧，保证发电机、起动电机电刷及刷架的顺利拆、装。

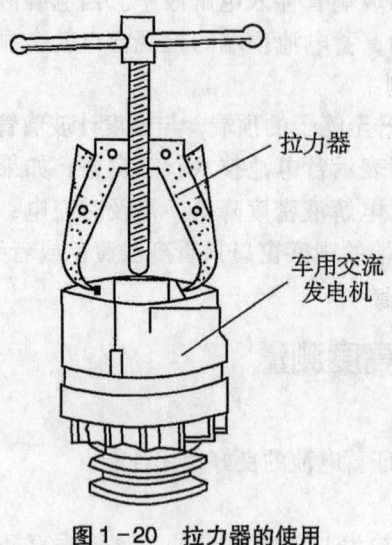

图1-20　拉力器的使用

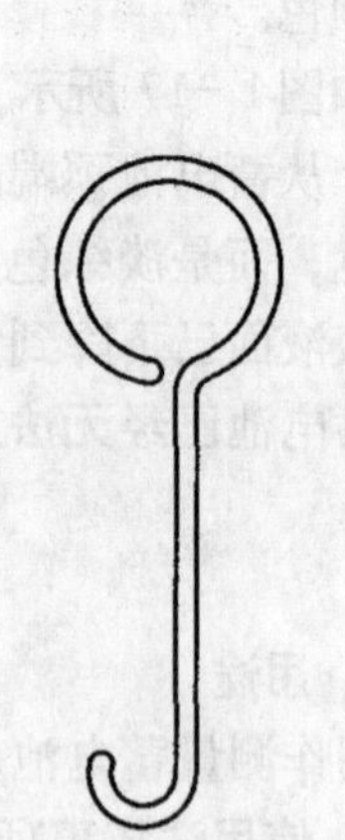

图1-21　拆、装电刷钢丝钩

2. 使用注意事项

1）分离发电机前、后端盖时，如果发电机轴承与端盖配合过紧或轴承与端盖锈死，不能用手锤硬敲硬打，必须使用拉力器完成。

2）使用拉力器时要顶住轴心，夹紧工件，均匀受力，以免损坏端盖和相关器件。

3）不可直接使用尖嘴钳等工具装拆发电机、起动电机的电刷。

七、起动机磁极拆卸专用工具

1. 用途与外形

起动机磁极拆卸专用工具如图1-22所示，主要用于拆卸起动机励磁铁心。

2. 使用注意事项

1）使用起动机磁极拆卸专用工具拆卸时首先要保证固定牢固。

2）修理中如果没有起动机磁极拆卸专用工具，也可以将起动机外壳水平牢固固定在台虎钳合适位置，用大小恰当的圆木棒顶紧准备拆卸的某一个磁极进行拆卸。

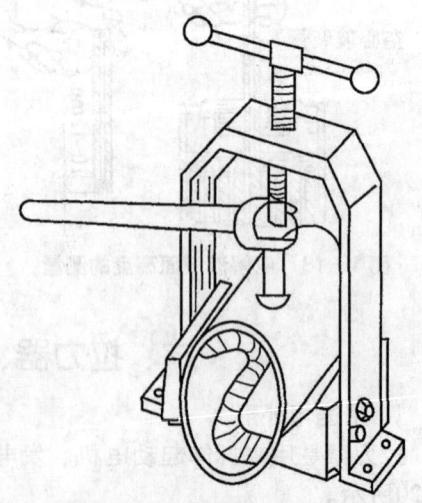

图1-22　起动机磁极拆卸专用工具

八、汽车专用测电笔

1. 用途与结构

汽车专用测电笔是汽车电工专用的一种检测工具。12V 汽车测电笔不但可以测试全车电路，而且可以很直观地根据测电笔的灯光指示，判断汽车电源系统各个部件的工作状况；5V 的测电笔还可检测电控汽车的电脑输出正极端和相关用电器，并能进行故障检查。汽车测电笔外形结构如图 1-23 所示。

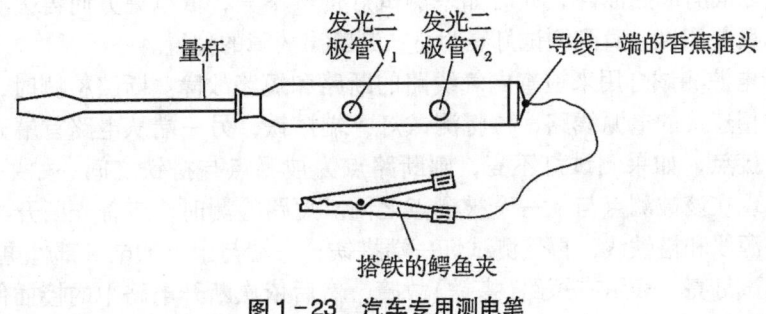

图 1-23 汽车专用测电笔

2. 使用注意事项

1）使用前要看清测电笔的量程范围，禁止超出量程范围使用。

2）使用时将导线一端的香蕉插头插入测电笔顶部的金属帽中，并确保接触良好，导线另一端的鳄鱼夹夹在汽车金属外壳搭铁处，即可进行测量。

九、汽车专用测试灯

1. 用途及结构

汽车专用测试灯主要用于汽车线路故障的检查，根据测试灯的亮熄及不同的明暗程度来判断汽车线路有无断路、短路和搭铁故障。如图 1-24 所示，汽车专用测试灯有无源测试灯和自带电源测试灯两种。

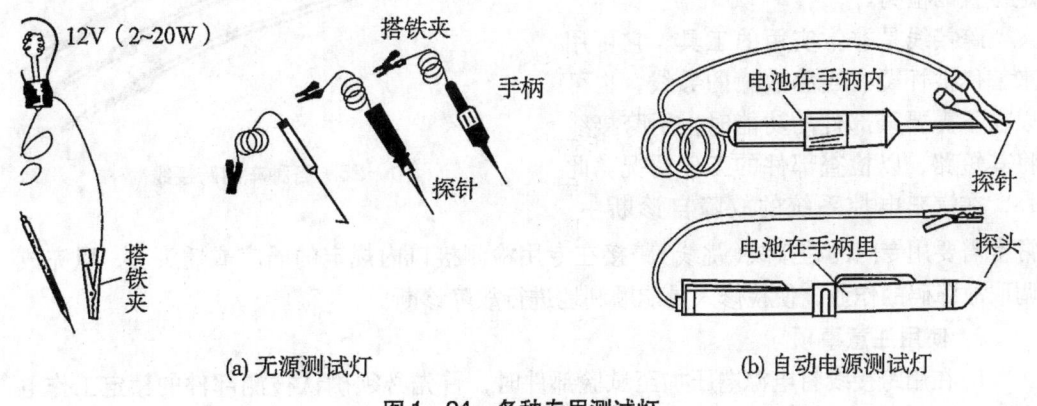

(a) 无源测试灯   (b) 自动电源测试灯

图 1-24 各种专用测试灯

2. 使用注意事项

1)测试灯由试灯、导线、测试端头(探头、探针)及搭铁夹组成。测试端头根据连接用途不同具有各种不同型号。自带电源测试灯只是在测量手柄内比无源测试灯多加装了2节1.5V干电池。

2)无源测试灯主要用来检查电源系统是否给各电气系统提供电源。使用时将测试灯一端搭铁,另一端接电气部件的电线路接点,测试灯亮,说明该电气部件电源电路没有故障;如果测试灯不亮,再去测试第2接点,此时测试灯亮,则说明在第1接点和第2接点之间有断路故障,此时如果测试灯仍然不亮,依电源方向再去测试第3接点……如此反复测试,直到测试灯亮为止,判断出故障的位置。

3)自带电源测试灯用来检查电气线路的断路和短路故障。断路检测时,首先断开与电气部件相连接的电源线路,再将测试灯一端搭铁,另一端从电路首端开始依次测试电路各个接点,如果测试灯不亮,则断路点为被测点与搭铁之间;如果测试灯亮,说明断路出现在该被测点与上一个被测点之间。短路检测时,应首先断开与电气部件相连接的电源线和搭铁线,再使测试灯一端搭铁;一端与余下的电气部件电路相连接;如果出现测试灯亮,表示有短路(搭铁)故障,然后依次断开电路中的接插件,将开关打开,拆除部件等,一直到测试灯熄灭为止。

4)测试灯不可用来测试检查汽车发动机的微机控制系统,除非在《维修手册》中有特殊说明。

十、汽车用跨接线

1. 用途及外形

如图1-25所示,汽车用跨接线就是一段可长可短的多股导线,两端分别接有鳄鱼夹或者不同形式的各种插头,可以在不同的场合下使用。汽车电工一般都备有多种形式的跨接线,以用作特定位置的检测。

跨接线是非常实用的工具。它可用来替代被怀疑有断路故障的导线,也可以在不需要某部件的功能时,用跨接线将其短路,以检查部件的工作情况。此外,在汽车电控系统的故障自诊断中,

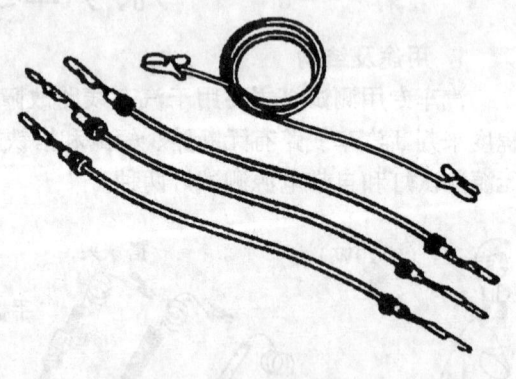

图1-25 各种车用跨接线

常常需要用专门的跨接线(跳线)跨接在专用检测接口内规定的插座或插头上,以完成调取故障码的作业,使检修人员能顺利地进行故障诊断。

2. 使用注意事项

1)在用跨接线将电源电压加至试验部件时,首先必须确认被测部件的额定工作电压是否与汽车电源电压相同,以确定可否使用跨接线。否则,会因某些车辆的传感器或喷油器等与电源电压不匹配而造成用电设备的损坏。

2)跨接线不可以连接在测试部件正极"+"接线柱与搭铁之间。

第三节　维修专用示波器

一、汽车维修专用示波器

示波器是用一幅图形来反映一个电信号，比万用表更准确、更形象。它可以快速捕捉电路信号，而且可以储存信号波形，再通过较慢的速度来显示和回放波形，便于观察和分析，为分析故障提供极大的便利。通过专用示波器可以观察汽车控制系统中几乎所有的电信号。汽车维修专用示波器有数字式和模拟式两种，两者主要区别如表1－8所示，目前汽车维修专用示波器多数为数字式。

表1－8　数字式和模拟式汽车维修专用示波器主要区别对照

形　式	清　晰　度	储　存　打　印	数　据　库　连　接	显　示　方　式
模拟式	一般，需调整各旋钮	不方便	没　有	电压随时间作二维波形变化
数字式	清　晰	方便，还可以编程	可　以	电压随时间作二维波形变化

二、FLUKE98 型汽车维修专用示波器主要功能及使用

1. 主要功能及插座连接

FLUKE98 型汽车维修专用示波器(以下简称 FLUKE98 型专用示波器)主要功能如表1－9 所示。

表1－9　FLUKE98 型专用示波器主要功能

序　号	主　要　功　能
1	选项操作菜单功能，方便易学
2	具有连续自动量程，自动地以最佳方式显示测量信号
3	可拾取次级点火波形，方便分析点火系统的故障
4	具有气缸相对压力分析功能，可以找出低气压的气缸
5	可单独显示一缸的次级点火波形，还可同时显示点火电压、转速、燃烧时间
6	具有信号连续记录功能，方便找出间歇性故障
7	有运行记录功能，可以从每格 200ms 时基到最大时基作屏幕记录
8	具有读数绘图功能
9	具有最小、最大趋势图功能，可以连续显示一个信号最大、最小值和平均值随时间的变化趋势

FLUKE98 型专用示波器外形如图 1－26 所示，主机上端部的信号输入插座如图 1－27 所示。

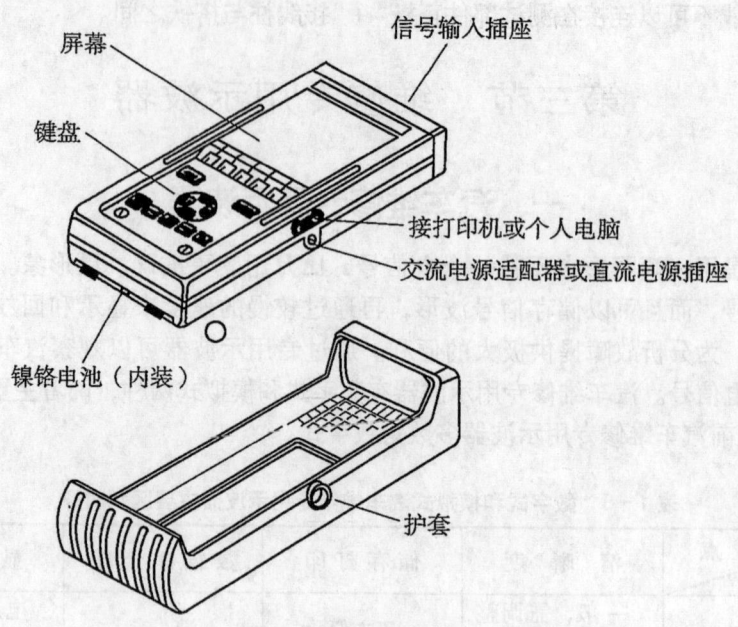

图 1-26　FLUKE98 型专用示波器

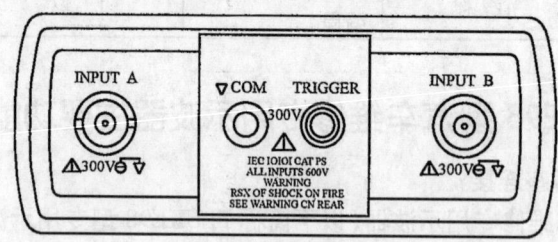

图 1-27　FLUKE98 型专用示波器主机信号输入插座

FLUKE98 型专用示波器各信号输入插座使用如表 1-10 所示。

表 1-10　FLUKE98 型专用示波器信号输入插座的使用

作用及说明 信号输入端	作　　用	说　　明
INPUT A	用于所有测量的输入，有时需配合其他输入使用	—
INPUT B	配合 INPUT A 使用，用以测量点火提前角及双路氧传感器	作示波器功能时，INPUT A 和 INPUT B 可作为双通道示波器使用
COM	当用感应拾取器或次级点火拾取器测量点火系统时，用作安全搭铁端	通过两香蕉插头的探头作外触发使用
TRIGGER	作示波器功能时，接受外部触发源	

FLUKE98 型专用示波器的键盘如图 1-28 所示。

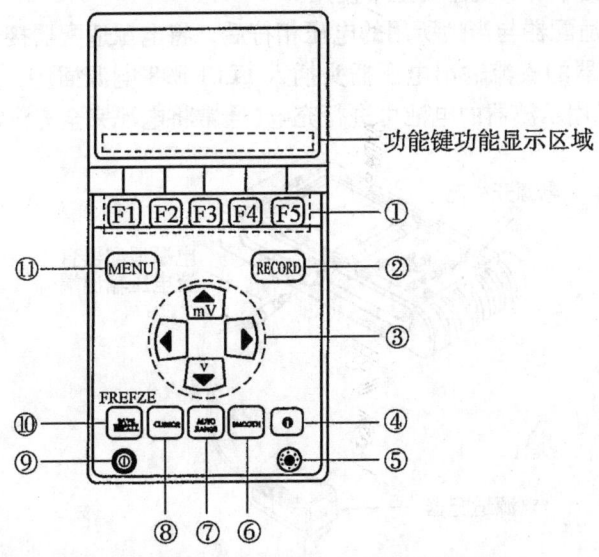

图 1-28　FLUKE98 型专用示波器键盘

表 1-11　FLUKE98 型专用示波器键盘各功能说明

序　号	按　键	说　明
①	F1～F5	5 个特殊功能键，每一个功能键对应的功能与屏幕下方功能显示区域菜单对应
②	RECORD	显示记录、资料存储功能
③	▲　▼	上、下移动光标。选择菜单；选择电压量程；上、下移动波形；作为示波器使用时，还可调整触发电平
	►　◄	右移动光标。人工时间调节；左、右移动波形；选择单格量程范围
④	❶	使用说明键或者在进行某测试时，按此键可列出该功能说明用
⑤	⊛	背景灯照明键，连续按住此键，也可调整屏幕对比度
⑥	SMOOTH	波形平滑键。它可将波形所含有的噪声和尖峰信号滤除，使读数更稳定
⑦	AUTO　RANGE	自动量程设定键。开启时，示波器可自动设定最佳量程屏幕上面显示 AUTO 字样；关闭时，必须手动设定量程
⑧	CURSOR	游标选择键。开启时，可移动两条垂直光标至波形任意位置测量所需数据
⑨	◉	电源开关键
⑩	FREEZE SAVE RECALL	屏幕冻结及存储键。使用时，屏幕上方将显示 HOLD 字样
⑪	MENU	记菜单显示键。测试中若要改变测试功能，均须先按此键

2. 使用

（1）FLUKE98 型专用示波器的基本使用

1）在确认电源适配器与当地所用的电压相符后，将电源适配器接于电源插座。

2）将电源适配器的直流输出电压插头插入 FLUKE98 电源插座，如图 1-29 所示。此时 FLUKE98 型专用示波器的电池可进行充电（通常将电池完全充满需要 16h）。

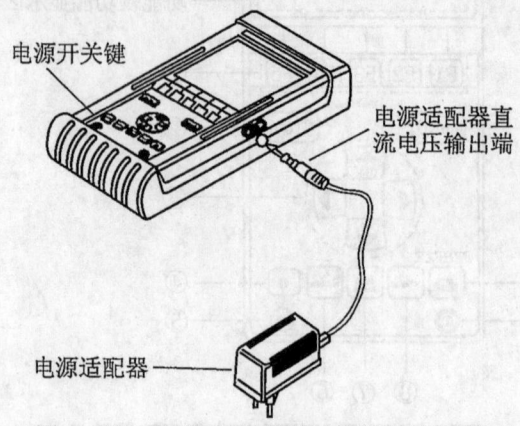

电源开关键

电源适配器直流电压输出端

电源适配器

图 1-29　FLUKE98 型专用示波器开机连接

3）按 ⊙ 电源键开启、关闭 FLUKE98 型专用示波器主机。开机后，其首先显示汽车基本参数设置情况，可根据被测车辆改变设置。

如果想要将 FLUKE98 型专用示波器主机储存的信息清除，恢复至出厂时初始状态，可在关机后，先按下 F5 功能键，再按电源键开机即可。

4）进行屏幕对比度的调节。可持续按住 ⊗ 键，直到屏幕清晰为止。

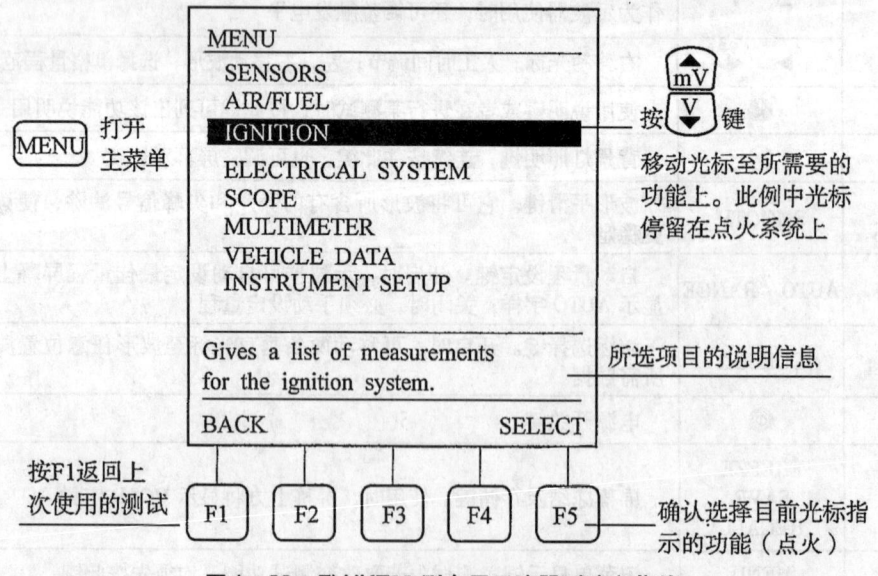

图 1-30　FLUKE98 型专用示波器测试主菜单

5）所有测试功能的菜单操作均很类似。按下"MENU"键后，屏幕显示主菜单，如图1-30所示。同时主菜单下方显示功能键的简要说明，可正确选用。主菜单显示时，按下![]键，将显示出系统测试更详尽的说明，获得在线帮助。FLUKE98型专用示波器的主菜单下可使用的测试功能框图如图1-31所示。

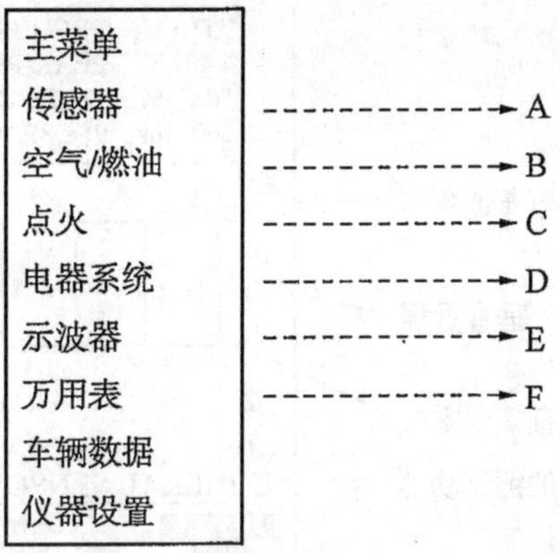

```
┌──────────────┐
│  主菜单        │
│  传感器    ----------→ A
│  空气/燃油  ----------→ B
│  点火      ----------→ C
│  电器系统  ----------→ D
│  示波器    ----------→ E
│  万用表    ----------→ F
│  车辆数据    │
│  仪器设置    │
└──────────────┘
```

图1-31　FLUKE98型专用示波器测试功能

图1-31中，A、B、C、D、E、F各个部分具体包含的内容如图1-32所示。

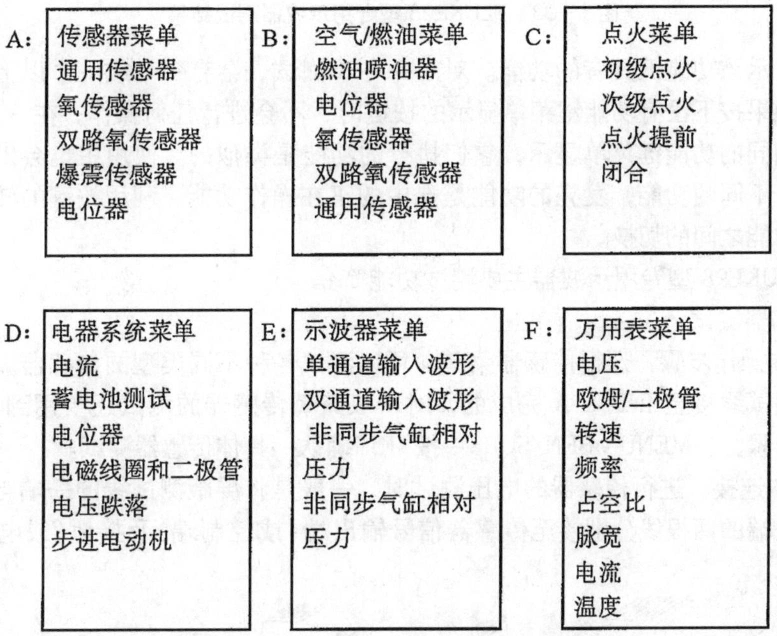

A：传感器菜单	B：空气/燃油菜单	C：点火菜单
通用传感器	燃油喷油器	初级点火
氧传感器	电位器	次级点火
双路氧传感器	氧传感器	点火提前
爆震传感器	双路氧传感器	闭合
电位器	通用传感器	

D：电器系统菜单	E：示波器菜单	F：万用表菜单
电流	单通道输入波形	电压
蓄电池测试	双通道输入波形	欧姆/二极管
电位器	非同步气缸相对压力	转速
电磁线圈和二极管	非同步气缸相对压力	频率
电压跌落		占空比
步进电动机		脉宽
		电流
		温度

图1-32　A、B、C、D、E、F各部分包含内容图解

6）通过"▲"、"▼"键选择所需测试系统，按"F5"键确认选择。再通过"▲"、"▼"键选至希望进行测试的项目（如点火系统的次级点火测试等等），按键确认。此时屏幕出现接线说明，按照接线说明正确接线（如在次级点火测试时，将次级点火拾取器夹到点火线圈高压端，转速信号拾取器夹到第一缸的分缸线上），确认即可进行测试。

7）测试结果可以显示为波形或读数形式，取决于所测试的项目。波形显示时，同时列出相关重要数据，如图1-33所示。对于一般传感器等测试，峰值、频率、占空比、脉冲宽度等量可以以读数显示。

8）测试中要正确使用功能键"F1"～"F5"。屏幕下方的功能键菜单显示在对应的功

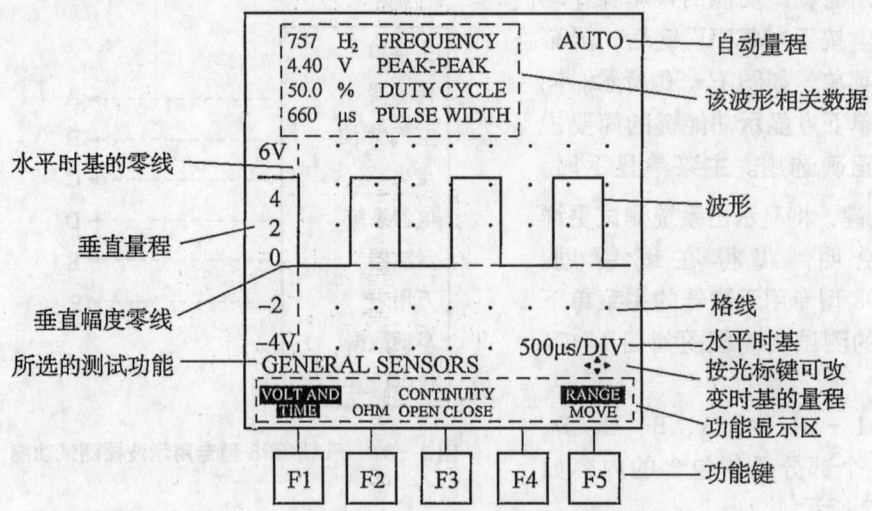

图 1-33　FLUKE98 型专用示波器测试结果

能键上，表示该功能键具有的功能。对于每一个测试，会有一个或一个以上功能键菜单显示，如果按下没有功能键菜单显示的按键时，不会进行任何操作；在一些测试中，会出现有相同的功能键菜单显示，它们执行的功能是类似的。使用中也会出现 1 个功能键有 2 个不同的功能，发亮的功能是选中的正在操作功能，利用按键的转换，可以实现不同功能之间的切换。

（2）FLUKE98 型专用示波器主要测试功能简介

1）传感器测试。

a. 基本操作步骤：选择传感器菜单，可以测试各种不同类型的传感器。测试一般使用屏蔽测试线接至 INPUT A 完成的，对于双路氧传感器的测试还要用到 INPUT B。菜单选择步骤为：MENU→SEN/SORS→按"F5"确认→具体传感器测试。

b. 基本连接：进行传感器的电压测试时，一般是将屏蔽测试线的一端与 INPUT A 相连，另一端的两根线分别接至传感器信号输出端（或控制端）及接地（或电源负极），

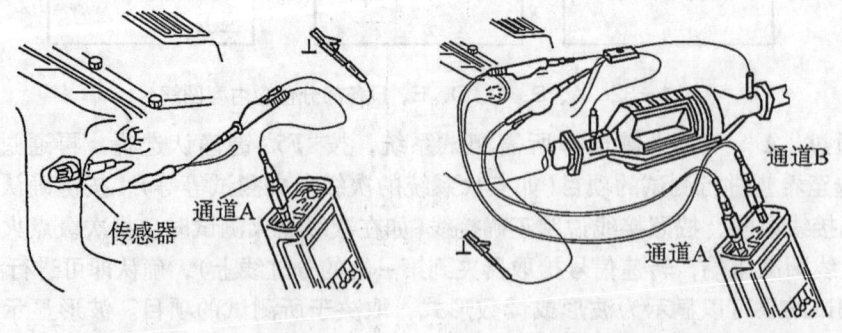

(a) 传感器的一般连接　　　　　　　(b) 双路氧传感器测试的连接

图 1-34　用 FLUKE98 型专用示波器测试传感器的连接

接线示意图如图1-34(a)所示。双路氧传感器测试连接见图1-34(b)。

c. 注意"OL"符号的意义: 当电阻数值超过示波器测量范围时, 就会显示在左侧屏幕; 当传感器电阻数值太高或传感器接线开路时也会有此显示。

2) 空气/燃油系统测试。

a. 基本操作步骤: 测试汽车进气和燃油系统的执行器和传感器。测试时是用屏蔽测试线接至INPUT A 完成的。菜单选择步骤为: MENU→AIR/FUEL→按"F5"确认→具体喷油器、传感器测试。

b. 基本连接: 测试功能的连接与传感器测试的连接一样。如图1-35所示, 测试结果如图1-36所示。

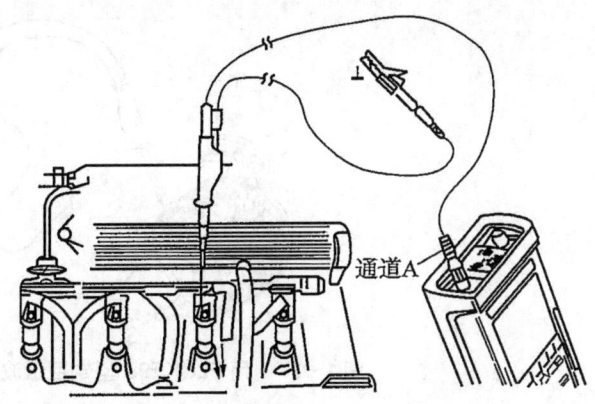

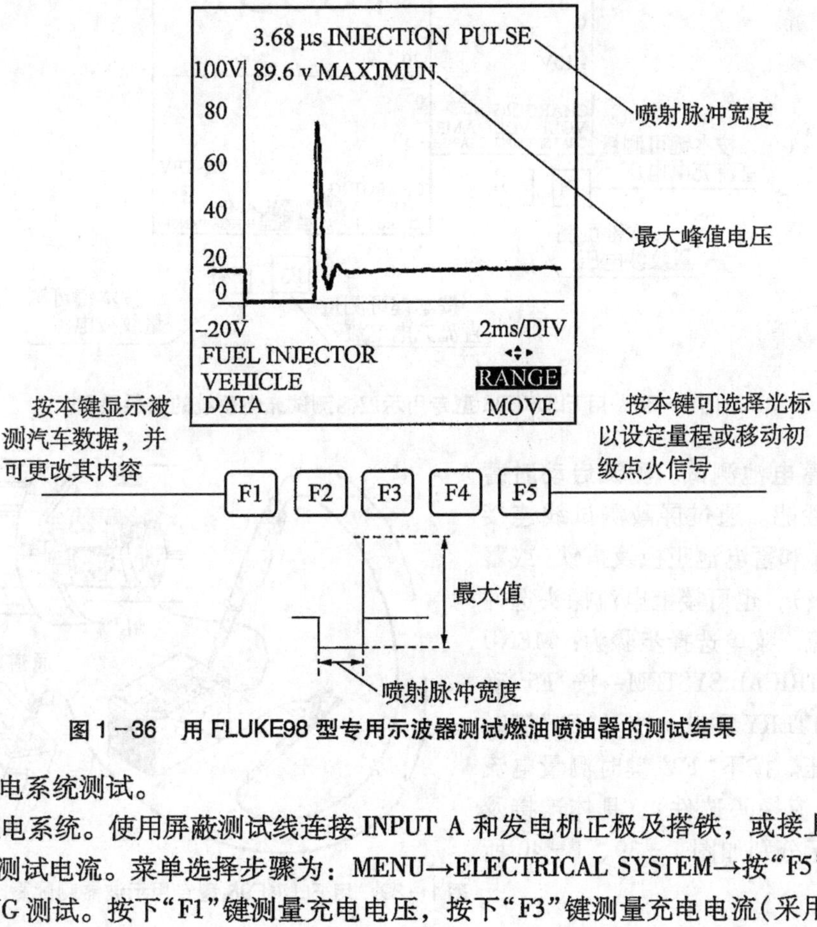

通道A

图1-35 用 FLUKE98 型专用示波器测试燃油喷油器的连接

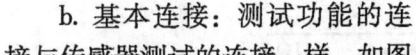

3.68 μs INJECTION PULSE

89.6 v MAXJMUN

喷射脉冲宽度

最大峰值电压

2ms/DIV

FUEL INJECTOR VEHICLE DATA

RANGE MOVE

按本键显示被测汽车数据, 并可更改其内容

按本键可选择光标以设定量程或移动初级点火信号

F1 F2 F3 F4 F5

最大值

喷射脉冲宽度

图1-36 用 FLUKE98 型专用示波器测试燃油喷油器的测试结果

3) 充电系统测试。

a. 充电系统。使用屏蔽测试线连接 INPUT A 和发电机正极及搭铁, 或接上电流探头选件来测试电流。菜单选择步骤为: MENU→ELECTRICAL SYSTEM→按"F5"确认→CHARGING 测试。按下"F1"键测量充电电压, 按下"F3"键测量充电电流(采用电流探

头选件)。充电系统的连接如图 1－37 所示，测试结果如图 1－38 所示。

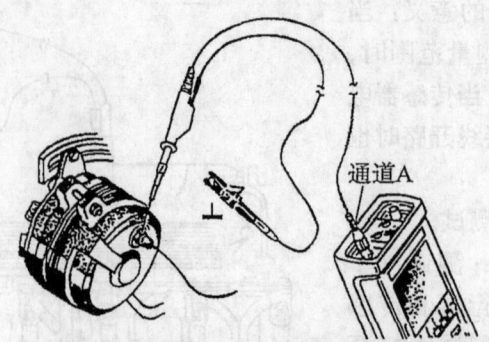

图 1－37 用 FLUKE98 型专用示波器测试充电系统的连接

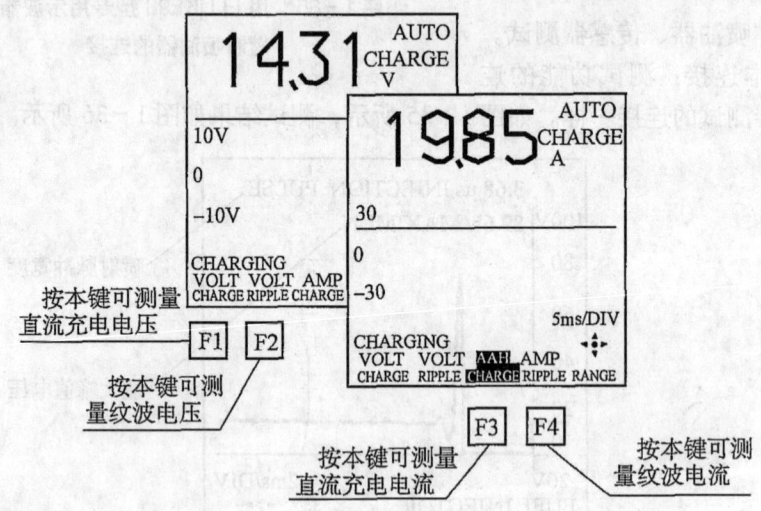

图 1－38 用 FLUKE98 型专用示波器测试充电系统的结果显示

b. 蓄电池测试。测试启动时蓄电池的性能。通过屏蔽测试线连接 INPUT A 和蓄电池正极及搭铁(或蓄电池负极)，也可接上电流探头选件测试电流。菜单选择步骤为：MENU →ELECTRICAL SYSTEM→按"F5"确认→BATTERY 测试。按下"F1"键时测量电压。按下"F2"键时测量电流(采用电流探头选件)。具体连接及结果显示分别如图 1－39、1－40 所示。

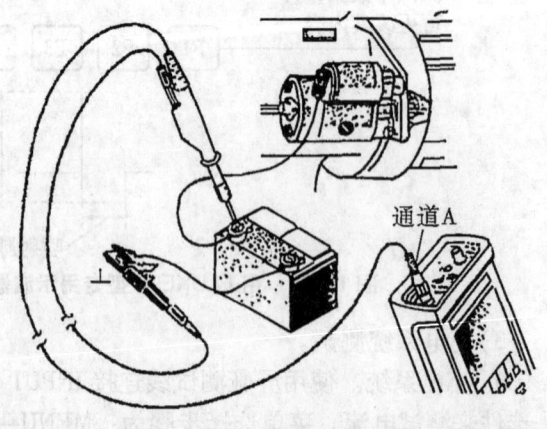

图 1－39 用 FLUKE98 型专用示波器测试蓄电池的连接

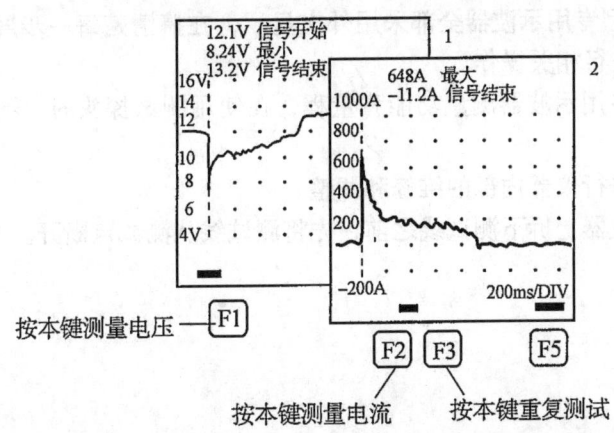

图 1－40　用 FLUKE98 型专用示波器测试蓄电池电压波形显示

c. 电磁线圈及二极管测试。测试电磁线圈和二极管是用屏蔽测试线连接 INPUT A 和电磁线圈。屏幕显示电磁线圈的电压，包括测量到的最大电压和最小电压，或者显示电磁线圈的电阻。菜单选择步骤为：MENU→ELECTRICAL SYSTEM→按"F5"确认→SOLENOIDAND DIODE 测试，具体连接如图 1－41 所示。

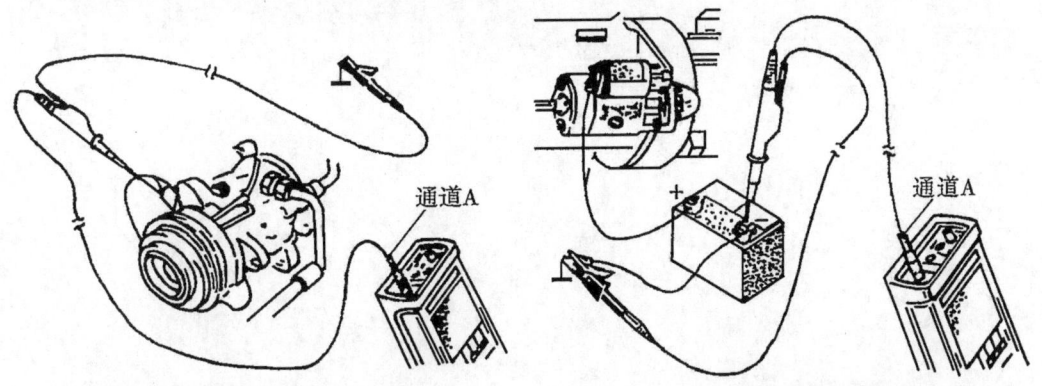

图 1－41　用 FLUKE98 型专用示波器测试
电磁线圈和二极管的连接

图 1－42　用 FLUKE98 型专用示波器测试
电压跌落的连接

d. 电压跌落。用于测量电器设备装置上的开关、线路和接线的电压损失。因为线路和接触点的电压损失会造成电气性能不良。菜单选择步骤为：MENU→ELECTRICAL SYSTEM→按"F5"确认→VOLTAGE 测试，具体连接如图 1－42 所示。

FLUKE98 型专用示波器的其他测试项目基本同上面相似。

(3)FLUKE98 型专用示波器使用注意事项

1)测试前要将测试车辆按测试项目准备好，如发动机热车等。

2)使用时要先将稳压电源和交流插孔连接后再和 FLUKE98 型专用示波器相连。

3)确认专用示波器的设置必须与被测车辆的数据相符合。

4)通过主菜单选择所需的测试功能，专用示波器在线帮助功能可以帮助作出正确选择。

5）FLUKE98 型专用示波器全部采用外文显示，在搞清楚每一步屏幕显示信息的正确含义后，才能进行相关操作。

6）准确选择专用示波器测量功能和量程，在使用测试探头时，不要用手指接触金属部分。

7）不要随意进行仪器内部的维修和调整。

8）从专用示波器上拆下测试线之前，先将测试线从测试点断开。

第2章 柴油车充电系统维修

第一节 发电机的种类与结构特点

一、发电机的基本种类

汽车用发电机由三相同步交流发电机与半导体整流器组成。尽管目前汽车种类很多，使用的发电机也有所区别，但发电机的基本组成、结构和工作原理基本相似。

1. 按电压调节器所处的位置区分

(1)普通交流发电机

发电机与调节器为独立的两个部件，在充电电路中有调节器的接线电路。

(2)整体式交流发电机

调节器安装在发电机内部，在充电电路中没有调节器的接线。

2. 按发电机内部二极管的数量区分

(1)普通6管交流发电机

如图2-1所示，只有整流二极管。

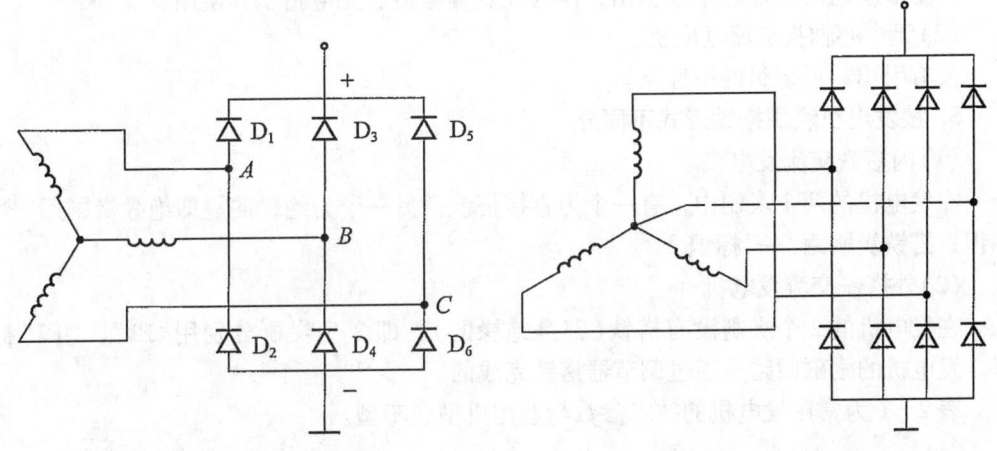

图2-1 普通6管交流发电机   图2-2 8管交流发电机

(2)8管交流发电机

如图2-2所示，与普通6管交流发电机相比，增加2只中性二极管以提高发电机的输出能力。

(3)9管交流发电机

如图2-3所示，与普通6管交流发电机相比，增加3只励磁二极管。

(4)11管交流发电机

如图2-4所示，将8管交流发电机和9管交流发电机的特点结合在一起。

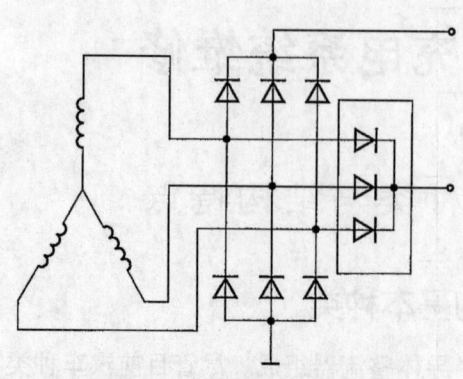

图2-3 9管交流发电机

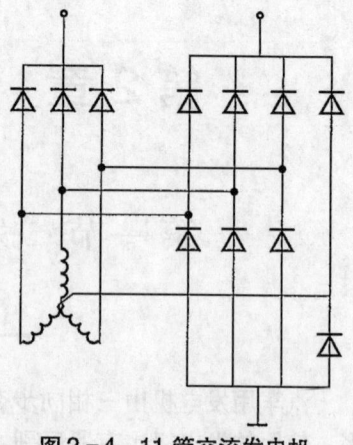

图2-4 11管交流发电机

3. 按发电机的励磁方法分

(1)有炭刷交流发电机

发电机的磁场是通过炭刷引入励磁电流建立的。

(2)无炭刷交流发电机

发电机的磁场是通过感应建立的。

4. 按发电机后端盖上有无中心轴头分

(1)有中心轴头交流发电机

将星形绕组的中性点单独引出,作为控制继电器、充电指示等使用。

(2)无中心轴头交流发电机

没有引出星形绕组的中性点。

5. 按发电机炭刷搭铁形式不同分

(1)内搭铁交流发电机

在发电机的两个炭刷中,有一个为直接搭铁,另一个为绝缘的。即绝缘炭刷用"F"标识,搭铁炭刷用"—"标识。

(2)外搭铁交流发电机

在发电机的2个炭刷没有搭铁(都是绝缘的),即2个炭刷分别用"F1"、"F2"标识。发电机的励磁回路是通过调节器搭铁完成的。

表2-1为常用发电机的技术参数与选用机型、车型。

表2-1 常用发电机的技术参数与选用机型、车型

型 号	额定输出电压 (V)	额定输出电流 (A)	空载转速 (r/min)	额定工作转速 (r/min)	适用机型、车型
JF2511Z	28	18	1 000	3 500	玉林6105Q、上柴6135Q、济南JN151、陕汽SX162
JF2511Y	28	18	1 000	3 500	上重SH162、济内6130、济南JN151、陕汽SX162

续表

型 号	额定输出电压 （V）	额定输出电流 （A）	空载转速 （r/min）	额定工作转速 （r/min）	适用机型、车型
JF25 JF25A	28	18	1 000	3 500	玉林 6105Q、上柴 6135Q、 济南 JN151、陕汽 SX162
JF11ZB JF252	28	18	1 000	3 500	朝柴 6102BQ、 解放 CA141K3
JF2512	28	18	1 000	3 500	杭发 X6130、黄海 DD652
JF2712B JF272	28	18	1 000	3 500	解放 CA141K2、 大柴 6110A
JF2812 JF281	28	36	1 000	3 500	上柴 12V135AZK、大柴 6125Q、朝柴 6102BQ—H
JFZ2512Y	28	25	1 000	3 500	上柴 B6135
JFZ2518	28	27.0	1 150	5 000	潍柴 WD615、 斯太尔 1491
JFZ2711Z	28	12.5	1 100	5 000	潍柴 WD615、 斯太尔 1491
JFG2811	28	36.0	1 200	6 000	上柴康明斯、C6114ZQ、 上飞大客车
JFG2814 JFZ814	28 28	35.0 35.0	1 150 1 150	5 000 5 000	重发康明斯 VTC—290、 红岩 CQ30·290

二、无刷交流发电机

硅整流发电机因具有滑环和电刷，长期使用时，由于滑环与电刷的磨损、接触不良或烧蚀等，会造成励磁不稳定或不发电等故障。而无刷交流发电机，由于转子上没有励磁绕组，省去了滑环和电刷，故而结构简单、故障少和工作可靠。无刷交流发电机一般有 3 种形式：感应子式无刷交流发电机、爪极式无刷交流发电机、具有励磁机的无刷交流发电机。其中感应子式和爪极式无刷交流发电机较为常用。

1. 爪极式无刷交流发电机

图 2-5 为爪极式无刷交流发电机的结构原理。图 2-5 所示磁路的主要特点是：励磁绕组通过一个磁轭托架固定在后端盖上，两个爪极中只有一个爪极直接固定在发电机转子轴上，另一爪极则用非导磁连接环固定在前一爪极上。当转子旋转时，一个爪极就带动另一个爪极

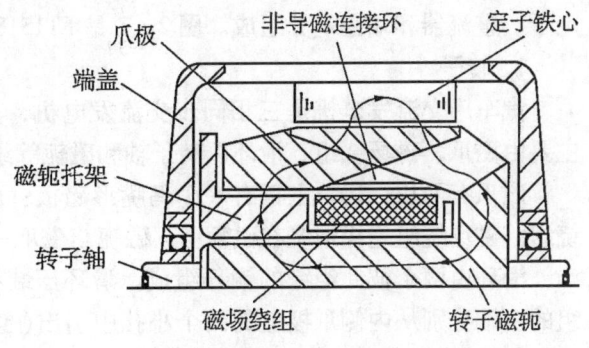

图 2-5　爪极式无刷交流发电机

一起在定子内转动。

当励磁绕组中有直流电流通过时，其磁路是：左边爪极的磁极 N→主气隙→定子铁心→主气隙→右边爪极的磁极→转子磁轭→附加气隙→磁轭托架→附加气隙。

转子旋转时，爪极形成的 N 极和 S 极的磁力线在定子绕组内交替通过，定子槽中的三相绕组中便感应出三相交流电，经整流后变为直流电。

2. 感应子式交流发电机

感应子式交流发电机由定子、转子、整流器和机壳组成。它的转子由齿轮状硅钢片铆成，上有若干个沿圆周均匀分布的齿形凸极，而没有励磁绕组。励磁绕组和电枢绕组均安放在定子槽内，发电机内没有滑环和电刷，如图 2-6 所示。

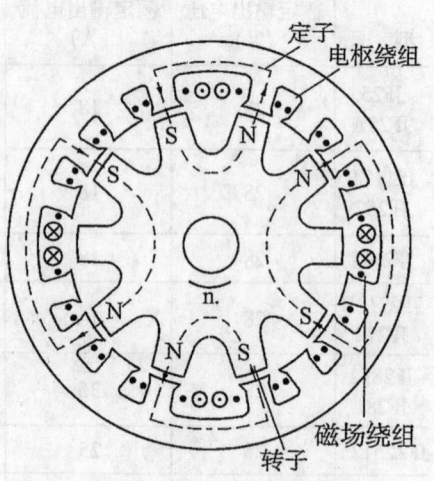

图 2-6 感应子式交流发电机

当励磁绕组通入直流电后，在定子铁心中产生固定磁场（右上部、左下部为 S 极，左上部、右下部为 N 极）。由于转子凸齿部分磁通容易通过，磁感应强度最大，从而形成磁极，但转子的每个凸齿是没有固定极性的，当它对着定子右上部、左下部时就是 N 极，对着左上部、右下部时就是 S 极。可见，定子上的每个电枢绕组只与同极性的凸齿起作用。转子在不运动的磁场内旋转时，当转子凸齿对着定子凸齿时，磁通量最强。将电枢绕组以一定的方式连接起来，并经整流，就成为直流电。

感应子式交流发电机与同步交流发电机的本质区别在于其交流电动势的频率恒等于 Z/60（Z 为转子齿数），与定子上励磁绕组形成的磁极对数无关。此外，感应子式交流发电机在空载和满载时比功率较低。

三、交流发电机构造

车用交流发电机 30 多年来，虽然局部结构有所改进，但是基本结构都是由转子、定子、整流器和端盖 4 分组成。图 2-7 是 FT1518 交流发电机结构图。

1. 转子

汽车用交流发电机是三相同步交流发电机，其转子的功用是产生旋转磁场。转子主要由磁爪、磁场绕组、滑环、转子轴和磁轭等组成，如图 2-8 所示。

磁爪有两块，每块上都有 6 个鸟嘴形磁极；两块磁极间的空腔内装有磁轭和磁场绕组。磁场绕组绝缘地绕在磁轭上，磁轭与磁爪一起压装在转子轴上。

滑环由两个彼此绝缘的铜环组成。滑环压装在转子轴的一端并与轴绝缘。磁场绕组的两端分别从内侧爪极上的两个小孔中引出（也有从两极爪间引出），一端焊接在滑环的内侧铜环上，另一端则焊接在外侧铜环上，两个铜环分别与发电机的两个电刷接触。两个电刷用导线分别接在后端盖电刷架上的"磁场"和"接铁"接柱上。

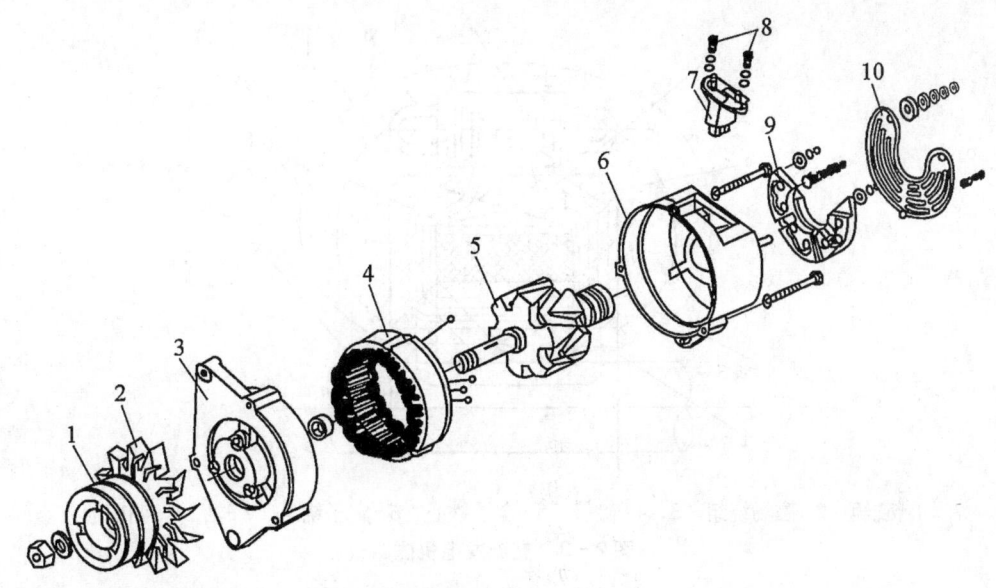

1-V带轮　2-风扇　3-前端盖　4-定子总成　5-转子总成　6-后端盖
7-电刷架总成　8-电刷架紧固螺钉　9-硅整流元件板　10-防护罩

图2-7　发电机分解图

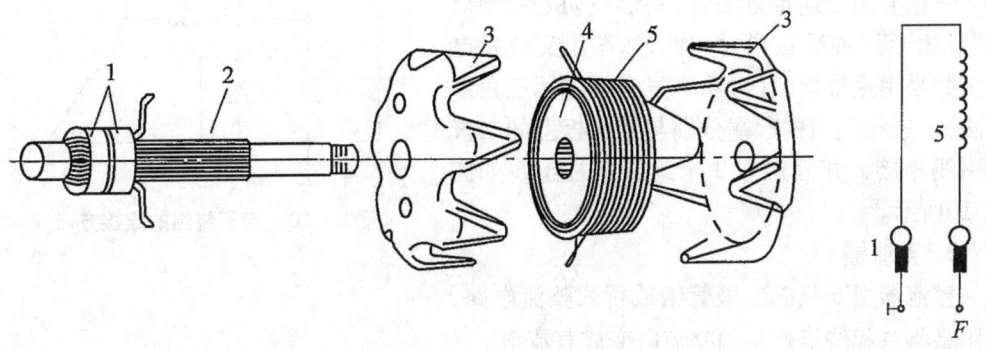

1-滑环　2-转子轴　3-爪极　4-磁轭　5-磁场绕组

图2-8　交流发电机转子

当有直流电流通过磁场绕组时，便产生轴向磁通，使一块爪极形成N极，另一块爪极形成S极，从而形成6对相互交错的磁极，其磁路如图2-9所示。大部分磁通（主磁通）路径是：磁轭→N极→转子与定子间的空气隙→定子铁心→定子与转子间的空气隙→S极→磁轭。小部分磁通从定子旁边的空气中及N极与S极之间的空间通过，这部分称为漏磁通。

2. 定子

定子的作用是产生三相交变电动势。定子由铁心和三相定子绕组组成。定子铁心由相互绝缘的内圆带有线槽的硅钢片叠成。

35

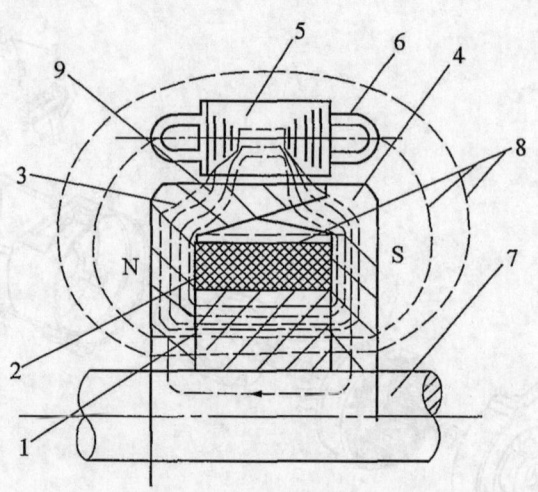

1-磁轭　2-磁场绕组　3、4-磁极　5-定子铁心　6-定子绕组　7-轴　8-漏磁通
图2-9　交流发电机磁路

　　三相定子绕组采用高强度漆包线绕制而成。定子铁心内圆一般有36个线槽，每相定子绕组均由6个线圈串联而成，每个线圈大约绕13匝。

　　三相绕组的连接方法有"星形"（亦称Y形）和"三角形"（亦称△形）两种。汽车用交流发电机多数采用星形接法（大功率发电机采用三角形接法）。三相绕组的起端分别与整流板上的二极管引线相接，并固定在3个绝缘接柱上，如图2-10所示。

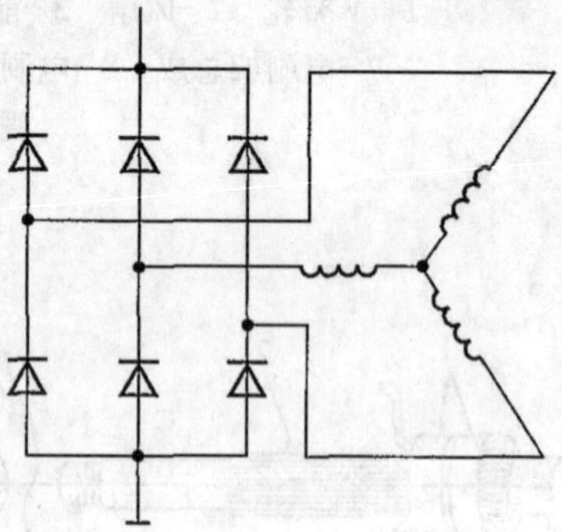

图2-10　定子绕组的连接方法

3. 整流器

　　整流器由6只硅二极管组成桥式整流电路，作用是将三相绕组产生的交流电变成直流电。

　　交流发电机使用的整流二极管，由于工作中要通过较大电流，都做成"面接触"形式，如图2-11所示。常用整流二极管外形与极性如图2-12所示，由于装配的需要和制造方法不同，二极管的引线可形成两种不同的极性。外壳为正极，中心引线为负极的二极管，称负极二极管，壳体上通常涂有黑（或绿）色标记；相反壳体为负极，中心引线为正极的二极管，称为正极二极管，壳体上涂有红色标记。

　　安装二极管的铝制散热板称为整流板（也称元件板）。现代汽车上交流发电机都有两块整流板，安装3只正极管子的整流板（外侧）称为正整流板，安装3只负极管子的整流板（内侧）称为负整流板，如图2-13所示。两块板子相互绝缘地安装在一起（有的发电机只有正整流板，负整流板用发电机外壳代替，但由于维修不便，已逐渐被淘汰），然后固装在后端盖上。

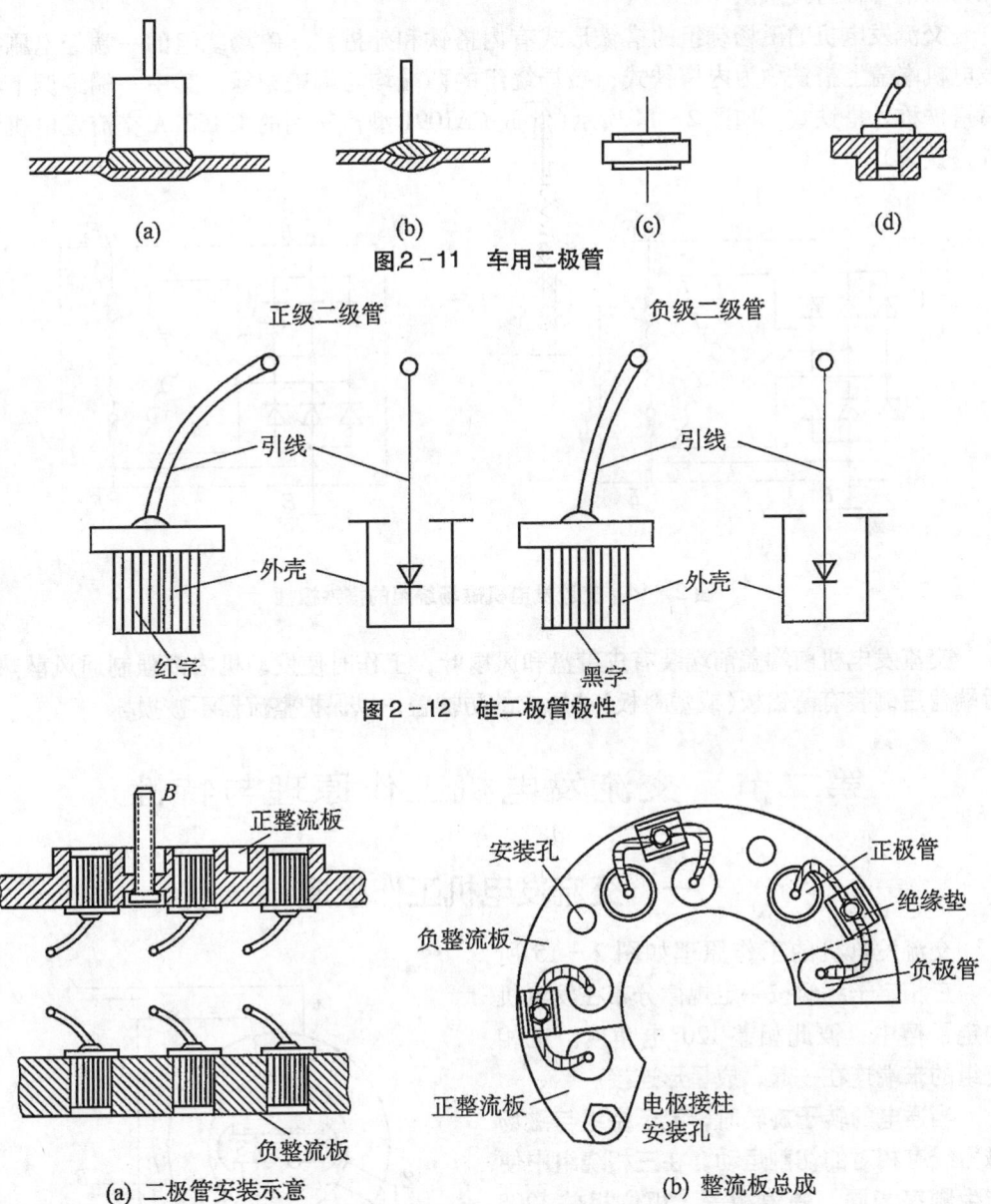

图2-11 车用二极管

图2-12 硅二极管极性

图2-13 整流板及二极管的安装

　　安装在正整流板上并与正整流板绝缘的3个接线柱分别固装有正、负极管子的引线和来自三相绕组某一相的端头。与正整流板连接在一起的螺栓引出端盖外部作为发电机的输出接柱，称为"电枢"接柱，用"B"表示。

4. 端盖

　　交流发电机的前后端盖均用铝合金铸造而成，它漏磁少、重量轻和散热性能好。

　　在后端盖上装有电刷组件。它由电刷、电刷架和电刷弹簧组成。电刷用铜粉和石墨粉模压而成，电刷架用玻璃纤维塑料模压而成。电刷安装在电刷架孔内，借弹簧的压力与滑环保持接触。

交流发电机的磁场绕组的搭铁形式有内搭铁和外搭铁。磁场绕组的一端经电刷在发电机端盖上搭铁称为内搭铁式；磁场绕组的两端均与端盖绝缘，其中一端经调节器后搭铁称外搭铁式，如图2-14所示（解放 CA1091 型汽车用的 JF1522A 交流发电机为外搭铁式）。

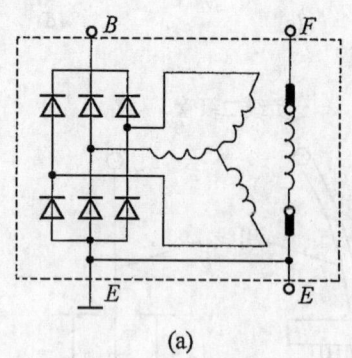
(a)

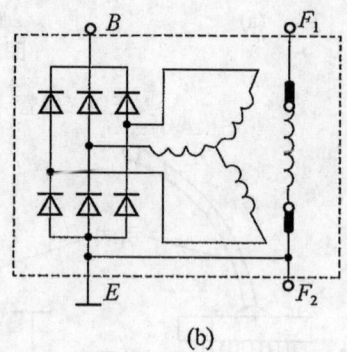
(b)

图2-14 交流发电机磁场绕组的搭铁极性

交流发电机前端盖前端装有皮带盘和风扇叶，工作时使发动机内部强制通风散热。后端盖后侧装有薄铝板（或塑料板）冲压成的防护盖，以保护整流器不被损坏。

第二节 交流发电机工作原理与特性

一、交流发电机工作原理

交流发电机的工作原理如图2-15所示。三相定子绕组按一定规律分布在发电机的定子槽中，彼此相差 120° 电角度。三相绕组的末端连在一起，成星形连接。

当通电的转子旋转时，定子绕组与磁场磁力线有相对的切割运动，在三相绕组中便产生频率相同、幅值相等、相位相差 120° 电角度的三相正弦交流电动势，其波形如图2-16(b)所示。

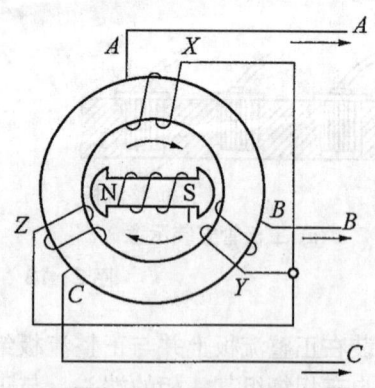

图2-15 交流发电机工作原理

每相电动势的有效值为：

$$E_\varphi = 4.44kf\Phi N(v)$$

式中：k ——绕组系数（交流发电机采
　　　　　用整距集中绕组 $k=1$）；

　　　N ——每相绕组的匝数（匝）；

　　　Φ ——每极磁通（Wb）；

f ——感应电动势的频率
（Hz）。

其大小：

$f = \dfrac{pn}{60}$（p 为磁极对数，n 为转速）。

交流发电机定子绕组中感应产生的交流电是靠6只二极管组成的三相桥式整流电路变为直流电的。二极管具有单向导电性，当二极管加正向电压时，二极管导通，呈现低阻状态；当二极管加反向电压时，二极管截止并呈现高阻状态。利用二极管的单向导电性，便可把交流电变成直流电。

（1）二极管的导通原则如下［如图2-16(a)所示］

二极管 D_1、D_3、D_5 的正极分别接在发电机三相绕组的始端，负极连接在一起，在某一瞬间，正极电位最高者导通；二极管 D_2、D_4、D_6 的负极分别接在发电机三相绕组的起端，正极连接在一起，在某一瞬间，负极电位最低者导通。

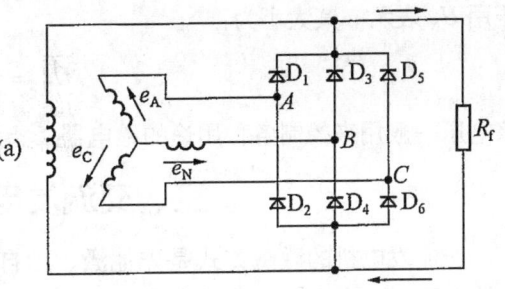
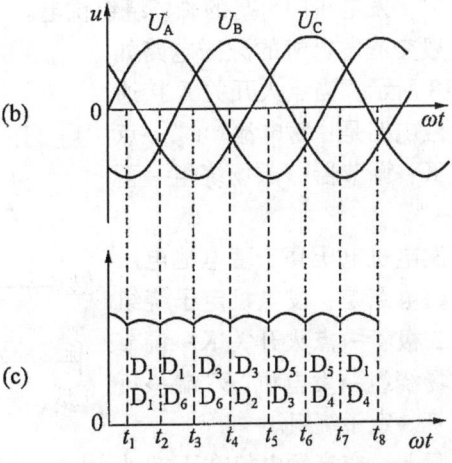

图2-16　三相桥式电路及整流原理

（2）整流过程如下（如图2-16所示）

$t=0$ 时，$U_A = 0$，U_B 为负值，U_C 为正值，二极管 D_5、D_4 获得正向电压而导通。电流从 C 相流出经 C 点、D_5、R_f、D_4 流回 B 相。

$t_1 \sim t_2$ 时间内，A 相电压最高，B 相电压最低，D_1、D_4 管处于正向电压而导通。A、B 相之间的线电压加在负载 R_f 上，上正下负。

$t_2 \sim t_3$ 时间内，A 相电压最高，C 相电压最低，D_1、D_6 管处于正向电压下而导通，A、C 相之间的线电压加在负载 R_f 上，上正下负。

$t_3 \sim t_4$ 时间内，B 相电压最高，C 相电压最低，D_3、D_6 管导通，B、C 相之间的线电压加在负载 R_f 上，且上正下负。

依此循环导通，每一时刻有两只二极管工作，在负载两端可得到一个比较平稳的直流脉动电压［如图2-16(c)所示］。

交流发电机定子绕组大都带有中心抽头，它是从三相绕组的中性点引出，如图2-17所示，其接线柱的标记为"N"，输出电

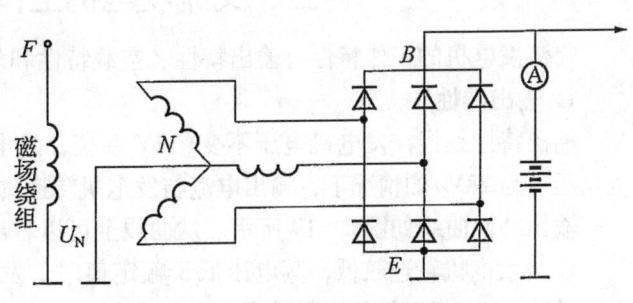

图2-17　带中心抽头的交流发电机

压用 U_N 表示。其大小为：

$$U_N = \frac{1}{2}Uu$$

该电压一般用来控制各种用途的继电器、指示灯等。

二、交流发电机激磁方式

交流发电机的激磁方式是先他激、后自激，即当发电机转速较低，其电压低于蓄电池电压时，先由蓄电池向发电机磁场绕组供电；当发电机转速升高、电压高于蓄电池电压时，发电机向自身的磁场绕组供电。

一般交流发电机的激磁电路如图 2 - 18 所示。当点火开关 K 接通时，激磁电路是：蓄电池" + "→点火开关 K→调节器→磁场绕组→蓄电池" − "。

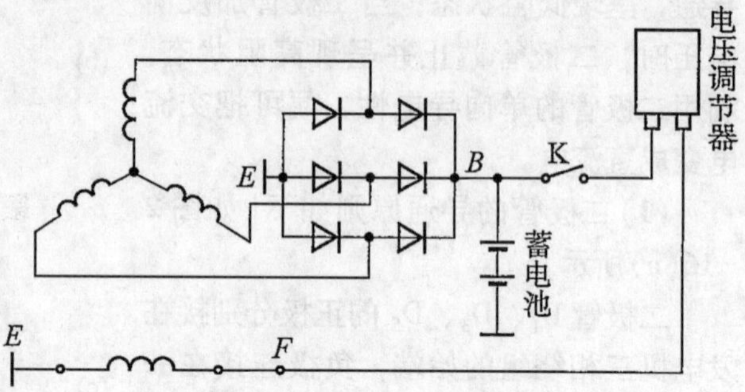

当发电机电压高于蓄电池电压时，激磁电路是：发电机定子绕组→正极二极管→点火开关 K→调节器→磁场绕组→发电机" E "端→负极二极管→定子绕组。

图 2 - 18　交流发电机激磁电路

实际上，交流发电机在不接外电源(蓄电池)时，也能像直流发电机一样自激发电，其过程如下：在交流发电机转子的磁爪中有一定的剩磁，当转子以一定的转速旋转时，在定子中便产生感应电动势，经二极管整流后通过外电路加到磁场绕组上，使发电机磁场进一步增强，发电机感应电动势增大，这个增大了的电动势经整流后，又加在磁场绕组上使磁场增强，如此相互促进，使发电机电压很快升高。但是，上述自激过程只有在发电机转速较高时才能完成。因为交流发电机的磁极的尺寸小，保存剩磁的能力弱，低速时定子绕组切割剩磁磁力线产生的电动势小于整流二极管的死区电压(约 0.6V)，因此交流发电机低速时不能自激发电。为了使发电机电压很快升高及时向蓄电池和其他用电设备供电，交流发电机都采用先他激的方式。

三、交流发电机工作特性

交流发电机的工作特性有输出特性、空载特性和外特性。

1. 输出特性

输出特性是指在发电机电压不变(12V 系统，发电机电压为 14V；24V 系统，发电机电压应为 28V)的情况下，输出电流与发电机转速的关系。即：$I = f(n)$ 的函数关系。

输出特性曲线如图 2 - 19 所示。从曲线上可以看出以下几点：

1)当发电机转速较低，其电压低于额定值时，发电机不能向外供电；当转速达到空载转速(充电指示灯指示开始充电时的发电机转速称为空载转速)n_1 时，发电机才能向外供电。因此，空载转速 n_1 可作为选择发电机与发动机之间传动比的依据。

2）当转速超过 n_1 时，发电机输出电流将随着转速的升高和用电设备的增加而增大，当转速等于额定转速（发电机输出额定电流时的转速）n_2 时，发电机输出额定电流。

额定电流和额定转速是生产厂家根据试验规定的，并标在发电机铭牌上。使用中，如发现其额定电流及额定转速与铭牌不符时，说明发电机有故障。表 2-2 中列出了部分国产交流发电机的主要性能指标。

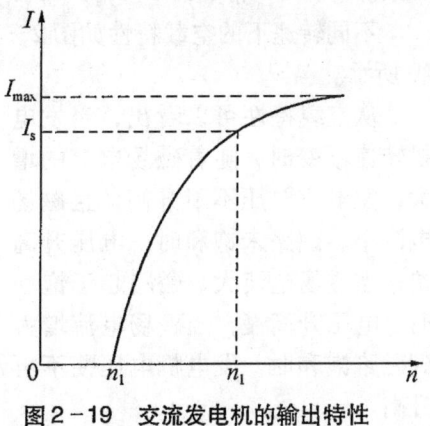

图 2-19　交流发电机的输出特性

表 2-2　交流发电机的规格及性能

型号	规　格		空　载		负　载			配用调节器型号
	额定电压（V）	额定功率（W）	额定电压（V）	转速（r/min）	额定电压（V）	额定电流（A）	转速（r/min）	
JF1522A	14	500	14	≤1 150	14	36	≤2 500	FT102
JF132	14	350	14	≤1 000	14	25	≤2 500	FT61
JF132C	14	350	14	≤1 000	14	25	≤2 500	FT61
JF13E	14	350	14	≤1 000	14	25	≤2 500	FT61
JF25	28	500	28	≤1 000	28	18	≤2 500	FT212
JF25C	28	500	28	≤1 000	28	18	≤2 500	FT212
KIRL18V/35A	28	1 000	28		28	35	≤6 000	ED28V

3）当发电机转速达到一定值时，发电机输出电流不再随转速的升高和负载电阻的减小而增大，这说明交流发电机本身具有限制输出电流的作用。现就交流发电机限流的主要原因定性分析如下：

交流发电机的定子绕组具有一定的阻抗 Z，其大小可以用相绕组的电阻 R 和感抗 X_L 表示，即：

$$Z = \sqrt{R_\varphi^2 + X_L^2}$$

由于定子绕组的电阻较小，阻抗的大小主要取决于感抗 X，即：

$$Z = X_L = 2\pi f L = 2\pi L \cdot \frac{Pn}{60}$$

由上式可知，定子绕组的阻抗与发电机转速和磁极对数成正比，当转速增大时，感抗增大，阻抗增大，发电机的内阻增大，起到了阻碍输出电流的作用。故交流发电机配用的调节器没有限流器。

2. 空载特性

空载特性是指发电机转速不变，输出电流为零时，端电压 U 随激磁电流 I_j 变化的关系。即行 $n = $ 常数，$I = 0$，$U = f(I_j)$ 的函数关系。

不同转速下的空载特性如图 2-20 所示。

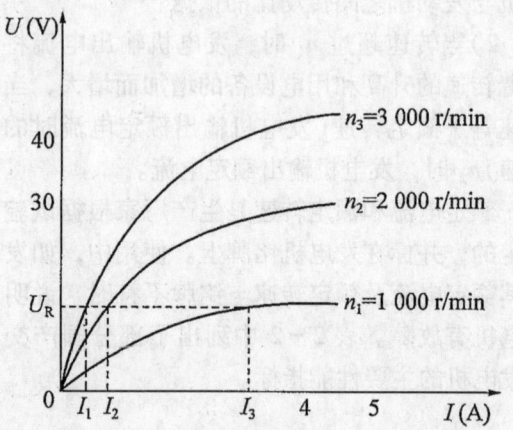

从空载特性可以看出，当发电机转速不变时，随着磁场电流的增大，发电机电压不断升高，且磁场电流小、磁路未饱和时，电压升高快；当磁场电流大、磁路趋于饱和时，电压升高慢，当磁场电流增大到磁路饱和时，发电机电压便不再升高。

在不同转速时，同一电压在高转速下需要的激磁电流小，低转速时需要的激磁电流大，可见当转速

图 2-20　不同转速下交流发电机的空载特性曲线

变化时，可以通过改变磁场电流的大小来控制发电机电压使之保持稳定。

3. 外特性

外特性是指发电机转速一定时，其端电压随输出电流变化的关系。即 $n = $ 常数时，$U = f(I)$ 的函数关系。

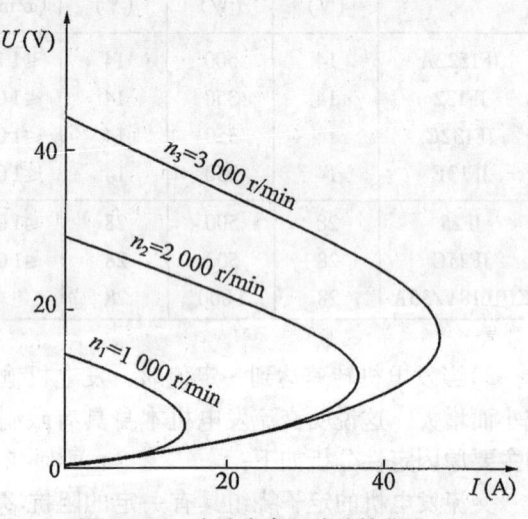

外特性如图 2-21 所示。当未接通负载时发电机端电压等于空载电压。接通负载时，端电压随输出电流的增大而下降，当输出电流增大到一定值时，如果继续减小负载电阻，则输出电流不但不增加反而减小，即曲线出现拐点，该点对应的输出电流称为该转速下的临界电流，当负载接近短路时，输出电流很小。

从外特性曲线图可知，在输出电流增大时，发电机转速越高，端电压

图 2-21　交流发电机外特性曲线

下降越快，故发电机在高速时，如果突然失去负载，其端电压会急剧升高，这对于发电机及调节器中的电子元件是非常危险的，必须采取过压保护措施。

上述的稳态短路电流是在逐渐减小负载电阻的情况下得到的，如果在有大电流输出的情况下，突然使发电机输出端短路，同样会烧坏电子元件，这是绝对不允许的。

第三节 交流发电机调节器结构特点

一、电压调节器的功用

由于高速时交流发电机的阻抗增大,使其本身具有限制输出电流的能力,且整流二极管的单向导电性能阻止蓄电池向发电机反向放电,所以交流发电机不再需要电流限制器和截流继电器,故交流发电机调节器只有一组电压调节器(简称节压器)。

交流发电机电压调节器的作用是将发电机输出电压限制在某一限定值内,使之不随转速的升高而增大,以保护用电设备和蓄电池不被损坏。

二、电压调节器的分类

交流发电机电压调节器种类繁多,型号各异,但按其总体结构可分为电磁震动式调节器和电子调节器两大类。

电磁震动式电压调节器按触点数可分为单级触点电磁震动式和双级触点电磁震动式;按其功能又分为单联电磁震动式和双联电磁震动式。

电子电压调节器可按结构形式、装配方式、功能和搭铁形式进行分类。按结构形式分为:分立元件电压调节器和集成电路电压调节器。按装配方式分为:外装式电压调节器和内装式电压调节器。按功能分为:普通电子电压调节器和多功能电压调节器(如带充电指示控制器的电压调节器、带过压控制器的电压调节器)。按搭铁形式分为:内搭铁型电子电压调节器(配内搭铁型交流发电机)和外搭铁型电子电压调节器(配外搭铁型交流发电机)。

随着微机技术在汽车上的应用,上世纪80年代末开始,部分发达国家已将上述调节装置取消,而改用直接利用微机控制系统的部分功能来控制发电机输出电压等电气参数。

三、电压调节器

电压调节器有3个接线柱,其中"+"接线柱接电源线,该线由点火开关、经熔丝盒至调节器。因此,只有点火开关顺时针置于"点火"挡时,电压调节器才接通电源;"F"接线柱与发电机磁场绕组一端相连接;"－"接线柱与电气线路中的搭铁线相连接。使用中不得将线接错,并注意拧紧接线螺钉。

1. 调节器

调节器的工作原理如图 2 - 22 所示。该电压调节器由电阻 R_1、R_2、R_3、R_6 和稳压管 W_1 构成 1 个电压敏感电路;半导体三极管 BG_1、达林顿管 BG_2 分别构成 2 个开关电路。当发电机电压低时,W_1B、G_1 均处于截止状态,而 B 岛导通,即将发电机励磁绕组一端搭铁,使励磁电流上升,发电机电压升高。当发电机的输出电压在分压电阻 R_1 上的分压等于 W_1 上的分压等于 W_1 的标准电压时,则 W_1 击穿,BG_1 导通,使 BG_2 岛截止,而将发电机励磁绕组电路切断,发电机电压下降。电压下降又使 W_1、BG_1 截止,

BG_2 重新导通，发电机电压再升高。如此循环，使发电机端电压控制在一定范围内。

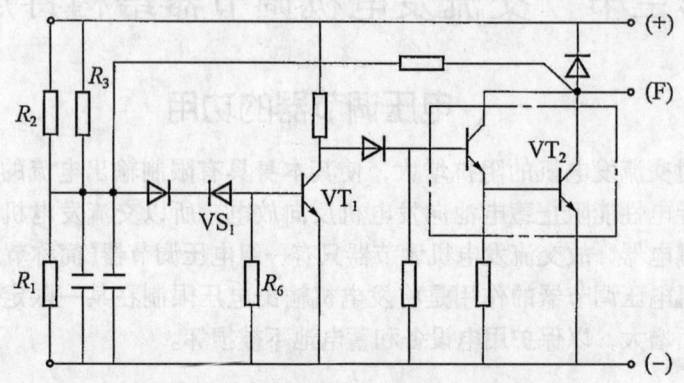

图 2-22　电压调节器电路原理

电压调节器出厂时已将电压调准，使用中不用进行任何调整。调节器的元件更换，见图中的故障分析部分。调节器更换元件之后，要检查调节电压值，当发电机转速为 3 500r/min、负载电流为 18A 时，调节电压值应在 13.9～14.3V 范围内。如电压偏高，可适当减少调整电阻 R_3 的阻值。反之，应适增加电阻 R_3 的阻值。

2. 熔断器

熔断器容量为 30A，接在蓄电池和发电机之间。作用是保护交流发电机和线束。如果发现熔断器有故障，经常烧坏熔丝，应查出原因后，才更换新件。

四、电磁震动式电压调节器

1. 工作原理

电磁震动式电压调节器原理如图 2-23 所示。它主要由电磁铁机构、触点 K、调节电阻 R_{tj} 及弹簧等组成。电磁铁机构由铁心、磁化线圈和衔铁组成。磁化线圈一端搭铁，另一端接发电机正极，以承受发电机的输出电压。触点串联在激磁绕组电路中，平时保持闭合状态。调节电阻 R_{tj} 与触点 K 并联。电磁震动式电压调节器是利用力矩平衡原理来控制触点工作的。

其工作原理如下：

当发电机转动后，其感应电动势 E 便逐渐升高，发电机电压亦随

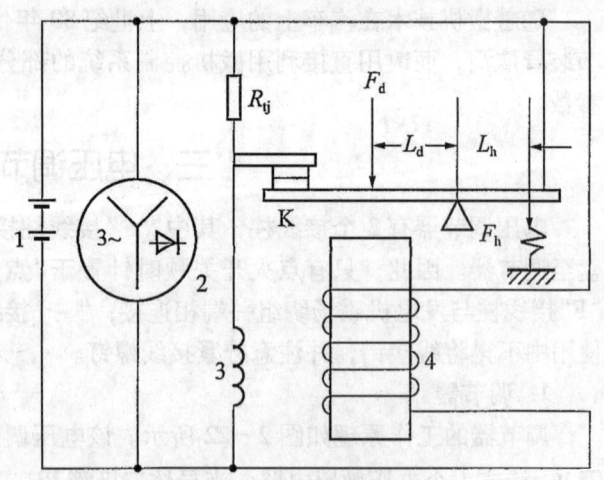

1-蓄电池　2-发电机　3-磁场绕组　4-磁化线圈
图 2-23　电压调节器基本线路

之升高。当发电机电压低于蓄电池电压时，激磁绕组和磁化线圈由蓄电池供电。

激磁电路：蓄电池"＋"→调节器触点 K→激磁绕组→搭铁→蓄电池"－"。

磁化线圈电路：蓄电池"＋"→磁化线圈→搭铁→蓄电池"－"。

随着发电机转速升高，当发电机电压 U 高于蓄电池电压但尚低于调节器调节电压时，激磁绕组和磁化线圈则由发电机供电。

激磁电路：发电机"＋"→调节器触点 K→激磁绕组→搭铁→发电机"－"。

磁化线圈电路：发电机"＋"→磁化线圈→搭铁→发电机"－"。

磁化线圈通过电流产生电磁力吸引衔铁，由于发电机电压低于调节电压。因此，磁化线圈中电流产生的电磁力矩（$F_d \cdot L_d$）小于弹簧力矩（$F_h \cdot L_h$），触点 K 仍保持闭合状态。

当发电机转速 n 升高到一定值，其端电压达到并稍高于调节电压（此时使发电机转速保持不变）时，磁化线圈产生的电磁力矩（$F_d \cdot L_d$）便大于弹簧力矩（$F_h \cdot L_h$）而将衔铁吸下，触点张开，调节电阻 R_{tj} 串入激磁电路中，此时激磁电路为：

发电机"＋"→调节电阻 R_{tj}→激磁绕组→搭铁→发电机"－"。

由于激磁电路中串入了调节电阻 R_{tj}，因此激磁电路中电阻增大，激磁电流 Φ 减小，磁通垂减少，发电机电压 U 下降。

当发电机电压 U 降到低于调节电压值时，磁化线圈电流减小，使电磁力矩小于弹簧力矩，触点重新又闭合，调节电阻 R_{tj} 被短接，激磁电流又增大，发电机电压 U 又升高。当 U 升高至高于调节电压时，触点重新又断开。如此反复，使发电机电压 U 脉动，如图 2-24 所示。实际调节电压已是上限电压 U_2

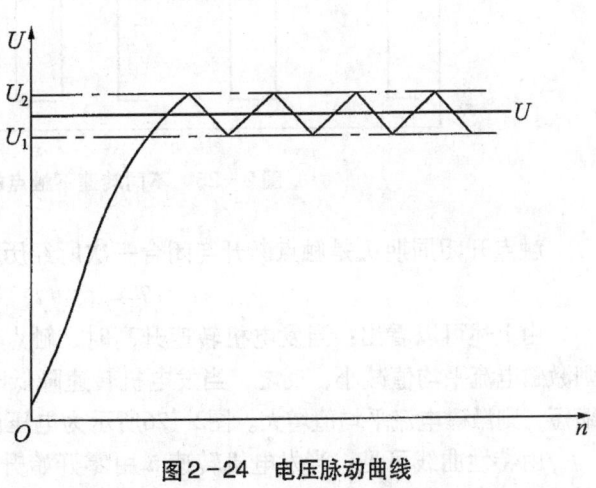

图2-24 电压脉动曲线

和下限电压 U_2 的平均值，通常称为限额电压，12V 电气系统的限额电压为 13.5～14.5V，24V 电气系统的限额电压为 27～29V。

2．工作特性

电压调节器工作特性是指发电机电压平均值、激磁电流平均值随转速的变化规律。

汽车发电机的转速变化范围很大，为使发电机在不同的转速均保持电压恒定，必须使激磁电流随转速的升高而减小，电压调节器的工作特性才能满足这一要求。

为说明这一点，先研究一下在发电机不同转速下触点的开闭及激磁电流的变化规律。利用示波器检测磁场绕组两端的电压波形来测量发电机在不同转速下，电压调节器触点的开闭周期 T、闭合时间 t_b 和断开时间 t_k。实测结果如表 2-3 和图 2-25 所示。

表2-3 电磁震动式电压调节器触点开闭时间

发电机转速 n(r/min)	闭合时间 t_b(ms)	张开时间 t_k(ms)	开闭周期 T(ms)
1 000	2.1	0.8	2.9
1 400	0.95	0.95	1.9
1 800	0.6	1.4	2.0

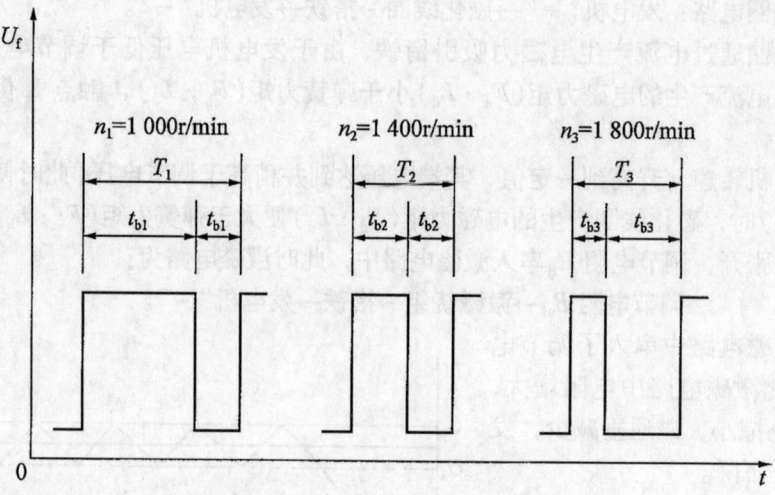

图2-25 不同转速下触点的开闭时间

触点开闭周期 T 是触点断开与闭合一次所经历的时间。即：

$$T = t_b + t_k$$

由上述可以看出：当发电机转速升高时，触点闭合的时间如缩短，断开时间增长，则激磁电流平均值减小；反之，当发电机转速降低时，触点闭合时间如增长，断开时间缩短，则激磁电流平均值增大。图2-26所示为电压调节器的工作特性曲线。

由特性曲线可见：当发电机转速 n 由零开始升高时，发电机的电压 U 和激磁电流

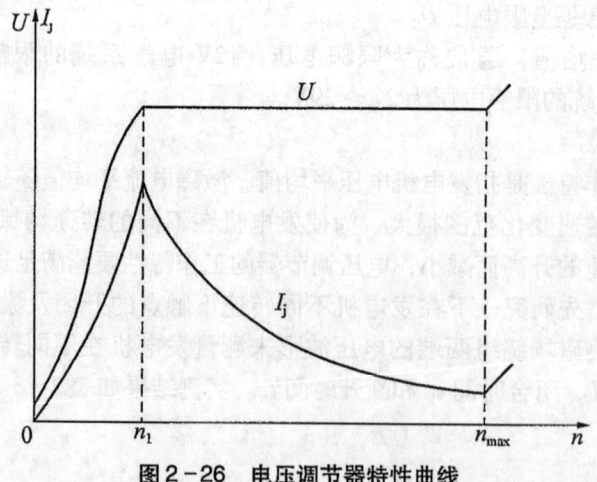

图2-26 电压调节器特性曲线

亦随之增大，当发电机电压 U 达到限额电压时，激磁电流达到最大值：

$$I_j = \frac{U}{R_j}$$

此时所对应的转速为 n_1，调节器开始工作，触点开始震动。直到 n 升高到 n_{max} 时震动才停止。转速 n_{max} 称为电压调节器工作开始的转速下限，转速 n_{max} 称为电压调节器工作终止的转速上限。

从下限 n_1 到上限 n_{max} 之间的转速范围称为电压调节器的调节范围。在电压调节器调节范围内，触点在周期性的断开与闭合。当触点闭合时，激磁电路中的电阻只有激磁绕组电阻 R_j，当触点断开时，使调节电阻 R_{tj} 串入激磁电路中，即激磁电路中电阻为 $(R_{tj} + R_j)$。随着发电机转速的升高，R_{tj} 串入的时机增多，使激磁电流逐渐减少，磁极磁通亦减少，从而保证了发电机输出电压的稳定。

当转速 n 升高到 n_{max} 时，触点将不再闭合。如则一直串入激磁电路中，激磁电流最小。即：

$$I_{J_{max}} = \frac{U}{R_j + R_{tj}}$$

此时，若转速 n 继续升高，电压 U 和激磁电流 I_j 便又将随转速 n 升高而升高，电压调节器失去调节作用，发电机电压失控。

显然，调节器的工作范围与调节电阻 R_{tj} 有关，R_{tj} 愈大，则调节器工作上限愈高，调节范围大，但 R_{tj} 不能过大，否则会产生强烈火花而烧蚀触点。

3. 提高电磁震动式电压调节器性能的方法

(1) 提高触点震动频率

上述电磁震动式电压调节器解决了发电机转速变化时用电设备要求电压恒定的问题。但由于衔铁具有机械惯性，磁化线圈具有磁滞性，因此触点震动频率较低，发电机输出电压的脉动性大，会导致灯光闪烁，仪表指针不稳，影响其正常工作。所以有必要提高触点的震动频率。

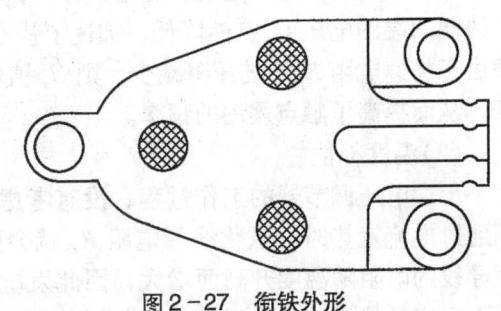

图 2-27 衔铁外形

1) 减少机械惯性。将衔铁制成薄而轻，外形为三角形或半圆形，如图 2-27 所示。以减少衔铁的转动惯量和缩短重心与支点间的距离。

2) 减少铁心的磁滞性。目前普遍采用加速电阻的方法，如图 2-28 所示。将加速电阻 R_{js} 与调节电阻 R_{tj} 串联，磁化线圈一端搭铁，另一端接在两电阻之间。因此磁化线圈两端的电压 U_x 为：

$$U_x = U - U_{js} = U - I_{js} \cdot R_{js}$$

式中：U_{js}——加速电阻两端的电压；

I_{js}——流过加速电阻的电流。

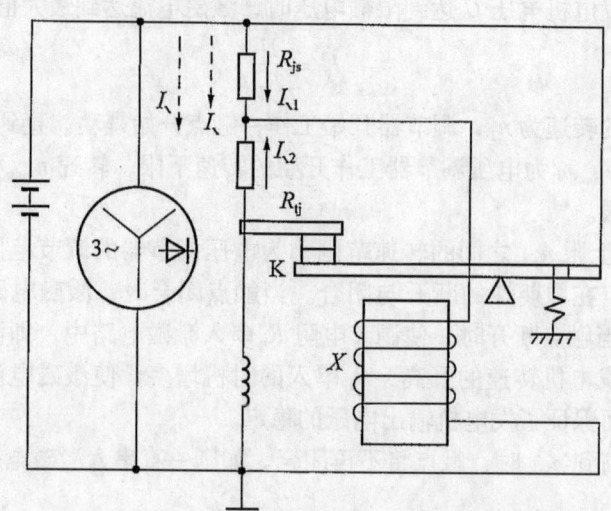

图2-28 具有加速电阻的电压调节器基本线路

当触点 K 闭合时，磁化线圈中的电流 I_x 由两路流入（如图2-28中实线箭头所示）。一路（I_{x1}）经 R_{js}；另一路（I_{x2}）经触点 K 和 R_{tj}。故流经 R_{tj} 的电流 I_{x1}，仅为 I_x 的一部分（$I_{js} = I_{x1}$），其在 R_{js} 上的压降为 $I_{x1} \cdot R_{js}$。

当触点 K 张开时，磁化线圈电流 I_x 和激磁电流 I_j 全部都要经过加速电阻 R_{js}（如图2-28中虚线所示），即 $I_{js} = I_x + I_j$。此时 R_{js} 上的压降为 $(I_x + I_j) \cdot R_{js}$。

$$(I_x + I_j) \cdot R_{js} \geqslant I_{x1} \cdot R_{js}$$

因限额电压值是一定的，当触点张开瞬间，由于加速电阻 R_{js} 上的压降增大，使磁化线圈两端的电压 U_x 突然降低，加速了铁心退磁，使触点又迅速闭合。当触点闭合瞬间由于加速电阻 R_{js} 上的压降减少，则 U_x 值增大，加速了铁心的磁化，使触点又迅速张开。从而提高了触点震动的频率。

（2）温度补偿

上述电压调节器的工作过程，没有考虑温度的影响，而环境气温变化以及磁化线圈通过电流发热时，磁化线圈电阻 R_x 就会随之变化，则限额电压 U_e 也会发生变化。铜导线的电阻随温度升高而增大，因此发电机输出电压将随温度升高而升高。故必须采取温度补偿措施。常用的方法有以下几种。

1）采用康铜丝电阻。将磁化线圈的一部分改用康铜丝（铜镍合金）材料，设计时一般取磁化线圈总电阻值的 30%～65%。由于康铜丝的电阻温度系数很小，仅为铜导线电阻温度系数的 1/800，所以总电阻随温度变化相对减少，发电机输出电压受温度的影响也相应减少。具体方法有 3 种：第 1 种是将康铜丝绕制成电阻后再与磁化线圈串联（如图 3-29 中的 R_3）；第 2 种是将康铜丝作为磁化线圈的一部分绕在铁心上；第 3 种是将加速电阻做成康铜丝电阻。

2）采用磁分路。除采用康铜丝电阻补偿外，在电压调节器中还广泛采用了磁分路加以补偿。即在磁轭与铁心之间装有片状的磁分路（如图 2-29 中的 6），它与衔铁形成并联磁路。

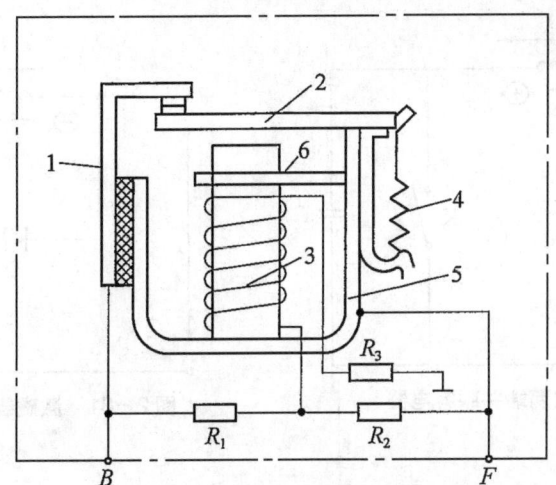

1-静触点支架　2-衔铁　3-磁化线圈　4-弹簧　5-磁轭　6-磁分路
图 2-29　电压调节器磁分路

　　磁分路的材料大都采用铁镍合金或铁镍铝合金制成，其磁阻都是随温度升高而增大。磁化线圈在铁心中产生的磁通分为两路：一路经气隙→衔铁 2→磁轭 5 回到铁心；另一路经磁分路 6→磁轭 5 回到铁心。

　　当温度升高时，虽然磁化线圈电阻增大，电流减少会使磁通减少；但温度升高又使磁分路的磁阻增大，使通过磁分路的磁通减少，而使通过气隙和衔铁的磁通增多，弥补了磁化线圈电流减少带来的影响。当温度降低时，磁分路作用与上述相反，从而使发电机输出电压不随温度变化而变化。

　　(3)减少触点火花

　　电磁震动式电压调节器通常采用钨-钨、钨-银触点，它们具有良好的导电性和耐腐蚀性。但在工作的过程中，触点间将会因激磁绕组中电流的变化产生自感电动势并加在调节器触点两端，从而产生电火花使触点烧蚀或烧结，影响调节器的正常工作。

　　1)在触点两端并联电容器。电路如图 2-30 所示。在触点 K 断开瞬间，由于磁场电流急剧减少，在激磁绕组中将产生很高的自感电动势 e_1，方向与激磁电流方向相同。并联电容 C 后，因电容两端电压不能跃变，在触点断开瞬间，自感电动势将通过电容充电构成回路，从而使触点间火花减弱。

　　2)在磁场绕组两端并联二极管。电路如图 2-31 所示。当触点 K 闭合时，二极管 D 承受反向电压而截止。在触点 K 断开瞬间自感电动势，使二极管获得正向电压而导通。二极管导通时，管压降很低(约 0.7V)，从而限制了 e_1 的上升。

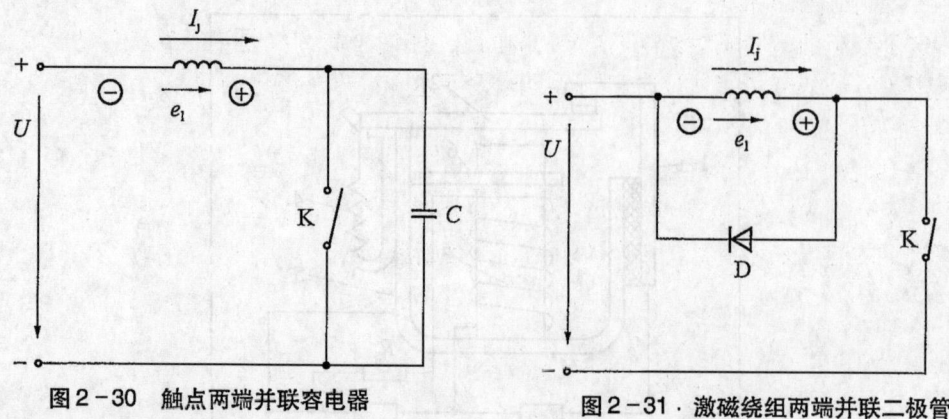

图2-30 触点两端并联容电器   图2-31 激磁绕组两端并联二极管

第四节 发电机和调节器的检查维修

一、交流发电机的检查与维修

发电机分解后，各零件应清洗干净（轴承、线圈用干净布蘸汽油擦拭），并对定子、转子、电刷、滑环及二极管等进行检验。

1. 磁场绕组的故障有搭铁、断路和短路

检查时，可用万用表的两触针分别搭接在两滑环上（如图2-32所示），测得的绕组电阻值应符合规定，JF1522A型发电机为$3.5 \sim 4.5\Omega$，否则表明有故障。阻值过大，说明绕组与滑环处的焊接不牢或绕组引出线转折处断裂；阻值过小，则为绕组有短路故障。绕组是否搭铁，也可用交流试灯进行检查（如图2-33所示）。

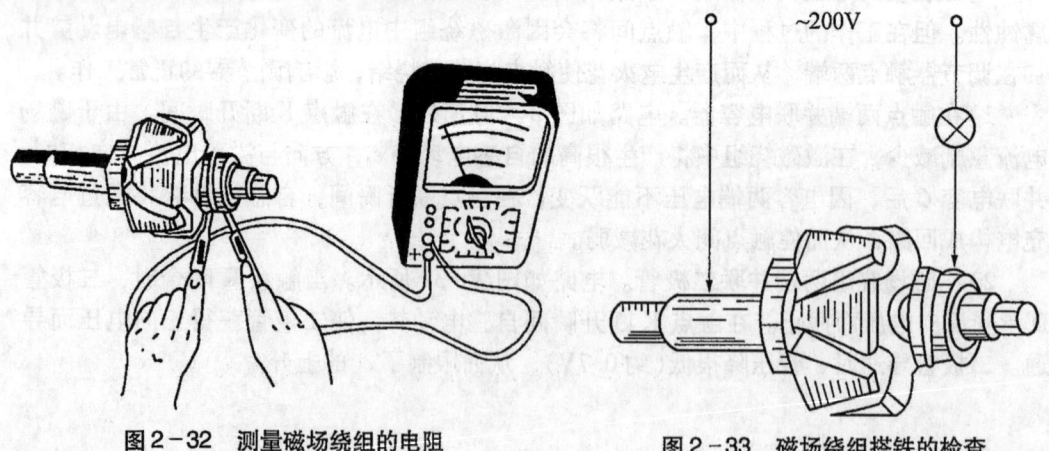

图2-32 测量磁场绕组的电阻   图2-33 磁场绕组搭铁的检查

若属于一般脱焊，重新焊接即可。如出现严重的搭铁、短路故障，无修理条件时应换新件。

2. 定子绕组的检验

定子绕组的检验先对绕组进行外部检视，仔细查看导线是否折断，各线头连接是否脱焊等。经外部检视如没有问题后，再按下述方法检验绕组内部是否有断路、搭铁、短路等故障。

（1）断路

可用万用表检查（如图2-34所示）。检查时，万用表拨至$R \times 1$电阻挡，两触针与各相绕组的起、末端搭接，如电路不通，即为断路。

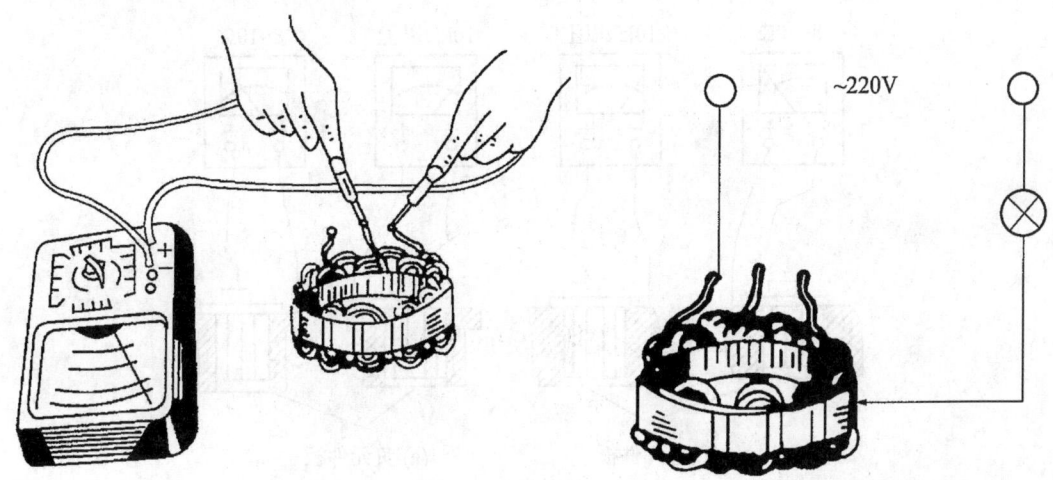

图2-34　定子绕组断路检查

图2-35　定子绕组搭铁检查

（2）搭铁

可用220V交流试灯检查（如图2-35所示）。为了确定是哪一相搭铁，可将星形连接点拆开检查。

（3）短路

短路故障常出现在各相间或每一线圈的匝与匝之间。确定线圈是否短路，主要看外部有无烧焦的地方。各相间是否短路，可用万用表进行检查：拆开末端星形连接点，将触针分别接在两相的引出线上，如两相通，即表明相间短路。

由于定子绕组电阻很小，一般仅为$150 \sim 200 \text{m}\Omega$，所以用测量电阻的方法难以测量其短路故障，尤其是同相线圈匝与匝间短路更难测定。因此，定子绕组有无短路故障，应在发电机分解前进行检测，根据示波器整流后输出电压的波形进行判断。

3. 硅二极管的检验

硅二极管主要有短路及断路故障。如有这些故障，硅二极管就失去应有的单向导电性或电路完全不通。

短路和断路故障，可用万用表测量其电阻值来分析确定。测量前应拆下二极管与定子绕组的连接线，以便对二极管逐个进行检查。

测量时，万用表的旋钮应拨在电阻挡的$R \times 1$处，按图2-36所示进行。因为万用表电阻挡的"－"触针是表内干电池的正极，"＋"触针是表内干电池的负极，所以当万用表"－"触针搭元件板，"＋"触针搭二极管的引出线时，二极管的正向电阻值应较小，约8～10Ω，如图2－36(b)所示。

然后将"－"触针搭二极管引出线，"＋"触针搭元件板，反向电阻应很大，在10kΩ以上。由于压在正元件板上的3只二极管的导电方向相反，测量结果也应相反，如图2－36(a)所示。

检查时，如果发现正、反向电阻值都极小，说明二极管已短路；若正、反向电阻值都极大，则表明二极管内已断路。

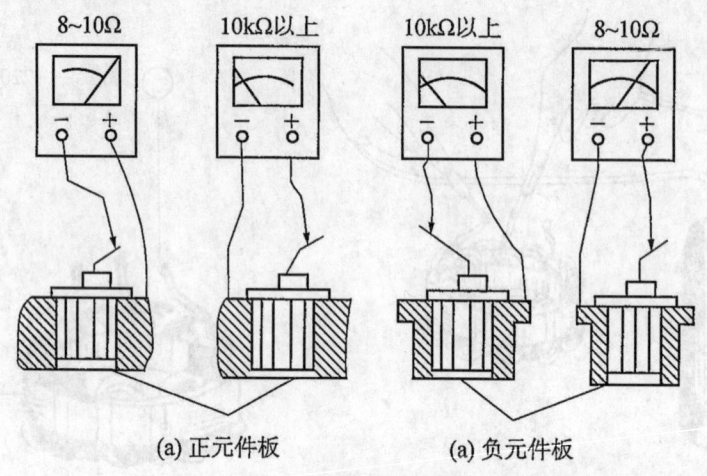

图2－36　用万用表检测硅整流元件

如果没有万用表，也可用车上的蓄电池作电源，以仪表灯泡作试灯来检查二极管。方法是：在蓄电池的正、负极上各接一导线，使其通过试灯交替地接在二极管的引出线和外壳上。试灯交替亮为良好；每次都亮为短路；每次都不亮为断路。

二极管短路或断路都应换件。更换时，新换的二极管与原来的极性必须一致；二极管装入座孔必须紧配合，如太松可加垫紫铜皮，如过紧可适当铰大座孔。不应松动，以免与座孔接触不良而烧坏二极管。

4. 滑环、电刷磨损情况的检查

滑环表面有轻微烧蚀时，可用"00"号砂纸打磨；烧蚀严重或圆柱度偏差大于0.025mm时，应精车加工，加工后滑环厚度应大于1.5mm。炭刷磨损超过原长一半时应更换。电刷标准高度为20mm。

5. 发电机的简单试验

空载和功率试验在试验台上进行。在无试验台的情况下，也可用万用表和蓄电池进行简单试验。以12V负极搭铁的交流发电机为例，测试方法如下：

用导线把蓄电池正极和发电机一个"磁场"接柱连接，蓄电池负极与发电机另一磁场接柱及外壳连接；把万用表拨到10V直流挡，万用表正触针(红色)接发电机"电枢"接柱，负触针(黑色)接发电机外壳；用手转动发电机V带轮，万用表的指针应摆动(有电压读数)。转速越快，指针摆幅愈大，电压读数越高。

二、调节器的检查与调整

当充电系统出现故障，经检查确认发电机工作正常而调节器有故障时，应将调节器从车上拆下进行检测与调整。

1. 电磁震动式调节器的检查

拆下调节器盖后，应先用目测的方法进行检查，看触点有无烧蚀，线圈及各电阻有无烧焦或断路等。如不能发现故障，应用万用表进一步检查。

（1）火线（B）与磁场（F）接柱间阻值的测量

1）触点 K_1 闭合（K_2 张开）时，"B"、"F"之间的电阻应小于 0.5Ω。

2）触点 K_1 断开（K_2 闭合）时，"B"、"F"之间的电阻应为 7.2Ω 左右。此时调节器等效电路如图 2-37 所示。

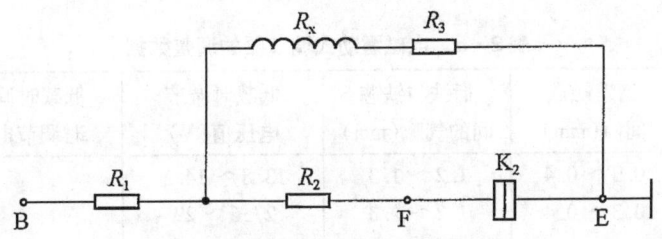

图2-37　触点 K_1 断开 K_2 闭合时等效电路

（2）测量火线（B）与搭铁（E）两接柱间的阻值

1）触点 K_1 闭合，K_2 断开时，"B"、"E"之间的电阻应为 23.5Ω 左右。此时调节器的等效电路如图 2-38 所示。

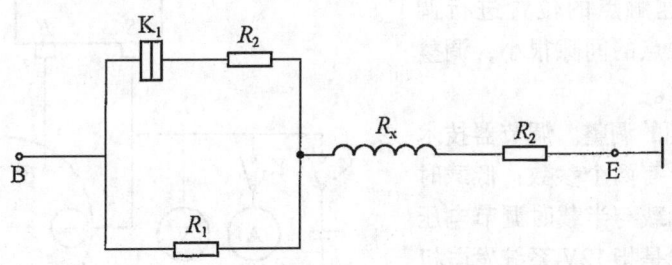

图2-38　触点 K_1 闭合 K_2 断开时等效电路

2）触点 K_1 断开，K_2 闭合时，"B"、"E"之间的电阻为 7.2Ω 左右，等效电路如图 2-37 所示。

在上述检测中，如发现阻值不符，应进一步检查各元件，找出故障部位。若触点烧蚀，可用"00"号砂布打磨，电阻、线圈损坏可参照表 2-4 进行修理。

表2-4　电磁震动调动器磁化线圈、电阻参数

型号	磁化线圈			电阻		
	导线（mm）	匝数	电阻（n）	调节电阻	加速电阻	温补电阻
FT70	ϕ0.29	700	7.2	9	0.4	20
FT70A	ϕ0.21	1 540	30	40	2	80
FT61	ϕ0.31	820	9.5	8.5	1	13
FT212	ϕ0.20	1 280	36	2个30Ω并联	—	60

（3）电磁震动式调节器的调整

调节器调整包括各部间隙的调整和技术性能的调整。

1）各部间隙的调整。电磁震动式调节器的间隙是指二级触点间隙以及衔铁与铁心间的间隙。常用调节器各部间隙及调整数据如表2-5所示。

表2-5　电磁震动式调节器的调整数据

型号	规格（V）	高速触点间隙（mm）	衔铁与铁芯间的气隙（mm）	低载时调节电压值（V）	低载时调节电压与半载时调节电压的差值（V）
FT70	12	0.3～0.4	1.2～1.3	13.8～14.5	≤0.5
FT70A	24	0.3～0.4	1.2～1.3	27.6～29	≤1
FT61	12	0.25～0.3	1.05～1.15	13.2～14.2	≤0.5
FT62	24	—	1.4～1.5	27.6～29.6	≤1

当衔铁与铁心间的气隙不符合规定时，可将静触点支架上的固定螺钉松开，然后按需要将支架上下移动进行调整即可。

当二级触点间隙不符合规定时，可通过改变高速触点的位置进行调整。由于二级触点的间隙很小，调整时必须认真细致。

2）技术性能的调整。调节器技术性能的调整主要有两个参数：低载时调节电压值及低载与半载时调节电压差值。所谓低载是指12V系统发电机负载电流为4A、半载是指交流发电机负载电流为额定电流的一半。

试验电路如图2-39所示。

启动拖动电机后，先合上开关K_1，让蓄电池向发电机激磁，待发电

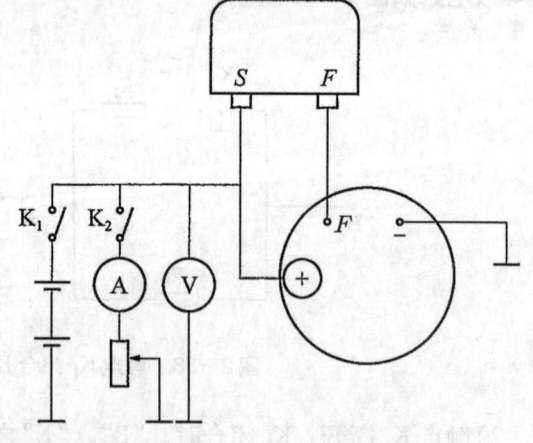

图2-39　交流发电机调节器试验

机自激发电后，断开开关K_1，闭合开关K_2。将发电机转速稳定在3 000r/min。调节可调电阻，使发电机处于低载状态工作，记下调节器所维持的电压值，若不符合规定，应改变弹簧的拉力予以调整，直到调好为止。

　　在上述基础上，继续调节可调电阻，使发电机处于半载状态。若电压不符合表3-5要求，应予以调整。一般情况下。当触点间隙与衔铁与铁心间的气隙调整都符合规定值时，低载与半载调节电压值不会超过规定值。若出现超过规定数值时，则一般都是由触点间隙过大或气隙调整不当所造成的。此时应停止运转，待两间隙调准后，再重新试验调整。

2. 电子调节器的检测

　　电子调节器的检测分为搭铁形式的判断及工作性能的检测。

　　电子调节器可以用直流电源或专用仪器进行检测。检测电路如图2-40所示。图中小灯泡L可用充电指示灯代替。

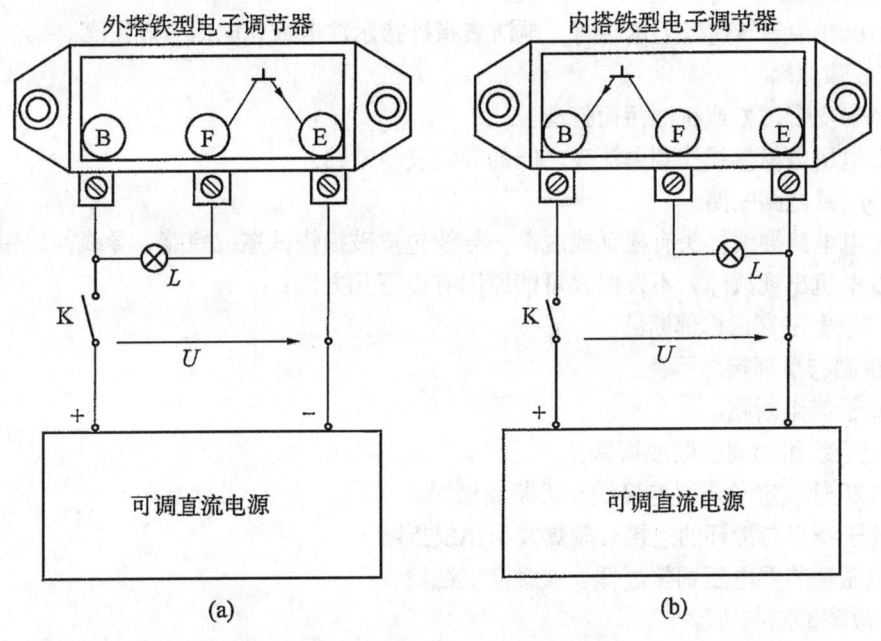

图2-40　电子调节器检测线路

（1）搭铁形式的判断

不知道调节器的搭铁极性时，可按图2-40(a)所示线路进行检测，具体方法如下：

1）将电压电源U，调到12V（28V调节器调到24V）。

2）接通开关K，若小灯泡不亮，则调节器为内搭铁型调节器；反之，则为外搭铁型调节器。

（2）调节器工作性能的检测

检测调节器是否良好，外搭铁型调节器按图2-40(a)所示线路连接；内搭铁型调节器按图2-40(b)所示线路连接。

检测线路接好后，先接通开关K，然后由0V逐渐调高直流电源电压U，此时小灯泡的亮度应随电压的升高而增强。当电压调到调节器调节电压（14V调节器为13.5～14.5V）或略高于调节电压时，若小灯泡熄灭，则调节器是好的；若小灯泡始终发亮，则调节器已经损坏——可能是大功率三极管短路或前级驱动电路的三极管或稳压管断路。

在上述检测过程中，若小灯泡始终熄灭，则调节器是坏的——可能是大功率三极管断路或前级驱动电路的三极管或稳压管短路。

第五节　充电系统维修案例

一、交流发电机和调节器常见故障诊断与维修

1. 发电机充电系统不充电

（1）故障现象

发动机在中等转速以上运转时，电流表指针指示放电或充电信号灯发亮。

（2）故障原因

1）风扇皮带过松或有油污而打滑。

2）发电机电枢接线柱到电流表之间的导线发生断路。

3）外励磁电路断路。

4）充电电路导线接头有松动或脱落，导线包皮破损搭铁造成短路，导线接线错误。

5）发电机出现故障，不发电。可能原因有以下几方面：

a. 二极管击穿或内部断路。

b. 炭刷与滑环接触不良。

c. 转子绕组断路。

d. 定子绕组相间短路或搭铁。

e. 二极管或定子绕组连接线头折断或松脱。

f. 转子绕组与滑环的连接处脱焊或引出线折断。

6）电压调节器电压调整过低，或触点烧蚀。

（3）故障诊断与排除

1）首先辨别不充电是因蓄电池存电充足还是充电系故障引起的。若由充电系故障所引起，可先检查风扇传动带是否打滑，各连接导线接线是否良好，以及发电机接线是否正确等。

2）发动机停转后，拆下调节器上电枢和磁场两接线柱上的导线，并将两线端连接，启动发动机，保持急速运转状态。观看电流表，若充电，说明调节器有故障，一般是低速触点烧蚀、脏污或高速触点不能分离。在接通点火开关时一般能听到"嗒、嗒"响声，若没有"嗒、嗒"声响，说明继电器触点未闭合，应拆下调节器盖，检查继电器磁化线圈是否烧坏、断路或短路，触点间隙是否过大或烧蚀。

3）拆下并连接调节器上电枢和磁场接线柱上导线，启动发动机至急速，若不充电，则使发动机停机，拆除接至发电机电枢接线柱上导线，用本车小灯泡作试灯，一端接发电机电枢接线柱，一端接外壳，如图2-41所示。若试灯亮，证明发电机良好，充电线路中有断路处；若试灯不亮，说明发电机内部有故障，应分解发电机，检查二极管是否损坏，接线柱和滑环的绝缘是否有破裂或击穿，定子和转子线圈是否断路或短路，

电刷和滑环接触是否良好。

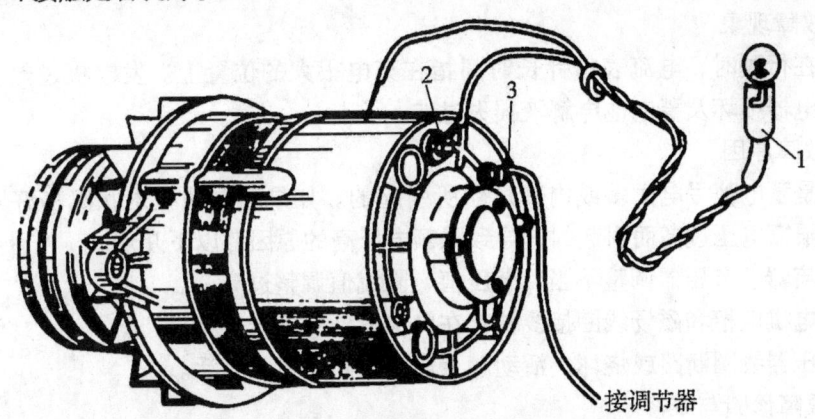

1—试灯　2—电枢接线柱　3—磁场接线柱

图 2-41　用试灯法检查交流发电机

发电机充电系统不充电的故障诊断程序，如图 2-42 所示。

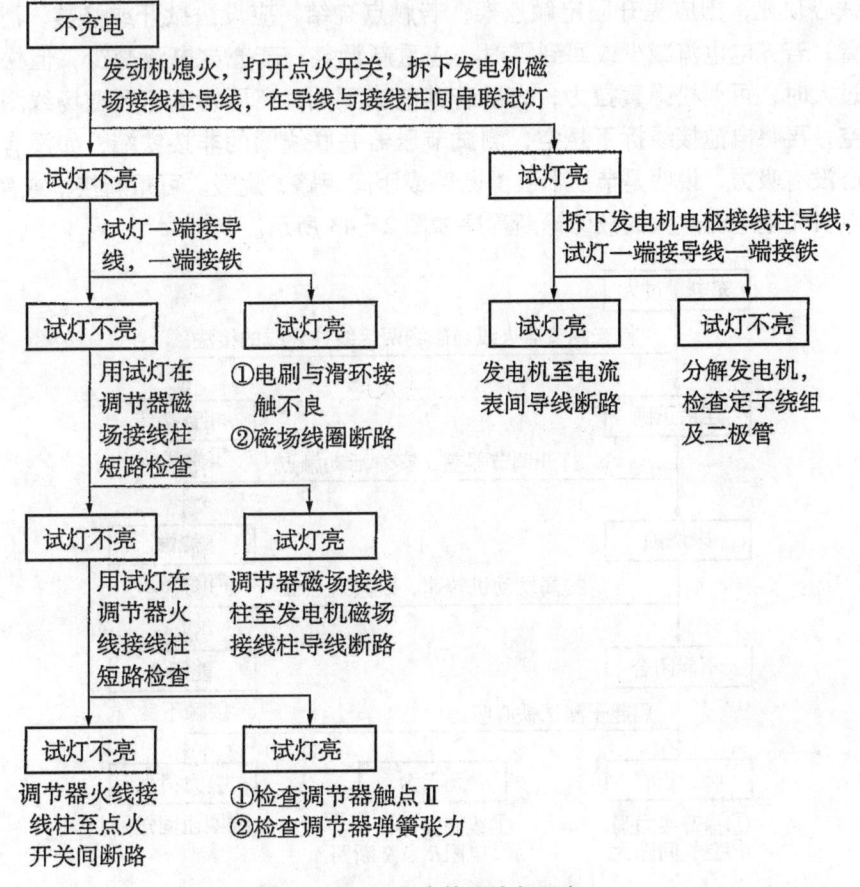

图 2-42　不充电故障诊断程序

2. 发电机充电电流过大

（1）故障现象

汽车在行驶时，电流表指针长时间指在充电很大的位置上。发电机过热，引至照明和其他电器损坏及蓄电池电解液损失过快。

（2）故障原因

可能是蓄电池亏电太多或内部短路所引起的。如果蓄电池技术状况良好则可能是调节器的限额电压过高而引起的，导致限额电压高的原因有以下几点。

1）限流器、节压器调整不当，节压值、限流值调整过高。

2）发电机电枢和磁场线圈接线柱存在内部或外部接线短路。

3）节压器线圈断路或烧坏，活动触点烧结或触点臂不灵活。

（3）故障诊断与维修

1）发动机工作时，拆下磁场线圈接线柱连线，若有充电电流，说明发电机正常，电枢与磁场线圈的接线柱之间有短路。应先查外后查内，消除短路处。

2）磁场线圈接线柱的连接后若充电电流立即下降并有放电指示，故障在调节器处，应打开调节器检查。方法是使发动机工作，用手按压限流器和节压器活动触点臂，若其臂被铁心顶死，则应提升固定触点架；若触点烧结，应设法掀开或修整、清洁；手压触点臂，若充电电流减少或回到零时，应重新调整；若充电电流减少，但松手后其电流又过大时，可调松弹簧拉力；之后若其电流不低，还可将电枢及磁场线圈两接线拆下悬空，再将电池接线拆下悬空，测试节压器并联线圈的非接铁端，如没有火花产生且铁心没有吸力，说明是节压器线圈断路或匝间短路，烧毁。可重新接牢或换新。

发电机充电电流过大的故障诊断程序如图2-43所示。

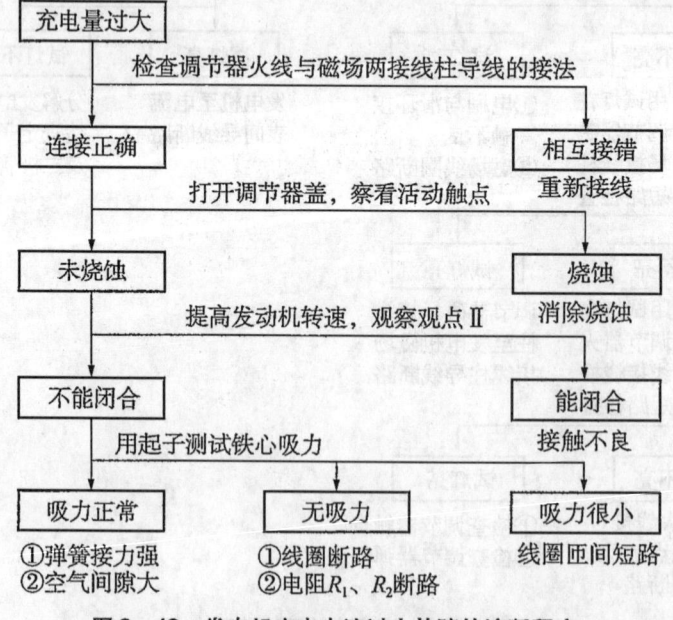

图2-43 发电机充电电流过大故障的诊断程序

3. 发电机充电电流过小

（1）故障现象

当汽车在以常速行驶一段路程后，电流表指示的充电电流很小甚至接近于"零"。

（2）故障原因

发动机在各种转速时，电流表均指示充电电流小，则说明充电电流过小。一般造成这种现象存在的原因有两种：一是蓄电池存电不足或有故障；二是充电系统存在故障。

（3）故障检查和排除

1）检查蓄电池存电是否充足，如果充足，则是正常现象。

2）进一步明确充电系统有无故障。可打开大灯开关看电流表指针有无明显变化，如不指向"放电"，说明充电系统工作正常。若电流表指针指向"放电"，就证明充电系统有故障。应先对线路连接情况进行检查，然后按以下步骤对发电机和调节器进行检查，找出故障原因加以排除：

a. 风扇传动带过松。

b. 充电线路接线不良。

c. 有二极管损坏。

d. 炭刷与滑环接触不良。

e. 定子绕组与一相连接不好，或存在短路、断路。

f. 电压调节器调节电压过低，或触点脏污、烧蚀。

发电机充电电流过小的故障诊断程序如图2-44所示。

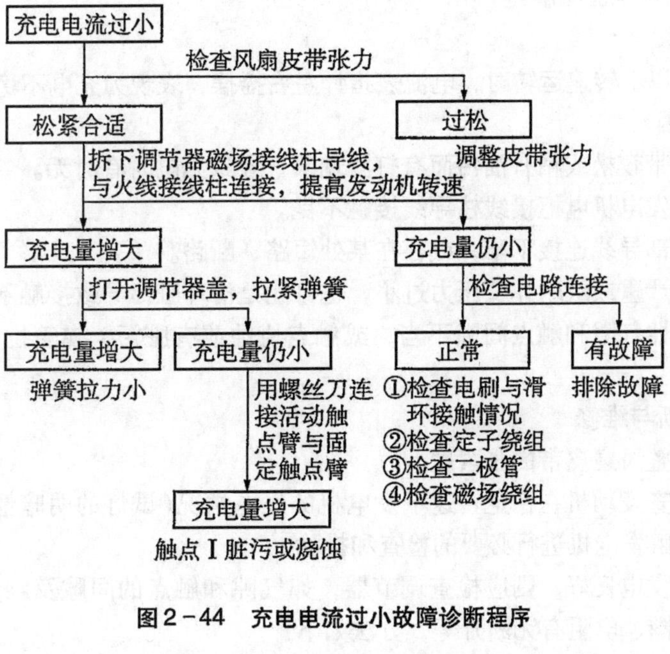

图2-44　充电电流过小故障诊断程序

4. 汽车充电指示灯始终微微发亮

（1）故障现象

斯太尔 1491 型汽车行驶时，充电指示灯不管是急速、中速还是高速，总是微微地发亮，转速表指示转速未见异常。

（2）故障诊断排除

该车采用 JF2518A 外搭铁式交流发电机，调节器是集成电路 9RC3118 型。经检查，该车充电线路正常，没有发现异常情况。故判断故障原因与发电机和调节器有关。

对发电机进行快速判断：即将万用表置于直流电压挡，用正表笔连接发电机电枢接柱，负表笔连接磁场接柱，然后用手转动 V 带轮。若发电机良好，万用表指针会略有摆动显示。手旋转速度稍快时，指针摆动幅度相应地会随之增大。若线圈匝间短路或有二管损坏，通过手驱动万用表指针都不会摆动。故这种微电压测定法，可获取一次性成功。

经检测发电机工作性能正常。为此，再对该车集成电路调节器进行检测。用试灯代替发电机激磁绕组，接入集成电路调节器的输出端（作为调节器负载），再用 24V 直流电源和 30V 直流电源，分别模拟发电机不同输出电压。当 24V 电源接入调节器时（即模拟发电机低压时），调节器的输出端应导通提供激磁电流。此时，试灯应发亮当用 30V 电源接入时（即模拟发电机输出高电压时），由于超过调节器限压范围，故调节器的输出端应截止，切断激磁电流，此时试灯应熄灭。若两种电源分别接入后，试灯均亮或均不亮，说明调节器损坏。

经过上述测试，确认故障真正原因是调节器损坏所致。换上新的调节器后再试车，故障排除。

5. 发电机充电电流不稳定

（1）故障现象

发动机急速以上转速运转时，电流表指针左右摇摆，表现为充电不稳定故障。

（2）故障原因

1）风扇传动带较松或粘有油污而有打滑现象，导致充电时有时无。

2）蓄电池到发电机电枢接线柱导线接触不良。

3）发电机内部导线连接不牢，或存在某处短路、断路。

4）炭刷磨损严重或炭刷弹簧压力过小，也可能是滑环脏污导致接触不良。

5）电压调节器气隙和触点间隙不当，或触点烧蚀或有脏污，弹簧拉力小或附加电阻工作不可靠。

（3）故障诊断与维修

1）检查并调整风扇皮带的张紧度。

2）用灯泡检查发动机在稳定转速下发电机的发电情况（试灯的明暗情况），若试灯时明时暗，应分解发电机进行必要的检查和排除。

3）若发电机发电良好，则应检查调节器，如气隙和触点的间隙及触点清洁情况及有无烧蚀，或线圈、电阻有无断开等，方法如下：

拆开调节器盖，用螺丝刀将发电机电枢接线柱和磁场接线柱连接，若电流表稳定，则表明调压器、节流器触点烧蚀；再分别按下调压器、节流器活动触点臂，使触点张开，同时提高发动机转速。若电流表指针稳定，则表明弹簧拉力过弱；若不稳定，可用螺丝刀将调压器、节流器的活动触点臂和固定触点臂分别连接，连接后若稳定，则说明附加电阻烧断；若不稳定，则故障在发电机内部。

6. 汽车充电指示灯时亮时灭故障诊断与维修

（1）故障现象

使用不久的新黄河 JN150 型汽车行驶时，发现充电指示灯时亮时灭。

（2）故障诊断与维修

行驶时充电指示灯时亮时灭，显然是发电机充电不稳。初步认为是 V 带过松，但调整发电机传动 V 带后故障仍然存在。随后又认为是导线连接不牢靠，将接柱螺母拧紧，故障仍没有消除。又发现把电源开关开至启动位置时，充电指示灯不亮，起动机无反应。用导线连接起动机电源火线与电磁开关接柱，却能启动发动机。

经检查，该车发电机交流整流装置的 3 只负二极管不是直接压装在发电机后端盖上，而是与正极管子组成一个整体，然后通过螺栓与后端盖相连。如果螺栓未压紧，就会使元件板与后端盖之间接触电阻增加，出现充电指示灯指示不充电现象。

该车使用的组合继电器，由启动继电器和充电指示灯继电器组成。启动继电器的线圈和充电指示灯的两条工作回路，同时经过充电指示灯继电器的常闭触点而搭铁。本故障中由于中性线引线与正元件板相碰，使充电指示灯继电器吸开常闭触点，同时切断了启动继电器线圈和充电指示灯两条工作回路，因而出现了上述打开电源开关至启动位置时，起动机无反应和充电指示灯不亮的现象。

拆开组合继电器外罩，发现充电指示灯继电器的常闭触点被吸开。拆下发电机 N 接柱上中性线，触点马上闭合。用中性线对外壳划火，出现强烈火花。断开电源，拆下发电机上导线。用万用表检查发电机，测得电枢接柱与中性线接柱的正反向电阻都很小。拆下防护罩，发现紧固整流装置的螺栓烧坏。整流装置与发电机后端盖接触部位烧伤，中性线引线与正元件板相碰且绝缘磨坏。

把发电机端盖及整流装置烧伤部位用锉刀锉平，砂纸磨光，换上新螺栓。把中性线引线头焊下，换上绝缘套管后再装车使用，故障排除。

二、无电刷发电机常见故障诊断与维修

东风系列、斯太尔系列柴油汽车都有选用无电刷发电机，结构特点是改进磁路，并采用八管整流器，提高输出功率。无电刷结构、整流器、电子调节器均装在发电机内部，采用充电指示灯显示发电机是否工作正常，降低了发电机的自激转速。当充电指示灯亮时，发电机由蓄电池产生磁场；工作时，指示灯熄灭，发电机产生自激磁场正常工作。

1. 发电机电流表无充电指示或充电指示灯不灭

（1）故障现象

在串联电流表供电电路中，当启动发动机后观察充电电流表指针，显示无充电指示，提高发动机转速，电流表指针仍无指示，打开前照灯，电流表指针指向负极。在

并联电压表供电电路中，启动发动机后，观察充电电压表指针，显示无充电指示，并且充电指示灯不灭，提高发动机转速，电压表指针仍无增高电压指示，打开前照灯，电压表指示明显低于24V(24V为用电电路电压)。

(2)故障诊断与维修

在串联电流表电路中，检查电压调节器电源侧与负载侧有无发电机励磁电压，同时检查发电机传动带的松紧，以及发电机电枢电压。在并联电压表电路中，发电机不充电，检查指示灯线路，拔下发电机指示灯与发电机线路插头，如灯灭说明线路无故障，然后拆检发电机定子绕组三相之间与壳体是否短路，检查二极管(包括励磁二极管和调节器)是否损坏。

2. 电流表或电压表显示发电机充电电流过小或电压过低

(1)故障现象

发电机充电电流小，充电指示灯不能完全熄灭，使蓄电池亏电严重，夜间行车灯光暗淡。

(2)故障诊断与维修

拆检发电机，检查整流管是否损坏，检查三相绕组是否有单相绕组烧损或传动 V 带打滑。由于没有正常定期维护发电机，如轴承损坏后转子扫膛，造成发电机内部短路，电压增高，电流增大，使发电机整体温度急剧上升，造成单个整流管烧坏；或三相绕组中单绕组烧损，直接影响发电机正常的发电功率，尤其是自激励磁无电刷发电机在正常工作情况下，如以1000r/min运转时，发电指示灯自动熄灭。如整流管和相关绕组烧坏应更换新件。

3. 电流表或电压表显示发电机充电电流过大或电压过高

(1)故障现象

发电量过大，电压表指示电压偏高，电流表指示充电电流偏大，夜间行驶经常烧坏灯泡。由于蓄电池内部出现故障或亏电，造成发电机长期满负荷工作，导致发电机整流器温度过高，被击穿后使发电机损坏。

(2)故障诊断与排除

拆检发电机，检查三相绕组以及整流管是否烧坏，检查调节器是否失调，检查蓄电池电解液密度和高度。如果发现发电机长期给蓄电池充电，总是不能充足，这时应检查蓄电池的电解液浓度以及端电压，调整适当后再进行 6h 的补充充电，装车试验，如发现继续不断地向蓄电池充电，应更换电压调节器。更换被烧坏的电子元件、装复定子绕组或更换发电机总成。**注意**：24V柴油汽车蓄电池充电电压一般控制在28V为适当。

4. 无电刷发电机的维护

1)在使用无电刷发电机时，要经常观察发电机指示灯的变化及发电机充电电流的大小，检查发电机轴承、整流管和三相绕组的运行情况，做到定期维护。每行驶10 000km要做发电机的正常维护，在维护过程中，严禁将正、负极接反，令整流管因反向电压过高而被击穿。

2)无电刷发电机电路中串联电流表，要经常检查接线柱的牢靠程度及充电电流的大小，如发现充电电流过大或过小，都要及时检查充电线路及发电机是否有故障。对无电刷发电机电路中并联电压表的充电线路，要及时观察充电电压的高低，一般最高不得超过 28V（如 24V 用电车型）。在发电机正常工作期间，开大灯时，发电机最低电压不能低于 24V，否则应检查发电机充电电路及检修发电机。

三、充电电路断路故障诊断与维修

（1）故障现象

汽车在行驶中，电流表指针指示放电或充电信号灯发亮，但出现不充电故障。

（2）故障原因

当发生不充电故障时，可用螺丝刀在发电机电枢接线柱进行断续接铁试火，以检查励磁电路工作情况。若火花强烈，证明发电机和外励磁电路良好，故障为充电电路断路，故障部位在电流表至截流继电器之间。一般有如下两种可能。

1）电流表接线柱至调节器电池接线柱间断路。

2）截流继电器的触点烧蚀，触点臂弹簧拉力调整过大、并联线圈断路。

（3）故障诊断与维修

用螺丝刀连接调节器电枢、电池接线柱，如果电流表显示不充电，则为电流表接线柱至调节器电池接线柱之间断路；若显示充电，表明故障在截流继电器。拆下调节器盖，提高发动机转速，察看继电器触点能否闭合。能闭合而电流表显示不充电，为触点烧蚀；不能闭合，将螺丝刀放在继电器铁心与触点臂之间，看有没有吸力，以检查并联线圈是否断路。必要时，检查触点臂弹簧拉力是否过大，造成闭合电压高于限额电压而不充电。

第3章 柴油车启动系统维修

第一节 起动机的功用与基本组成

一、 启动系统的功用

1. 功用

启动系统的功用是克服柴油机的启动阻力，使柴油机从静止状态进入运转状态，并达到最低的启动转速后，使柴油机喷油燃烧，从而达到启动的目的。由于柴油机的压缩比较高，运动件的惯性力大，启动阻力也大，因此在较短的时间内要使曲轴的转速达到最低的启动转速，就需要较大功率的起动机。为了降低起动电流强度，避免起动机功率损耗与延长蓄电池的使用寿命，柴油机的起动机几乎都采用 24V 电压电源。起动机都是两对磁极的串激式直流电动机，在低速时转矩很大，随着转速的升高而转矩逐渐减小，很适合柴油机的启动要求。

2. 应达的要求

启动系统除配有电动机外，还需要有传动装置与控制机构。这样，使柴油机在停止与正常运转时，起动机的驱动齿轮与柴油机飞轮齿圈不相啮合；柴油机启动时，两者要能顺利啮合；柴油机启动后又能自动脱离。因此，起动机与传动及控制机构应达到下列要求：

1)起动机齿轮与飞轮齿圈接合要方便，不发生冲击，要在完成啮合后起动机才输出功率。

2)柴油机启动后，应能够防止柴油机的飞轮拖动起动机转子一起旋转，而造成转子飞散的事故。

3)柴油机运转时，起动机的驱动齿轮应不能啮入飞轮齿圈。

4)传动机构应简单可靠。

5)有用于接通与切断电源(蓄电池)的启动开关。

二、发动机的启动条件

1. 启动转速

启动转速就是保证发动机正常启动所需的每分钟最低转数。

在汽油发动机中，为了形成可燃混合气，要求在 0～20℃ 时最小启动转速为 30～40r/min。为了在更低温度下顺利启动，常取启动转速为 50～70r/min。转速过低时，汽油泵供油不足，进气管中真空度小。化油器供给的混合气太稀，不易着火。

柴油发动机靠压缩点火，启动转速取决于混合气压缩时能否达到自燃温度和燃料的雾化情况。如果转速过低，则空气在压缩过程中将有较长时间经气缸壁传导而冷却，不能达到燃料自燃所需的温度。此外，转速过低时，高压柴油泵的压力不够大，以致喷射的柴油雾化不好。因此，柴油发动机的启动转速要比汽油发动机高，一般为 200 ～ 300r/min。

2. 启动转矩

发动机正常启动需要一定的启动转矩。这个转矩应大于阻碍曲轴旋转的启动阻力矩。启动阻力矩是指在启动时的发动机阻力矩，包括摩擦阻力矩、压缩阻力矩及驱动发动机辅助机构的驱动阻力矩 3 部分。

启动阻力矩中摩擦阻力矩所占成分较大。由于柴油发动机压缩比高，压缩阻力矩显著增大，故启动阻力矩比汽油发动机大一倍左右。

发动机开始启动时要克服机构的惯性力，阻力矩较大，需要起动机提供较大转矩。发动机转动后，阻力矩逐渐下降，因此起动机转矩应随转速升高而降低。

3. 启动功率

由发动机启动阻力矩 % 和最低启动转速挖 Q 就可求出发动机必需的启动功率为：

$$P = \frac{2\pi}{60} M_Q \cdot n_Q W = \frac{M_Q n_Q}{9550} (\text{kW})$$

起动机所具有的功率应和发动机必需的启动功率相匹配，才能保证启动发动机。

三、启动系统的基本组成

柴油载重汽车在启动时，借助于外力带动曲轴转动，完成启动任务。现代运输车辆上普遍采用电力启动即使用起动机；因为它操作简便，启动迅速可靠，重复启动性能好。

电力启动系统主要由起动机、启动控制电路和启动预热电路等组成。

起动机基本上都是由直流串励式电动机、传动机构和控制装置(即电磁开关)组成。

6BT 车用柴油机采用 QD2623 型起动机。如图 3－1

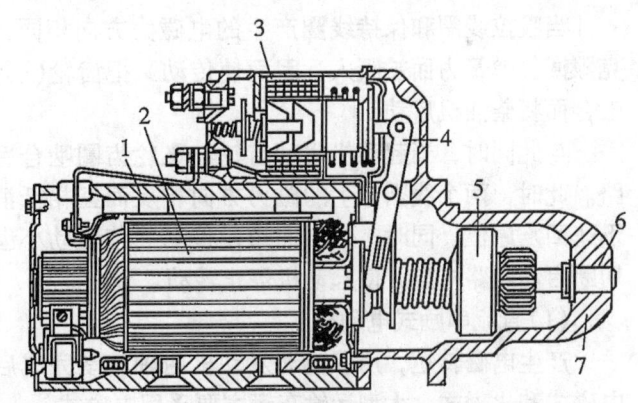

1-定子总成　2-转子总成　3-电磁开关总成　4-拨叉总成
5-单向器总成　6-衬套(含油)　7-驱动端总成

图 3－1　QD2623 型起动机

所示，它由定子总成、转子总成、电磁开关总成、拨叉总成、单向器总成、衬套、驱动端盖总成等组成。

图 3－2 是起动机结构原理图，主要由接触板、保持线圈和吸拉线圈、挡铁及活动铁心等组成。其中吸拉线圈与保持线圈绕在黄铜套上，吸拉线圈串联在起动机绕组线圈的电路中，保持线圈一端搭铁。在黄铜套内的活动铁心与传动叉连接，搭铁的中心孔插入直杆，此杆上套有接触盘。

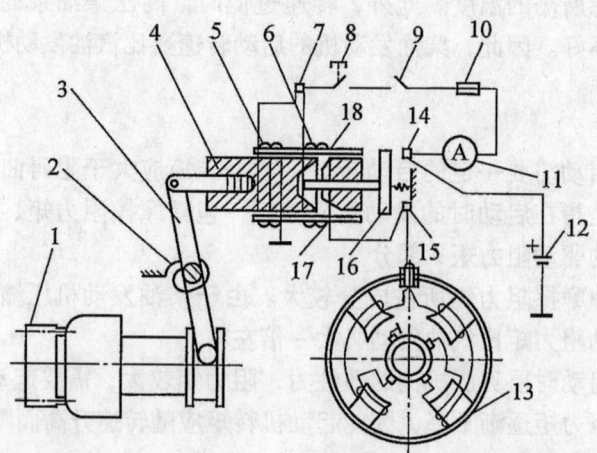

1-驱动小齿轮　2-回位弹簧　3-传动叉　4-活动铁心　5-保持线圈　6-吸引线圈
7、14、15-接线柱　8-启动按钮　9-启动总开关　10-熔断器　11-电流表
12-蓄电池　13-起动电机　16-接触盘　17-挡铁　18-黄铜套

图3-2　起动机结构原理

起动机工作时，接通启动总开关，按下启动按钮，电流则在接线柱处分两路，一路通过保持线圈后搭铁；另一路经吸拉线圈、接线柱、起动电机绕组后搭铁。此时，通过的电流较小，起动机不能转动。

当吸拉线圈和保持线圈产生的电磁力方向相同，在它们的共同作用下，活动铁心克服回位弹簧力而被吸入，因而使传动叉把齿轮（驱动齿轮）推出，并使其与飞轮齿圈啮合而将柴油机启动。

与此同时，当起动机驱动齿轮与飞轮齿圈啮合后，接触盘也将2个接线柱形成回路。此时，两个线圈产生的磁力方向相反而互相抵消，活动铁心在回位弹簧的作用下迅速回复原位。同时，一方面通过传动叉使驱动小齿轮退出，另一方面接触盘回位而切断启动电路电源，使起动机停止转动。

（1）直流串励式电动机

产生电磁转矩，用以拖动发动机曲轴转动完成启动。直流串励式电动机的类型有电磁式和永磁式，大型运输车辆主要采用电磁式。

（2）传动机构

启动时，将起动机驱动小齿轮啮入发动机飞轮齿圈，将电动机产生电磁转矩传给发动机曲轴，带动曲轴旋转实现发动机启动；启动后，使起动机驱动小齿轮打滑而自动脱离啮合。传动机构主要由啮合器、拨叉等组成。啮合器的种类一般有单向滚柱式啮合器、摩擦片式单向啮合器和弹簧式单向啮合器。

（3）控制装置即电磁开关

用来接通和断开电动机与蓄电池之间的电路。电磁开关的基本结构如图3-3所示。

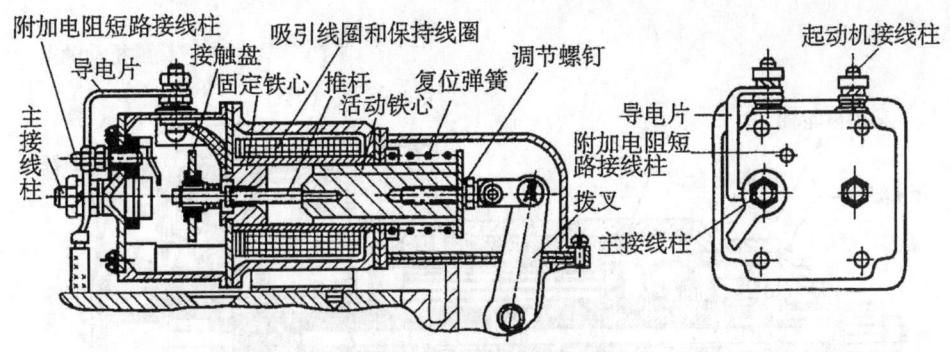

图 3-3 电磁开关的结构

四、常用的起动机

1. 电磁操纵强制啮合式起动机

如图 3-4 所示，电磁操纵强制啮合式起动机的啮合机构是由电磁开关操纵，当启动开关闭合时，在电磁开关的作用下使拨叉移动，将驱动小齿轮拨出与发动机飞轮上的齿圈啮合，与此同时电磁开关的移动使接触盘与触点相接触，接通启动主电路，起动机工作。

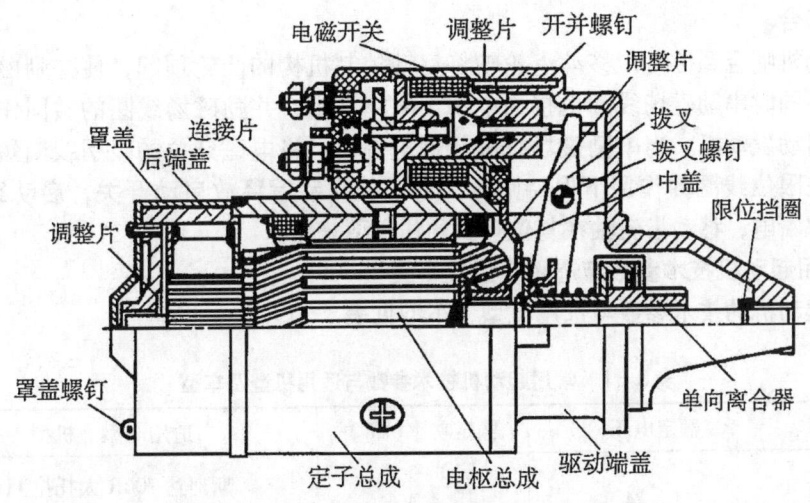

图 3-4 电磁操纵强制啮合式起动机

电磁操纵强制啮合式起动机是一种最广泛使用的起动机。

2. 移动齿轮啮合式起动机

如图 3-5 所示，移动齿轮啮合式起动机由两个磁场线圈(一个是串励磁场线圈，另一个是并励磁场线圈)、电枢(电枢轴为空心的，其中装有带着驱动小齿轮的移动齿轮轴)、启动继电器、电磁开关、摩擦片式啮合器和启动控制机构等组成。

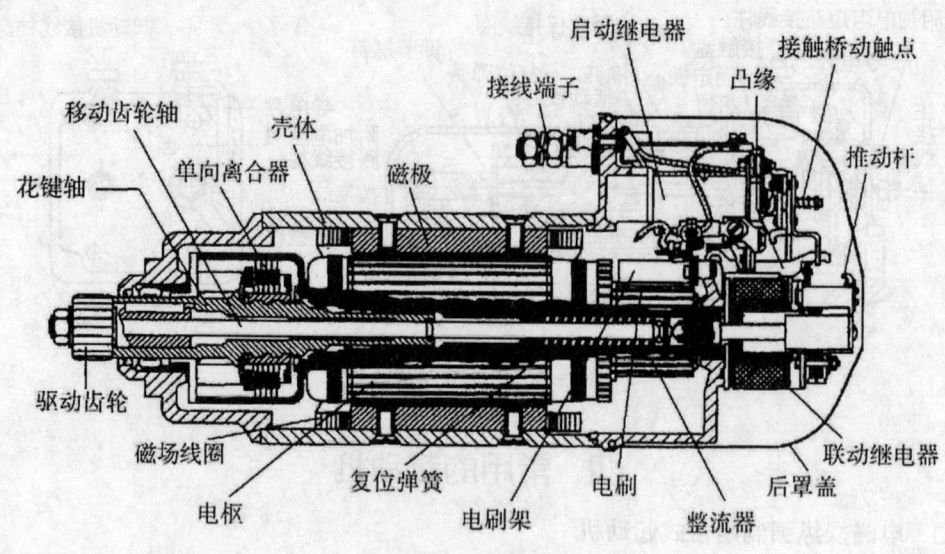

图3-5 移动齿轮啮合式起动机

当接通启动开关时，启动继电器触点闭合，电磁开关的保位线圈、吸引线圈通电，起动机的并励磁场线圈与电枢构成回路，此时移动齿轮轴在电磁开关的作用下向外伸出，同时由于是并励磁场线圈与电枢构成回路，起动机将慢速转动以利于驱动小齿轮与飞轮的啮合。

当起动机啮合到位时，移动齿轮轴将启动控制机构的凸轮顶起，使并励磁场线圈直接搭铁，同时串励磁场线圈也接通电源，电枢在串、并励磁场线圈的共同作用下输出大转矩启动发动机。当串励磁场线圈接通电源时，将电磁开关的吸引线圈短路，移动齿轮轴在限位线圈的作用下保持啮合。发动机启动后释放启动开关，启动继电器、电磁开关都断电，移动齿轮轴在复位弹簧的作用下复位。

3. 常用起动机技术参数与选用机型及车型

常用起动机的技术参数与选用机型、车型见表3-1。

表3-1 常用起动机技术参数与适用机型及车型

型号	额定电压(V)	额定功率(kW)	适用车型、机型
QD2621	24	4.4	斯柯达 706R 太托拉 111 依发 H6 型汽车
QD2621A	24	4.4	太托拉 138 型汽车
QD278	24	5.4	斯太尔 1491 和 280 型汽车 WD615—77 发动机

续表

型号	额定电压(V)	额定功率(kW)	适用车型、机型
QD269	24	5.5	解放 CA1090KZ 型汽车 6110 型柴油机
QD269A	24	5.5	—
QD265A	24	5.0	解放 CA1090K3 凌河 LH1100(LN142) 青岛 XQ624T 东风 EQ1090F8D
QD251	24	5.0	
QD264	24	5.0	
QD2641B	24	5.0	
QD27A	24	8.1	五十铃 TD50A－D 自卸车
QD27E	24	8.1	
QD274	24	6.6	跃进 JN162、红岩 CQ1190 上海 SH361A、上海 SH161A 青岛 QD652
QD2701	24	6.6	
QD273	24	6.6	
QD274A	24	6.6	6130 型柴油机
QD281	24	11.0	SH380 自卸车　6135 型 12V135 型柴油机
QD285D	24	8.0	6135K－1 型柴油机
ST110	24	8.0	
ST614	24	6.1	EQ1090F2D、EQ2D140 黄河 JN150、6120、6105、6135 型柴油机

五、传动与控制机构

在实际的启动过程中，柴油机一旦着火，转速迅速上升，由于操作者的反应速度有限，不能在瞬间切断启动电路，这时飞轮齿环变成主动轮将带动起动机的驱动齿轮飞速旋转。为防止这种情况发生，起动机上安装有摩擦片式离合器，其结构如图 3－6 所示。

接通启动电路时，图 3－2 中的传动叉 3 拨动图 3－6 中的推鼓 10，推鼓通过弹簧 8 推动花键套筒 9 沿电枢轴上的螺旋花键向前移动，同时花键套筒也转动，这样可防止小齿轮轮齿与飞轮齿环轮齿齿侧顶死而不能进入啮合。当小齿轮全部与飞轮齿环啮合后，起动机主电路接通(图 3－2 中的接线柱 14、15 被接触盘 16 接通。如果在小齿轮与飞轮齿环啮合前就接通，称为早通)，这时起动机的驱动力矩由电枢轴通过螺旋花键传递给花键套筒 9，因为此时内接合鼓 7 与花键套筒 9 之间有一定转速差，使内接合鼓靠惯性沿三线花键向左移动，因而从动摩擦片 5 与主动摩擦片 6 压紧，将力矩传递给驱动齿轮，带动柴油机曲轴旋转。

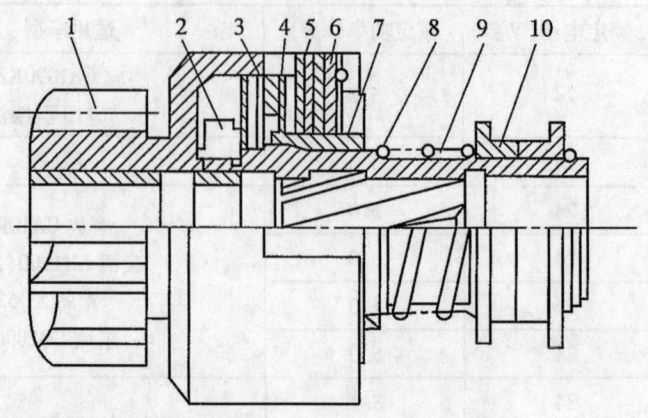

1-小齿轮 2-特殊螺母 3-压环 4-调整垫圈 5-从动摩擦片
6-主动摩擦片 7-内接合鼓 8-弹簧 9-花键套筒 10-推鼓
图3-6 摩擦片式离合器

当柴油机着火后，飞轮齿环变成主动轮，带动小齿轮旋转，其转速超过花键套筒，内接合鼓将靠惯性向右移动，从而使从动摩擦片与主动摩擦片分开，这样就避免了起动机电枢高速旋转而发生转子飞散的事故。

第二节 启动控制与冷启动预热电路维修

一、起动机控制电路

1. 无继电器控制电路

如图3-7所示为无继电器的启动控制电路。特点是由启动开关直接控制起动机的电磁开关。启动控制电路简单，但是对启动开关的性能要求高。

2. 继电器控制电路

如图3-8所示，该启动控制电路是在启动开关与起动机的电磁开关之间增加一个继电器。这样减少了启动开关的电流，使启动开关的寿命延长。工作过程如下：当接通启动开关后，继电器的线圈通电，产生吸力将继电器触点闭合，这样电流通过继电器触点进

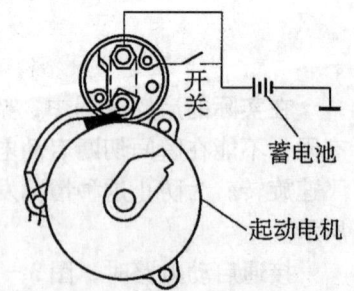

开关

蓄电池

起动电机

图3-7 无继电器启动控制电路

入起动机的电磁开关，实现起动机启动。当发动机启动后，断开启动开关，继电器的线圈没有电流通过，吸力消失，继电器触点打开，切断起动机的电磁开关的电流，起动机停止工作启动结束。

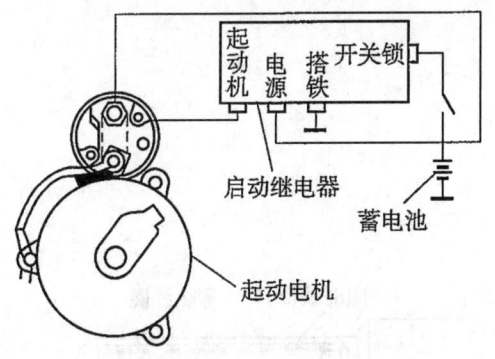

图 3-8　继电器启动控制电路

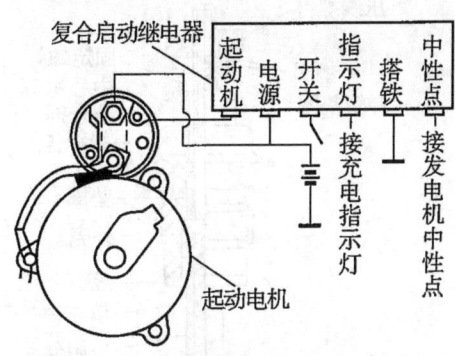

图 3-9　复合继电器启动控制电路

3. 复合继电器控制电路

如图 3-9 所示，该启动控制电路是在启动开关与起动机的电磁开关之间增加一个复合继电器。复合继电器的特点是除了具有普通继电器的作用外，还具有启动电路自动保护功能和控制充电指示灯。复合继电器的结构如图 3-10 所示，主要由启动继电器和保护继电器组成。启动继电器工作过程与普通继电器的工作过程相同。保护继电器的工作过程为：当发动机启动后，

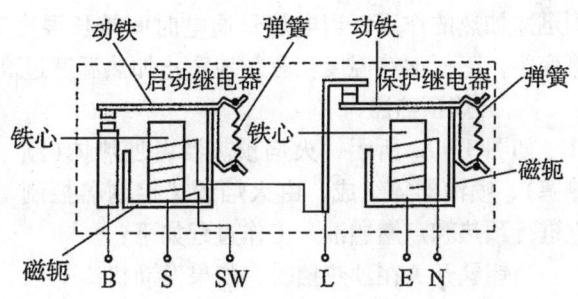

图 3-10　复合继电器结构

发电机开始发电，其中性点输出电压，使保护继电器的线圈有电流通过产生吸力，将保护继电器的触点打开，由于启动继电器线圈是通过保护继电器的触点搭铁的，从而切断启动继电器线圈的回路，使启动继电器线圈断电而停止工作；同时，也切断充电指示灯的电路，充电指示灯熄灭。

二、预热启动电路

为了改善柴油发动机的启动性能，一般在柴油发动机上配置预热启动装置。预热启动装置一般由预热塞和预热启动控制电路组成。

1. 预热塞

预热塞通常广泛使用有两类：

（1）常规型

结构如图 3-11 所示。

（2）温度自控型

结构如图 3-12 所示。温度自控型预热塞内部装有正温度系数的电热丝，其特点是温度越高电热丝的电阻越大，在刚通电时，电热丝阻值较小，通电电流较大，可以起

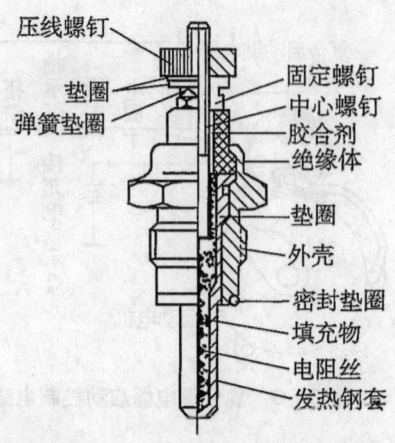

图3-11 常规型预热塞结构

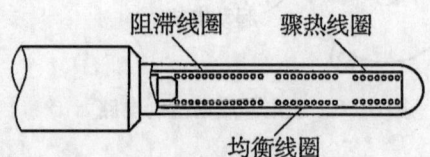

图3-12 温度自控型预热塞结构

到迅速加热的作用；当电热丝通电时间较长温度升高后，电热丝电阻值增大，通电电流变小，降低加热温度，有效地防止加热温度过高，延长预热塞的使用寿命。

2. 火焰预热器

如图3-13所示，火焰预热器由加热体（预热塞）、喷油器等组成，由火焰预热控制器控制它进行预热和点燃燃油，工作过程如下：

当钥匙开关在预热挡时，如果发动机冷却水温度低于23℃时，火焰预热系统开始工作，预热指示灯点亮，同时向火焰预热器供电，加热的时间根据不同温度而设定；当火焰预热器的发热体的温度达到850～900℃时，预热指示灯开始闪烁，预热加热进入断续状态，发动机已进入启动状态；此时启动发动机，燃油电磁阀吸合，使燃油由滤清器经电磁阀进入火焰预热器的加热体后被点燃形成火焰，加热进气道内的空气，从而改善发动机的启动性能。

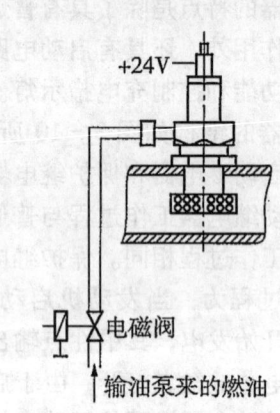

图3-13 火焰预热器结构

3. 预热启动控制电路

预热启动控制电路大体上分为两类，即手动控制和自动控制。

（1）手动控制

如图3-14所示，主要由启动开关、预热继电器、预热塞等组成。该控制电路较为简单，维修方便；但操作不便，且预热时间没有标准，容易损坏预热塞。

图3-15为道依茨发动机预热启动系统，其

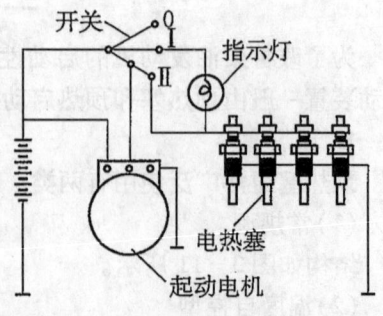

图3-14 手动控制预热启动控制电路

特点是手动控制具有火焰预热功能。该系统的工作过程如下：

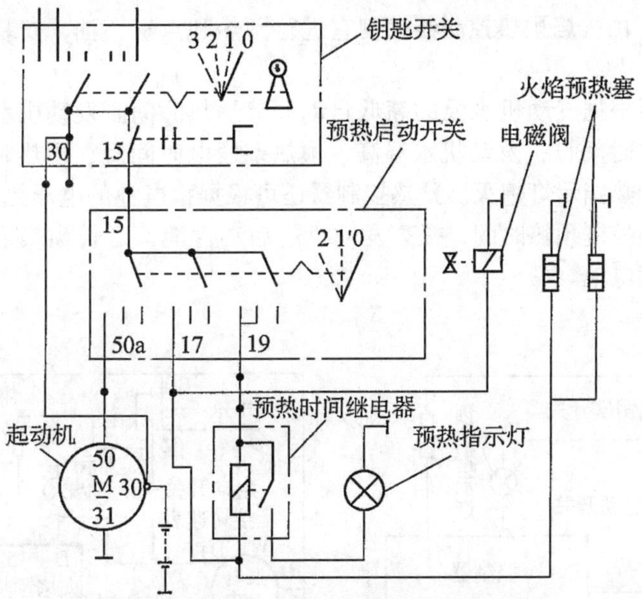

图 3 - 15　道依茨发动机预热启动系统控制电路

　　预热启动开关在位置 I 预热时，电流由蓄电池正极经过钥匙开关的 30→15，再由预热启动开关的 15→19，经过预热时间继电器上的电阻到火焰预热塞，再由搭铁到蓄电池负极。这时，电磁阀虽已吸合，但由于发动机没有转动，因此火焰预热塞得不到燃油，只由火焰预热塞本身的高热给进气管道中的空气加热。当火焰预热塞已达高温（约 900 ℃）状态后，预热时间继电器上的双金属片受热弯曲，接通预热指示灯线路，预热指示灯亮，表明预热时间已够，这时将预热启动开关转到位置 Ⅱ，则电流由蓄电池正极经过启动钥匙开关的 30→15，再由预热启动开关的 15→17 和 19，直接供给火焰预热塞和电磁阀电源，电磁阀打开，由于此时预热启动开关的 15→50a 也已接通，起动机运转带动发动机转动，发动机转动后，燃油经电磁阀流到火焰预热塞，经点燃后喷射于进气管道内，加快提高进气管道内空气的温度（这时预热时间继电器被短接，不起作用），使发动机启动容易。

　　(2) 自动控制

　　自动预热控制系统由预热控制器、供油阀、启动开关、预热继电器、预热塞、水温传感器、预热指示灯等组成。其电路原理如图 3 - 16 所示。

　　1) 火焰预热指示灯。通过该指示灯的点亮及闪烁来指示该系统的工作状态是否有故障，该灯安装在驾驶室内仪表板上的组合指示灯上。

　　2) 火焰预热控制器。对该系统工作进行自动控制，该控制器安装在驾驶室仪表板的后面。

　　3) 火焰预热水温传感器。检测发动机是否需要进入火焰预热工作状态，它安装在发动机出水管上。

4)电磁阀。由火焰预热控制器控制电磁阀向预热塞提供燃油，它安装在柴油滤清器出油口处。

5)预热塞。由火焰预热控制器控制它进行预热和点燃燃油，安装在发动机进气管上。

预热控制器根据发动机水温的高低自动调节预热时间。发动机水温低，预热塞通电时间长，预热时间长；发动机水温高，预热塞通电时间短，预热时间短。当预热达到规定温度，预热指示灯熄灭。预热控制器还可根据蓄电池的电压控制是否进行预热，这样，既可准确控制预热时间，提高发动机的启动性能，延长预热塞的使用寿命，同时还可以保护蓄电池。

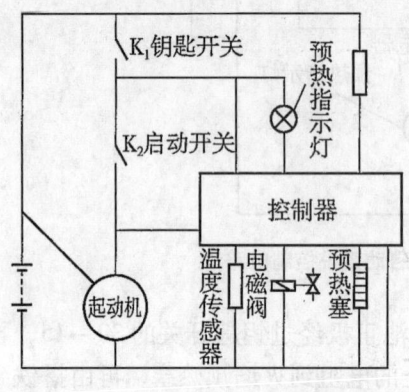

图3-16　自动预热控制系统

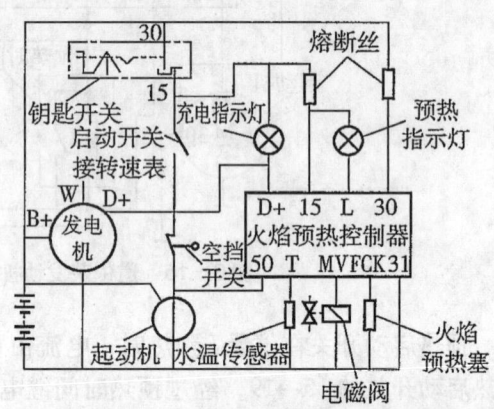

图3-17　斯太尔汽车预热启动系统

图3-17为斯太尔汽车预热启动系统，该系统主要由火焰预热指示灯、火焰预热控制器、火焰预热水温传感器、电磁阀、火焰预热器等组成。工作过程如下：接通钥匙开关，由钥匙开关给火焰预热控制器供电。当发动机出水温度低于23℃时，火焰预热系统开始工作，预热指示灯持续亮，加热电流由火焰预热控制器的30提供，经FGK输出至预热塞，预热塞被加热，经过50s后，预热塞被加热至850%～950%，预热指示灯闪烁，提醒驾驶人此时系统进入启动过程，可以启动。

此时按动启动按钮，起动机开始启动发动机，同时火焰预热控制器的50得到启动信号，火焰预热控制器控制继续对预热塞加热，并由MV脚输出电流将电磁阀打开，使燃油由柴油滤清器经电磁阀进入预热塞后被点燃形成火焰。

发动机启动并正常运行后，火焰预热控制器的D＋得到来自发电机D＋的24V电压持续信号后，该系统转入继续加热过程，指示灯节拍闪烁，MV脚继续提供电流使电磁阀打开向预热塞提供燃油，FGK继续向预热塞提供电流保持其温度，该系统继续对进入发动机的空气进行加热。继续加热的时间随水温传感器所测的温度而定，最长为180s。

加热完毕，火焰预热控制器将预热指示灯熄灭，切断FGK，MV的输出电流关闭电磁阀，预热塞停止加热，该系统停止工作。

若驾驶人不采用发动机预热，直接按动启动开关。火焰预热控制器的 50 脚得到来自启动按钮的启动信号，则火焰预热控制器控制该系统停止工作，预热塞停止加热。

若发动机启动后又熄火，则发电机 D + 的电压信号中断，火焰预热控制器控制系统停止工作，预热塞停止加热。

若在预热指示灯闪烁了 30s 后未启动发动机，火焰预热控制器的 50 脚未接到启动信号，则该系统停止工作，预热塞停止工作。

图 3 - 18 为东风 EQ3208G 型汽车预热启动系统，其组成与工作原理与斯太尔汽车预热启动系统基本相同。

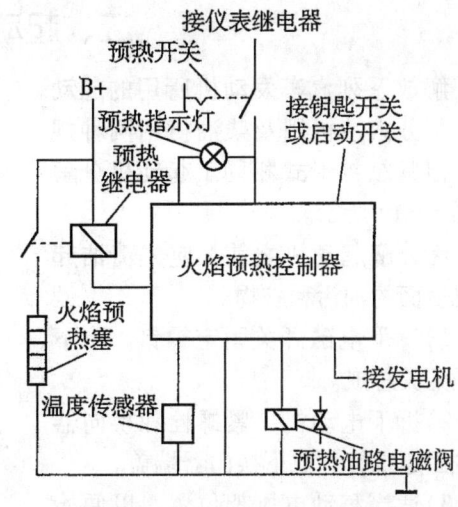

图 3 - 18　东风 EQ3208G 型汽车预热启动系统

第三节　启动系统主要部件检修、调整与试验

一、起动机的正确使用

1. 不要长时间连续使用起动机

在使用过程中，不要长时间连续地使用起动机，以免因电流大、温度上升快而烧坏。每次接通起动机的时间不得超过 5s，连续两次接通起动机应间隔 15s 以上时间，当连续 3 次接通起动机仍不能启动发动机时，应查明原因并排除故障后再使用起动机。

2. 接通起动机时要观察电压

接通起动机时，如检测蓄电池端电压低于 9.6V，说明蓄电池存电不足或有硫化、短路等故障，应及时充电或更换蓄电池。

3. 不要利用起动机拖车

因为拖动整车所需的扭矩过大，起动机会因电流过大而烧坏。

4. 按规定里程检查起动机

汽车每行驶 6 000 ～ 7 500km，应检查起动机工作是否正常，有无异常噪声；每行驶 12 000 ～ 15 000km，应检查起动机外观、导线连接与紧固情况，并用发动机检测仪或专用仪器检测启动电流和启动电压。

5. 三级保养时应检修起动机

1) 保持转向器表面光洁，必要时用"0"号砂纸打磨。

2) 检查电刷及弹簧张力(约 10N)。

3) 检查触点有无烧蚀，接触是否紧密，必要时用锉刀修正。

4) 调准触点接通的时间，即在驱动齿轮与飞轮环齿啮合到位前 4 ～ 5mm 时接通电动机。

二、起动机的分解

解放系列汽车发动机所用的起动机，虽分汽油机用及柴油机用两种规格，但其结构形式相同。起动机分解如图3-19所示。

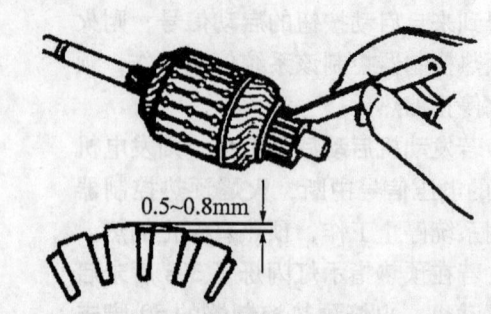

0.5~0.8mm

1-防尘罩 2-电刷盖 3-电刷 4-弹簧
5-定子 6-电枢 7-单向离合器 8-驱动端盖
9-中间支承 10-电磁开关

图3-19 起动机分解

在分解起动机之前，应先清洁起动机表面的油污和脏物。

1)拆下电磁开关固定螺钉，取下电磁开关总成。

2)拆下电动机夹紧螺栓和换向器端盖固定螺钉，取下换向器端盖。

3)适当移动电刷架位置，以便检测电刷弹簧压力，并拆下电刷总成。

4)拆下磁场线圈与电动机壳体总成。

5)拆下移动叉支点螺栓，取下移动叉、电枢总成和离合器。

6)拆下电枢轴上的限位卡环，将电枢总成与离合器分离。

分解时，一般情况下只需将其分解成电磁开关、电枢、磁场线圈与电动机壳体总成、单向离合器、端盖等总成即可。分解之后，必须注意电枢绕组、磁场绕组、离合器与电刷等部件不能用洗油清洗，只能用棉纱蘸少量汽油擦拭，其余部件可用洗油清洗。

三、起动机零部件的检修

起动机零部件的检修项目、方法与技术要求如表3-2所示。

表3-2 起动机零部件的检修项目、方法与技术要求

检测项目		检测方法	技术要求	处理方法
磁场部分	磁场线圈	目测	无断路	焊接
		2V 直流电	无短路	更换新件
		交流试灯	无搭铁	更换新件
电枢部分	电枢绕组	目测	无断路	焊接
		电枢检测仪	无短路	更换新件
		交流试灯	无搭铁	更换新件
	换向器	百分表测	失圆度≤0.05mm	车圆
		目测	无烧蚀、脏污	磨光
	换向器铜片	直尺测	≥2mm	更换新件
	电枢轴弯曲	百分表测	摆差≤0.15mm	校直

续表

检测项目		检测方法	技术要求	处理方法
电刷部分	电刷高度	直尺测	≥7mm	换新件
	电刷接触面	目测	≥60%	磨合
	电刷弹簧	弹簧秤	11.76～14.7N	校正或换新件
电磁开关	触点	目测	无烧蚀	磨光
	触盘	交流试灯	绝缘良好	更换新件
		直尺测	≥1.5mm	换新件
		目测	无烧蚀、脏污	磨光
	保持线圈	万用表	(0.97±0.10)Ω	焊接或换新件
	吸引线圈	万用表	(0.6±0.05)Ω	换新件
离合器	驱动齿轮	直尺测	齿长≥16mm	换新件
	单向滑轮	力矩扳手	≥29.4N	换新件

1. 磁场绕组的检修

起动机磁场绕组的检修主要是检查磁场绕组有无断路、搭铁和短路故障。

(1)磁场绕组断路的检修

起动机磁场绕组断路故障可用万用表或220V交流试灯进行检查。方法如图3-20所示，两支表笔分别连接磁场绕组引线端头和正电刷，试灯应当发亮或万用表指示的电阻值应当接近于零。如试灯不亮(或电阻值为无穷大)，说明磁场绕组断路。

断路故障一般都是磁场线圈与电刷引线连接部位焊点松脱或虚焊所致，修理时先用钢丝钳夹紧连接部位，然后用200W/220V电烙铁将连接点焊牢即可。

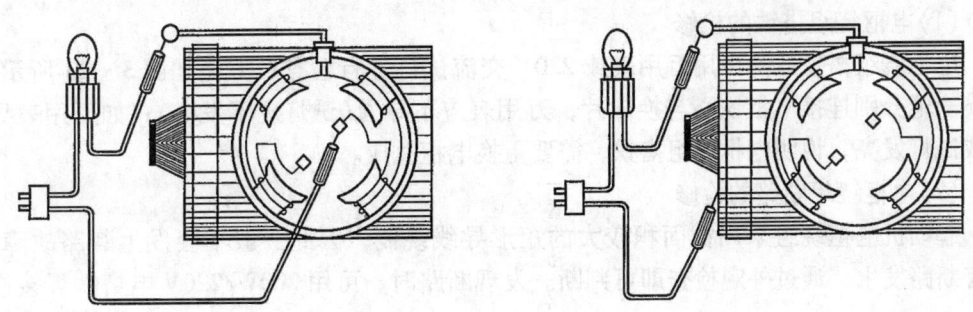

图3-20　磁场绕组断路的检查

(2)磁场绕组搭铁的检修

起动机磁场绕组搭铁故障可用万用表或220V交流试灯进行检查。方法如图3-21所示，两支表笔分别连接磁场绕组引线端头和起动机壳体，万用表应不导通(即电阻值

为无穷大)或试灯应不发亮；如万用表导通
(即电阻值约为零)或试灯发亮，说明磁场
线圈绝缘损坏而搭铁，需要更换磁场线圈
或起动机。

　　(3)磁场绕组短路的检修

　　检查磁场绕组短路故障可用图3-22所
示方法进行。当开关接通时(通电时间不超
过5s)，用螺丝刀检查每个磁极的电磁吸力
是否相同。如某一磁极吸力过小，说明该
磁极上的磁场线圈匝间短路。磁场线圈一
般不易发生短路，如有短路故障则需重新
绕制或更换起动机。

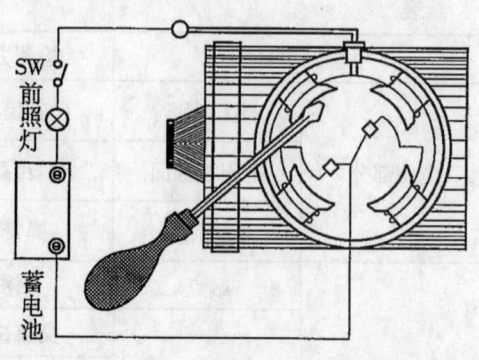

图3-21　磁场绕组搭铁的检查

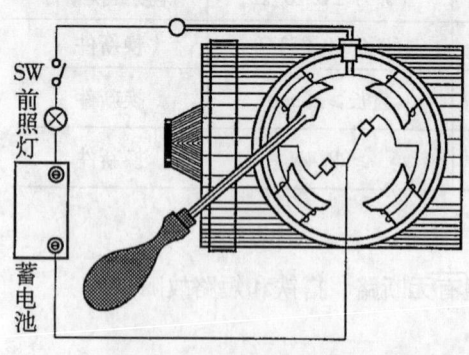

图3-22　磁场绕组短路的检查

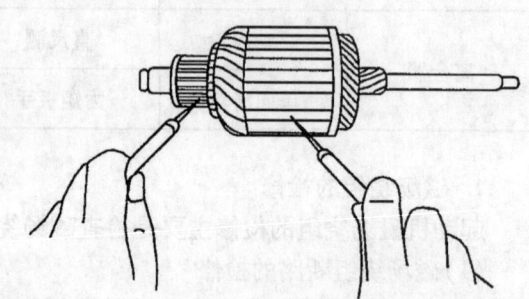

图3-23　电枢绕组搭铁的检查

2. 电枢的检修

　　起动机电枢的检修主要是检查电枢绕组有无断路、搭铁和短路等故障，以及电枢
轴是否弯曲。

　　(1)电枢绕组搭铁的检修

　　电枢绕组搭铁故障可用万用表或220V交流试灯进行检查。方法如图3-23所示，
两支表笔分别连接电枢铁心与换向片，万用表应不导通(试灯应不发亮)；如万用表导
通或试灯发亮，说明电枢绕组搭铁，需要更换电枢总成。

　　(2)电枢绕组断路的检修

　　起动机电枢绕组采用截面积较大的矩形导线绕制，因此一般不会发生断路故障。
如有断路发生，通过外观检查即可判断。发现断路时，可用200W/220V电烙铁焊接修
复。

　　(3)电枢绕组短路的检修

　　电枢绕组流过电流较大，当绝缘纸烧坏时就会导致绕组匝间短路。除此之外，当电
刷磨损的铜粉将换向片间的凹槽连通时，也会导致绕组短路。电枢绕组短路故障只能利
用电枢检验仪进行检查，方法如图3-24所示。

先将电枢放在检验仪的 U 形铁心上，并在电枢上部放一块钢片（如锯条），然后接通检验仪电源，再缓慢转动电枢一周，钢片应不跳动。如钢片跳动，说明电枢绕组有短路故障。由于绕制电枢绕组的导线截面积较大，因此绕线形式均采用波形绕法，所以当换向器有一处短路时，钢片将在 4 个槽上出现跳动现象。当同一个线槽内的上、下两层线圈短路时，钢片将在所有槽上出现跳动现象。当短路发生在换向器片之间时，用钢丝刷清除换向片间的铜粉即可排除。当短路发生在电枢线圈之间时，只能更换电枢总成。

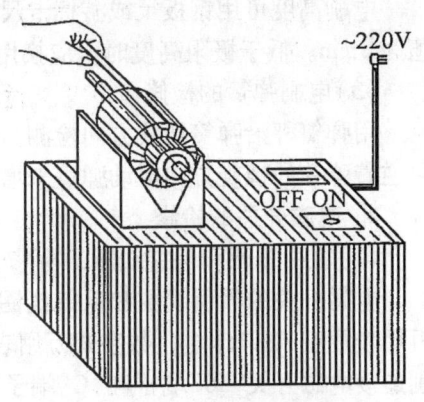

图 3-24　电枢绕组短路的检查

（4）电枢轴弯曲度的检查

起动机的电枢轴较长，如果发生弯曲，电枢旋转时就会出现"扫膛"现象（即电枢与磁极发生摩擦现象）而影响起动机工作。因此在检修起动机时，应当使用百分表检查电枢轴的弯曲度，方法如图 3-25 所示，其摆差应小于 0.15mm，否则应予校直或更换电枢总成。

3. 电刷组件的检修

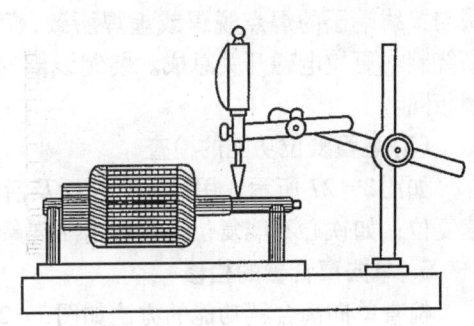

图 3-25　电枢轴弯曲度的检查

（1）电刷架的检修

将万用表的两支表笔分别接正电刷架与负电刷架或电刷架底板，如图 3-26 所示，万用表应不导通（即电阻值应为无穷大）；如万用表导通（即阻值为零），说明该正电刷架搭铁，应更换电刷架的绝缘垫片或电刷架总成。

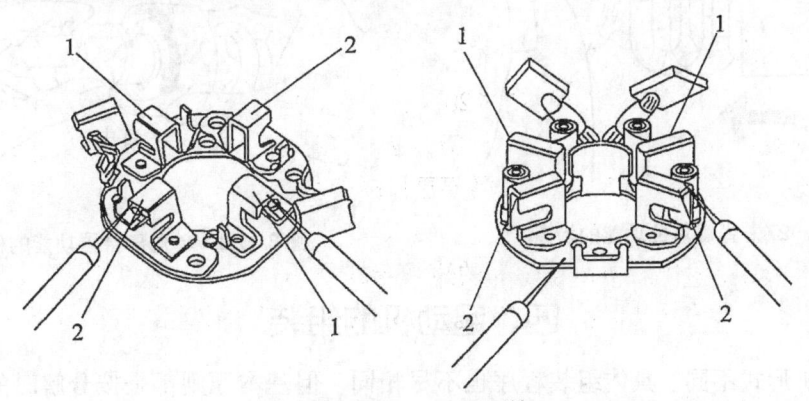

1—负电刷架　2—正电刷架
图 3-26　电刷架绝缘的检查

（2）电刷的检修

电刷高度可用钢板尺或游标卡尺测量。国产起动机新电刷高度为14mm，使用极限值为8mm。低于极限高度时，应换用新件。电刷与换向器的接触面积应大于75%。

（3）电刷弹簧的检修

用弹簧秤沿弹簧切线方向检测弹簧的压力，其值应为11.7～14.7N；如压力不足，可逆着弹簧的螺旋方向扳动弹簧来增加弹力，如仍无效，则应更换新件。

4. 电磁开关的检修

（1）吸引线圈和保持线圈的检修

电磁开关的吸引线圈和保持线圈可用万用表测量线圈的电阻值进行检查。指针式万用表置于$R \times 1\Omega$挡，数字式万用表置于$R \times 200\Omega$挡。检测吸引线圈时，两支表笔分别连接电磁开关"50"端子和"C"端子，电阻值应为0.5Ω左右；检测保持线圈时，两支表笔分别连接起动电磁开关"50"端子和开关外壳，电阻值应为1.0Ω左右。如电阻值为无穷大，说明线圈断路；如电阻值过小，说明线圈匝间短路。断路一般都是线圈端头与接线端子的焊点脱焊或虚焊所致，可用50W/220V电烙铁焊接；线圈短路则需重新绕制或更换电磁开关总成。绕制线圈时，导线的直径、匝数、绕线方向必须与原线圈相同。

（2）弹簧复位功能的检查

如图3-27所示，用手先将挂钩及活动铁心压入电磁开关后放松，活动铁心应能迅速复位；如铁心不能复位或出现卡滞现象，则应更换复位弹簧或电磁开关总成。

5. 单向离合器的检修

检查单向离合器功能的方法如图3-28所示，一手捏住离合器壳体，另一手转动驱动齿轮，当沿顺时针方向转动驱动齿轮能被锁止时，沿逆时针方向转动齿轮应能灵活自如地转动，否则应更换新件。

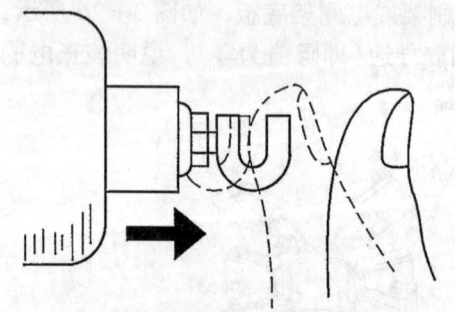

图3-27 弹簧复位功能的检查

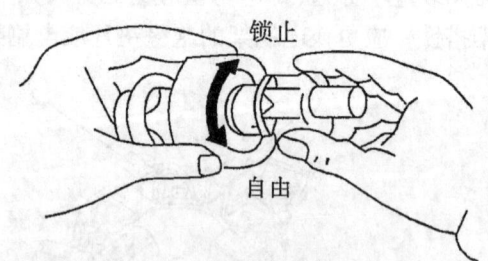

图3-28 单向离合器功能的检查

四、起动机的组装

起动机形式不同，具体组装程序也不尽相同，但基本原则都是按分解时的相反顺序进行。组装起动机的一般步骤是：先将离合器和拨叉装入后端盖内，再装轴中间的支撑板，将电枢轴插入后端盖内，装上电动机壳体和电刷端盖，并用长螺栓结合连紧，然后装上电刷和防尘罩；电磁开关的组装顺序可先可后。在组装起动机过程中应注意以下几点：

1）注意检查各轴承的同轴度。电枢轴由 3 个轴承支撑，往往不易同轴。若不同轴度过大，就会增加电枢轴运转的阻力。检查方法是：各轴颈与各铜套配合时，既能转动自如，又感觉不出有明显的间隙（中间轴承间隙可稍大一点）。在中间轴承支撑与后端盖结合好后，应将电枢轴装入试转。此时应转动自如，无卡滞现象；装上前端盖后，再次转动电枢，也应转动灵活，否则为轴承不同轴。发现轴承不同轴时，轻者可以修刮轴承，严重时应更换个别铜套。

2）各铜套，电枢轴颈、键槽止推垫圈等摩擦部位，都应用润滑油润滑。

3）固定中间轴承支撑板的螺钉，一定要带弹簧垫圈。否则，工作中支撑板震动会使螺钉松脱而造成起动机不能正常工作，甚至损坏起动机。

4）驱动齿轮端面的止推垫圈和换向器端面的胶木垫圈及中间轴承支撑板靠离合器一侧的胶木承推垫圈，装复时不能遗漏。

5）磁极与电枢铁心间应有 0.82～1.80mm 间隙，最大不能超过 2mm，且相互不可有碰刮现象。

6）电枢轴轴向间隙不宜过大，一般为 0.2～0.7mm；间隙不当时，可改变轴前端或后端垫圈的厚度进行调整。

五、起动机的调整

1. 驱动齿轮端面与后端盖凸缘距离的调整

为限制单向离合器不能随意前移，防止驱动齿轮与飞轮齿环分离后单向离合器传动导管冲击中间支撑板或电枢线圈；另一方面使起动机不工作时驱动齿轮与飞轮不会相碰，因此要求驱动齿轮端面与后端盖安装凸缘间有一定的距离。例如 QD1211 型起动机为 29～32mm，此距离如有不当，可调整拨叉定位螺钉 8 的旋入长度。

表 3-3　起动机电磁开关与启动继电器线圈数据

起动机型号	线圈名称	导线	绕向	匝数	电阻(Ω)[①]
ST614	吸引线圈	$\phi 0.92$	同方向	250 ± 5	$0.83 \sim 0.85$
	保持线圈	$\phi 0.83$		250 ± 5	$1.07 \sim 1.14$
321	吸引线圈	$\phi 0.9$	同方向	235^{+5}_{-3}	0.6 ± 0.05
	保持线圈	$\phi 0.83$		245^{-5}_{-3}	0.97 ± 0.1
	继电器线圈	$\phi 0.21$		700 ± 10	13 ± 0.6
QD124	吸引线圈	$\phi 0.9$	同方向	235^{+5}_{-3}	0.6 ± 0.05
	保持线圈	$\phi 0.83$		245^{-5}_{-3}	0.97 ± 0.1

注：①温度为 20℃

2. 驱动齿轮极限位置的调整

起动机工作时，为了不使驱动齿轮与电枢轴端的限位螺母接触过紧而损耗功率，又能保证与飞轮齿环全部啮合，要求驱动齿轮在工作极限位置时端面与电枢轴上的限位螺母间有一定的距离。例如 QD1211 型起动机为 4.5±1mm，如图 3-29 所示。此距离不对时，可通过改变活动引铁尾端拉臂长度进行调整。

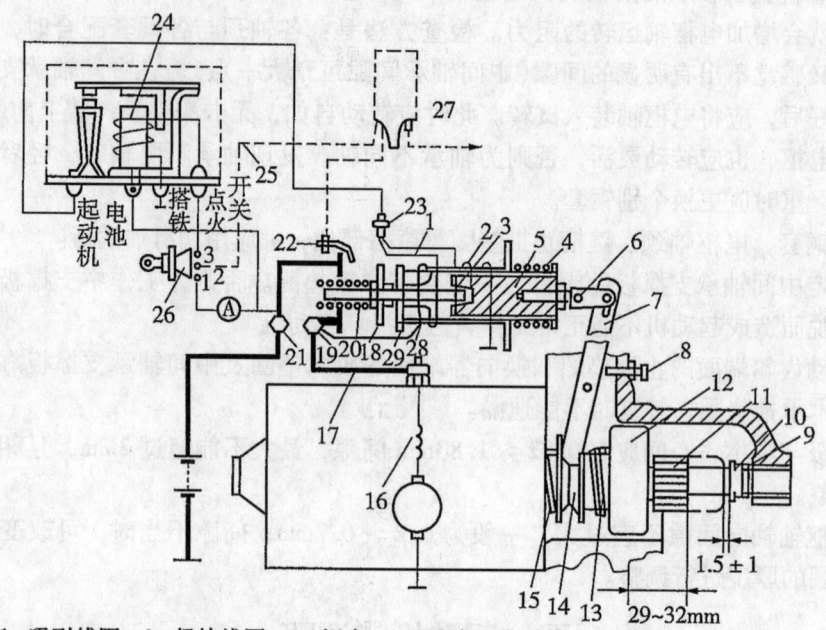

1-吸引线圈　2-保持线圈　3-铜套　4-引铁回位弹簧　5-引铁　6-拉臂　7-拨
叉　8-拨叉定位螺钉　9-止推垫圈　10-限位螺母　11-驱动齿轮　12-单向离合
器　13-缓冲弹簧　14-滑环　15-定位弹簧　16-磁场绕组　17-导电片　18-触盘
19、21-电动机开关接柱　20-触盘回位弹簧　22-附加电阻短路开关接柱　23-电
磁开关接柱　24-起动继电器　25-附加电阻线　26-点火开关　27-点火线圈
28-固定铁芯　29-触盘顶杆

图3-29　QD1211型起动机电路

3. 附加电阻短路开关接通时机的调整

为保证起动机工作时点火系统能获得足够的电流强度，在电动机开关开始接通的
同时或稍早，附加电阻短路开关的内触片就应与接触盘接触。如有不当，可移动或弯
曲附加电阻短路开关接柱内的黄铜片进行调整。

4. 启动继电器工作时机的调整

启动继电器的工作时机即其触点的闭合与张开
时机是以闭合电压和张开电压表示的。检查启动继
电器闭合电压和张开电压的方法如图3-30所示，
先将可变电阻调到最大值，然后逐渐减小电阻，在
触点刚刚闭合时电压表所指示的数值即为闭合电
压；再逐渐加大电阻，当触点刚刚张开时电压表所
指示的数值即为张开电压。闭合电压和张开电压应
符合表3-4的规定。闭合电压过高使继电器触点
不能闭合，起动机不能工作；张开电压过高会使启
动时引铁往复窜动，而不能启动发动机。若闭合电

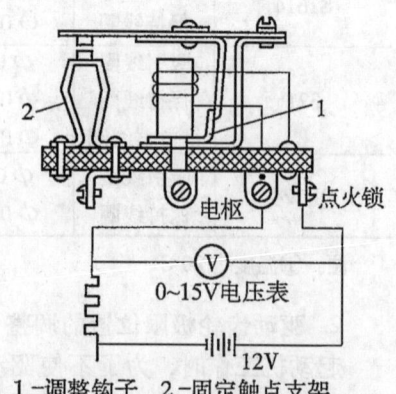

1-调整钩子　2-固定触点支架

图3-30　检验启动继电器

压不符合要求,可弯曲调整钩子改变上触点臂与铁心间的空气间隙来调整。若张开电压不符合要求,则应改变固定触点支架的形状(高度),从而改变触点间隙进行调整。

表 3-4　启动继电器调整数据

名　　称	12V 系统	24V 系统
继电器闭合电压(V)	6.0～7.6	14～16
继电器张开电压(V)	3.0～5.5	4.5～8

起动机组合继电器中的充电指示灯控制继电器的工作时机及其闭合电压与张开电压也有一定要求,可根据具体型号,参照启动继电器工作时机的调整方法进行检查和调整。

六、起动机的试验

起动机试验的目的在于检验起动机的技术状况。试验时,必须采用良好的充足电的蓄电池,蓄电池的容量和电压应和被试验起动机的功率和额定电压相匹配。起动机与蓄电池连接导线的电阻要小,其压降不允许超过 0.2～0.3V。

新生产的起动机必须在专用试验台上进行空载性能和制动性能试验。修复后的起动机,可用简易方法进行电磁开关和空载性能试验。

1. 起动机的简易试验

汽车起动机一般都装设在发动机侧面,将其安装到汽车上操作十分不便。为了检查起动机维修质量和减少维修工作量,修复后的起动机可固定在虎钳上进行简易的试验,试验之前先将蓄电池充足电。由于起动机工作电流较大,每项试验应在 3～5s 内完成,以防烧坏线圈。

(1)电磁开关的简易试验

1)吸引动作试验。对电磁开关进行吸引动作试验的方法和程序如下:

a. 将起动机固定到虎钳上。

b. 拆下起动机 C 端子上的磁场绕组电缆引线(永磁式起动机为正电刷引线)端子,用带夹电缆将起动机 C 端子和电磁开关壳体与蓄电池负极连接,如图 3-31 所示。

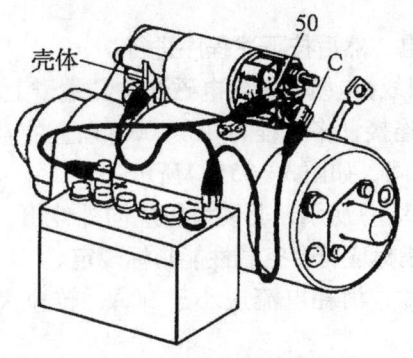

图 3-31　吸引动作试验方法

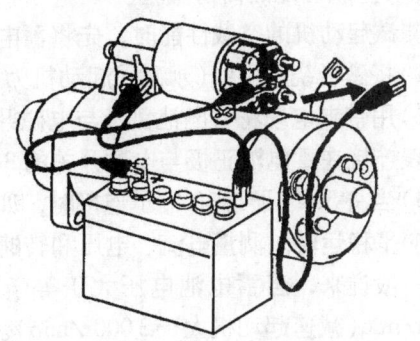

图 3-32　保持动作试验方法

c. 用带夹电缆将起动机 50 端子与蓄电池正极连接时，驱动齿轮应向外移出。如果驱动齿轮不动，说明电磁开关故障，应予修理或更换新件。

2）保持动作试验。在吸引动作试验的基础上，当驱动齿轮在伸出位置时，拆下电磁开关 C 端子上的电缆夹，如图 3－32 所示，此时驱动齿轮应保持在伸出位置不动。

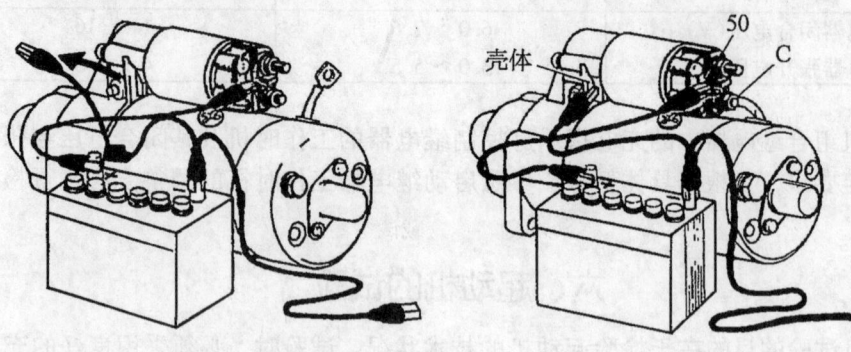

图 3－33　复位动作测试方法　　　　图 3－34　齿轮端面间隙测试方法

如驱动齿轮复位，说明保持线圈断路，应予检修或更换电磁开关。

3）复位动作试验。在保持动作测试的基础上，再拆下起动机壳体上的电缆夹，如图 3－33 所示。此时驱动齿轮应迅速复位，如驱动齿轮不能复位，说明复位弹簧失效，应更换弹簧或电磁开关总成。

4）驱动齿轮端面间隙检测试验。检测驱动齿轮端面与止推垫圈之间间隙的试验方法和程序如下：

a. 将起动机固定到虎钳上。

b. 将磁场绕组电缆引线（永磁式起动机为正电刷引线）连接到起动机 C 端子上，用带夹电缆将起动机壳体与蓄电池负极连接，如图 3－34 所示。

c. 用带夹电缆将起动机 50 端子与蓄电池正极连接时，驱动齿轮应向外移出，与此同时，用游标卡尺测量驱动齿轮端面与止推垫圈之间间隙，标准值应为 0.1～0.4mm。间隙不当时，可通过调整活动铁心连接移动叉挂钩的旋入量或旋出量进行调整。

（2）空载性能的简易试验

测试起动机的空载性能时，先将蓄电池充足电，然后按下述程序进行。

1）将磁场绕组引线（永磁式起动机为正电刷引线）电缆连接到电磁开关 C 端子上。

2）用带夹电缆将蓄电池负极与电磁开关壳体连接，将量程为 0～100A 以上的直流电流表连接在蓄电池正极与电磁开关的 30 端子之间，如图 3－35（a）所示。

3）当将 50 端子与 30 端子连接时，如图 3－35（b）所示，驱动齿轮应向外伸出，起动机应平稳运转。测量电流、电压和转速等各项指标应符合空载性能指标规定。

一般说来，当蓄电池电压大于等于 11.5V 时，消耗电流应小于 90A，转速大于 5 000r/min（减速起动机大于 3 000r/min）。

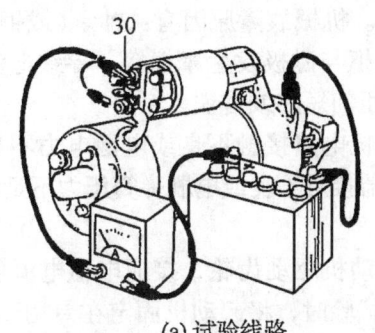 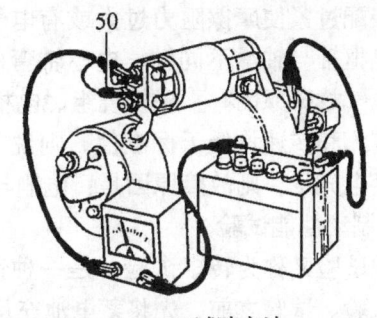

(a) 试验线路　　　　　　　　(b)试验方法

图3-35　起动机简易空载试验线路和方法

2. 起动机的性能试验

起动机的性能试验包括空载性能与制动性能两项试验。根据中华人民共和国汽车行业标准 QC/T29064—1992《汽车用起动机技术条件》规定，起动机的性能试验必须在专用试验台上进行，试验电路如图3-36所示。

（1）空载性能试验

空载试验又称为空转试验。试验之前，先将蓄电池充足电。试验时接

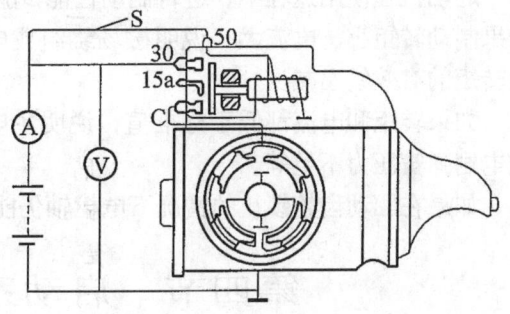

图3-36　起动机的试验电路

通开关S，待电动机运转稳定后，测量起动机消耗的电流、电压和转速等指标应当符合标准规定，常用起动机的空载性能参数如表3-5所示。

表3-5　常用起动机性能参数

起动机型号	额定参数		空转试验		制动试验			适用车型
	电压(V)	功率(kW)	电流(A)	转速(r/min)	电压(V)	电流(A)	转矩(N·m)	
QD1211 QD1212	12	2.0	≤95	>5 000	≤8	≤650	>29.4	EQ1090
QD1215 QD124A	12	2.0	≤90	>5 500	≤8	≤600	>25.49	CA1091
QD122C	12	1.47	≤75	>4 700	≤8	≤600	>29.4	EQ2100
QD1238A	12	1.1	≤75	>7 500	≤8	≤480	>12.70	NJ1041C
QD251A QD251B	24	3.7	≤70	>5 200	≤10	≤560	>19.60	NJ1061
QD251	24	3.5	≤90	>6 000	≤9	≤900	>34.30	NJ1061D
KB24	24	4.78	≤95	<3 900	≤8	≤1 430	>110	奔驰2026

将测得参数与标准值进行比较，判断起动机有无故障。若电流大、转速低，说明起动机装配过紧使摩擦阻力过大或有电气故障。机械故障原因有：轴承（或铜套）磨损过度使电枢轴与轴承不同轴、电枢轴弯曲使电枢与磁极发生摩擦等。导致电流大、转速低的电气故障原因有：磁场绕组、电枢绕组匝间短路或搭铁。

若电流和转速均低于标准值，则说明电动机电路接触不良或电源电力不足。如果蓄电池存电充足，则故障原因是：电刷与换向器接触不良或电刷弹簧压力不足等。

（2）制动性能试验

制动试验又称为转矩试验，是一种锁止起动机驱动齿轮，接通电枢电流使其输出转矩的试验。试验之前，先将蓄电池充足电。试验时，将起动机固定在专用试验台上，给驱动齿轮加上负载，接通开关 S，测量电源电压、起动机电流和输出转矩等指标应当符合标准规定，常用起动机制动性能参数如表 3-5 所示。

起动机在使用过程中，进行制动性能试验的主要目的是检查起动机有无电气故障。如果制动转矩小、电流大，说明磁场绕组或电枢绕组有匝间短路或搭铁故障，导致产生转矩的有效线圈减少。

如果转矩和电流都低于标准值，说明主电路接触不良，如电刷与换向器接触不良或电刷弹簧压力不足等。

如果在驱动齿轮锁止的情况下电枢轴仍能缓慢转动，则说明单向离合器打滑。

第四节　启动系统维修案例

一、起动机不工作

1. 故障现象

将启动开关转至启动挡后，起动机仍不运转。

2. 故障原因

1）起动机电磁开关不吸合或接合不好。

2）继电器损坏。

3）起动机电枢或磁场短路或断路。

4）蓄电池连接线、搭铁线松动或锈蚀。

5）熔丝烧断。

6）起动机线路接触不良或断路。

3. 故障诊断与维修

（1）CA1092K2 型柴油车

1）检查起动机电磁开关能否吸合。启动开关转到启动挡时，应能听到电磁开关的吸合声；若听不到吸合声，可用一根导线将组合继电器的 SW 接线柱与 B 接线柱短接，此时若能听到组合继电器有吸合声，而且起动机开始旋转，说明起动机电磁开关是好的，而启动开关启动挡有故障；如果起动机仍不转，可用一根较粗的导线将组合继电器上的 S 接线柱与 B 接线柱短接，若此时起动机旋转，则说明组合继电器损坏，否则为起动机电磁开关损坏。

2)若启动开关转到启挡后起动机电磁开关能吸合，但起动机不转，可拆下起动机上接蓄电池的电源线，并与电磁开关另一接线柱短接，如果起动机还不转，说明起动机电枢或磁场有短路或断路故障，应将起动机解体检修；如果短接后起动机旋转，则说明是起动机电磁开关不能闭合。

3)如果起动机电磁开关开始能吸合，但启动开关再次转到启动挡时电磁开关却不吸合了，说明线路中有的地方接触不好，应检查起动机到蓄电池的连接线和蓄电池至底盘间的搭铁线各连接点有无松动和锈蚀等。

(2)CA1120PK2L2 型柴油车

1)将起动机蓝线电源接柱与起动机电枢接柱直接接触，若起动机不转，说明起动机本身有故障(此时要考虑起动机搭铁是否良好)；如起动机转动，则进行下一步。

2)将起动机蓝线电源接柱与起动机磁力开关相连，若起动机不转，说明磁力开关坏，应更换起动机。若用手动按钮起动机正常工作，以上故障不考虑。

3)将起动机继电器(在驾驶室后悬架左侧)上的黑红线与柱相连，若启动继电器无响声或起动机不转，说明继电器有故障，应更换新件；有响声，起动机也转，则进行下一步。

4)在底盘与车身线束连接蓝插座上检查黑、白线插接情况，如未插好，将其插好。此时将启动开关转到启动挡，若起动机仍不转，则进行下一步。

5)在启动开关插座上试黑、白线是否有电，若无电说明开关不导通或 10A 熔丝熔断，应更换新件；装好熔丝后再启动，若起动机仍不转，说明启动开关失效，应更换新件。

二、起动机无力

1. 故障现象

当启动开关转到启动挡时，起动机虽然转动但达不到使发动机能够启动的转速。

2. 故障原因

1)电源供给不足。

2)起动机内有短路或断路。

3. 诊断与维修

1)可换上一个容量较足的蓄电池，若起动机的转速还是不能上升到使发动机启动的转速，说明起动机内有短路或断路的地方；如换上后起动机运转良好，蓄电池应进行充电或更换。

2)也可采用将主接触点接线瞬间接地的办法来判断，如果火花弱为蓄电池及接线故障；火花强为起动机故障。

三、起动机发出"打机枪"似的"哒、哒⋯⋯"声

1. 故障现象

当接通起启开关时，起动机的活动铁心产生连续不断的往复运动而发出"哒、哒

……"声音的现象，称为"打机枪"现象。

2. 故障原因

导致起动机产生"打机枪"现象的原因有：

1）蓄电池充电不足（亏电）或内部短路。

2）启动继电器触点断开电压过高。

3）电磁开关保持线圈断路或搭铁不良。

蓄电池充电不足（又称为亏电）或内部短路和启动继电器断开电压过高而导致产生"打机枪"现象的根本原因在于：当起动机的电动机主电路接通时，蓄电池电压因大量放电而急剧下降；当电动机主电路切断时，蓄电池电压因停止大电流放电而迅速回升。

3. 诊断与维修

排除"打机枪"故障时，可先用万用表检测蓄电池电压。接通起动机时，电压不得低于9.6V。如电压过低，说明蓄电池严重亏电或内部短路，应换用新件。如蓄电池技术状况良好，则说明电磁开关保持线圈搭铁不良而断路或启动继电器断开电压过高，应分别检修或更换电磁开关、启动继电器。

四、起动机驱动齿轮与飞轮不能啮合且有撞击声

1. 故障原因

1）起动机驱动齿轮或飞轮齿环磨损过度或已损坏。

2）电动机开关闭合过早，起动机驱动齿轮尚未啮合就已快速旋转。

2. 诊断与维修

首先将电动机开关接通时机稍稍调迟，缩短引铁尾端拉臂长度；如故障仍不能排除，则须拆下起动机进行检修。

五、松开起动开关后起动机仍转

1. 故障原因

1）电动机开关在电路接通时因强烈火花将触点烧结在一起。

2）驱动齿轮轴变形、脏污，驱动齿轮在轴上滑动阻力过大，回位弹簧又太软。

3）引铁行程过小，启动中驱动齿轮继续后移压缩左缓冲弹簧，牵制拨叉回位。

4）因匝间短路或重绕造成电磁铁机构内两线圈有效匝数比改变。

2. 诊断与维修

立即断开蓄电池搭铁线使起动机停转，首先检查点火开关导线是否接错及启动继电器触点是否常开，如都正常，则必须对起动机进行拆检。

第 4 章　柴油车蓄电池维修

第一节　蓄电池正确使用与技术检测

一、蓄电池的使用特点

1. 不要随意更换大容量的蓄电池

有一些驾驶人以为蓄电池容量越大，启动性能就越好，使用寿命就越长。汽车上的发动机的功率是固定的。因此，输出电流不能随意增大，当蓄电池容量增大时，会使充电电流不足即充电不足，长时期的充电不足会导致极板不可逆硫酸铅化，反而缩短蓄电池的使用寿命。所以更换蓄电池时必须采用原有的电器设计规定的型号，不得随意加大蓄电池的容量。

2. 注意车上铅蓄电池的搭铁板极性特点

蓄电池的一个极必须和汽车架相连接，利用车架作为一个公共回路。蓄电池正极与车架相接称正极搭铁；反之，称为负极搭铁。

在装接蓄电池时，必须首先弄清楚所装车辆的搭铁极性，蓄电池的搭铁极性应该与同车发电机的搭铁极性相同。现代汽车都是负极搭铁，应该将蓄电池的负极桩引线搭铁——与汽车车架直接连接。如果错接了蓄电池的搭铁线，短路电流将很快烧坏硅整流发电机的硅整流二极管。

3. 要注意蓄电池冬季使用特点

冬季使用蓄电池，特别在我国北方地区，要保持蓄电池处于充足电状态，以防止电解液密度降低而结冰，甚至造成容器破裂、极板弯曲或活性物质脱落等。表 4-1 所示电解液密度和冻结温度之间的关系。在冬季，应按规定加入相对密度为 1.400 的电解液进行调整。在进入夏季之前，要吸出少量电解液，再加入蒸馏水调整密度值。注意：冬季加蒸馏水时，只能在发动机正常运转、发电机向蓄电池充电时进行。由于冬季蓄电池容量降低，因此发动机冷启动时应进行预热。每次接通起动机的时间不得超过 3～5s；再次启动时，应停歇 10s 以后再进行。

表 4-1　电解液相对密度和冻结温度的关系

电解液相对密度	冻结温度(℃)	电解液相对密度	冻结温度(℃)
1.10	-7	1.25	-50
1.15	-14	1.30	-66
1.20	-25	1.31	-70

4. 容量不同的蓄电池串联使用有害处

若将两只不同容量的 12V 蓄电池串联使用，有很大的害处。两个容量不同的蓄电池串联使用时，容量小的会处于过充电或过放电状态，容量大的就会充电不足，造成极板硫化，容量下降，电解液密度降低，放电电压低，充电电压高，充电时电解液温度上升快，加快了蓄电池的损坏。

二、蓄电池的正确使用

根据蓄电池故障产生的原因和柴油车用户的长期实践总结的经验，蓄电池使用中要做好"三抓"和"五防"。

1. 抓正确使用操作

1）不连续使用起动机。每次启动的时间不得超过 5s，如果一次未能启动，应相隔 15s 以上再作第二次启动；连续三次启动不成功，应查明原因，排除故障后再启动发动机。

2）冬季冷车启动之前，应先将发动机空摇数转，并加入热水，以减小启动阻力和启动电流，减小蓄电池的亏损。

3）安装搬运蓄电池时应轻搬轻放，切不可敲敲打打或在地上拖拽。车上的蓄电池应固定牢靠，以防行车时震动受损。

2. 抓清洁保养

1）经常清除蓄电池表面的灰尘污物，送充电前表面要擦拭干净。

2）电解液洒到蓄电池表面时，应用抹布蘸 10% 浓度的苏打水或碱水擦净，电极桩和电线夹头上出现氧化物时应及时清除。

3）经常疏通加液孔盖上的通气孔。

3. 抓及时正确充电

1）放完电的蓄电池在 24h 内应及时充电。

2）停驶车辆的蓄电池每两个月应进行二次补充充电。

3）常用车辆的蓄电池放电程度在冬季达 25%，而夏季则达 50% 时即应充电，最好 3 个月进行 1 次预防性过充。

4. 五防

1）防止充电电流过大、过充。

2）防止过量放电。

3）防止电解液液面过低。

4）防止电解液密度过高或过低。

5）防止金属等杂质混入电解液内或落入蓄电池内。

三、蓄电池技术状态判断

1. 从电解液密度的变化判定蓄电池的放电程度

从蓄电池放电特性中已知，电解液相对密度是随蓄电池的放电程度成正比变化的，蓄电池放电程度越大。电解液相对密度就降低得越多。实践证明，充足电的蓄电池到放电终了，电解液相对密度大约下降 0.16。如开始放电时电解液相对密度为 1.27，到放电终了则降为 1.11，下降了 0.16。这样就可以粗略认为，相对密度每下降 0.01 相当于蓄电池放电 6%。根据这个比例关系，就可以通过测量电解液的相对密度，对蓄电池的放电程度作出判断。

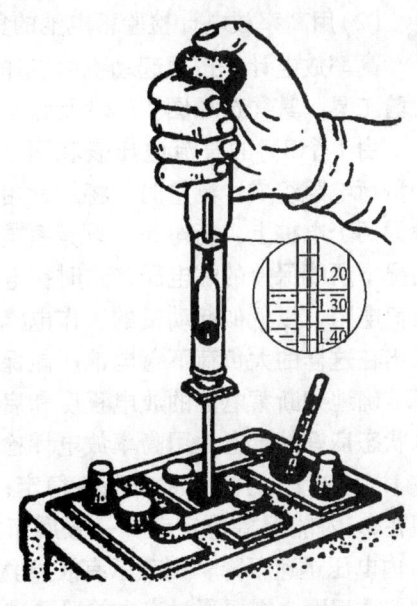

测量电解液相对密度应用专门的密度计，如图 4-1 所示。使用时，吸入的电解液不要过多或过少，以能将密度计中的浮子浮起而上端又不会顶住为宜。同时还应注意使浮子刚好浮在中央，不要让浮子与玻璃管壁接触，以免影响测量的精度。此外在蓄电池用强电流放电后，不要马上就去测量密度，因为这时电解液还没有混合均匀，测量结果是不会准确的。

2. 从大负荷下的端电压变化判定蓄电池的技术状态

图 4-1　电池液密度计

通过电解液密度的变化，来判断蓄电池的放电程度，方法虽然简单，但它只能一般地说明蓄电池的放电程度，而不能说明蓄电池有无故障，例如同样的放电程度，是正常使用的结果，还是由于自行放电造成的，蓄电池是否还有其他故障，单从放电程度上是看不出来的。为了进一步了解蓄电池的技术状态，通常采用使蓄电池在以大电流(100～150A)放电情况下测量其端电压的方法，来判定蓄电池的技术状态。

容量大、内阻小，是技术状态良好的蓄电池的基本特征。但是随着蓄电池放电程度的增加，容量会减小，内阻会增大，特别是蓄电池产生了故障时，其表现更为明显。蓄电池技术状态的这种变化，可以在放电情况下测量其端电压进行检验。因为蓄电池在放电时的端电压等于电动势减去内部电压降，即 $U = E - Ir_0$，当蓄电池的技术状态变坏时，它在放电中，尤其是以大电流放电中，由于内压降，Ir_0 的明显增大，端电压就会出现不正常的下降——不稳定，且数值很小。常用的办法如下。

(1)在车上接通起动机检验蓄电池在大负荷下的端电压

1)发动机在正常温度下，连续几次使用起动机(本身技术状态是良好的)，都能带动发动机很快旋转，这说明蓄电池在大负荷下，端电压能够保持稳定，不仅技术状态良好，而且充电较足。

2)夜间在开灯的情况下接通起动机，通过灯光的明暗程度判定蓄电池的技术状态也很方便。如果起动机转得很快，灯光虽然稍许变暗但仍有足够的亮度，这也说明蓄电池能够保持一定的电压，技术状态良好而且充电较足；如果起动机旋转无力，灯光又非常暗淡，则说明蓄电池放电过多，必须立即充电；如果接通起动机，灯光暗红并迅速熄灭，这说明蓄电池放电已经超过了容许限度或已严重硫化，必须通过充电作进一步地检验。

（2）用高率放电计检验蓄电池的负荷电压

高率放电计是按照起动机的工作情况制成的一种检验工具，其构造如图4-2所示。

由1个3V的直流电压表和两个触针之间跨接1个负荷电阻组成。测量时，将触针用力压在单格蓄电池的两个电桩上，历时5s，观察蓄电池在大负荷放电情况下所能保持的端电压，这时蓄电池的电流将通过负荷电阻，以近似起动机的工作电流放电，电压表则指出在这样的大负荷下蓄电池所能保持的端电压，就可准确地判断蓄电池的放电程度和启动能力。一般技术状态良好的蓄电池用高率放电计检验，单格电压应在1.5V以上，并在5s内保持稳定；电压低于1.5V但在5s内能保持稳定者，一般属于放电过多，如果5s内电压迅速下降，则表示有故障。至于故障的性质和严重程度，需要通过充电检验再进一步分析。

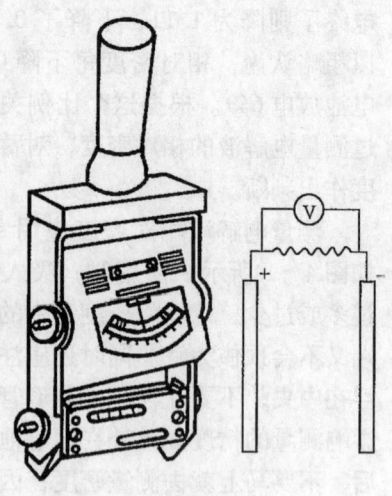

图4-2　高率放电计

有时电压表可能指在"0"位不动，这种情况如果仅出现在某一单格，可能是内部有严重短路或断路。这时，可以在整个蓄电池的正负极间接一试灯加以判别；灯亮说明那个单格内部严重短路，不亮则是断路。如果3个单格电压表都不动，可以肯定蓄电池已严重硫化。

高率放电计测量负荷电压了解蓄电池的放电程度可以参考表4-2。

表4-2　蓄电池的负荷电压与放电程度

负荷电压（V）	放电程度（%）	负荷电压（V）	放电程度（%）
1.7～1.8	0	1.4～1.5	75
1.6～1.7	25		
1.5～1.6	50	1.3～1.4	100

（3）蓄电池大负荷测试方法

车用蓄电池在使用中发生故障时，其密度、容量、电压等都将发生变化，通过这些变化可以判断它的技术状况。

1）采用蓄电池测试仪。

2）蓄电池为充足电状态。

3）如图4-3所示，将被测电池和测试仪连接起来，并将电阻器拧到OFF位置；

4）将测试仪的选择旋钮拧到AMP（电流测试）位置。

5）顺时针旋转电阻旋钮，将放电电流调节到240A（58～475型）或250A（58～500型），保持15s，再将旋钮至VLTS（V）位置，测量放电电压值。

3. 通过充、放电检测蓄电池的技术状态

测量蓄电池在大负荷下的端电压，虽然可以判定蓄电池的放电程度和有无故障，但还不能具体地说明故障的性质和程度，充电检验，则可以对蓄电池的技术状态进行确切的判定。因为蓄电池的技术状态不同。故障性质不同，充电中的表现形式也就不同，所以根据充电中的不同表现形式，进行分析判断，就可以得出确切的结论。

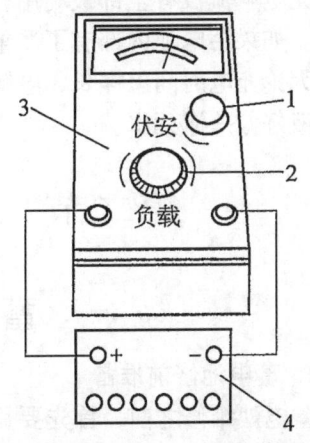

1-伏安选择钮　2-负荷调整钮
3-负荷测试仪　4-被测蓄电池
图4-3　蓄电池大负荷

由蓄电池的充、放电特性中可知，正常的蓄电池，在充电过程中，它的端电压和电解液密度都是按照一定的规律上升的，电解液温度也不会出现不正常的升高，在放电过程中，它们又按照一定的规律下降，放出额定（或近似于额定）的容量。

采用普通定电流充电法的充电电流（即第一阶段以额定容量的1/10的充电电流，充至单格电压为2.4V，再将电流减半进行第二阶段充电），充电至全充电状态。在充电过程中，测量并记录各单格的电解液密度、温度及端电压，观察好充电过程中的现象。充电过程中，若电解液温度超过45℃，应暂停充电使其降温。充电完毕时，如电解液密度不合规定，应用蒸馏水或密度为1.400g/cm³的电解液进行调整。调整后，应再充电2h。

如果蓄电池发生硫化，它的内阻就会增大，而且硫化的程度越严重，内阻就会越大。由于内阻的增大，它的内压降 Ir_0 就会增加。充电中，为了维持一定的充电电流，加于单格电池的充电电压（$U = E + Ir_0$），最初可能上升到2.8V左右。同时，由于内阻增大，温度也会不正常的升高。

所以充电电压高，蓄电池温度高，便是硫化故障的基本特征。随着充电过程的进行，极板表面硫酸铅的逐渐消失，内阻会逐渐减小，电压可能在数小时后降到2.2V左右，以后则缓慢上升，和良好蓄电池充电规律基本相同。严重硫化的蓄电池，单格电池的充电电压还会高于2.8V，由于硫酸铅难于溶解还原，电解液密度根本不上升，充电电流用于电解水，一开始充电就会出现冒气泡的现象。

活性物质严重脱落的蓄电池，由于沉淀池内积有大量脱落的活性物质微粒，充电中被翻腾上来，所以电解液混浊是活性物质脱落故障的显著表现，同时由于极板上的活性物质减少，蓄电池容量降低、所以充电时间较正常情况缩短，电解液沸腾等充电终止的现象也会提前出现。

以20h放电率放电（即用1/20额定容量的电流放电，如CA1091型车用6-Q-100蓄电池的额定容量为100A·h，应该用5A电流放电），并保持放电电流恒定。在放电过程中，每隔一定时间（开始每隔1h，待单格电池电压降至1.9V后，每隔15min）测量一次单格端电压、电解液密度及温度。当放电至出现下述情况之一时，即停止放电：多数单格端电压已降至1.75V以下；某单格端电压急剧下降。将记录总放电时间的小时数，乘以放电电流的安培数，即得出实际放电容量。

自行放电的蓄电池，由于内部存在着直接导电的分路或者具有消耗电能的寄生电池，充电电流没有全部被利用，所以它的特点是：充电时间长，密度和端电压上升很缓慢。如果蓄电池内部有了严重短路，充电电流基本上全部通过它而不产生化学反应，所以无论充电时间怎样长，电解液密度和电压都不会上升，蓄电池中也没有气泡产生，电解液好像一潭死水。

第二节　蓄电池故障诊断与维修

一、蓄电池修前鉴定和分解清洗

1. 蓄电池修前准备

蓄电池维修之前，首先要用水冲洗干净外表各部分，然后仔细检查外壳、联条、极桩、电池盖、封口剂有无损伤，一一做好记录；然后用玻璃管测量电解液液面高度，也可以目测；用密度计测量电解液密度，同时用温度计测量电解液温度；用高率放电计测量单格电池电压；全部记录都要按蓄电池所在车辆进行编号。

根据记录的技术数据以及对外表的观察，可以大致判断蓄电池的技术状态，以便决定是否需要将蓄电池拆开维修。如果使用维护得当，使用时间未超过一年，各单格电池电压性能大体一致，这样的蓄电池即使容量达不到规定值，甚至接近报废的数值，也不要盲目拆开维修。因为这种情况大多属于产品本身的质量问题，而应尽量采用维护手段，延长其使用寿命。

2. 对单体电池状态的判定

对要进行维修的启动用铅蓄电池，必须首先做好以下工作：细致了解用户对电池使用时间的长短，中停（放置）时间的长短，在使用和中停过程中的维护情况；仔细了解铅蓄电池在使用过程中发生过什么故障和反常现象，采取过什么措施，效果如何等。

然后再对要维修的启动用铅蓄电池进行一次容量试验，这在很大程度上能够帮助我们对该电池的状态做出正确结论。如果检查各单体电池的电压，电解液密度、温度等都大致相同，这说明了铅蓄电池之所以失去工作能力，并不是因为其中有"滞后"单体电池，而是由于极板的质量低劣或其他故障所造成的。

3. 铅蓄电池维修前放电

未经放电的极板群从蓄电池中取出后，遇到空气中的氧，极板上的海绵状铅会发生氧化，产生大量的热，使活性物质变松或产生硫化。所以蓄电池极板出现短路、硫化、腐蚀、反极等故障时，在维修前须要进行放电处理。

维修蓄电池时，在拆开分解之前，是否要进行保护性的放电，应该按照蓄电池的实际技术状态和维修方法决定。如果确定了蓄电池要更换全部极板，就无需进行保护性放电，如果不打算更换极板，或不打算全部更换极板，那么在拆开分解蓄电池之前，就要用10h放电率进行放电。然后倒出电解液，装入专用的容器内，不得直接倒入下水道，造成环境污染。之所以要预先放电，是因为电池分解时，充足电的负极板，其活性物质为海绵状铅。负极板群一旦从电池槽内取出来，就要与空气中的氧作用而发生氧化。时间长了，氧化严重，就易使活性物质脱落和形成不可逆硫酸盐化。

在预先放电的过程中，若遇到某单体电池的电压在短时间内(1h 或更短时间)降到了终了电压，而其他单体电池的电压正常。这时可把此"滞后"单体电池的连接条割断，用导线(或铅条)将其他单体电池串联起来继续放电，若其他单体电池放电容量合格，那就决定只分解"滞后"的单体电池。如果一只启动用铅蓄电池，通过容量试验，各单体电池的放电容量都不合格，而又大致相同时，我们只要分解一个单体电池，就可基本上确定其他单体电池放电容量不合格的原因。

如果在确定要放电的蓄电池中有一单格，由于内部故障已经自行放完了电，则须将该单格从放电电路中隔出，防止在放电过程中形成极性改变，或者确定蓄电池中仅仅某一单格要拆修，就可以不进行预先放电，只需将取出的极板组迅速浸没在清水或电解液中，不使它长期与空气接触，同样也可以达到保护的目的。

铅蓄电池极板的自然损耗是引起放电容量降低的重要因素，而其他一些因素也不同程度的引起电池放电容量的降低。因此，正确判定铅蓄电池的状态是一比较复杂而又困难的工作，有时只有在分解了一个单体电池之后，才能对各单体电池的状态做出正确结论。

4. 对启动用铅蓄电池的分解

(1)拆卸连接条和电极桩

联条的拆卸方法有几种，可以根据实际情况选择其中的一种。

1)在钻床上用空心铣刀或麻花钻头将极桩的上部钻去，只剩下完整的联条，这样便很容易拆卸下来。

2)将蓄电池卧放在工作台边缘，用焊枪火焰熔化联条与极桩的焊接部分，操作时注意保留联条的圆孔，以便装配蓄电池时重新使用。

3)根据检查的结果，如果仅仅拆修某一个电池单格时，可以在适当位置用锯条锯断联条，取出该单格极板群。排除故障后插回蓄电池原单格内，用铅锑合金焊好锯缝，挫光表面即可。

一般用手摇钻或电钻装夹空心钻头在连接条与电极桩结合处钻孔，如图4-4(a)，使两者分离；然后用连接条拆卸器，如图4-4(b)，取下连接条。也可用钢锯将连接条从中锯断，如图4-4(c)，使各单格电池相互独立，以便拆卸。

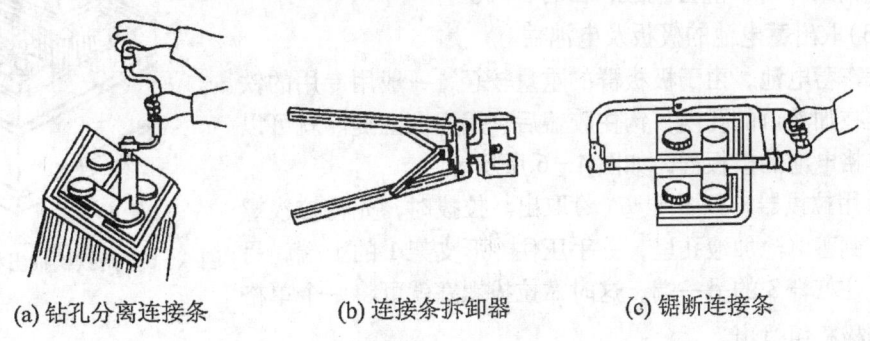

(a) 钻孔分离连接条   (b) 连接条拆卸器   (c) 锯断连接条

图4-4 拆卸蓄电池的连接条和电极桩

（2）拆除蓄电池的封口胶

用加热的金属铲子，如图4-5（a）所示铲除
封口胶：最好有两把铲子，让其轮流加热，交
替使用。用电烙铁烧烫并清除封口胶，需将电
烙铁头换为钢质的小铲刀，烫熔并铲除封口胶；
用电阻丝(kW)式电热罩，如图4-5（b），罩在
蓄电池盖上，等封口胶加热后予以铲除。

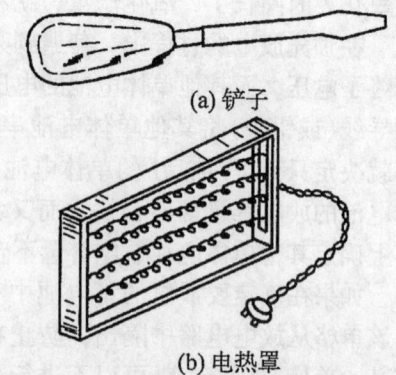

(a) 铲子

(b) 电热罩

图4-5　拆除封口胶的铲子和电热罩

将蓄电池倒置于沸水中，加热5～10min，
使封口胶软化后趁热取出，清除封口胶。利用
蒸气直接对蓄电池盖（即上表面）加热，边加热
边铲除封口胶。将蓄电池用一铁皮盒罩起来，
让蒸汽直接对盒子盖加热，约45～60min 即可
关掉蒸汽，趁热用钳子夹住连接条，拔出极板组，残余的封口胶可用平刮刀铲净。注
意：<u>禁止在不加热的情况下用铁条或螺丝刀硬撬封口胶，这样容易撬坏电池盖</u>。

常用铲除铅蓄电池封口胶的方法如下：

1）用加热金属铲子铲除封口胶。

2）用电烙铁(75W 以上)铲除封口胶。

3）将蓄电池倒立放入沸水中，加热5～10min 使封口胶软化，趁热取出封口胶。

4）用电阻丝特制一个加热罩，罩在蓄电池盖上，加热后铲除封口胶。

5）用蒸汽直接对电池盖加热，趁热用专用钳子夹住连接板，拔出极板组，残余的
封口胶用刮刀铲净即可。如果有条件，使用乙炔，既快又好。

清除封口剂最方便的方法是采用直接加热，其方法很
多，一般选用两种：有条件的地方，用皮管通以蒸汽，喷射
封口剂表面，或者用开水浇洒封口剂表面。加热软化后，取
出封口剂。这种方法能保持封口剂的原有性能，比较实用。
用焊枪火焰加热沥青封口剂，或将蓄电池置入干燥箱内，使
封口剂软化，用小刮刀或螺丝刀刮下来。刮下的沥青封口
剂，用清水冲洗，洗去硫酸，留着备用。

（3）取出蓄电池的极板及电池盖

汽车蓄电池，由于极板群的重量较轻，一般用专用的铁
钩插挂在加液口的孔内，钩住胶盖后，用力向上提。就可以
抽出单格电池的极板群，如图4-6所示。

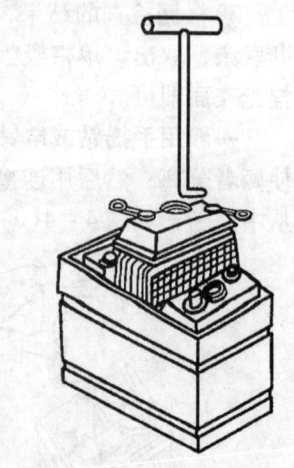

图4-6　用铁钩抽出极板群

1）用拉拔器，如图4-7（a）取出。拉拔时，先将拉拔螺
塞拧入到蓄电池加液孔里，一手压住冂形支架1 的上端，另
一手压住杠杆3 的另一端，这时靠拉拔螺塞就可将一个单格
电池的极板组拔出。

2）用丁字形铁钩取出。将铁钩插入加液孔中，钩住蓄电池盖子，将单格极板组取
出，如图4-7（b）。

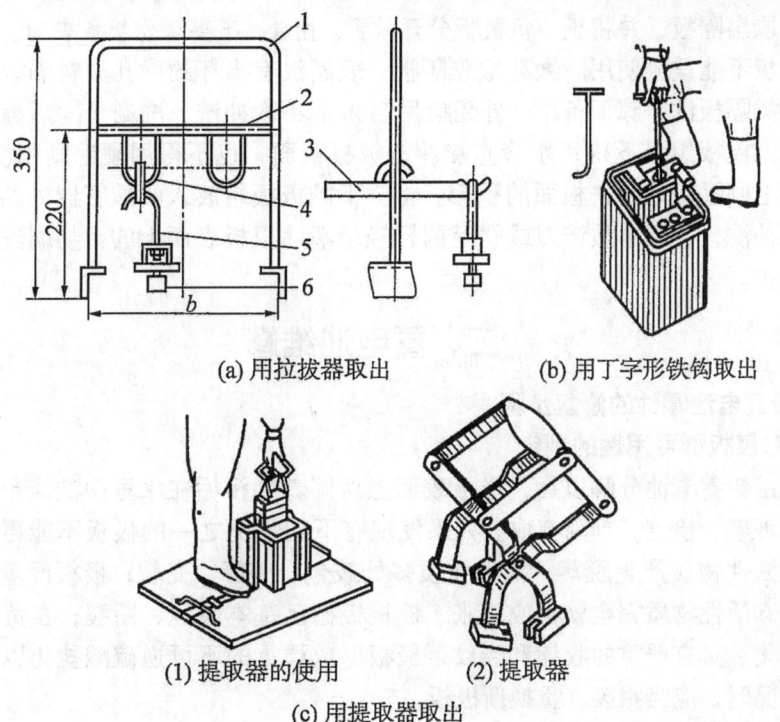

(a) 用拉拔器取出　　　(b) 用丁字形铁钩取出

(1) 提取器的使用　　　(2) 提取器

(c) 用提取器取出

1－冂形支架　2－横梁　3－杠杆　4－吊环　5－吊钩　6－拉拔螺塞

图 4-7　取出极板组

3) 用提取器取出。将提取器的特制夹钳卡紧在电极桩上，将单格电池提取出来，如图 4-7(c)。

用烙铁或碳棒电焊工具将电极桩或电极桩与电池盖间的密封衬套烫化，使其与电池盖分离，然后即可取下电池盖。

固定型开口式蓄电池抽出极板非常方便，只要将相邻的蓄电池连接条断开即可抽出。

若未经放电而分解启动用铅蓄电池时，如果负极板群经过冲洗、维修仍然能用，应浸泡在蒸馏水中，直至组装时再取出。这样在空气中尽量放的时间短些。也能防止负极板被氧化。

极板组取出后，如发现极板上的物质有严重的松软、膨胀、腐蚀、脱落、硬化等现象，无法使用必须更换外，对虽然有毛病但稍经修整仍可继续使用的，就应将隔板抽出，分开正、负极板组，用清水洗净，放在通风处迅速风干，以便进一步检验维修。

(4) 拆散清洁极板群

抽出极板群后拆散，将隔板从两侧向中间依次抽出，分离正、负极板组，视情况再将极板组分解为单片极板。

(5) 清洁拆解后的蓄电池零件

取下防护板，冲洗极板群，然后将极板组放在工作台上，分开正、负极板组，拔开极板，取出隔板，并将正、负极板分开放置。**注意：**不要碰伤极板表面。木隔板、玻璃纤维隔板不能重复使用。微孔橡胶隔板，表面没有损坏的微孔塑料隔板可以重复使用，将这类隔板洗净晾干备用。外壳应用自来水不断冲洗，洗刷干净后擦干待检。在清水中漂洗极板组，不得用水管直接冲击极板板面，也不得用硬毛刷刷洗极板板面，只能用软毛刷轻轻地刷去板面的积垢。将拆下的极板组放入耐酸容器内的支架上，用清洁的水冲洗，并用木质铲刀或软毛刷轻轻地清除极板表面上的污物刷洗干净，晾干后进行检查。

二、蓄电池维修

1. 铅蓄电池零件的修复步骤

（1）对极板群可用性的判定

启动用铅蓄电池分解以后，极板表面上所附着的污垢在水里面洗涤干净，然后进行细致的观察、检查，判断弃取。如果发现有下列情况之一的极板不能再使用：在正极板群上活性物质严重脱落；活性物质多处鼓包、变酥、变软；极板严重弯曲；板栅腐蚀断裂。活性物质完全软化或膨胀、极板板栅已基本腐蚀、断裂；在负极板群上极板表面硬化、具有严重的收缩和裂纹、极板形成严重的不可逆硫酸盐化以及活性物质变软等情况时，应当报废，重换新极板。

一般正、负极板的寿命以负极板较长，因为负极板栅腐蚀较轻。如果正极板的活性物质能坚固的保持在极栅的栅格内，而且呈褐色（放过电的极板），并且没有明显的膨胀和鼓泡，这样的极板则应认为尚可使用。极板有少量的栅格内的活性物质脱落时，也不应报废。

（2）极板的焊接

正、负极板如不能再用时，需重新焊接极板组。

1）选择极板。根据蓄电池外壳的高度，选好极板，用钢丝刷或小锉消除极板耳上的氧化物。

2）调整焊架（梳形板）高度。测量蓄电池容器底部突棱到蓄电池盖上端子孔的下边缘的距离，根据所测距离调整梳形板的高度，同时根据电桩孔内边缘到蓄电池盖两端距离确定端子的位置。

3）焊接。焊接时应将温度控制好，既使铅熔化，又不要使铅从梳形板上流下，造成平层和表面炭渣过多。有条件时，最好采用乙炔焊，不仅效率高、焊接质量也比较好。在困难条件下，如果没有设备，还可用大一点的烙铁进行焊接，此种方法虽然比较落后，但在困难条件下，还是可以解决问题的。

4）插入隔板。将正、负极板组交叉起来，从中间开始插入隔板，如是有槽的，有槽的一面面向正极。玻璃纤维隔板与其他隔板并用，玻璃纤维隔板应靠向正极。

5）将极板组放入壳内。正电桩位于面对厂牌标的右方，极板组放入壳内不应松动，如松动可用隔板塞紧。在各端子上套好橡皮圈，盖好壳盖，在盖与壳之间塞好石棉绳或纸，防止沥青封料流入壳内。

6)熔接端子与连接板。将连接板套在端子上，用炭棒电焊熔化高出连接板的端子头部，使端子与连接板熔为一体。

7)加封沥青封口胶。加热沥青封口胶，当有气泡和黄色的烟冒出时，用铁勺将熔化的沥青封料浇入壳之间的槽内，冷却后，除掉多余的沥青封料，并用烧红的铁条或铁铲将沥青封料烫平。

2. 蓄电池单体电池的维修

启动用铅蓄电池中某单体电池的维修，一般多属排除造成短路的导电物，补插隔离板(在制造中有时少插了隔离板)或消除其他缺陷，少数情况下是更换极板群。

(1)不换极板群的维修方法

1)用分解电池的方法，提出极板群。

2)将提出的极板群，放于耐酸的架子上，小心谨慎地取下防护片和隔离板，仔细地进行观察，找出故障发生的原因，采取相应的措施。

3)提出极板群后，吸出电池槽内的电解液，并清除槽内的沉淀物。最后用水冲洗一遍，对电池槽边缘应擦拭干净，以利封口剂的密封。

4)将排除故障后的极板群，重新插好隔离板和放好保护片，按原来的正、负极方向装入电池槽内。

5)装入极板群后浇上封口剂，用喷灯烤平即可。

6)在原来连接条的基础上，把铅焊条熔化滴入断口处熔于一起，焊牢即可。

7)灌入和维修前相同密度的电解液。

8)将电池接入直流电源，利用经常充电电流值的1/4进行一次过充电后即可应用。

(2)更换极板群的维修方法

1)在有小台钻的条件下，可先把要维修的单体电池与相邻的单体电池的连接条用小台钻钻掉极柱。注意：钻头的中心和极柱的中心要对准，钻头的直径和极柱的直径应该相同。连接条即可取下来(还可以再用)。再用小台钻继续将极柱钻至电池盖以下。温度低时，可用喷灯慢慢地烤软封口剂，再用螺丝刀或小铁铲将封口剂挖除干净。先提出电池盖，再提出极板群。

2)在无小台钻的条件下，可用分解电池的方法，提出电池盖和极板群。

3)取下防护片和隔离板。

4)再用电焊碳极或焊枪熔塌极柱，将极板群和电池盖分开。注意：尽量不要烧坏电池盖上的铅极柱套。利用电焊炭极熔塌极柱时，炭精棒越细，产生高温的局部面积越小。这样来拆电池盖，既能熔塌极柱，又能使铅极柱套不受较大损失。启动用铅蓄电池在拆修过程中保留住铅极柱套，是保证焊接质量的关键。

5)换极板群一般要更换电解液，并清除干净电池槽内的沉淀物。最后用蒸馏水冲洗一遍，将边缘擦拭干净。

6)将焊好的正、负极板群，组合成双极板群，插上隔离板，放好防护片，按原来正、负极方向，轻轻地装入电池槽。

7)放正电池盖，浇上封口剂，用喷灯烤平。

8)焊连接条。

9)灌入和其他单体电池相同密度的电解液。

10)将维修后的单体电池单独进行初充电。然后，再将整个启动用铅蓄电池用小电流进行一次过充电，即可应用。

(3)在拆修过程中应注意的问题

1)凡需进行拆修的电池，均需先作10h放电率的放电至终了电压(1.80V)，然后才能将电池拆开。

2)拆出的极板群如果能用，应立即全部浸于清洁的水内，也可放在涂有耐酸漆的木架子上，在空气中放置的时间最好不要超过0.5h。

3)在取下极板群中的隔离板时，要注意防止破坏极板上的活性物质。

4)取出的隔离板，其中的玻璃丝棉一般不能再用，木质隔离板能用的也不多。微孔橡胶隔离板和微孔塑料隔离板经检查无损坏者，用清水冲洗干净，干燥后即可再用。

5)经过拆修能用的极板群，在用清水冲洗的过程中，注意不能刷洗或用压力较大的水冲洗。极板洗净以后，可放在温度为5～60℃的通风干燥的地方，任其自然干燥。

6)电池在拆修过程中，电池槽内的电解液，可用专制的吸酸器(也叫胶皮球)吸出，搜集起来盛入耐酸的容器内。如果未被杂质污染，经过沉淀后仍可再用。

7)电池槽底部的沉淀物收集起来，其中大部分是极板脱落的活性物质(硫酸铅)，还可将其还原成铅。

8)对待拆修铅蓄电池的工作，要认真细心。处理负极板(群)时，避免使其表面生成氧化层，干燥的时间越短越好。

3. 电池槽(外壳)的检查和修复

(1)拆解后检查蓄电池壳裂纹部位

1)直观检查法。观察蓄电池外壳和中间隔壁有无裂缝，并用木棍敲打外壳和隔壁，若有破碎声，则为有裂纹。尤其是壳壁四侧交界处容易出现裂纹，应仔细检查。

2)渗水检查法。将外壳外表面擦洗干净并吹干，向壳内加水至上口5～10mm处。在渗漏标记处涂以白灰，稍待片刻，白灰上便会显示出裂纹形状和位置。

橡胶电池槽的轻微裂纹，只靠观察是不易发现的。电压检查法是比较简单而又切实可靠的方法。若有不明显的可疑之处时，可用以下方法检查。

3)电压检查法。如图4-8(a)、(b)所示，将被检查的外壳首先洗净吹干，再浸入盛有稀硫酸溶液的容器内(水中加少许硫酸)，并使液面离外壳上缘>20～30mm，然后在壳内也加入同样高度的稀硫酸溶液(注意：<u>液面以上的外壳必须保持干燥</u>)。把220V交流电源的一端插入容器内的稀硫酸溶液里，另一端通过交流电压表，如图4-8插入壳内的电解液中。接通电源开关，观察电压表指针或试灯，如电压表针无偏转或试灯不亮，说明该单格电池的外壳是好的；否则说明有裂缝。同样方法也可检查中间隔壁是否良好。

也可将外壳放在盛有稀电解液的容器中，使其上缘露出液面15～20mm。同时小心地将电解液灌入壳内的3个单池，并使内外液面高度相等。然后再按照图4-9所示，用220V交流试灯分别检验外壳和3个单格之间的隔壁有无渗漏。如果试灯不亮，说明外壳和隔壁是完好的，否则说明有裂纹或穿孔。在用试灯检验时，应注意使外壳的上

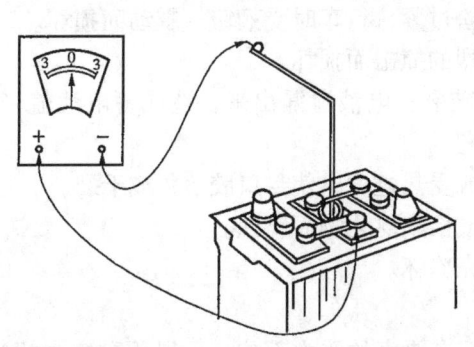

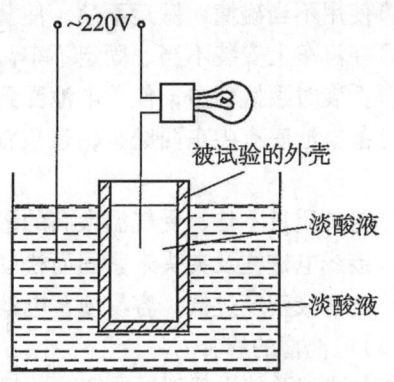

图4-8 用电压和电流法检查壳体裂纹部位　　　　图4-9 外壳检验

缘部分没有泼溅的电解液，否则便会形成导电通路，影响检验的准确性，同时接电源相线的那根触针，应尽量放在外壳内，而不放在容器内，避免因容器壁漏电（潮湿或有裂纹），与大地构成通路，影响检验结果。

4）高压电流检查法。用点火系统的高压电做击穿试验，如图4-10所示。图中3为12V蓄电池，检验时闭合开关2，将电极5不断地同步移动，若放电器的间隙跳火花，表明外壳良好；若无火花，则表明电极所在处有故障。

5）电阻检查法。与电压检查法基本相似，只是将兆欧表的两测试端与被测的蓄电池外壳接触，而不是放在溶液里。若兆欧表的指针在"0"位或指示值很小，表明该外壳有裂缝或损坏；而兆欧表的指示值越大，则说明其绝缘性能越好，也就表明外壳完好无损。

6）检验仪高压电火花检查法。将检验仪接上电源，用专设的两个电极直接相对

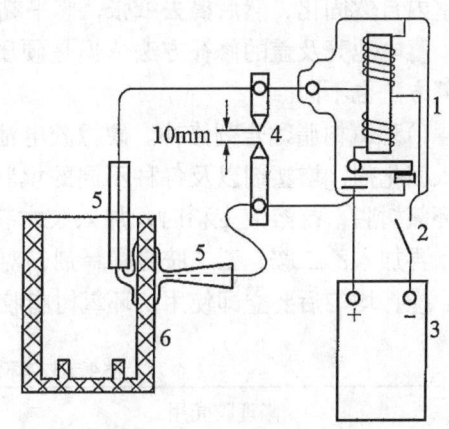

1-感应线圈　2-开关　3-蓄电池
4-火花放电间隙　5-电极　6-蓄电池外壳
图4-10 用高压电检验外壳

地在壳壁内、外同步扫动，当移到某处检验仪间隙产生火花时，则表明该处有孔隙或裂纹。

7）就车高压电火花检查法。将车上的分电器旁插孔接某一缸的高压电用导线引出，接一只良好的火花塞后搭铁。将这搭铁线同时接被测蓄电池的某一极桩。用一根高压导线，一端接火花塞接线柱，另一端作为探头去接触蓄电池外壳表面，并不断变换位置。正常情况下，火花塞间隙处应有连续火花。当探头触及裂纹时，火花塞间隙处火花便消失。

(2)壳体及外部件损坏的原因

常见蓄电池壳体及外部件损坏的原因有以下几点：

1）使用不当碰撞，搬运不慎，使蓄电池失落或碰撞而破裂。

2）在汽车上安装不当、固定不牢，过松过紧，行车时受颠簸、震动而损坏。

3）拆装时猛撬猛击，使蓄电池受到剧烈的撞击而损坏。

4）蓄电池底有尖东西磨损，造成池壳破裂；电液泄漏出来，造成蓄电池盖壳的破裂。

5）封胶质量不佳、受气温太高的影响或受热过度，使封口胶溶化或干裂。

6）接线电桩柱及夹头未紧固而松动，或聚集氧化物而腐蚀。

7）电解液密度过低，容易使蓄电池外壳冻坏。

（3）电池槽的修补

蓄电池壳及盖出现裂纹或穿孔，只要不在要害的受力部位，可以用黏合力相当强、绝缘性能良好的环氧树脂胶修补后再用。一般损坏严重的壳体应按原型更换新壳体，如有少许损坏，可用以下方法进行修复，选取耐酸的黏接剂进行黏接，注意在裂纹处，用砂轮或锉刀打平整，并用小刀修整成60°～90°的V形槽，裂纹两端应钻 ϕ 4mm 止裂孔。黏补前应用丙酮擦洗干净，然后用黏接剂黏补V形槽，填平坡口，在表面贴张纸，待固化一段时间（约30min），再用红外线灯泡照射黏接面，以加速固化过程；也可以放入室内自然固化，然后揭去纸张，修平黏合面，即可再使用。

蓄电池壳及盖的修补方法依据是硬质橡胶外壳还是工程塑料外壳而定。材料不同修复方法也不同。

1）环氧树脂黏合剂修补。硬橡胶电池槽的修补是以环氧树脂作为黏合剂，在其中加入固化剂，增塑剂以及各种不同的填料来完成的。配制方法是，按规定配方比例加热环氧树脂，待溶液变稀时，加入胶木粉、炭黑，搅拌均匀，冷却备用。在修补作业时，再加入乙二胺，乙二胺是稀释剂，对人的眼睛有伤害，配制时操作者要站在上风位。搅拌均匀后要立即使用。环氧树脂胶黏剂配方见表4-3。

表4-3 环氧树脂胶黏剂配方

修理胶壳用		修理蓄电池盖用	
配方名称	比例（%）	配方名称	比例（%）
环氧树脂	56.1	环氧树脂	56.02
乙二胺	5.6	乙二胺	5.60
炭黑	1.9	炭黑	8.42
胶木粉	36.4	胶木粉	11.42
—	—	电瓶壳粉	18.54

2）生漆修补法。在有生漆的情况条下，可用生漆和石膏粉调成糊状物。像环氧树脂修补法那样修补，补好后即可使用，它的耐酸性能较环氧树脂更好。

3）松香、沥青修补法。用松香、沥青胶和硬胶木粉（规格100目）每种取同样体积的量配成胶料。对其慢慢加热，使上述材料依次熔化，并加入适量的石棉纤维，要搅拌均匀。再把要修补的硬橡胶电池槽的裂缝清洗干净并吹干，修成沟形。然后用喷灯对沟面慢慢加热。这时用熔化了的胶料把沟面补平，再贴上一层玻璃丝布，外面再涂一遍胶料，再贴一层玻璃丝布，涂一遍胶料，干后即可使用。

4. 极板群的焊接

在组装某种型号的启动用铅蓄电池前，首先必须按照工艺规定，确定好正、负极板的片数，然后将它们分别焊接成正极板群和负极板群。铅焊是由热源将焊件的焊接处熔化，同时也将铅焊条熔化滴注在所形成的熔池中，冷凝后连接成为一体的工作。焊接的形状、清洁状况和焊条的质量，都直接关系着焊接的质量，故在施焊以前必须充分做好准备工作。

（1）极板群焊接步骤

1）定好铅蓄电池极板群正、负极板的片数，即拆修前旧电池原来的片数。

2）为了避免杂质混入焊缝，施焊以前必须清除极板耳上的氧化物和铅膏。由于铅的表面有牢固的氧化铅层不利于焊接，所以在板耳的焊接处一定用锉刀挫出金属光泽。

3）将清理好的同极性的极板，按规定的片数插在焊板架的梳形板中（必须以极柱为中心，插正和插齐，片数准确，负极板要比正极板多一片），安好极柱、定位板和活动块，即可进行焊接。

4）将焊完的极板群稍加冷却（用棉纱蘸水即可），拿掉定位板和活动块，即可取下极板群。

5）焊好的极板群要仔细地进行检查，若遇有因烧焊溢漏下的铅剩余物（铅粒），必须用尖嘴钳剔除干净。否则，细小的铅剩余物会造成电池正、负极板的短路。

（2）焊接方法

铅焊热源有乙炔氧气焊（又称氧焊）、炭精电焊（又称电焊）、汽油空气焊等。

1）采用气焊（氧焊）法焊接。焊铅用的氢氧焰是以氢氧气体经过焊枪（或焊炬）燃烧而得的，由于氢气和氧气的配比不同，分为 3 种火焰。

2）炭精电焊法。碳质电极作铅焊接的热源，是用炭精棒在 12V 左右的电压下，通过 80A 以上的大电流，使炭精棒与铅焊件接触处的接触电阻放出高热，将铅熔化而完成焊接的。用直流低压电源，将被焊的铅过桥和电焊钳导线分别接电源的正负极，由于炭精和焊接处短路产生的高温，使铅锑合金熔化（熔点在 300℃左右）。比较起来，电焊速度较慢。

3）汽油空气焊法。汽油火焰是用压缩空气把汽油在特制的容器内，经过软管和特制的焊枪喷出在空气中进行燃烧形成的火焰。因为这种火焰是雾状的汽油在空气中燃烧所形成，并没配有高压氧气，所以火焰温度不太高。这是焊接速度较慢的主要原因，但不影响铅焊接质量。

（3）焊接极板组

蓄电池的各个单格以及每个单格内各片极板之间均需保持平衡，不要新旧单格极板群混合使用，也不要新旧极板混合使用，以防止各单格之间或各片极板之间电压不等和充电放电能力不均匀，引起相互反充电，损坏蓄电池。因此，对于损坏的个别单格或个别极板，不能用以新替旧的方法修复。应尽量延长原件的使用期，即使有小的缺陷，局部活性物质脱落或轻度硫化，都不宜随便更换。如果某些极板损坏严重，不得不更换，那就要将此单格内极板群一起换掉。换入的极板群必须与其他未换的单格电性能十分接近，新旧程度接近。充电后以 0.1mA 电流放 0.5h，如果各单格电压差别小于 0.05V，放电容量基本一致时，才可交付使用。

用锉刀或钢丝刷清除极板焊耳上的氧化物。按照需焊极板的片数（负极板组的极板片数比正极板组的多 1 片）分别将技术状况大体一致的正、负极板装到夹具上，排列整齐。其夹具如图 4－11(a) 所示。调整焊接架，使其底座到梳形板上缘的高度恰好等于蓄电池底部凸棱至上盖座的高度，并加以固定。将已浇铸好的电极桩放入电极桩模型板内。在极板焊耳与电极桩的外围套上焊框，然后正式进行焊接。采用炭棒电焊法焊接需采用单相焊接变压器，其容量为 2kV·A，输入电压为 220V，输出电压为 12V；也可用充足电的 6V 或 12V 的蓄电池代替，但电池的容量应不低于 $120 \sim 135A \cdot h$，电池的正极应接触焊框、负极接炭棒。

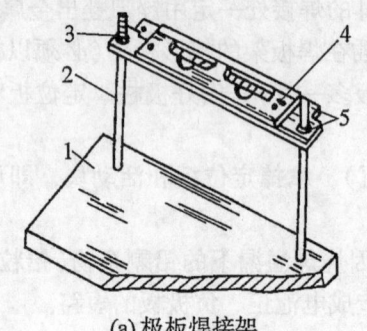

(a) 极板焊接架 （b) 用炭棒焊接极板组

1－底座　2－调整螺杆　3－调整螺母　4－电极桩模型板　5－夹具梳形板

图 4－11　焊接蓄电池极板组

汽车铅蓄电池在组装极板群时必须借助专用的夹具夹持极板，以便焊成极板群。夹具和焊具都可以自制。专用夹具实际上就是一个摆放极板的支架，上有许多带槽的梳板。常用的焊接工具有气焊枪和电焊器。焊接用的合金最好是含锑 3% ~6% 的铅锑合金条，也可以用报废的负极板极耳。首先按蓄电池的原型号选用合适规格的极板及极板片数，然后调整焊接夹具。夹具中带槽的梳板成对使用。齿隙大的用于焊接正极板，齿隙小的用于焊接负极板，由于薄形极板蓄电池极板的片距小，应再准备一对齿距小的梳板。

如图 4－11(b) 所示为用炭棒焊接。先将电源线的一端用螺钉固定在焊架上，使电源另一端上的炭棒与被焊处接触，炭棒红热后即可熔化焊条，把极板和电极桩焊熔在一起。焊条可以用旧极板的栅架铸成，但是不可以用锡作焊条，否则会造成严重的自行放电。

焊接时将炭棒插入铅中缓慢地从一端移到另一端，型架边缘和极桩根部炭棒都要确实走到，以免因焊接不牢，在使用中极板掉下，造成故障。焊接时，必须注意炭棒不能离开零件的表面，否则会出现电弧，当铅条熔化后，就会剧烈地氧化，蒸发出有毒的气体。焊接时还必须戴上护目镜，以防弧光对眼睛的刺激。

夹具的使用方法可以参考图 4－12 所显示的焊接姿势。梳板应在夹具上摆平，高度宜接近极板上边缘，夹具上可同时夹持多组极板。

装入极板时，应使极板的总厚度与原极板组相等，负极板组的最大厚度小于单格槽宽度。

夹具的梳板需选用梳齿间距与本型号片距一致的。国产蓄电池，除采用薄型极板的蓄电池之外，片距为 8～9.5mm。齿隙应与所焊极板厚度一致。

除去极耳上的氧化物，使之露出金属光泽。将同极性极板逐片装入焊接夹具

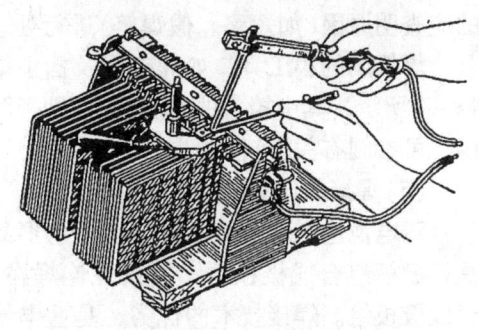

图 4-12　焊接夹具的使用方法

上，插入梳板缝中，摆正挤齐后用压板压住。将铸造成型的带横板的极桩置于夹具上，调好位置。一般极桩距极板宽度中心的距离等于两极桩距离的一半，而两极桩的距离可以从单格盖上的孔距中心测出，国产蓄电池约为41mm。极桩应在极板组厚度方向的中央，横板下面要刮光亮，搭在极板的极耳上。使用电焊器将各极板极耳焊接在横板上(如采用氢氧焊枪，效果更好)。焊接时，焊区温度应控制在刚好使极耳熔化但不流淌。用电焊器将溶铅条填充空隙，使极板板耳与横板熔为一体。焊接时一手拿炭棒，一手拿铅条，如图 4-12 所示，应从一端顺次焊向另一端，一次焊完。注意：<u>不要将熔液滴到极板上，并要防止温度不够而出现虚焊。如果使用的电焊工具是喷枪，还要注意火焰不要烧伤极板表面。可用湿棉纱冷却焊区，从夹具上取下焊好的极板组认真检查，如果发现有没有焊到及未焊牢的极板立即补焊，如果待焊接毛刺或熔液滴附在极板上的，要一律清除干净。</u>

(4)焊接后的清洁整理

焊好以后要检查各焊头，如有"假焊"时必须重焊，如表面大小不匀，上下高低不一时需进行修焊。蓄电池组出线端子的焊接，需要预先自制模具，如用金属板敲制矩形铜条焊模或圆铜条焊模，先锯一段钢管，分为两半，如图 4-13(a)所示。焊接时，将出线端子模具两片合起来置于铅过桥上，用铁丝扎紧，将电源线端子擦净并涂上焊剂镀锡后放在中心。首先用火焰将模具加热，并使模具里面的铅过桥部分开始熔化，然后逐步熔进焊条，使电源线端子和铅过桥连成一体，待凝结冷却后再拆除模具。

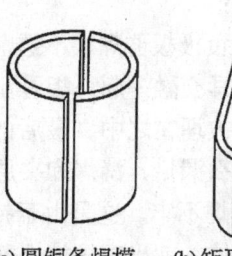

(a)圆铜条焊模　(b)矩形铜条焊模

图 4-13　极柱焊接模具

如输出导线是铝条，应用一段同截面铜条作出线端子，然后用螺栓将铜铝条压接。

全部接头焊好后，要用铅锉和木凿进行加工，修饰平整。应彻底清除掉入容器内的铅渣，并检查正、负极板间及与容器间是否有铅渣，按要求安插好隔离物和弹簧。电源线如采用铅包线，焊接端子上的裸露部分要用绝缘带包扎，然后涂防酸漆。如用铜条或铝条时，需涂上防酸漆，并用颜色漆标示极性。正极涂红色，负极涂蓝色。然

后用兆欧表测试每个电池的正负极群、极板与铅槽的绝缘电阻是否一致，如相差较大的应查明原因(如短路、假焊等)进行处理。

焊接用的小工具，如焊夹钳及挡条等如图 4-14 所示，其中挡条的宽度为 t，即极耳的厚度，可参阅有关资料。

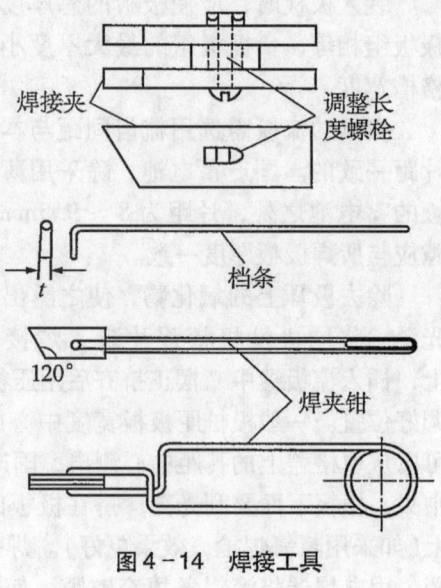

图 4-14　焊接工具

(5)焊接的质量

蓄电池进入装配阶段前，一个重要的工序是将极板组合成极板群，同极柱连焊在一起，组成极板组。焊接技术的优劣，是蓄电池能否使用的关键，一般常出现的焊接质量问题有：极柱焊接不牢，极柱脱离极板群；极柱与板耳没焊透，耳子脱落；汇流排断裂、焊漏铅；接线端和连接条焊接不牢、焊点不饱满、淌焊等等。

焊接质量的好坏直接影响蓄电池的修理质量，在铅蓄电池中，铅起着非常大的作用。由于铅的熔点较低(397℃)，热传导率也较低，只有铁的43%，因此在焊接时要求热源温度也低一些，否则，容易使金属过热而造成塌陷或烧穿。同时，铅在熔化后表面极易氧化，生成一层氧化铅薄膜。氧化铅的熔点在 835～906℃ 之间，比铅的熔点高得多，成为一层难熔的固体薄膜。在熔铅的表面妨碍铅的彼此结合，从而造成焊缝夹渣或边缘未焊透，还会给操作者以错觉，看到表面未熔化，因而误认为内部也未熔化，如果继续加热，会使金属过热而塌陷烧穿，这就是造成焊接质量差的一个原因。另外，焊接时液态铅的流动性好，还会使熔化铅坠流，夹在极板上造成隐患。焊接不良常有以下几种共性的原因：

1)正、负极板群焊接不透。极板耳子没熔开或熔不透，就加焊条铅充填。此时焊条铅和极板耳交融一起，板耳上的硫酸铅、氧化铅熔点高出 3～4 倍。板耳还没烧熔，而焊条先熔被埋在之中，最后的结果将是脱焊(掉板耳)。如果再出现板耳偏低、梳齿缝隙大，那么漏铅、淌焊和夹层焊将更为严重。

2)极柱焊不牢。这是由于铅焊条熔融后、铅淌在极柱的根部，火焰没有靠近根部使其融化一体，就出现极柱焊不牢或掉极柱的问题。

3)连接条焊接不牢和淌焊。这是因火焰选择不当，焊条与火焰变换动作配合不当，或在一开始用大火焰，使边缘焊温过高造成淌焊。若极柱和盖子孔中的铅套管不能用小火焰熔为一体，还会导致气密性不合格。

(6)操作安全事项

1)点火熔铅和进行焊接时，要加强安全措施，严防火灾事故的发生。

2)将铅锭和锡锭放入锅内熔化时要特别小心，防止砸破锅子，熔铸铅过桥和焊条时，严禁将潮湿的废板栅放入熔锅内，或将未凝固的铅条放入水中，造成爆溅烫伤事故。

3）在有蓄电池的室内加装蓄电池时，焊接工作要在充电完毕，须经 2h 以上不断通风后，才能开始焊接，焊接过程中，应开动通风机。

4）焊接的地方，相邻电池必须用石棉板或用其他绝缘材料隔开；防止焊锡和焊夹钳等掉入玻璃电槽，打坏或炸裂玻璃缸。

5）作业人员必须带上绝缘手套和穿胶鞋以防止作业时灼伤。电焊发生的弧光对眼睛有害，电焊时，必须戴有色护目镜。

5. 极板和隔板的修复

（1）极板的修复

1）极板检查和处理。极板的主要故障是粗结晶的硫化，极板格子的腐蚀或翘曲，作用物质的剥落或极板断裂以及变极（蓄电池因接线不当或充电不正确而使正负极变反）。极板有腐蚀现象时应报废；极板变极时，若作用物质未被破坏，则可用数次充电放电来修复。

先将可以再使用的极板组清洗后置于通风处晾干备用。遇有下列情况之一的极板组都应给予更换新件：在正极板组上有活性物质大面积脱落，活性物质多处鼓包，变酥变软；极板严重弯曲，栅架腐蚀断裂；在负极板上出现表面软化，收缩和裂纹；严重硫化，活性物质软化，脱落。

注意：极板除有活性物质大量脱落，栅架腐烂、严重硫化等必须更换外，应尽量修复使用。

极板拱曲，但并无硫化或活性物质严重脱落的现象，可在极板之间垫以适当厚度的木板，用虎钳慢慢夹紧校正继续使用。极板仅仅焊耳折断的，可用铁片做个焊框，将其焊接好后继续使用。拼焊极板组时，极板的技术状态应大体一致。

根据正极板损坏多，负极板损坏少的实际情况，为了充分利用，而且又缺乏负极板时，技术状态较好的负极板，可以和新的正极板装配使用。在正极板缺乏的情况下，可以用负极板代替，只要经过几次充放电循环，就可以改变其极性。木隔板一般均需更换。橡胶和塑料隔板，只要表面没有损坏、变质，经过清洗后可以继续使用。

2）压平弯曲的极板。极板翘曲是在大放电电流及短路的作用下发生的，翘曲不允许大于 3mm，如超过可用手压机压平。极板拱曲可进行修理，方法是用两块平整的木板将弯曲的极板也可用平口虎钳，缓慢的夹紧，加压校平；也可放在工作台上逐渐加重物压平。校正时如果不拆散极板群，则应在极板之间插入平整的木块，厚度为一层隔板的厚度。校正工作应在蓄电池充足电后进行，而不应在放完电后进行。因为放完电的极板表面生成硫酸铅，使极板变脆，校正时容易造成损伤。车用启动型铅蓄电池因为制造工艺方面的原因，只能对轻度弯曲的极板缓缓施加压力予以校正，压力保持半天即可。

3）焊接因机械损伤断裂的极板。先将极板洗净晾干，用锉刀、小刀等工具将裂口及其四周打光，露出金属光泽，然后将极板平放在平台上，用工具夹住断裂处，用焊枪熔化裂口的金属，同时焊上适量的铅锑合金或铅。最后用锉刀将多余的部分锉掉，使其光滑平整。

4）内部短路的修理。短路的故障，一般经清洗和更换隔板后即可清除。对于极板变形的，在装复时应注意保持极板组上沿与相配极板组的横板之间有足够的间隙。

5）极板轻度硫化的处理。极板硫化的特点是极板表面及内部的作用物质形成粗结晶的硫酸铅而使蓄电池的内阻增高。极板硫化，如果硫化仅限于极板表面，未侵入内层的作用物质时（活性物质脱落少于 3 格者），用细软的钢丝刷清除表面的硫化物后，再采用以下方法仍可继续使用；损坏严重的极板组，一般需用新极板更换。

6）维修慎用废旧负极板代替正极板。虽然利用废旧蓄电池中尚好的负极板代替正极板效果还是好的，但若用新的负极板代替正极板，组装蓄电池是不合理的，这是因为在制造蓄电池时，正、负极板的配方有所不同，如正极板的活性物质中只有铅粉和稀硫酸，而在负极板的活性物质内，除了铅粉和稀硫酸外，还加有硫酸钡、炭黑、木素、腐殖酸、半炭化木屑之类的添加剂，其作用是推迟负极板的纯化并降低负极板上绒状铅的黏结和收缩，以保持负极板的容量，如把负极板当作正极板，虽可以工作，但相当于在正极板的活性物质中混有硫酸钡和腐殖酸之类的添加剂，这对于正极板是不利的。

（2）隔板的修复

木隔板应由带筋木片制造并经化学处理，尺寸应能保证相邻板的绝缘，以免短路。表面应平滑，具亮棕色。由微孔性硬橡皮制的隔板，表面薄层及脏污应予清洁；新旧隔板不得杂拼。

常见蓄电池隔板过早损坏的原因主要有：隔板制造质量不好或蓄电池严重硫化所致，电解液密度过大或电解液温度过高使隔板炭化，连续使用起动机，放电电流过大使极板拱曲而造成隔板损坏。

隔板不允许有焦灼、穿通、腐烂等现象，损坏后一般均需更换新件，橡胶和塑料隔板只要表面无损坏变质，经过清洗后可以继续使用。

隔板的清洗与检验方法是：将拆下的隔板放到清水中，用软毛刷刷洗干净后进行检验。由于木质隔板易炭化、腐蚀破裂或其表面有粗糙硫酸铅，一般不用清洗与检验，抽出来即报废，而对于微孔塑料隔板和橡胶隔板只要未损坏变质，清洗后仍可继续使用。

6. 联条和极桩的检修与铸造

解体时如联条、极桩都已损坏，故需重新浇铸。先将浇铸模具预热，并用滑石粉扑打模具内壁，然后将熔化的铅、锑合金用勺子浇入模具内成型，冷却后取出修整即可。联条、极桩的形状及尺寸应与原件一致。

（1）零件的铸造

铅蓄电池由于使用中的腐蚀和磨损以及修理工作的需要，必然会损坏一些零件。对于简单的零件，例如联条、极桩，可以现场浇注，其模具如图 4 - 15 所示。

铸造零件时，要先将自制的铸模预热，用滑石粉打磨铸模内部，然后将熔化了的含锑量约为 3%～8% 的铅锑合金用铁勺子掏出，迅速倒入铸模内成型。没有铅锑合金，可以利用废旧的负极板板栅熔化后来铸造。

（2）浇铸修复极桩和连接条

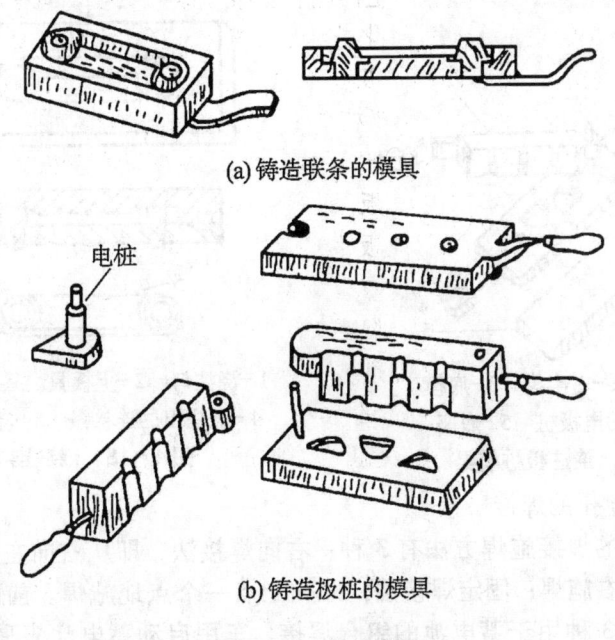

(a) 铸造联条的模具

电桩

(b) 铸造极桩的模具

图4-15 铸造模具

1)损坏极桩的浇铸修复。极桩损坏，可将其截短1/2，清洁后套上浇铸模具，如图4-16所示。然后将已加热的铅液迅速倒入模具内。为了确保品质，可以用炭棒或乙炔焰再将模具内的铅液加热一次，待冷却后取下模具即可修复。新铸极桩，可用图4-17所示模具进行。

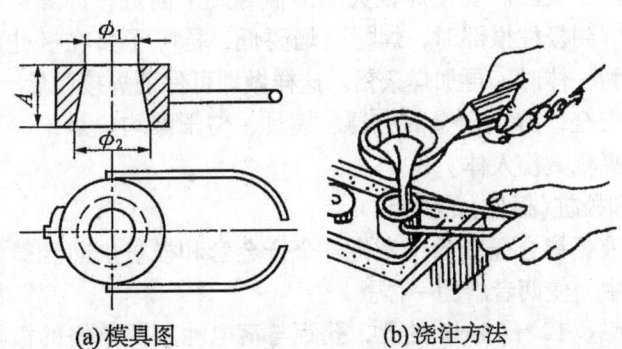

(a) 模具图   (b) 浇注方法

$A = 17 \sim 18\text{mm}$，ϕ_1-正极桩为$(17.5 \pm 0.25)\text{mm}$，负极桩为$(16 \pm 0.25)\text{mm}$，

ϕ_2-正极桩为$(19.5 \pm 0.20)\text{mm}$，负极桩为$(17.9 + 0.20)\text{mm}$

图4-16 浇注修复极桩

2)新铸连接条。连接条因拆卸时已被毁坏，故可用图4-18所示模具重新铸出。极桩和连接条的浇铸方法是铸前先将铸模预热，并在铸模内侧表面涂一些滑石粉，然后用勺子将熔化的铅锑合金取出迅速倒入铸模内即可成型。如无铅锑合金，可将废栅架、废连接条和废电桩熔化后使用。冷却成型后，用钳工方法清除掉浇口和浇注飞边、

109

毛刺。

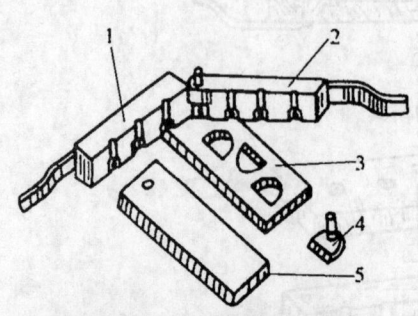

1-左半模 2-右半模 3-底模
4-浇注出的电极桩 5-底座
图4-17 浇注极桩模具

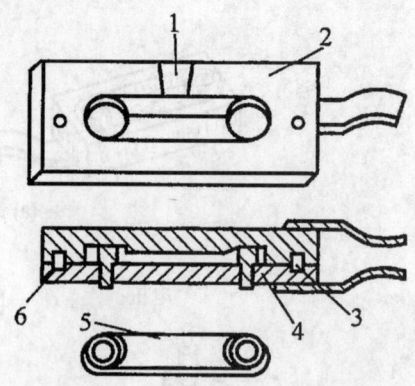

1-浇注口 2-上模具 3、6-模具定位销
4-浇注出的连接条 5-浇注好的连接条
图4-18 浇注连接条模具

(3)极柱与汇流排的焊接

极柱与汇流排的焊接施焊方法有3种：右向焊接法，即从右向左施焊；左向焊接法，即从左开始向右施焊；固定焊接法，即一个点一个点地施焊。前两种用于蓄电池汇流排的焊接，第3种用于蓄电池的组合焊接。车用启动蓄电池多采用右向焊接法，火焰的方向朝着没被熔化的板耳一边，后边在熔化时，前已在预热，在熔化板耳时，极柱根部同时熔化，并力求两者熔为一体。**注意：**<u>不要在极柱根部过早地添加合金铅，应逐渐添加，即可保证极柱焊牢。</u>

采用中性火焰，右向焊接法。火焰的方向垂直于焊梳的平面。待板耳熔化后添加焊条铅。添加时火焰与焊条夹角为90°，焊条随火焰在焊槽内不停的拨动，使难熔化的硫酸铅脱离板耳，浮于表面。要使焊枪火焰形似螺旋形前进，即焊条随火焰一上一下拉锯式地前进。当焊到极柱根部时，焊枪火焰要低，枪嘴子要在极柱耳台以下。要视极柱根部与板耳熔为一体时，再加焊条铅。这样做即可保证焊接质量。

浇注时应注意安全，熔化合金的容器、模具、勺子等均应烘干，不得有水分，以免引起熔化的合金爆溅烫伤人体。

(4)焊接联条和极桩(极柱)的要点

1)蓄电池盖上有铅锑合金套的，先将各个合金套和极桩加热至微熔，同时将熔化的铅条液滴入间隙中，使两者熔为一体。

2)在联条两端钻ϕ 12～14mm 的孔，孔距与蓄电池相邻单格的极桩之间的距离相等。磨光极桩表面，套入联条，垫起少许，将联条与极桩熔为一体。

3)在蓄电池的两端极桩上套以极桩头模具，浇入熔化的铅。在铅凝固之前，将"－"符号印记在负极桩上，将"＋"符号印记在正极桩上，并在正极桩表面涂以红色。不同类型蓄电池的极桩位置如图4-19。

4)清理焊接表面，进行进一步的检查。用万用表欧姆挡($R \times 10k$ 挡)分别测量各个电池单格正负极桩之间的电阻值，万用表的指针不应摆动。如果万用表的指针指向某一个电阻值，则说明有熔铅滴入极板之间，必须想办法消除。必要时需重新拆开蓄电池检修。

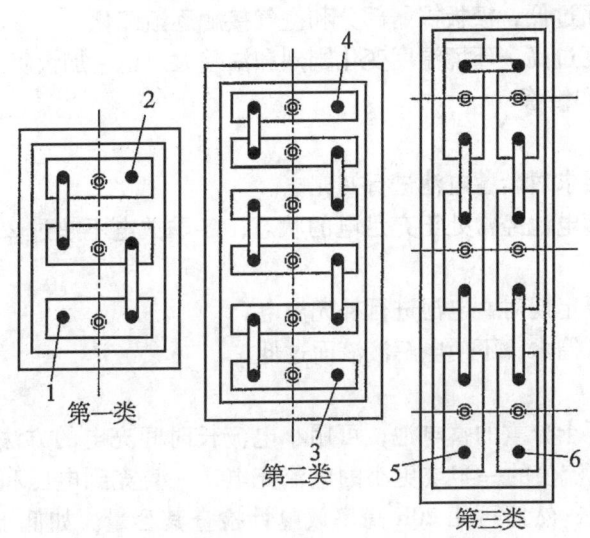

1、3、5 -正极桩   2、4、6 -负极桩

图 4 - 19 不同类型蓄电池的极桩位置

第三节 蓄电池常见故障诊断与维修

一、极板硫化

极板硫化是指蓄电池长期充电不足或放电后长时间未充电，极板上生成一层白色、坚硬和大颗粒不易还原、再结晶的硫酸铅，在正常充电时不能转化为二氧化铅和海绵铅。

1. 故障现象

极板硫化后出现的现象有以下几种。

1）蓄电池不能带动起动机使发动机起动或起动机转动乏力。

2）使用时，发电机向蓄电池充电很容易充足。

3）在充电时，单格电压迅速上升到 2.8V 以上，然后降低再缓慢上升，在充电终了时，电压不超过 2.5V；电解液过早沸腾，温度过高，但电解液密度上升很慢且达不到规定的最大值。

4）充电结束后，用 20h 放电率检查容量时，较正常蓄电池要减少许多。

5）用高率放电计检查，单格电压迅速下降且不稳定。

2. 故障原因

造成极板硫化一般有以下几方面：

1）用新蓄电池时，第 1 次充电没有按照规定进行，导致极板在保管中形成的硫酸铅没有彻底消除。

2）蓄电池长期充电不足或者在半放电状态下搁置时间太长。

3)停驶或封存车辆的蓄电池没有定期补充充电和进行充放电循环。

4)电解液液面过低，极板裸露部分和空气接触逐渐硫化。

5)电解液密度过高、环境温度变化剧烈和温差大，也会加快硫化进程。

3. 故障预防和维修

（1）故障预防

1)要严格按要求对新蓄电池进行初充电。

2)尽可能使蓄电池经常处于充足电的状态，冬季放电不超过25%，夏季放电不超过50%。

3)停驶车辆要定期对蓄电池进行补充充电。

4)及时添加蒸馏水，不使电解液液面过低。

（2）故障排除

1)对于硫化不十分重的蓄电池，可用小电流长时间充电的方法消除。即用初充电的第2阶段充电电流值的一半或更小的电流充电，一直充到电压和电解液密度达到最大值不再升高为止，然后再用20h高率放电计检查其容量。如低于额定容量的85%，再进行1~2次充放电循环。

2)对于硫化较重的蓄电池，可采用"水疗法"消除，即在对蓄电池充电后，用20h放电率使蓄电池放电，至单格电压降到1.75V时，倒出电解液，加入蒸馏水，用初充电的第2阶段充电电流充电，当电解液密度升高到$1.15g/cm^3$以上时，可吸出一些电解液，加入适量的蒸馏水，继续充电至电解液密度不再升高。又按20h放电率的1/4电流放电1~2h，然后再充电、放电多次。最后一次应将电解液密度调至规定值，如果蓄电池容量达到额定容量的85%以上，即可使用。

3)若用"水疗法"充电仍然无效，可用添加化学药剂的方法去硫，即在硫化的蓄电池电解液中，按质量比加入0.1%~0.5%的纯碳酸钾或碳酸钠，经1~2次充放电后，蓄电池的容量一般可恢复到额定容量的90%左右。

二、充不进电

1. 故障现象

车辆启动后，在行车过程中电流表指针回正过快或蓄电池温度偏高，且长时间行车后电流表指针仍指+5A以上。

2. 故障原因

这是由于蓄电池充不进电的故障引起的，导致蓄电池充不进电的原因有以下几方面：

1)蓄电池劳损。

2)蓄电池存在内部短路。

3)极板活性物质过多脱落以致蓄电池容量变小。

4)极板硫化或负极板硬化。

3. 故障维修

1)若蓄电池使用已经超过一年，一般为蓄电池劳损衰竭，应该更换。

2)若蓄电池温度偏高，且长时间行车后电流表指针仍指 +5A 以上，可以用高率放电计检测，如果测得某单格电压低于 1.5V，说明此单格有断路，应拆开检修。

3)如果电解液浑浊，说明是极板活性物质脱落过多所致，应更换新蓄电池。

4)如果启动了一两次起动机，再启动便显得无力，说明蓄电池"浮电"，大多是极板硫化或负极硬化所致，应进行恢复性充电。

三、内 部 短 路

蓄电池内部短路是指蓄电池正、负极板之间直接接触或被其他导电物质搭接而使内部短路的现象。蓄电池内部短路常发生在个别单格内，或发生在较多的单格中。

1. 故障现象

使用中测量蓄电池的电压，发现某个(或多个)单格电压大大低于其他单格电压或为零；充电时电解液密度上升得很慢，某些单格不出气泡或出气泡很少，测量该格电压可能正常，但停止充电后，该格电压便很快下降或下降至零。

2. 故障原因

原因是隔板破裂、电解液严重不纯、极板拱曲、掉进了金属杂物以及活性物质大量脱落后沉积于底部使正负极连通等。对内部短路的蓄电池必须拆开作进一步检查，找出原因加以排除，如更换隔板和电解液、清洗极板组、清除壳底的沉积物等。

3. 检查与维修

对内部短路的蓄电池必须拆开作进一步检查，找出原因加以排除。

1)查短路的单格。将短路单格的极板组从单格内取出来，如果极板活性物质脱落严重或极板变形严重则需要更换极板；如果两者都不严重，则清除沉淀物，更换隔板后重新使用。

2)蓄电池内部短路较频繁，则要注意检查电解液质量。

3)注意电解液浓度和纯度，防止金属物掉入蓄电池单格内。

四、极板栅架腐蚀

1. 故障现象

正极板呈腐烂状态，活性物质以块状堆积在两隔板之间，蓄电池输出容量明显降低。

2. 故障原因

1)严重氧化。

2)电解液密度过大、温度过高、充电时间过长。

3. 故障维修

及时更换新电池。

五、电解液消耗过快

1. 故障现象

每次给蓄电池添加蒸馏水后，使用不久发现电解液液面降低到极板上缘以下。

2. 故障原因

蓄电池电解液液面应经常保持在高出极板上缘10～15mm，以免因液面过低而使参与化学反应的活性物质减少，降低蓄电池容量，也可避免极板直接与空气接触而加速硫化。在正常情况下，只需一周或半个月补充一次蒸馏水即可。倘若液面降低得太快，那是不正常的。蓄电池的电解液液面下降过快一般有两种情况。

1)蓄电池的电解液液面整体都下降过快。这是发电机调节器的限额电压调的太高，导致蓄电池经常过充电，电解液中的水分大量分解成气体所致。发电机调节器电压调节过高，一般常常伴有烧坏灯泡等事故的发生。

2)蓄电池单格液面下降过快，主要是蓄电池壳体破裂或者密封胶开裂而引起泄漏所致。

3. 故障维修

1)及时调整发电机调节器，调整限额电压。

2)检查蓄电池是否破裂并进行补修。

3)加强蓄电池的定期维护，及时添加蒸馏水。

注意：蓄电池在使用中硫酸并没有消耗，只是水分的分解和蒸发导致电解液的减少使液面下降。一般液面下降后只能添加蒸馏水而不能添加稀硫酸或电解液，否则会使电解液密度升高，影响极板和隔板的寿命，从而影响蓄电池的寿命。只有在电解液外溢或倒出的情况下才允许在充电完成时添加适当密度的电解液。

第 5 章　柴油车电子控制系统维修

第一节　电子控制的组成与功能

柴油机的电子控制与汽油机的电子控制系统基本相同，通过各种传感器及其他输入装置将输入信号输入到电子控制单元（ECU）。经电子控制单元（ECU）分析、对比、运算和处理，然后输出控制指令，由电动式执行器，如步进电机、电磁线圈等实现对柴油机的电子控制；同时，根据传感器的输入信号对柴油机进行检测，使柴油机按最佳状态运行。

一、电子控制的内容及功能

1. 喷油量控制

喷油量控制是柴油机电子控制系统的主要控制内容。该喷油量控制系统由发动机转速信号和加速踏板位置信号计算出基本喷油量，并由进气温度、进气压力、冷却液温度等修正信号对喷油量进行修正，对喷油量进行精确控制。

喷油量控制主要包括基本喷油量控制、怠速控制、启动油量控制和各缸喷油量不均匀修正等。

2. 喷油正时控制

喷油正时控制是由发动机转速信号和加速踏板位置信号决定，由进气温度、进气压力、冷却液温度等修正信号进行修正，并通过着火正时传感器检测实际燃烧开始时刻，实现对喷由正时的控制；从而克服了因柴油十六烷值和大气条件的变化引起喷油正时的差异，实现对喷油正时的最佳控制。

喷油正时控制主要包括喷油时间控制和喷油量的控制。

3. 废气再循环与增压控制

通过控制废气再循环量以减少排气中 NO_x 的排放量，而增压系统是通过柴油机电子控制系统对增压压力、进气量和空燃比进行控制。

4. 故障自诊断及故障应急功能

故障自诊断及故障应急功能与汽油机故障自诊断及故障应急功能基本相同，主要功能有传感器故障诊断和故障应急功能、ECU 故障诊断和故障应急功能。

二、电子控制喷射系统的分类

柴油机电子控制喷射系统按控制方式分类，可分为位置控制式、时间控制式和时间-压力（共轨式）控制式等 3 种。

1. 第一代电子控制喷油系统

位置控制式，即传统的喷油泵→高压油管→喷油嘴系统，它还保留了喷油泵中齿条、齿圈、滑套、柱塞上控油螺旋槽等控制油量的机械传动机构，只是对齿条或滑套的运动位置，由原来的机械调速器控制改为电子控制，使控制精度和响应速度有一定的提高。

2. 第二代电子控制喷油系统

时间控制式，时间控制是指用高速电磁阀直接控制高压燃油的适时喷射。时间控制式可以是保留原来的喷油泵→高压油管→喷油嘴系统，也可以采用新型的产生高压的燃油系统，用高速电磁阀直接控制高压燃油的喷射，喷油始点取决于电磁阀关闭时刻，喷油量取决于电磁阀关闭时间的长短。

电子控制分配泵上采用时间控制式的有：日本丰田公司的 ECD－2 型，电装公司（Denso）的 ECD－V3 型等；电子控制泵喷嘴上采用时间控制式的有德国博世（Bosch）公司研制的电子控制泵喷嘴系统（PDE27/PDE28）；电子控制单体泵上采用时间控制式的有德国博世公司研制的电子控制单体泵。

3. 时间压力控制式电子控制喷油系统

时间压力控制式电子控制喷油系统即电子控制共轨式喷油系统，它是目前先进的燃油系统。共轨喷油系统可分为高压轨喷油系统和中压共轨喷油系统。按产生高压燃油的机构分类，可分为直列泵电子控制喷射系统、电子控制分配泵喷射系统、泵喷嘴电子控制喷射系统、单体泵电子控制喷射系统、共轨式电子控制喷射系统。

电子控制高压共轨系统的特点是喷油压力（共轨压力）与发动机的转速和负荷无关，共轨压力由 ECU 通过压力调节阀进行控制。ECU 根据各传感器的输入信号，经过分析、运算和处理后，对喷油量、喷油时间、喷油压力和喷油率等进行最佳控制。图 5－1 为典型的电子控制高压共轨系统。

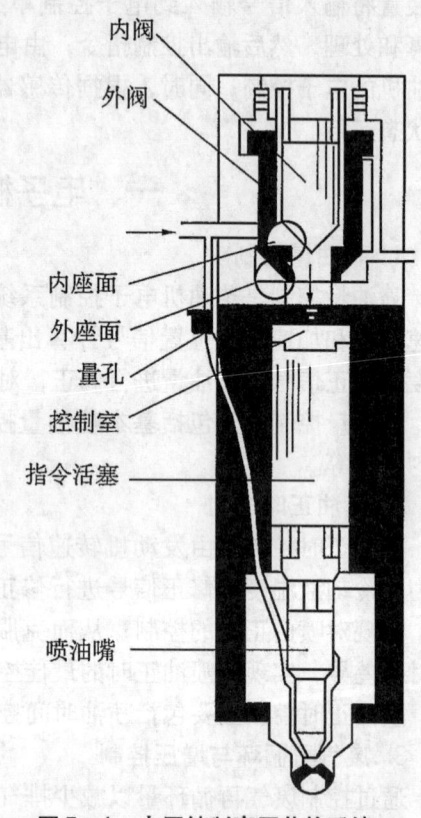

内阀
外阀
内座面
外座面
量孔
控制室
指令活塞
喷油嘴

图 5－1　电子控制高压共轨系统

三、电子控制系统的组成

柴油机电子控制系统，主要由传感器、执行器和发动机电子控制单元（ECU）等组成（图 5－2）。传感器检测出发动机或喷油泵本身的运行状态；发动机电子控制单元（ECU）根据各个传感器的信息，控制发动机的最佳喷油量、最佳喷油时间；执行器根据微机的指令，准确控制喷油量和喷油时间。

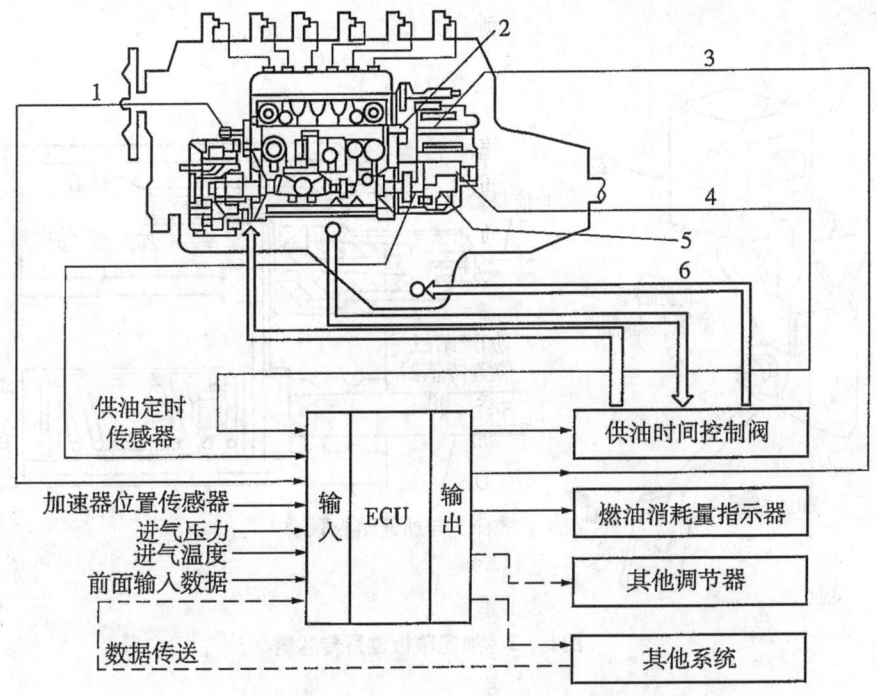

1-发动机转速传感器　2-油量控制齿杆　3-齿杆控制电磁线圈
4-齿杆位置传感器　5-功率放大器　6-发动机润滑油控制
图5-2　柴油机电子控制系统组成

1. 传感器

传感器是将柴油机运行状况的物理量转换成电信号传送给电子控制单元。

（1）加速踏板位置传感器

用以检测加速踏板的位置，即发动机的负荷信号；与转速信号一起确定柴油机的喷油量及喷油提前角，是柴油机电子控制系统的主控制信号。加速踏板位置传感器一般为电磁感应式，其结构如图5-3所示。推杆与加速踏板联动，铁心与推杆做成一体。当加速踏板移动时，铁心在线圈中移动，线圈中产生感生电动势。利用这一结果，检测加速踏板的位置。

（2）转速传感器

用以检测发动机转速或曲轴位置，与加速踏板位置传感器共同决定柴油机的喷油量及喷油提前角，也是柴油机电子控制系统的主控制信号。转速传感器通常有磁脉冲式、霍耳式和光电式。图5-4所示为磁脉冲式转速传感器的结构。

（3）共轨压力传感器

共轨压力传感器的作用是以足够的精度，在很短的时间内检测出共轨中燃油的压力，并转换成电信号输入给ECU。共轨压力传感器结构如图5-5所示，工作原理是由系统压力引起膜片形状变化（150MPa时变化量约1mm），促使电阻值改变，并在用5V

供电的电阻电桥中产生电压变化。电压在 0～70mV 之间变化，经处理放大得 0.5～4.5V。

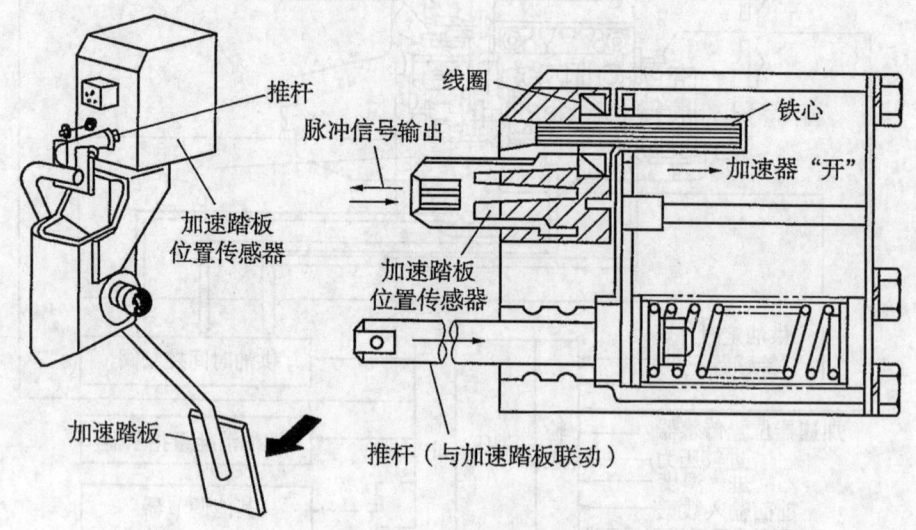

图 5-3　加速踏板位置传感器

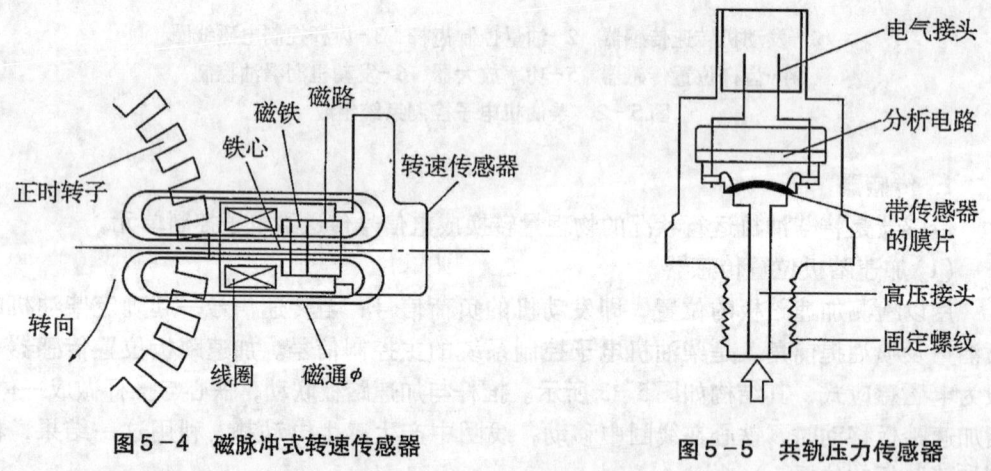

图 5-4　磁脉冲式转速传感器　　　　图 5-5　共轨压力传感器

其他传感器如还有：曲轴位置传感器、凸轮轴位置传感器、车速传感器、冷却水温、进气温度传感器、燃油温度传感器、氧传感器等，它们的作用、工作原理和结构与汽油发动机电子控制系统基本相同。

2. 电子控制单元(ECU)

柴油机电子控制单元的组成、功能与汽油机电子控制单元基本相同。具体功能是将各种传感器输入信号的接收和处理，启动时的额外加浓控制，喷油时刻、喷油量及喷油规律控制，稳定怠速控制，额外负荷自调控制，汽车巡行控制，防止发动机超速运转控制，突变工况稳定控制，增压器压比控制，废气再循环控制，与其他网络信息交换控制（AT、ABS 等），熄火断油控制，防盗断油控制，故障报警和自诊断控制。

3. 执行器

柴油机电子控制系统的执行器由机械执行机构和电气执行机构两部分组成。电气执行元件主要有电磁铁、直流电动机、步进电动机等。柴油机电子控制系统的执行器主要有电动调速器、电子控制正时控制阀、电子控制正时器、电磁溢流阀、电子控制喷油器等。

（1）电动调速器

电动调速器是由 ECU 控制调速器进行动作来实现喷油量的增减，结构如图 5－6 所示。它由线性直流电动机、连杆机构、控制杆等部分组成。控制杆位置传感器装于壳体内，由 ECU 输入的控制指令信号控制电动助推器的上下

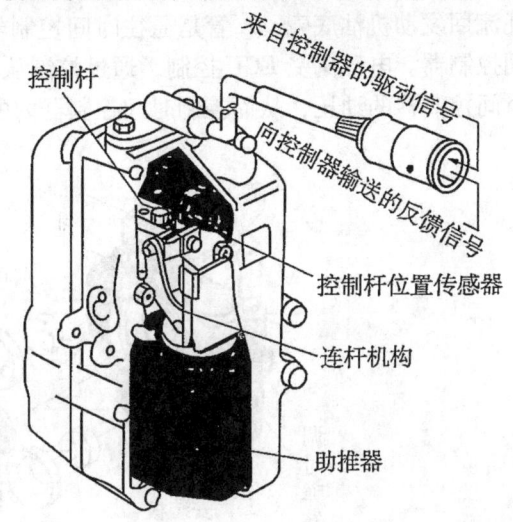

图 5－6　电动调速器

移动，通过连杆机构将助推器的上下移动变为控制杆的水平移动，从而实现喷油量的增减控制。

（2）喷油提前角控制电磁阀

喷油提前角控制电磁阀由 ECU 控制，根据 ECU 的指令控制由发动机机油泵进入正时控制器的油压，从而使正时控制器动作而改变喷油泵凸轮轴与油泵轴（曲轴）的相对位置。图 5－7 为喷油提前角控制电磁阀的结构，工作原理是一个三通道的电磁阀。P

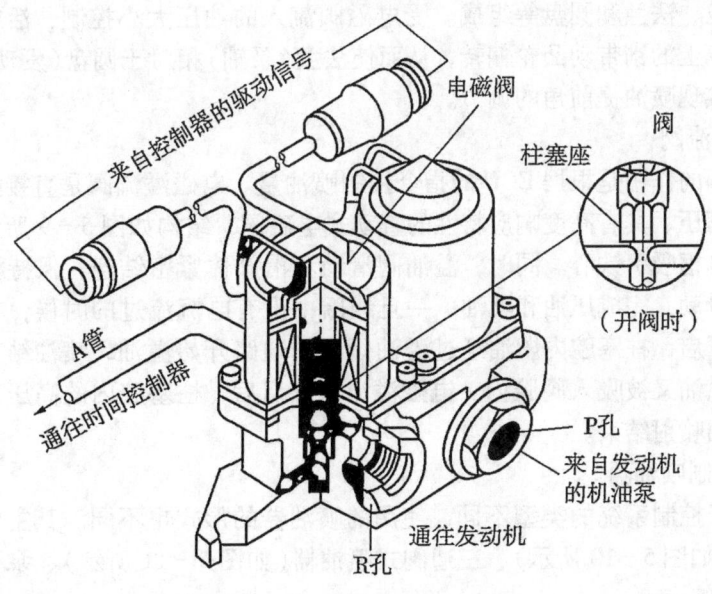

图 5－7　喷油提前角控制电磁阀

孔通发动机主油道，控制压力油由 P 孔进入电磁阀；R 孔为回油通道，一部分机油从 R 孔流回发动机油底壳；A 管是通往时间控制器的油道，控制油由电磁阀经 A 管流入时间控制器。电磁阀受 ECU 控制，通过控制从 R 孔流回发动机的油量来控制从 A 管进入时间控制器的油压，从而控制时间控制器内的活塞的位置来实现喷油提前的调节。

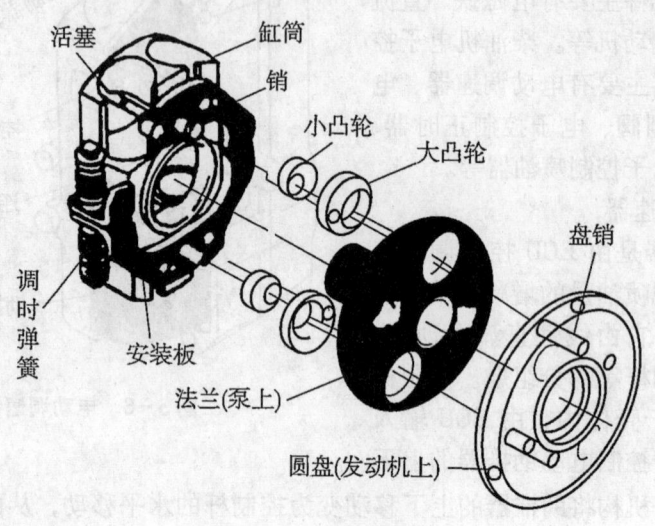

图 5-8　正时控制器

（3）正时控制器

正时控制器装于喷油泵凸轮轴与油泵驱动轴（曲轴）之间，通过改变两者相对位置实现喷油提前角的调节。正时控制器的结构如图 5-8 所示。正时控制器主要由缸筒、活塞、大小凸轮、法兰和圆盘等组成。受电磁阀流入的油压大小控制，活塞位置发生改变，通过活塞上的销带动凸轮偏转，从而使法兰（泵轴）相对于圆盘（发动机曲轴）偏转一定角度，实现喷油提前角的调节。

（4）电磁溢流阀

电磁溢流阀的作用是根据 ECU 的指令控制喷油量。电磁溢流阀是直接控制喷油量的，是一种耐高压、具有高度响应特性的直动式电磁阀，结构如图 5-9 所示。当电流流过线圈时，电枢吸引铁心。同时，溢油阀滑动和滑阀体紧密结合，保持柱塞腔内密封。由于柱塞滑动，完成压油和喷油。一旦线圈中没有电流流过的时候，在弹簧力的作用下，滑阀开启，柱塞腔内燃油经过溢油阀内的通路开始溢油，喷油结束。当柱塞反向滑动时，燃油又被吸入阀腔内。电磁溢流阀开启后，柱塞腔内的高压燃油流回喷油泵腔中，燃油喷射结束。

（5）电子控制喷油器

柴油机电子控制系统的类型不同，使用的喷油器的形式也不同。其主要类型有二通阀式喷油器（如图 5-10 所示）、三通阀式喷油器（如图 5-11 所示）、泵/喷油器（如图 5-12 所示）等。

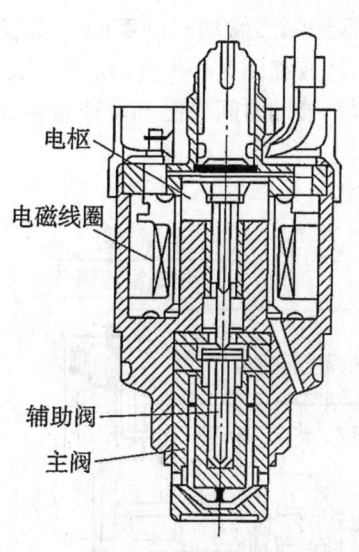

电枢

电磁线圈

辅助阀

主阀

图 5-9 电磁溢流阀

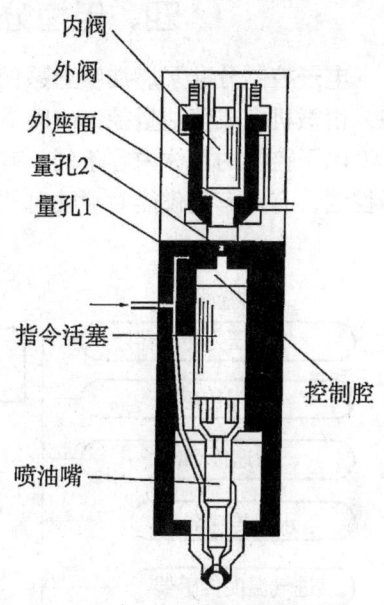

内阀

外阀

外座面

量孔2

量孔1

指令活塞

控制腔

喷油嘴

图 5-10 二通阀式喷油器

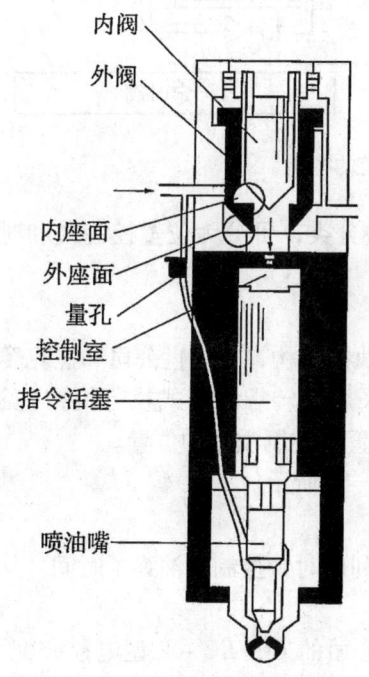

内阀

外阀

内座面

外座面

量孔

控制室

指令活塞

喷油嘴

图 5-11 三通阀式喷油器

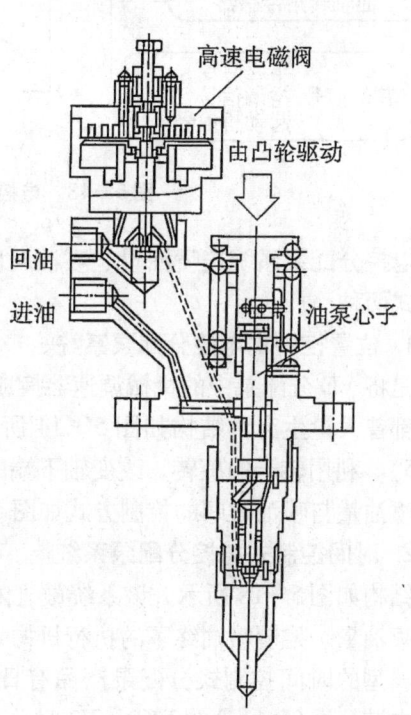

高速电磁阀

由凸轮驱动

回油

进油

油泵心子

图 5-12 泵/喷油器

四、电控分配泵喷射系统结构和原理

电子控制分配泵燃油喷射系统根据各种传感器的信息检测出发动机的实际运行状态，由微机完成喷油量控制、喷油时间控制和怠速控制，构成如图5-13所示。不同的车型电子控制的具体内容不同，有些可以实现喷油量控制、喷油时间控制和怠速控制3项控制，有些车型仅能对喷油时间进行控制。

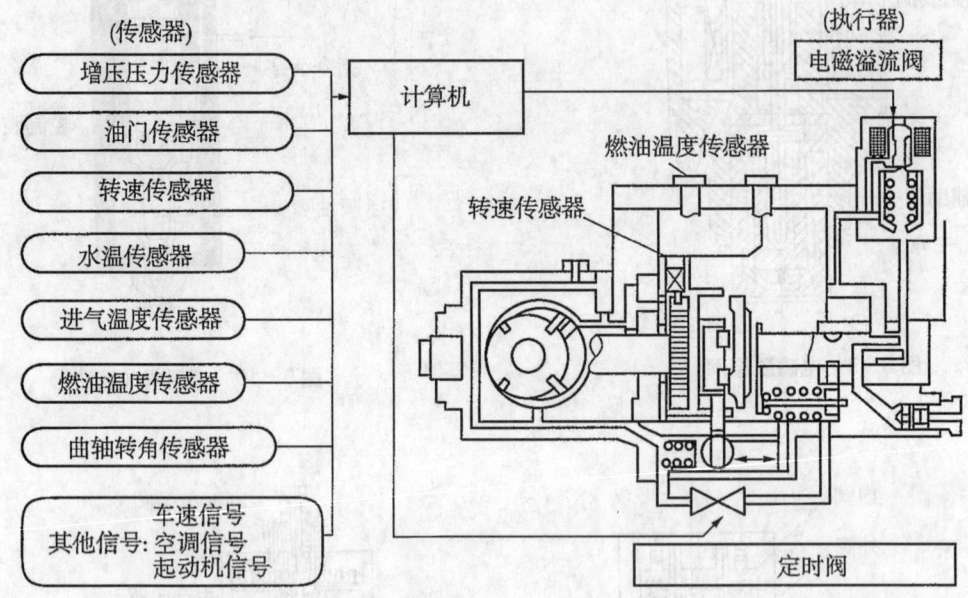

图5-13　电控分配泵喷射系统的构成

电控分配泵系统按喷油量、喷油时间的控制方法分类，可分为位置控制式和时间控制式两种。

1. 位置控制式电控分配泵系统

是将VE分配泵中的机械调速器换成电子控制的执行机构，在博世公司和杰克赛尔公司都曾大量生产，结构如图5-14所示。该系统采用旋转螺线圈式执行机构(见图5-15)。利用转子的旋转，改变轴下端的偏心球的位置来控制溢环的位置。

喷油量与喷油时间的控制方式如图5-16和图5-17所示。

2. 时间控制式电控分配泵系统

结构如图5-18所示，该系统微机内设有时钟，利用时钟控制喷油终了时间，从而控制喷油量。控制喷油终了的执行机构是电磁阀。

典型的时间控制式分配泵产品有日本杰克赛尔公司的COVEC-F型电控分配泵、日本电装公司(Denso)的ECD-V3型分配泵、德国博世公司(Bosch)的VP44型分配泵等。

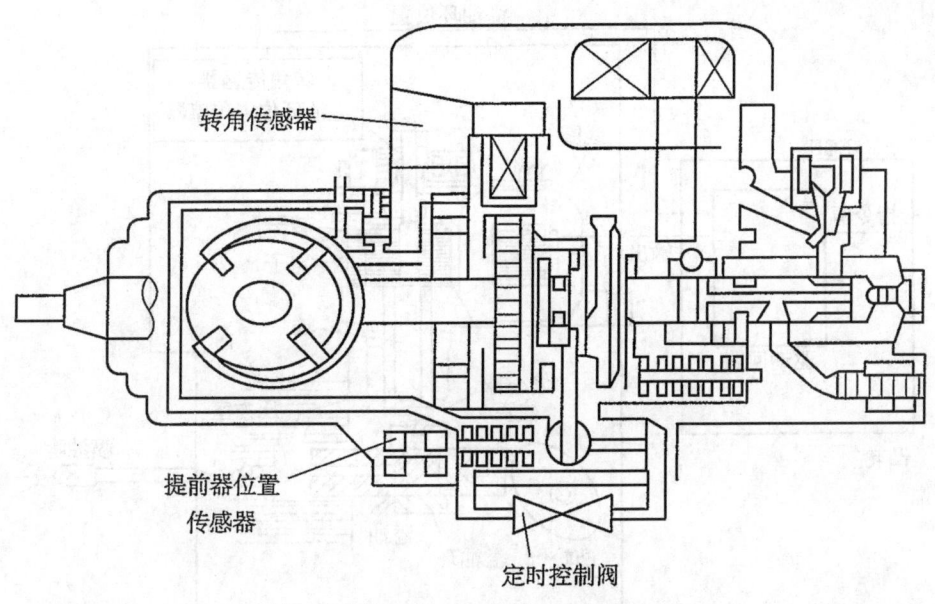

图5-14 位置控制式电控分配泵系统的结构

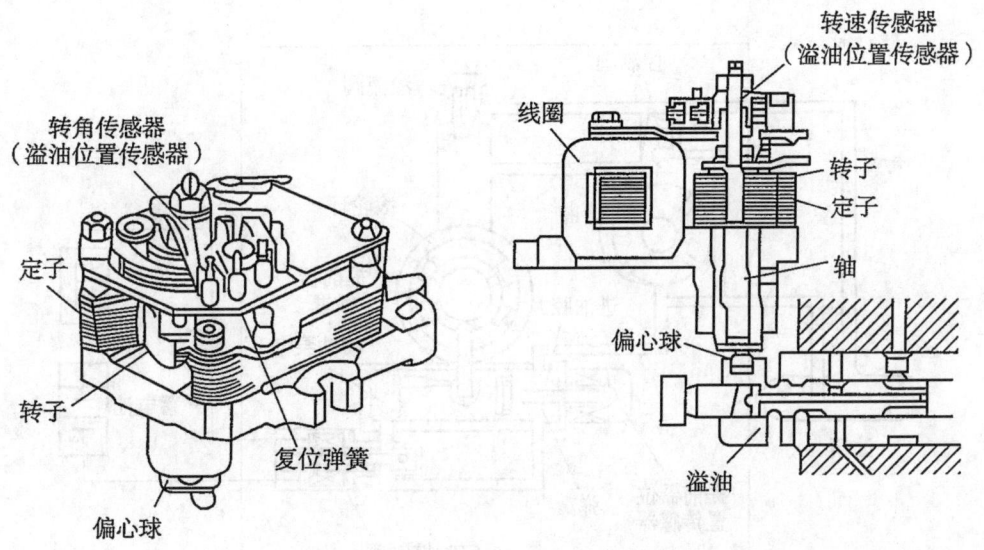

图5-15 采用旋转螺线圈式执行机构

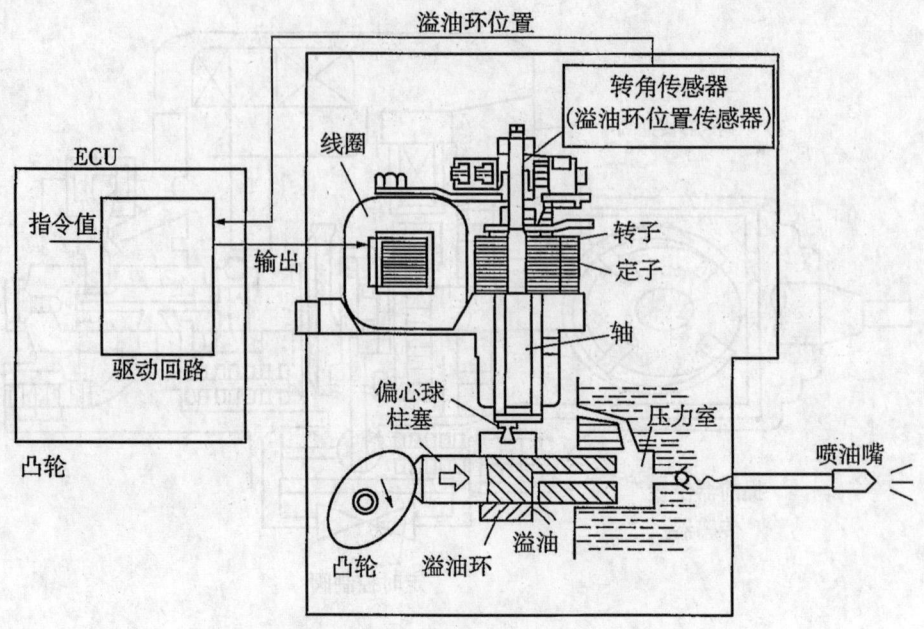

图 5-16 喷油量的控制方式

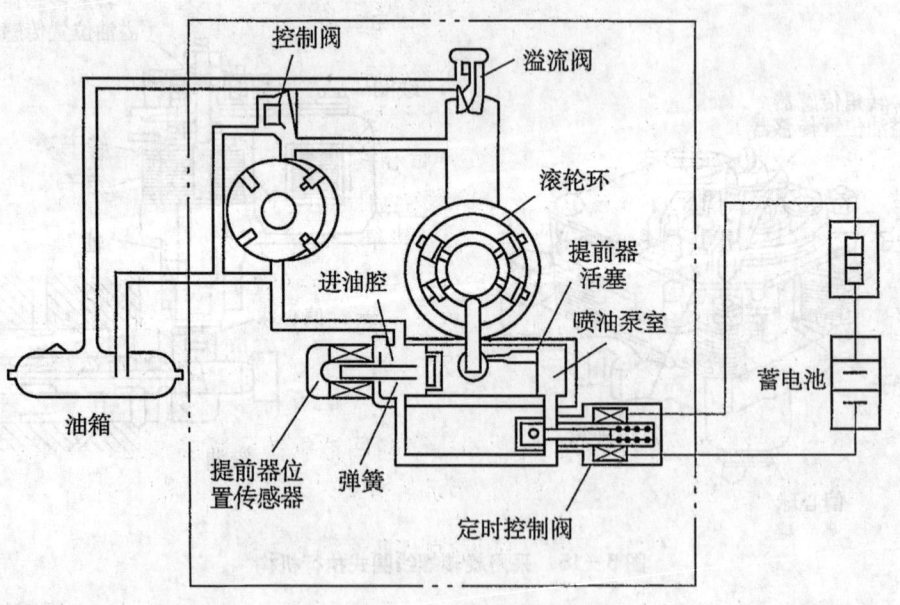

图 5-17 喷油时间的控制方法

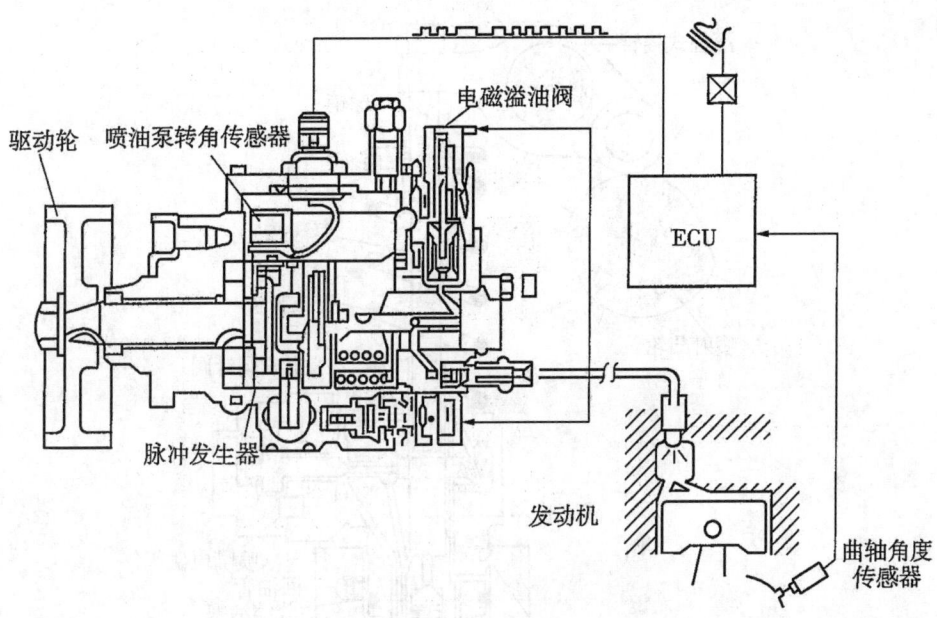

图 5 - 18　时间控制式电控分配泵系统

五、电控泵喷嘴的组成

电控泵喷嘴是将喷油泵与控制单元和喷嘴组合在一起，即无高压油管的燃油系统。它安装在缸盖上，每个缸都有一个。泵喷嘴的结构如图 5 - 19 所示。

喷油量的控制，是由电磁阀控制喷油开始和终了，使喷油泵腔和低压系接通或切断(ON/OFF)进行控制的。泵喷嘴的电控单元精确控制喷嘴电磁阀激活时刻和激活时间的长短，从而精确调节泵喷嘴的喷射始点和喷射量。

喷射凸轮有一个陡峭上升面和一个平滑下降面，当喷射凸轮转到陡峭上升面与摇臂接触时，泵活塞被高速向下压并迅速获得一个高喷射压力；当喷射凸轮到平滑下降面与摇臂接触时，泵活塞缓慢、平稳地上下移动，允许无气泡的燃油流入泵喷嘴的高压腔。

回油管的作用是来自供油管的燃油冲刷通向回油管的泵喷嘴油道，冷却泵喷嘴；排出泵活塞处泄出的燃油，通过回油管内节流孔分离来自供油管内的气泡。

六、电控泵喷嘴的工作原理

泵喷嘴的喷射循环包括高压腔充注燃油、预喷射循环、主喷射循环和喷射结束 4 个阶段。

1. 高压腔充注燃油阶段

泵活塞在活塞弹簧压力作用下向上移动，电磁阀针处于静止位置，供油管到高压腔的通道打开，供油管内的油压使燃油流入高压腔(见图 5 - 20)。

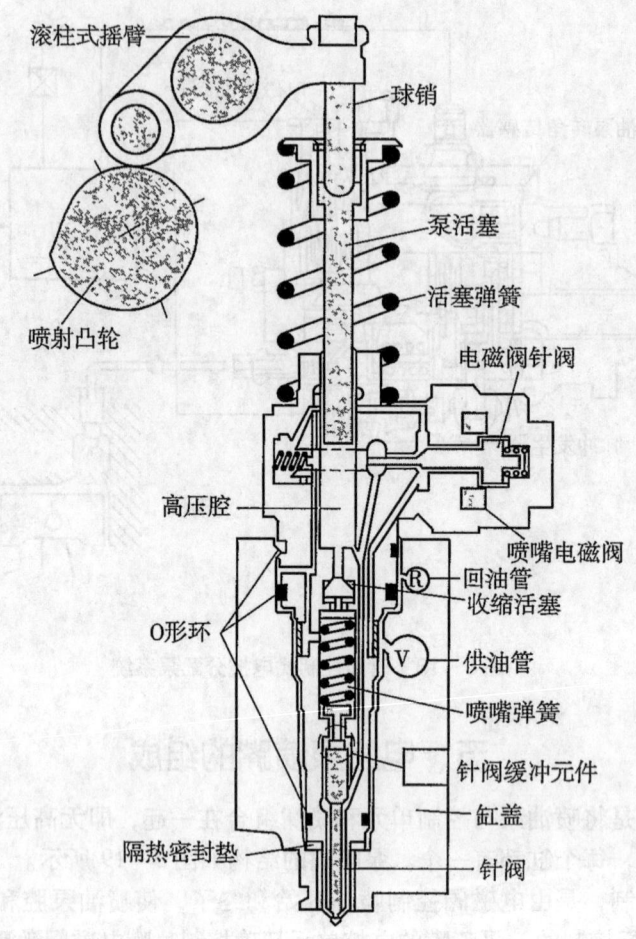

滚柱式摇臂

球销

泵活塞

活塞弹簧

喷射凸轮

电磁阀针阀

高压腔

喷嘴电磁阀

回油管
收缩活塞

O形环

供油管

喷嘴弹簧

针阀缓冲元件

缸盖

隔热密封垫

针阀

图 5－19　泵喷嘴的结构

2. 预喷射循环阶段

分为预喷射循环开始、喷嘴针阀阻尼和喷射循环结束 3 个阶段。

（1）预喷射循环开始

喷射凸轮通过滚柱式摇臂将泵活塞压下，将高压腔内的燃油排出到供油管。发动机控制单元通过激活喷嘴电磁阀来启动喷射循环，高压腔内开始产生压力。当压力达到 18MPa 时，压力高于喷射弹簧压力，喷射针阀上升，预喷射循环开始。如图 5－21 所示。

（2）喷嘴针阀阻尼

在预喷射循环，喷嘴针阀行程受液力阻尼垫影响。因此，可以准确测量喷射量。在前 1/3 行程，喷嘴针阀无阻尼打开，将预喷射油量喷入燃烧室。当缓冲塞堵住喷嘴壳体的内孔时，针阀上部的燃油只能通过泄油间隙排入喷嘴弹簧室。从而形成液力阻尼垫，限定预喷射循环的针阀行程。如图 5－22 所示。

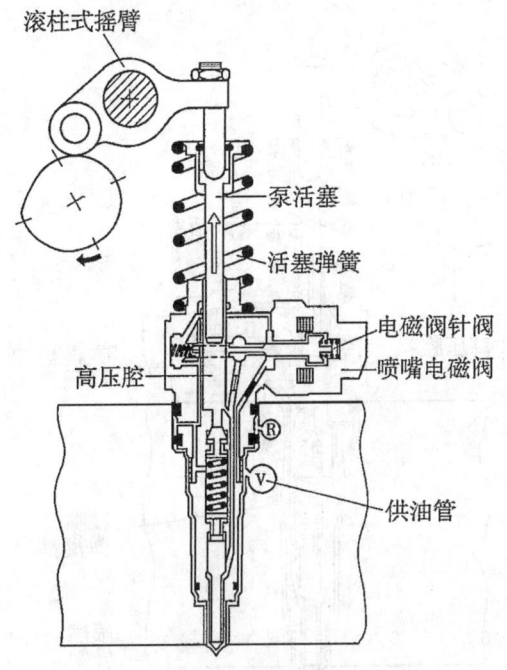

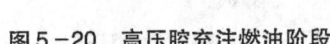

滚柱式摇臂

泵活塞

活塞弹簧

电磁阀针阀

高压腔

喷嘴电磁阀

供油管

图 5 - 20　高压腔充注燃油阶段

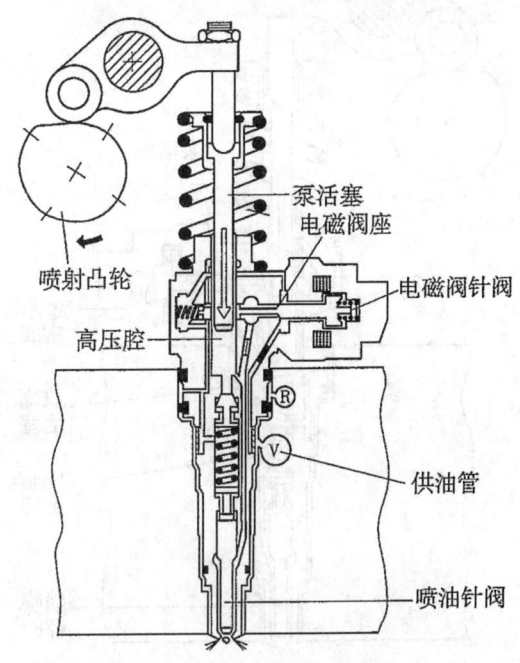

泵活塞
电磁阀座

喷射凸轮

电磁阀针阀

高压腔

供油管

喷油针阀

图 5 - 21　预喷射循环开始

（3）预喷射循环结束

喷嘴针阀打开后，预喷射立即结束。上升的压力使收缩活塞下移，使高压腔内容积扩大。于是，压力瞬时下降，喷嘴针阀关闭，预喷射结束。如图 5 - 23 所示。

3. 主喷射循环阶段

主喷射循环阶段分为主喷射循环开始和结束两个阶段。

（1）主喷射循环开始

喷嘴针阀关闭后短时间内，高压腔内压力立即重新上升。喷嘴电磁阀仍然关闭，泵活塞下移。约 30MPa 时，燃油压力高于弹簧作用力，喷嘴针阀再次上升，主喷油开始。当压力上升到 205MPa 时，进入高压腔的燃油多于经喷孔喷出的燃油，主喷射循环开始。如图 5 - 24 所示。

（2）主喷射循环结束

当发动机控制单元停止激活喷嘴电磁阀后，电磁阀弹簧打开电磁阀针阀，燃油被泵活塞排出到供油管，压力下降。喷嘴针阀关闭，喷嘴弹簧将旁通活塞压回到初始位置，主喷射循环结束。

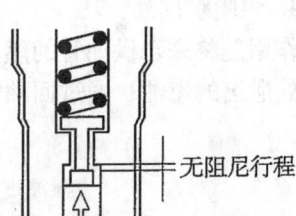

无阻尼行程

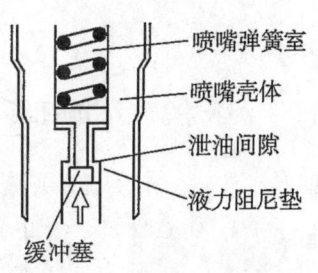

喷嘴弹簧室

喷嘴壳体

泄油间隙

液力阻尼垫

缓冲塞

图 5 - 22　喷嘴针阀阻尼

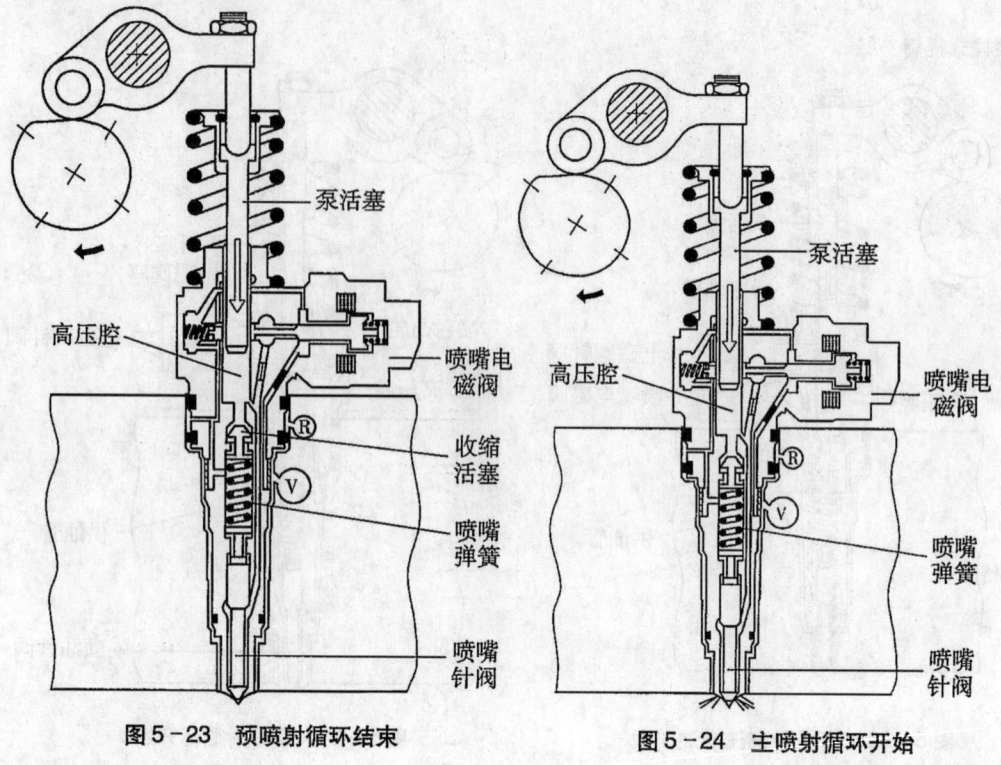

图5-23　预喷射循环结束　　　　　　图5-24　主喷射循环开始

4. 泵喷嘴回油

作用是将来自供油管的燃油冲刷通向回油管的泵喷嘴油道,冷却泵喷嘴和排出泵活塞处泄出的燃油;通过回油管内节流孔分离来自供油管内的气泡。如图5-25所示。

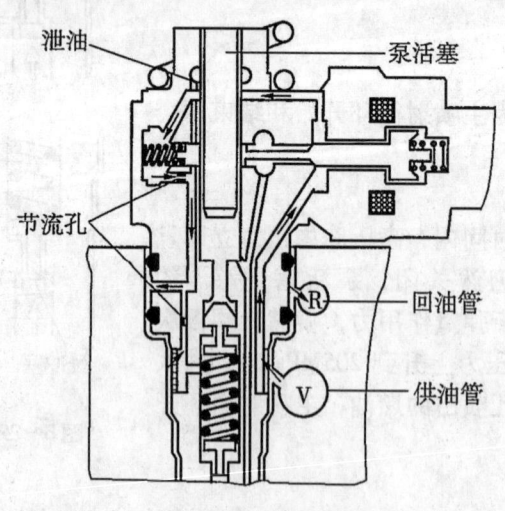

图5-25　泵喷嘴回油

七、电控废气再循环系统

电控柴油机 EGR 系统的结构，主要有废气再循环电磁阀与机械阀分开式（见图 5 - 26）和废气再循环电磁阀与机械阀合二为一（直接由发动机控制单元控制，见图 5 - 27）等两种。

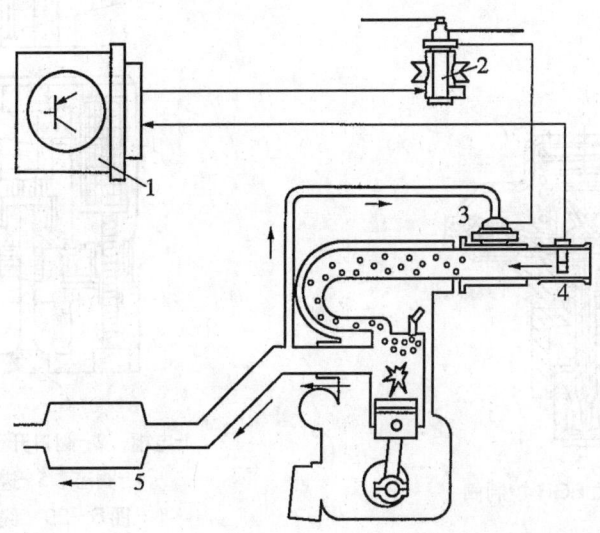

1-发动机控制单元　2-废气再循环阀（电磁）　3-废气再循环阀（机械）

4-空气流量计　5-尾气净化装置

图 5 - 26　EGR 阀与机械阀分开式

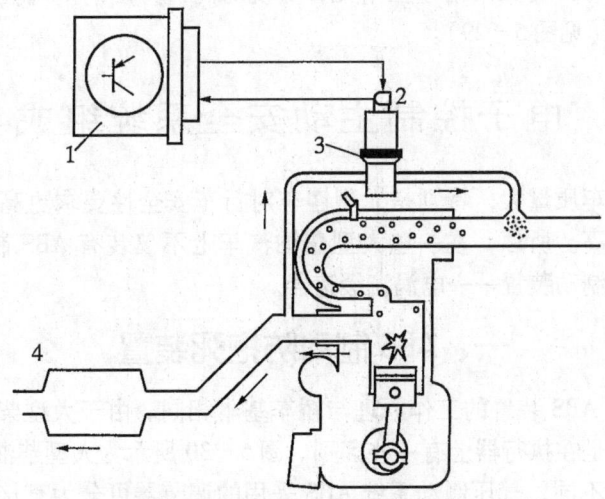

1-发动机控制单元　2-废气再循环阀（电磁）

3-废气再循环阀（机械）　4-尾气净化装置

图 5 - 27　EGR 阀与机械阀合并式

柴油机 EGR 系统中的 EGR 控制阀有真空式的控制阀、电磁阀和气动控制阀等 3 种。

真空式 EGR 控制阀的中间有一个金属膜片,真空室可在膜片上方或下方(见图 5-28)。排气的流量取决于排气管的压力、进气管的真空度以及阀的开度。

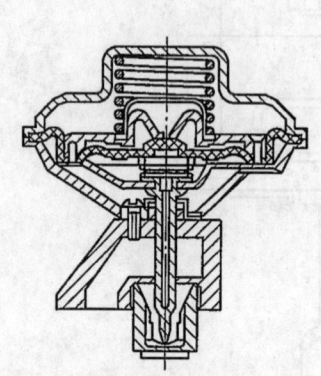

图 5-28 真空式 EGR 控制阀

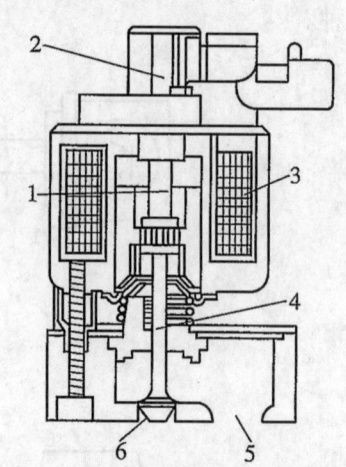

1-电枢 2-阀口开度位移传感器 3-线圈
4-阀芯 5-进气孔 6-出气孔
图 5-29 线性 EGR 控制阀

电磁铁直接驱动的 EGR 控制阀是一种线性 EGR 控制阀,它是由 PWM 信号控制的比例电磁阀。工作时,电控单元根据当前运行工况决定 EGR 量,再根据事先标定情况,决定 PWM 信号的脉宽,就可控制 WGE 量。EGR 控制阀上通常还装有阀口开度传感器,将实时的阀口开度反馈给电控单元,实现对阀口开度的闭环控制,从而实现对 EGR 量的精确控制(见图 5-29)。

第二节 电子控制主动安全系统组成与原理

由于大型柴油车质量大,特别是大型客车对行车安全性要求更高,因而对行车制动性能的要求也提高。所以,在一些大型柴油汽车上不仅装有 ABS 制动防抱死装置,而且还安装了辅助制动装置——电涡流缓速器。

一、ABS 制动防抱死装置

大型柴油车的 ABS 装置的工作原理与轿车基本相同。由于大型柴油汽车普遍采用气压制动,因而只是在执行器上有一些区别。图 5-30 所示为大型柴油客车 ABS 装置。

根据工作原理不同,气压制动系统 ABS 采用的调节器可分为直接控制式和间接控制式两种。直接控制式制动压力调节器串联在继动阀或快放阀与车轮制动气室之间,直接控制车轮制动气室的制动压力。间接控制式制动压力调节器是在继动阀活塞的上部设两个电磁阀,用来控制辅助管路的气压,间接控制车轮制动气室的制动压力。

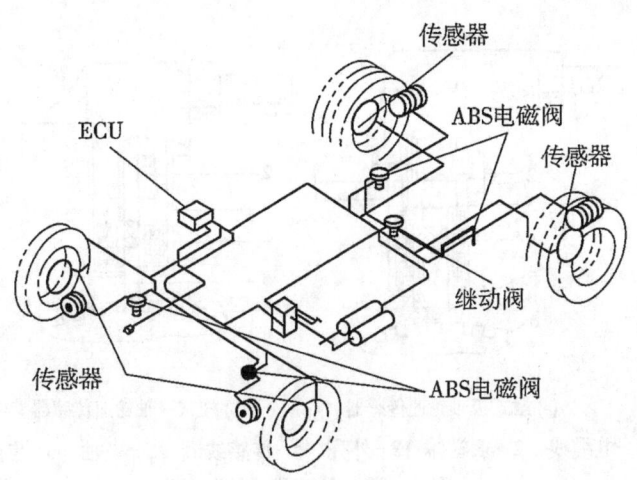

图 5-30 大型柴油客车 ABS 装置

1. 防抱死制动(ABS)系统的组成和工作原理

汽车防抱死制动系统,主要由传感器、电控单元(ECU)和制动压力调节器以及控制开关、制动警告灯和 ABS 警告灯等组成(见图 5-31)。

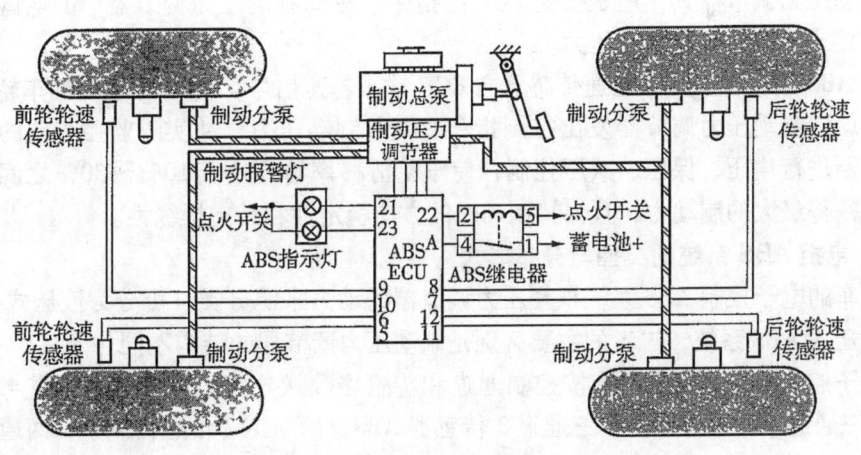

图 5-31 ABS 系统的组成

车轮转速传感器。作用是利用电磁感应原理(霍耳原理)检测车轮速度,并把轮速转换成脉冲信号送至 ABS 电脑。一般轮速传感器都安装在车轮轮毂上,有些后轮驱动的车辆,检测后轮速度的传感器安装在差速器内,通过后轴转速来检测,所以又称为轴速传感器。

轮速传感器根据轴端部的形状分类,可分为凿式如图 5-32(a)、圆柱式如图 5-32(b)、菱形式等 3 种。根据结构不同分类,可分为电磁式、磁阻式和霍耳式 3 种。目前车辆上安装的以电磁式为主，磁阻式和电磁式类似，但发出的信号是数字信号。

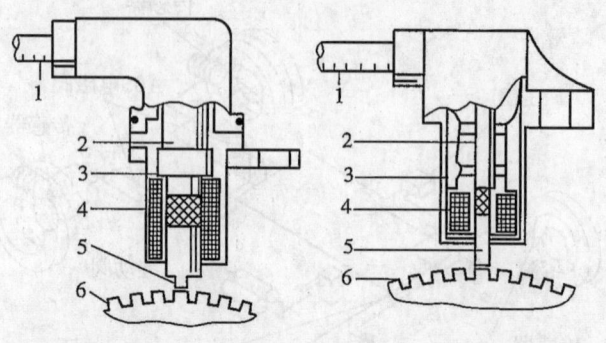

(a) 凿式极轴轮速传感器　　(b) 柱式极轴轮速传感器

1-电缆线　2-永磁体　3-外壳　4-传感线圈　5-极轴　6-齿圈

图 5-32　轮速传感器结构

ABS 电控单元作用是接收轮速传感器、减速度传感器和开关输入信号，计算汽车的轮速、车速、加速速度和滑移率，并输出控制指令控制制动压力调节器等执行元件工作。

ABS ECU 具有失效保护和故障自诊断功能，一旦发现 ABS 故障时，将终止 ABS 工作，恢复常规制动。与此同时，还将控制 ABS 故障指示灯发亮以提醒驾驶人。

制动压力调节器其作用是接受 ECU 的指令，驱动制动压力调节器中的电磁阀和电机。直接或间接地调节制动压力。

当 ABS 系统工作时，轮速传感器向 ECU 输入轮速信号，当 ECU 检测到车轮趋于抱死时，就向制动压力调节器发出控制指令，调节制动压力，并实时监控车轮的运动状态，不断进行增压、保压、减压控制，使车轮滑移率始终处于 10%～30% 之间，从而使汽车获得最大的制动力，且保持制动时的方向稳定性和转向操纵性。

2. 电控 ABS 系统的类型与分布形式

汽车的电子控制 ABS 系统根据压力调节器的动力来源分类，可分为液压式 ABS 系统和气压式 ABS 系统，二者的主要区别是制动压力调节器的结构不同。

电子控制防抱死制动系统按控制通道和传感器数量分类，可分为四通道 4 传感器 ABS、三通道 4 传感器 ABS、三通道 3 传感器 ABS、两通道 3 传感器 ABS、两通道 2 传感器 ABS、单通道 1 传感器 ABS 和六通道 6 传感器 ABS。如图 5-33。

电磁阀是制动压力调节器的主要工作元件。电磁阀的工作位置由电磁线圈直接控制，而流过电磁线圈的电流受 ABS ECU 控制。

循环式制动压力调节器采用的电磁阀有两位两通电磁阀和三位三通电磁阀两种。两位两通电磁阀共有两个位置，控制两个液压管路的通断，在部分 ABS 中使用的进油阀和出油并均属两位两通电磁阀（如图 5-34 所示）。三位三通电磁阀，阀上有三个通道（即三通），分别与制动主缸、制动轮缸和储液器连接；ABS ECU 控制流过电磁线圈的电流能使阀有增压、保持和减压等三种不同的位置（如图 5-35）所示。

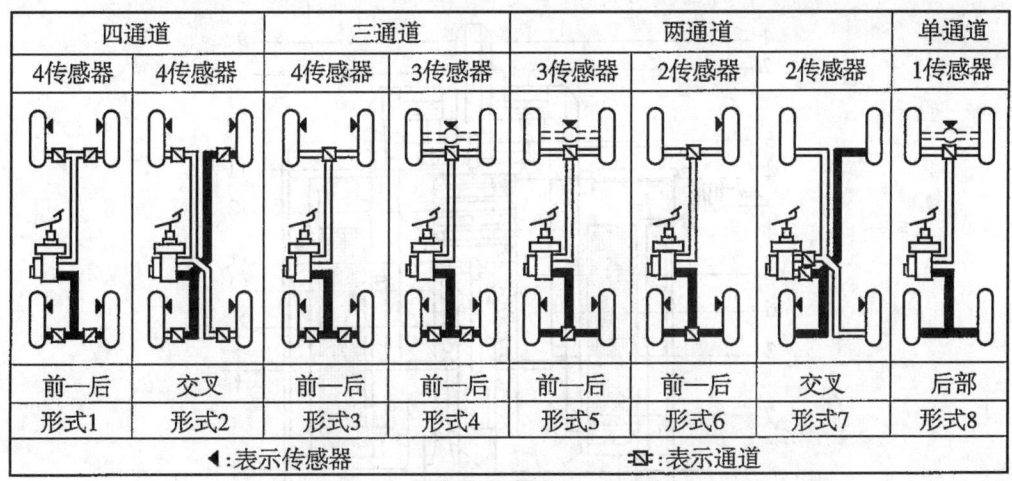

四通道		三通道		两通道			单通道
4传感器	4传感器	4传感器	3传感器	3传感器	2传感器	2传感器	1传感器
前—后	交叉	前—后	前—后	前—后	前—后	交叉	后部
形式1	形式2	形式3	形式4	形式5	形式6	形式7	形式8
◀:表示传感器				⋈:表示通道			

图 5-33　ABS 的类型与分布形式

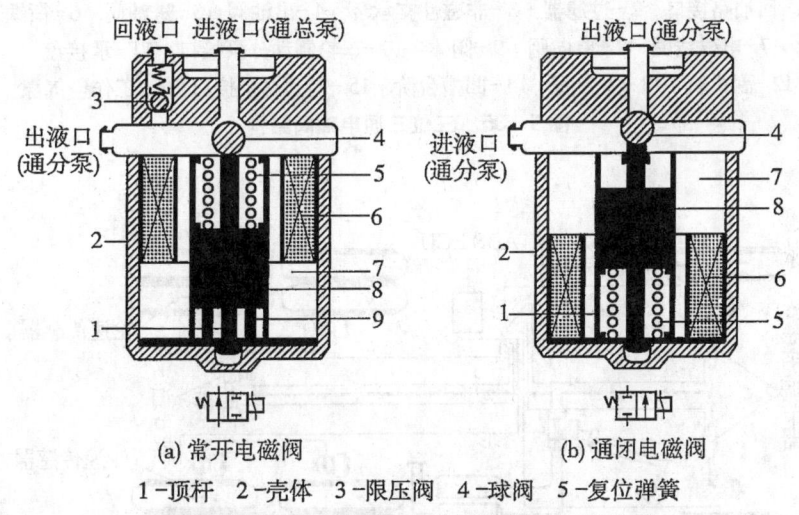

(a) 常开电磁阀　　　　(b) 通闭电磁阀

1-顶杆　2-壳体　3-限压阀　4-球阀　5-复位弹簧

6-电磁线圈　7-阀体　8-活动铁心　9-限位杆

图 5-34　两位两通电磁阀结构

两位两通电磁阀的进油电磁阀阻值为 $11 \sim 15\Omega$，出油电磁阀阻值为 $3 \sim 5\Omega$；三位三通电磁阀电阻一般为 $0.7 \sim 7\Omega$，电磁阀继电器的电阻约 $50 \sim 100\Omega$。

3. 直接控制式制动压力调节器

直接控制式制动压力调节器主要由进气膜片阀、排气膜片阀和控制电磁阀等组成，如图 5-36 所示。进气膜片阀用来控制由继动阀到制动气室的压缩空气通道，排气膜片阀用来控制制动气室的排气通道，而进气膜片阀和排气膜片阀的开闭则通过电磁阀控制膜片的背压来实现。各电磁阀均受 ABS 电脑控制。

直接控制式制动压力调节器的工作原理如下：

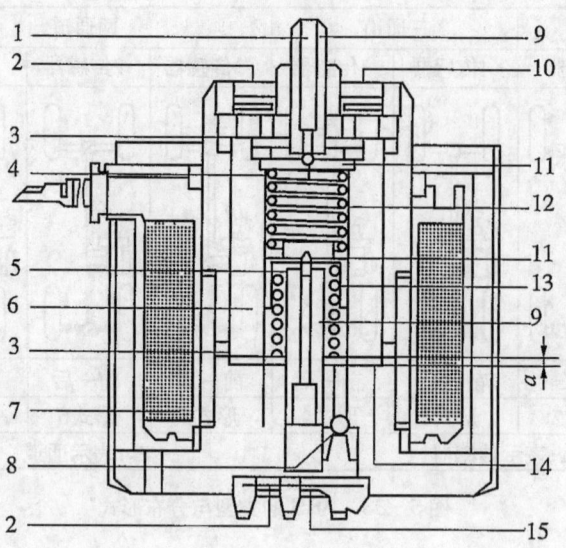

1-回油路接口　2-过滤器　3-非磁性支承环　4-出油阀　5-进油阀　6-衔铁
7-电磁线圈　8-单向阀　9-阀体　10-车轮制动分泵接口　11-承接盘
12-副弹簧　13-主弹簧　14-凹槽台阶　15-制动总泵接口　a-工作空气隙

图 5-35　三位三通电磁阀结构

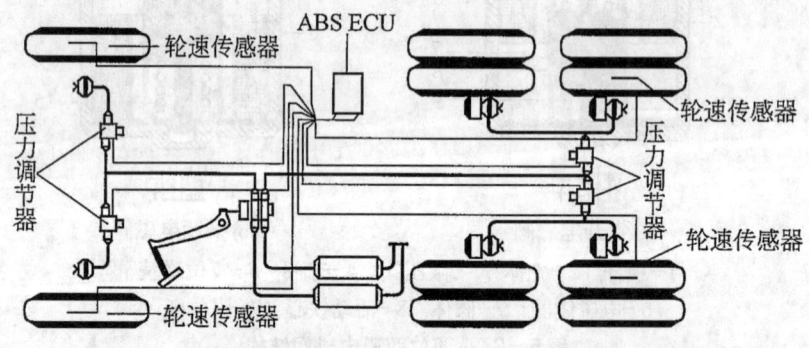

图 5-36　直接控制式制动压力调节器

1)在普通制动模式和防抱制动模式"增压"时，ABS ECU 切断通向各电磁线圈的电流，各电磁阀回到初始位置；驱动排气膜片阀的电磁阀在初始位置时，由排气膜片阀背部导气室至排气出口的通道被关闭，同时气室 a 通向排气膜片阀背部导气室的压缩空气通道打开，部分压缩空气由气室口流入排气膜片阀的背部导气室，推动排气膜片阀关闭制动气室的排气通道；驱动进气膜片阀的电磁阀在初始位置时，由气室 a 通向进气膜片阀背部导气室的压缩空气通道被关闭，同时使进气膜片阀背部导气室与排气出口的通道打开，进气膜片阀背部压力解除，来自继动阀的压缩空气经气室口推开进

气膜片阀进入气室 b，再经出气口进入车轮制动气室，使制动气室的压力增大。

2）在防抱制动模式"减压"时，ABS ECU 同时向两个电磁线圈通电，驱动进气膜片阀的电磁阀被电磁力吸到上端位置，由气室口通向进气膜片阀背部导气室的压缩空气通道被打开，同时使进气膜片阀背部导气室与排气出口的通道关闭，部分压缩空气由气室口流入进气膜片阀的背部导气室，推动进气膜片阀关闭气室 a 与气室 b 之间的通道，来自继动阀的压缩空气不能再进入制动气室；而驱动排气膜片阀的电磁阀被电磁力吸到上端位置，由气室 a 通向排气膜片阀背部导气室的压缩空气通道关闭，同时排气膜片阀背部导气室至排气出口的通道被打开、排气膜片阀背部压力解除，排气膜片阀被空气压力推开，制动气室部分压缩空气经气室 b、排气膜片阀和出口排入大气，从而使车轮制动气室的压力减小。

3）在防抱制动模式"保持"压力时，ABS ECU 仅向驱动进气膜片阀的电磁阀线圈通电使进气膜片阀关闭，而不给驱动排气膜片阀的电磁阀线圈通电，所以排气膜片阀仍处于关闭状态。这样来自继动阀的压缩空气既不能进入制动气室，同时制动气室内的压缩空气也不能排出，制动气室内的压力保持不变。

4. 间接控制式制动压力调节器

间接控制式制动压力调节器的结构如图 5-37 所示。间接控制式制动压力调节气电磁阀和排气电磁阀均由微电脑控制，进气电磁阀控制继动活塞上方的进气通道，排气电磁阀控制继动活塞上方的排气通道；进气电磁阀打开可使来自制动总阀的压缩空气进入继动活塞上方，从而推动继动活塞向下移动；排气电磁阀打开可使继动活塞上方的压缩空气排入大气，由于背压减小而使继动活塞向上移动。这样通过控制继动活塞处于不同位置即可实现制动气室"增压"、"保持"和"减压"工作过程。

由于间接控制式制动压力调节器是通过控制继动活塞上部的气压变化，来改变继动活塞的位置，以间接控制制动气室的制动压力，所以对制动压力控制的反应速度比直接控制式制动压力调节器要慢。

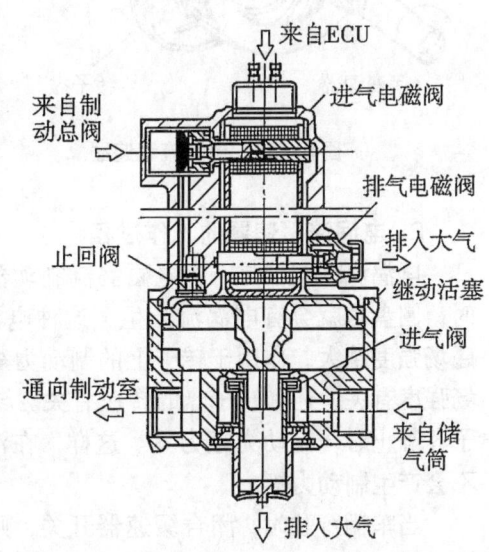

图 5-37　间接控制式制动压力调节器

二、电涡流缓速器

电涡流缓速器是一种辅助制动装置，通常安装在变速器的输出轴上，当它的定子线圈通电后，产生的磁性电涡流对转子产生旋转阻力矩，对车辆进行无接触制动。功用是辅助汽车制动，一般只用在大型运输车辆上，俗称"第二制动"。

1. 电涡流缓速器的结构

电涡流缓速器的结构如图 5-38 所示，电涡流缓速器由定子和转子两部分组成，电涡流缓速器由一个电磁铁的定子和两个转子盘组成。定子固定在汽车变速器和主减速器之间的车架上，转子盘安装在定子的两侧且与定子同心的一根轴上，并分别与传动轴和变速器的输出轴相连，其转速与传动轴转速相同。在定子的圆周上固定有4对电涡流线圈，4对线圈是并联接线，接线如图5-39所示。

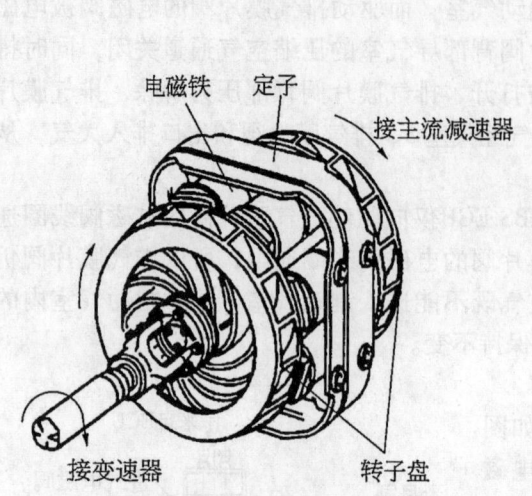

图5-38　电涡流缓速器

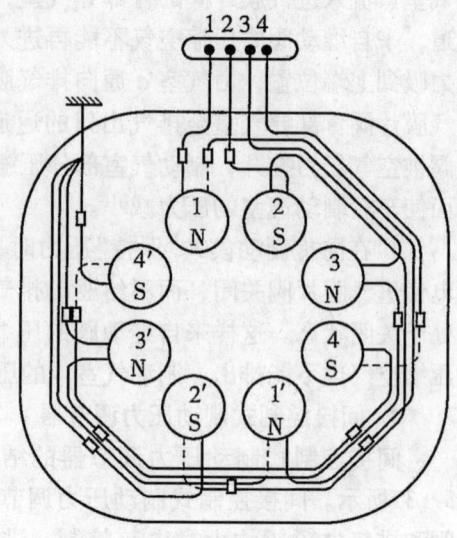

图5-39　电涡流线圈的接线

2. 电涡流缓速器的工作过程

电涡流缓速器是一种电磁涡流制动器。当一块由软铁制成的圆盘在电磁场中旋转时，圆盘内就会有电涡流产生，这种电涡流对圆盘就有制动效应。磁铁的数量越多，磁场强度越大，作用于转子上的制动力矩就越大。转子盘制动力矩的大小不仅与电磁场强度有关，还和转子盘的转速有关。转速过高或过低，制动力矩都会逐渐下降，转子盘静止时，制动力矩为零。这样，在汽车静止时，无论电磁铁是否通电，转子盘均不会产生制动力矩。

当车辆行驶时，闭合缓速器开关，则线圈通电，定子线圈产生的磁场将给转子一个旋转的制动力矩，从而实现无接触制动。电涡流缓速器分4挡工作，在1挡接通一组线圈；在2挡并联接通两组线圈；在3挡并联接通三组线圈；在4挡并联接通四组线圈；这样通过改变电涡流磁场强度来改变制动强度。图5-40为电涡流缓速器自动控制系统。

图5-41为ABS与电涡流缓速器自动控制系统。它由手动开关、气制动开关、脚控(或手控)断开开关、转速表、ABS控制器(ECU)、ABS控制接口和继电器组成。实现手控与脚气制动同时控制。手动开关分为4个挡位，当操纵手柄从1挡至4挡时，电涡流缓速器即开始起制动缓速作用，而且挡位越高，制动强度越大。一般情况下，不使用电涡流缓速器的4挡。

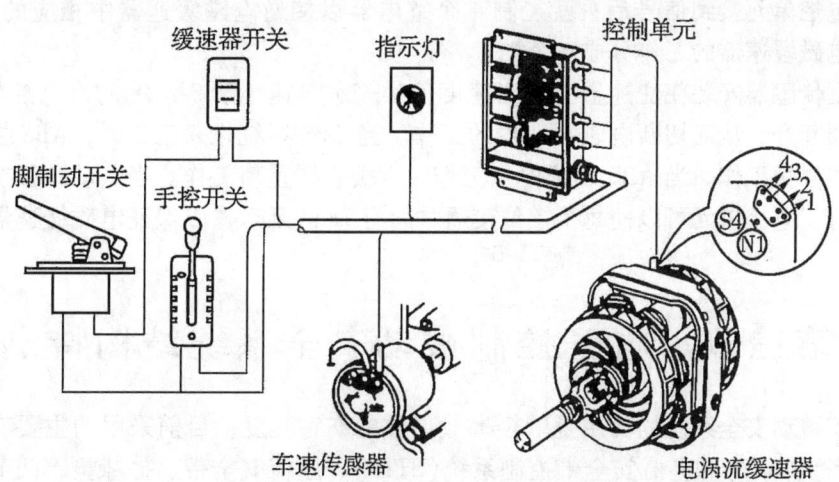

图5-40　电涡流缓速器自动控制系统

　　电磁缓速器开关可由图5-40来说明。联接在制动回路上的4只气压开关实现气制动与电涡流缓速器共同作用的联合制动。这4个气压开关在制动气压达到不同值时分别闭合，通过ABS控制器控制不同继电器分别接通不同制动强度的电涡流缓速器线圈，实现气制动与电涡流缓速器共同工作，即在实现气制动之前，就已经实施了电涡流缓速器制动，从而减少制动蹄摩擦片的磨损。

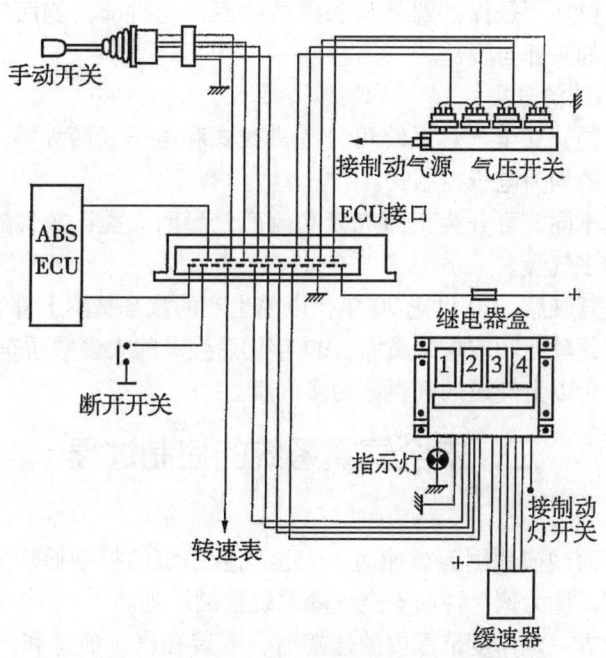

图5-41　ABS与电涡流缓速器自动控制系统

　　而手控制动开关的信号则可以直接传到控制单元。控制单元包括电控单元和4个继电器，每个继电器对应一个电路。

当电控单元接到信号后，就控制 4 个继电器以接通电磁缓速器中相应的电磁铁，从而使电磁缓速器的工作分成 4 个挡。

速度传感器安装在变速器上，当速度信号表示车速小于 $3km/h$ 时，电控单元将 4 个继电器断开，从而切断电磁缓速器的工作。当 ABS 系统投入工作时，ABS 控制器将使缓速器停止工作，当 ABS 系统停止工作时，缓速器重新工作。当制动踏板被突然猛踩下去时，电控单元可以使每个挡位接通之间有 1s 的延时，以保证电磁缓速器工作平顺。

第三节　电子控制被动安全系统结构特点

汽车被动安全系统的功用是减轻事故导致的伤害程度，目前采用的主要有安全气囊控制系统(SRS)和座椅安全带控制系统(STTS)、座椅安全带、护膝垫、两节或三节式转向柱等。这里主要介绍电子控制安全气囊系统的结构与电子控制过程。

一、安全气囊系统(SRS)的功用

1. 功用

安全气囊系统(SRS)的功用是当汽车遭受碰撞导致减速度急剧变化时，气囊迅速膨胀，在驾驶人、乘员与车内构件之间迅速铺垫一个气垫，利用气囊排气节流的阻尼作用来吸收人体惯性力产生的动能，从而减轻人体遭受伤害的程度。

正面气囊的主要功用是保护驾驶人和乘员的面部与胸部，侧面气囊的主要功用是保护驾驶人和乘员的头部与腰部。

2. 安全气囊系统的分类

按总体结构不同，安全气囊系统可分为机械式和电子式两大类。目前，机械式已经淘汰，汽车装备的均为电子控制式。

按电子式功能不同，可分为正面气囊和侧面气囊两大类；按气囊数量不同可分为单气囊、双气囊和多气囊。

单气囊只装备驾驶席。20 世纪 90 年代以前生产的汽车基本上都装备单气囊。

双气囊装备有驾驶席和前排乘员席，90 年代后生产的大多数轿车都装备了双气囊。

装备 3 个或 3 个以上气囊的气囊称为多气囊。

二、安全气囊系统的控制过程

1. 控制原理

当汽车遭受正面碰撞和侧面碰撞时，安全气囊系统的控制原理完全相同。下面以图 5-42 所示正面碰撞为例，说明安全气囊系统控制原理。

当汽车遭受前方一定角度范围内的碰撞时，安装在汽车前部和 SRS ECU 内部的碰撞传感器都会检测到汽车突然减速的信号，并将信号输入 SRS ECU，以便判断是否发生碰撞。当汽车遭受碰撞且减速度达到设定阈值时，SRS ECU 发出控制指令将气囊组件中的点火器(电雷管)电路接通，电雷管引爆使点火剂(引药)受热爆炸(即电热丝通

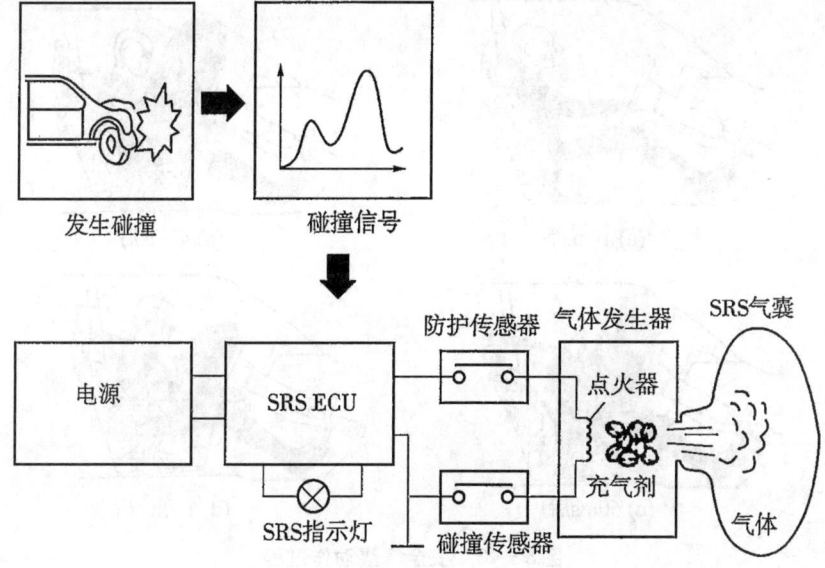

发生碰撞　　　　　碰撞信号

图 5-42　安全气囊系统的控制原理

电发热引爆炸药）。点火剂引爆时，迅速产生大量热量，使充气剂（叠氮化钠固体药片）受热分解并释放出大量氮气充入气囊，气囊便冲开气囊组件上的装饰盖板鼓向驾驶人和乘员，使驾驶人和乘员面部和胸部压靠在充满气体的气囊上，在人体与车内构件之间铺垫一个气垫，将人体与车内构件之间的碰撞变为弹性碰撞，通过气囊产生变形和排气节流来吸收人体碰撞产生的动能，从而达到保护人体之目的。

2. 控制过程

根据德国博世公司在奥迪轿车上的试验研究表明：当汽车以车速 50 km/h 与前面障碍物碰撞时，安全气囊的动作过程如图 5-43 所示。

1）碰撞约 10ms 后，SRS 达到引爆极限，点火器引爆点火剂并产生大量热量，使充气剂（叠氮化钠药片）受热分解，驾驶人尚未动作，如图 5-43（a）所示。

2）碰撞约 40ms 后，气囊完全充满，体积最大，驾驶人向前移动，安全带斜系在驾驶人身上并拉紧，部分冲击能量已被吸收，如图 5-43（b）所示。

3）碰撞约 60ms 后，驾驶人头部及身体上部压向气囊，气囊的排气孔在气体和人体压力作用下排气节流吸收人体与气囊之间弹性碰撞产生的动能，如图 5-43（c）所示。

4）碰撞约 110ms 后，大部分气体已从气囊逸出，驾驶人身体上部回到座椅靠背上，汽车前方恢复视野，如图 5-43（d）所示。

5）碰撞约 120ms 后，碰撞危害解除，车速降低直至为零。

由此可见，从开始充气到完全充满约为 30ms；从汽车遭受碰撞开始到气囊收缩为止，所用时间仅为 120ms 左右，而人们眨一下眼皮所用时间约为 200ms 左右。因此，安全气囊在碰撞过程中动作时间极短，气囊动作状态和经历时间无法用肉眼确认。安全气囊动作过程与经历时间之间的关系如表 5-1 所示。

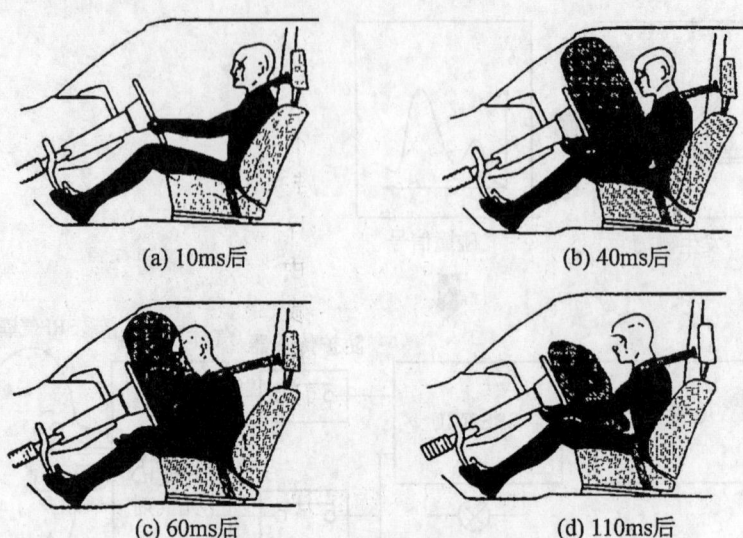

(a) 10ms后   (b) 40ms后

(c) 60ms后   (d) 110ms后

图 5-43　安全气囊动作过程

表 5-1　安全气囊动作过程与经历时间的关系

碰撞之后经历时间	0	10ms	40ms	60ms	110ms	120ms
气囊(SRS)动作状态	遭受碰撞	点火引爆开始充气	气囊充满人体前移	排气节流吸收动能	人体复位恢复视野	危害解除车速降零

3. 有效范围

汽车安全气囊系统(SRS)并非在所有碰撞情况下都能起作用。如图 5-44 所示，正面 SRS 只有在汽车正前方或斜前方 ±30° 角范围内发生碰撞，纵向减速度达到设定阈值，且防护传感器和任意一只前碰撞传感器接通时，才能引爆气囊充气。在下列条件之一的情况下，正面气囊不会引爆充气。

1)汽车遭受侧面碰撞超过斜前方 ±30° 时；

2)汽车遭受横向碰撞时；

3)汽车遭受后方碰撞时；

4)汽车发生绕纵向轴线侧翻时；

5)纵向减速度未达到设定阈值时；

6)所有前碰撞传感器都未接通或 SRS ECU 内部的防护传感器未接通时；

7)汽车正常行驶、正常制动或在路面

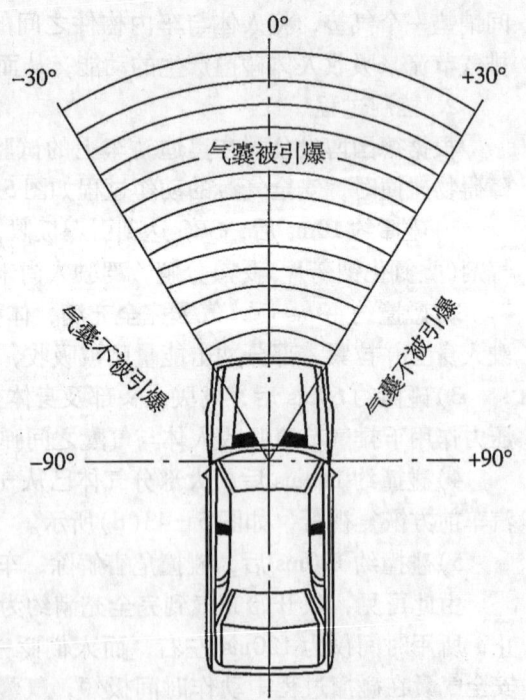

图 5-44　正面碰撞时 SRS 安全气囊的有效范围

不平的道路条件下行驶时。

4. 减速定阈值的设定

减速度阈值根据安全气囊系统的性能设定，不同车型 SRS 的减速度阈值有所不同。在美国，因为 SRS 是按驾驶人不配戴座椅安全带来设计，气囊体积大、充气时间长，所以 SRS 应在较低的减速度阈值时引爆气囊，即汽车以较低车速(20 km/h 左右)行驶而发生碰撞时，SRS 就应引爆。在日本和欧洲，由于 SRS 是按驾驶员佩戴座椅安全带来设计，气囊体积小、充气时间短，所以设定的减速度阈值较高，汽车以较高车速(30 km/h 左右)行驶而发生碰撞时，SRS 才能引爆气囊充气。

侧面气囊只有在汽车遭受侧面碰撞且横向加速度达到设定阈值时，才能引爆气囊充气，且不会给正面气囊充气。

三、安全气囊系统组成与结构特点

汽车安全气囊系统(SRS)的分类较多，但其基本结构与原理都是大同小异的。主要由电控部分和机械部分组成，其实际结构和位置因车型不同而有所差别。图 5-45 所示电子式安全气囊系统的组成示意图。

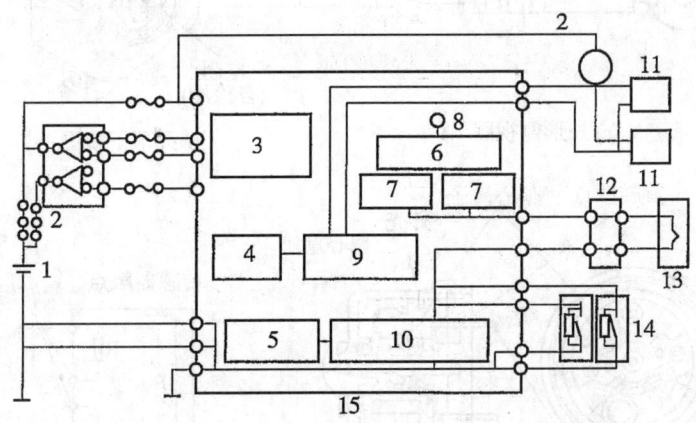

1-蓄电池　2-点火开关　3-储备电源　4-存储电路　5-中央气囊传感器　6-安全电路
7-安全传感器　8-电源　9-诊断电路　10-点火控制和驱动电路　11-诊断插口(TDCL)
12-盘簧电缆　13-引爆器　14-前安全气囊传感器　15-ECU
图 5-45　电子式安全气囊系统的组成

1. 电子控制部分

安全气囊系统的电控部分由各种传感器、微处理器(CPU)、安全气囊和安全带预紧器的引爆装置(又称点火装置)、报警装置、接口、随机存储器(RAM)、只读存储器(ROM)等组成。

安全气囊系统能否可靠和正确地工作，传感器是第一个关键，传感器对于安全气囊系统的成本高低也有很大的影响。传感器有多种形式，按功能可分为两种，一种为碰撞传感器，负责检测碰撞的强度，看安全气囊是否需要打开。如果汽车以 40km/h 的车速撞到一辆正在停放的同样大小的汽车上，或者以大于22km/h的车速迎面撞到一个不可变形的固定障碍物上，碰撞传感器便会动作，接通接地回路。另一种为安全传感器(也有人称为触发传感器)，其闭合的减速度要稍小一些，起安全保险作用，防止因碰撞传感器短路而造成误打开。传感器按结构可分为全机械式、机电式和电子式3种主要形式。

1)偏心锤式碰撞传感器(机械式传感器)。图5-46给出了偏心锤式碰撞传感器的外形和结构。图5-46(a)、(b)为偏心锤式传感器的外形，图5-46(c)所示为偏心锤式传感器的结构，该传感器的结构由壳体、偏心转子、偏心重块、固定触点、旋转触点等部分组成。图5-46(d)所示为电路图，在传感器外还固定有一个电阻R，它的作用是对系统进行自检时，检测安全气囊ECU与碰撞传感器之间的连接导线是否断路或短路。

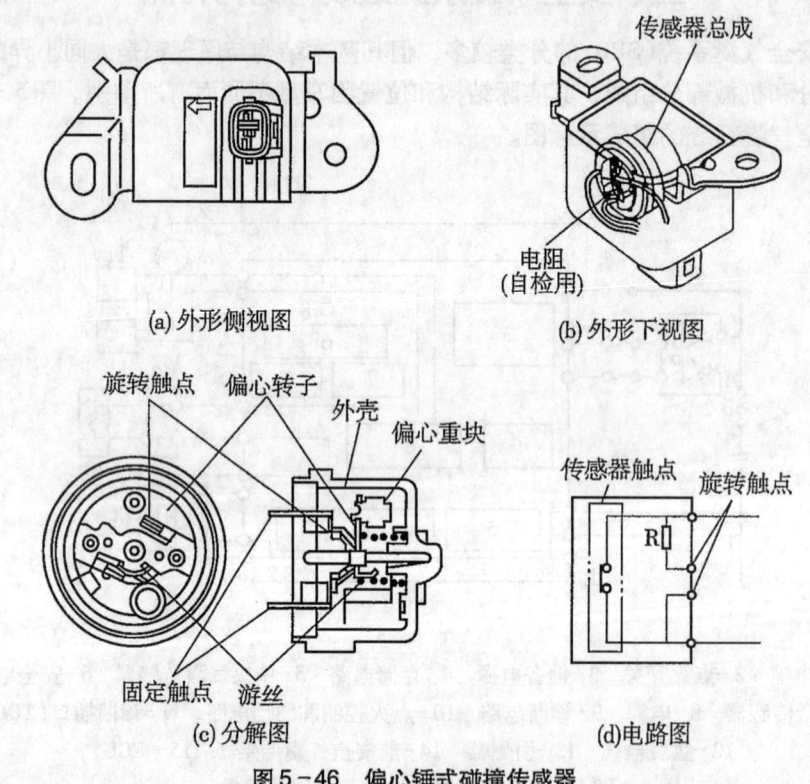

(a) 外形侧视图　　(b) 外形下视图

(c) 分解图　　(d)电路图

图5-46　偏心锤式碰撞传感器

偏心锤式传感器的工作原理如图5-47所示，在正常情况下，偏心转子和偏心重块在螺旋弹簧弹力的作用下，顶靠在与外壳相连的止动块上。此时，旋转触点与固定触点不接触，开关处于断开状态，如图5-47(a)。当汽车发生碰撞时，偏心重块由于惯性力将带动偏心转子克服弹簧弹力产生偏转。当碰撞强度达到设定值时，偏心转子旋转触点与固定触点接触而闭合，此时碰撞传感器向安全气囊ECU输入导通信号，安全气囊ECU只有在收到碰撞传感器输入的导通信号后，才能引爆气体发生器，使安全气囊充气。

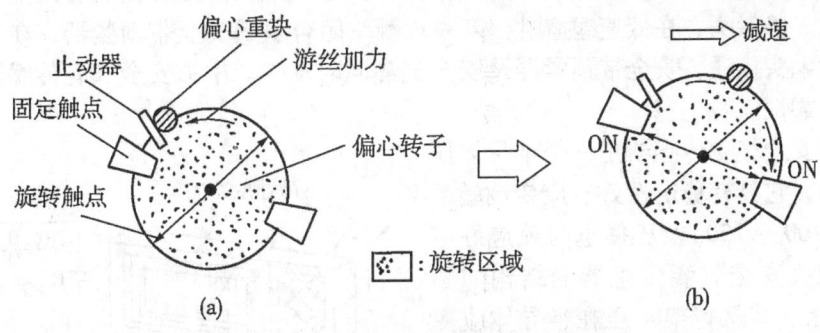

图 5-47　偏心锤式传感器的工作原理

2)水银开关式碰撞传感器。该传感器是利用水银具有良好的导电特性而制成的,结构如图 5-48 所示,主要由水银、壳体、电极和密封螺塞组成。水银开关式碰撞传感器的工作原理如图 5-48(b)所示。当传感器处于静止时,水银在其重力作用下处于图 5-48(a)所示位置,传感器的两个接线端子处于断开状态。

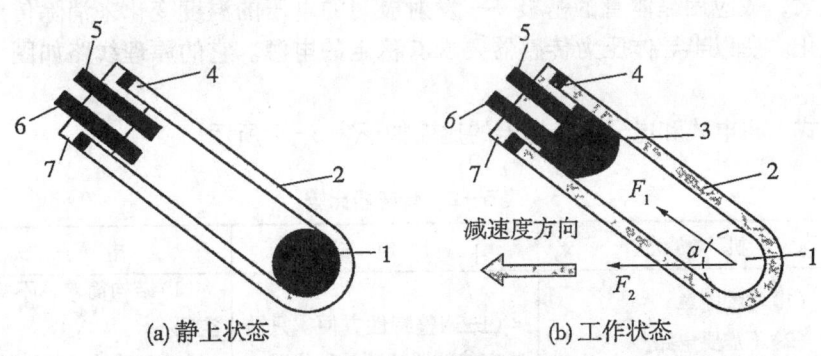

1—水银(静态位置)　2—壳体　3—水银(动态位置)　4—密封圈
5—电极(接点火器)　6—电极(接电源)　7—密封螺塞　F_1—水银运动方向分力
F_2—惯性力　α—水银运动方向与水平方向之间的夹角

图 5-48　水银开关式传感器结构

当汽车发生碰撞且减速度达到设定阈值时,水银产生的惯性力在其运动方向的分力将克服其重力的分力而将水银抛向传感器电极,使两个电极接通。当传感器用作碰撞信号传感器时,两个电极接通则将碰撞信号输入 SRSECU;当传感器用作碰撞防护传感器时,则将点火器电源电路接通。

3)中央安全气囊传感器(电子式传感器)。电子式加速度计对汽车正向加速度进行连续测量,并将结果输送给微处理器,微处理器内有一套复杂碰撞信号处理程序,能够判定安全气囊是否需要打开。如需要,微处理器便会接通引爆电路,如果机电式安全传感器也闭合,则引爆器接通,安全气囊打开。

中央安全气囊传感器装在中央控制器内,用作感知高速碰撞的信息,将其输送到CPU,并指令引爆安全气囊传爆管,使安全气囊打开。同时前方另有一个传感器也引爆了安全带预紧器的传爆管，即安全带预紧器和安全气囊同时起作用。有的前方传感器有两对动、静触头，在低速碰撞时，第一对触头闭合引爆安全带预紧器，在高速碰撞时第二对触头接通，安全带预紧器及安全气囊同时动作。中央安全气囊传感器的作用是增加可靠性。

中央安全气囊传感器是一个半导体压力传感器，它具有稳定性好、应变灵敏系数K(约100～150)及压敏电阻效应好等特点。中央安全气囊传感器的结构如图5-49所示。其悬臂架4压在半导体应变片3的两端。当汽车发生碰撞时，半导体应变片在悬臂架减速惯性力的作用下发生弯曲应变，受压后的电阻变化引起动态应变仪2输出电压的变化。

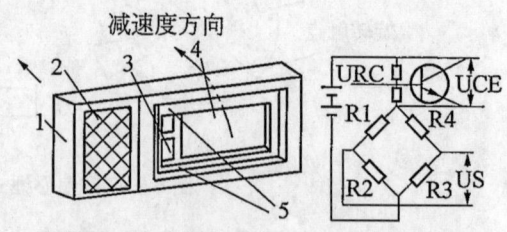

1-传感器架　2-动态应变仪　3-半导体应变片
4-悬臂架　5-应变片座

图5-49　中央安全气囊传感器的原理线路

汽车的速度越大，碰撞后产生的减速度和相应的惯性力越大，则输出的电压也越大。由于半导体压力传感器输出特性受温度影响较大，故应用晶体管的基极——发射极间的电压的温度变化来消除传感器输出特性的变化。所以半导体压力传感器要求有稳定的电源。它的原理线路如图5-49所示。

机械式、机电式和电子式传感器的比较如下表5-2所示。

表5-2　传感器比较

	机 械 式	机 电 式	电 子 式
优点	(1)结构简单 (2)不需要电路 (3)安装与更换方便 (4)不需要安装空间	(1)调整特性方便，只需改变传感器的数量和位置 (2)能连续检查组件内部	(1)结构简单，不需要安装空间 (2)可连续检查组件内部 (3)调整特性方便，只需改变电脑程序
缺点	(1)不能连续检查组件内部是否为有效检测碰撞信号(特别是乘员侧) (2)需要有附加装置	使用麻烦，需要有安装传感器和电气部件的空间	(1)需对各车型分别进行电脑编程 (2)需对各车身结构进行特殊控制

2. 安全气囊报警灯与安全气囊电源

（1）安全气囊报警灯

如图5-50所示，安全气囊报警灯装在仪表板上，有用图形显示，也有用字母显示。安全气囊报警灯可反映安全气囊系统的工作情况。一般把点火开关置于ON位置后安全气囊报警灯先闪亮(或不间断亮)6～8s后熄灭，说明安全气囊系统正常；如果安全气囊报警灯不亮，或不停地闪耀或常亮则说明安全气囊系统有故障。

若控制模块出现异常，不能控制报警灯，报警灯便在其他电路的直接控制下作出

异常显示，有如下几种情况：控制模块无
点火电压，报警灯常亮；控制模块无内部
工作电压，控制模块未接通，报警灯经线
束连接器的短接条接通。

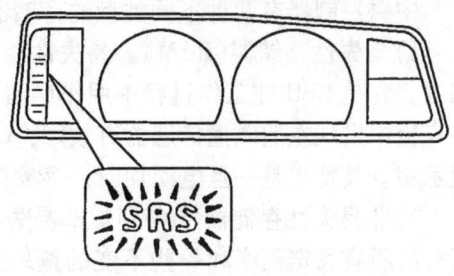

图5-50 安全气囊报警灯

(2)安全气囊电源

能给安全气囊引爆器提供电源的渠道
有两种：

1)系统中的电容器。接通点火开关期
间(发动机工作时)，电能存储装置(或称
电容器)就会连续不断地充电。如果蓄电
池无法供电，这个存电装置可以提供能量来引爆安全气囊的引爆器(或称引爆器/点火
装置)，而且电容器中所储存的电量足能满足6s之内的断电需求，并能保留足够的电
量，在蓄电池无电时使安全气囊膨胀。

2)蓄电池。蓄电池是一种供电设备，也是一种为引爆器提供电源的装置，它是通
过电源输出线把电送给安全气囊电脑的。

(3)电气连接件

安全气囊系统的电气连接件包括线束、盘簧电缆与连接器(插接器)。

1)盘簧电缆。由于驾驶人侧安全气囊是装在
转向盘上的，而转向盘要能转动，为了实现这种
静止端与活动端的电气连接，采用了盘簧电缆
(如图5-51所示)。盘簧电缆装在电缆盘里，盘
簧电缆用螺栓固定在转向柱顶部。盘簧电缆以
正、反两个方向的盘绕实现了作旋转运动的一端
与固定端的电气连接，弹簧内侧是固定端，用塞
键与转向柱连在一起。盘簧电缆的使用寿命要求
大于10万次循环。

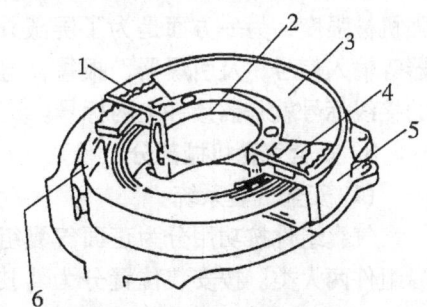

1-齿圈 2-转子 3-警示标贴
4-齿轮 5-上壳 6-扁线
图5-51 盘簧电缆

弹簧片为密拉铜带(一面是铜，一面是聚酯
薄膜)，长度由转向盘最大盘簧电缆的电阻决定
于弹簧片的材料和长度旋转圈数和转向柱安装毂
的最小内径决定。由于与盘簧电缆串接的引爆器电阻很小，盘簧电缆的电阻偏差要控
制得很小，偏差过大会影响诊断模块对引爆器故障的判断。

2)连接器。安全气囊系统的连接器特别强调可靠性，采取了双保险锁定和分开自
动短接等措施。连接器分开后，引爆器的电源端和地线端会自动短接，防止因误通电
或静电造成引爆器误触发。

连接控制模块的连接器还有一个自检机构，如接合不良会使安全气囊的报警灯长
亮。

3)线束。安全气囊系统的线束采用了特殊的包装和色标，这一方面是为了便于检
查，另一方面是为了保证在碰撞中能保持线路的连接。

(4)存储器

中央控制器有两种不同类型的存储器。

1)易失性存储器(RAM)。易失性存储器又称随机存储器，它是既能读又能写的存储器。它是 CPU 在工作过程中用作存储中间结果并随机存取数据的部件。如安全气囊在自检中发现左前磁撞传感器有故障，CPU 将其故障码找出后，就放在 RAM 中供随时显示用。其特点是一旦电源切断，存放在其中的信息就丢失。

2)非易失性存储器(ROM)。非易失性存储器也叫只读存储器。用作存放安全气囊运行的所有固定程序和一些不变的量，如自检中各主要元器件的故障码等。它只能输出，而且在断电后存放在里面的信息不会丢失。

(5)诊断监视器

诊断监视器并不控制安全气囊的动作，它仅监视安全气囊装置的故障并开通安全气囊警告灯。它有一个微处理器，对监视器内的电路进行自检并显示安全气囊系统存在的故障。诊断监视器有备用电源，即使蓄电池及其线路在传感器闭合前损坏，也能使安全气囊打开。每接通点火线路 0.5s 后安全气囊指示灯点亮，若 6s 后熄灭，表明安全气囊系统无故障。

(6)中央控制器

中央控制器由 CPU、RAM、ROM、接口、驱动器等电子电路组成，多数是由单片机加上其他电路所组成。一般做成两块印制电路板，外壳用金属制作，一方面是为加强机械强度，另一方面是为了屏蔽外界的电磁波干扰。它通过牢固的插接件，把传感器等输入信号，及引爆器、报警器等输出信号和中央控制器连接起来，一般电路图上的接线标号就是插接件上的标号。

3. 安全气囊机械部分

(1)安全气囊系统

气囊组件按功用分为正面气囊组件和侧面气囊组件两大类。按安装位置分为驾驶席、前排乘员席(副驾驶席)、后排乘员席气囊组件和侧面气囊组件 4 种。驾驶人侧安全气囊组件位于转向盘中心处，而乘员侧安全气囊组件位于仪表板右侧杂物箱盒的上方。

气囊组件都是由气囊、点火器和气体发生器等组成。驾驶席与所有乘员席气囊组件一般都用同一个 ECU 控制，其组成部件和工作原理基本相同，但结构尺寸有所不同。驾驶席气囊组件安装在转向盘中央，前排乘员席气囊组件安装在副驾驶人座椅正前方的仪表台上。

驾驶席安全气囊组件的结构如图 5 - 52 所

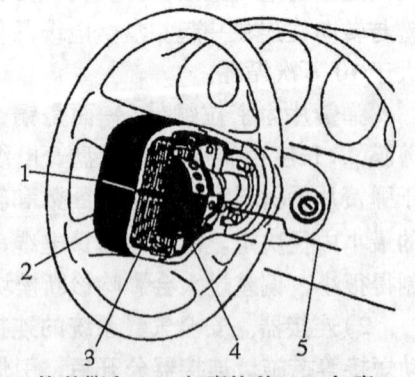

1-饰盖撕印　2-气囊饰盖　3-气囊
4-气体发生器　5-点火器引线
图 5 - 52　博世公司驾驶席气囊组件

示，主要由气囊饰盖2、气囊3、气体发生器4 和安装在气体发生器内部的点火器组成。

1)气囊。气囊用聚酰胺织物(如尼龙)制成，内层涂有聚氯丁二烯，用以密闭气体。

气囊在静止状态时，像降落伞未打开时一样折叠成包，安放在气体发生器上部与气囊饰盖之间。气囊开口一侧固定在气囊安装支架上，先用金属垫圈与气囊支架座圈夹紧，然后用铆钉铆接。气囊饰盖表面模压有撕印，以便气囊充气时撕裂饰盖，减小冲出饰盖的阻力。

2）气体发生器。气体发生器又称为充气器，用专用螺栓与螺母固定在转向盘上的气囊支架上，结构如图 5 - 53 所示，由上盖 1、下盖 3、充气剂 4 和金属滤网 6 组成，其功用是在点火器引爆点火剂时，产生气体向气囊充气，使气囊膨开。

气体发生器壳体由上盖和下盖两部分组成。上盖上制有若干个长方形或圆形充气孔。下盖上制有安装孔，以便将气体发生器安装到转向盘上的气囊支架上。上盖与下盖用冷压工艺压装成一体，壳体内装充气剂、滤网和点火器。金属滤网安放在气体发生器壳体的内表面，用以过滤充气剂和点火剂燃烧产生的渣粒。

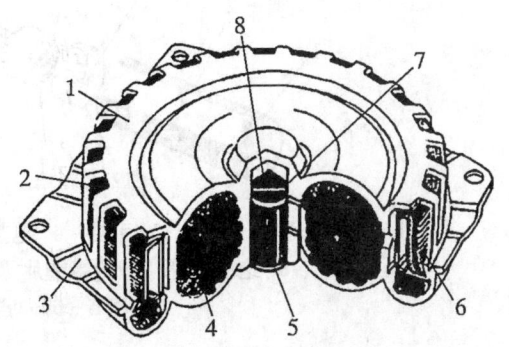

1—上盖　2—充气孔　3—下盖　4—充气剂
5—点火器药筒　6—金属滤网　7—电热丝
8—引爆炸药

图 5 - 53　气囊气体发生器结构

充气剂普遍采用叠氮化钠片状合剂。叠氮化钠的分子式为 NaN_3，是无色六方形晶体，有剧毒！密度为 $1.846g/cm^3$，温度在约 300℃时分解。可由氨基钠与一氧化二氮作用制得。叠氮化钠与铅盐（如硝酸铅）作用可制备起爆药叠氮化铅 $Pb(N_3)_2$。目前，大多数气体发生器都是利用热效反应产生氮气而充入气囊。在点火器引爆点火剂瞬间，点火剂会产生大量热量，叠氮化钠药片受热立即分解释放氮气，并从充气孔充入气囊。虽然氮气是无毒气体，但是叠氮化钠的副产品有少量的氢氧化钠和碳酸氢钠（白色粉末）。这些物质是有害的，因此在清洁气囊膨开后的车内空间时，应保证通风良好并采取防护措施。

3）点火器。气囊点火器外包铝箔，安装在气体发生器内部中央位置，结构如图 5 - 54 所示，主要由引爆炸药 1、药筒 2、引药 3、电热丝 4、电极 10 和引出导线 7 等组成。

点火器的所有部件均装在药筒内。点火剂包括引爆炸药和引药。引出导线与气囊连接器插头连接，连接器（一般都为黄色）中设有短路片（铜质弹簧片）。当连接器插头拔下或插头与插座未完全结合时，短路片将两根引线短接，防止静电或误通电将电热丝电路接通使点火剂引爆而造成气囊误膨开。

点火器的功用是当 SRS ECU 发出点火指令使电热丝电路接通时，电热丝迅速红热引爆引药，炸药瞬间爆炸产生热量，药筒内温度和压力急剧升高并冲破药筒，使充气剂（叠氮化钠）受热分解释放氮气充入气囊。

乘员席气囊组件的结构特点一是体积比驾驶席气囊的体积大（因为气囊距离乘员的距离比距离驾驶员的距离长），二是气体发生器为长筒形。

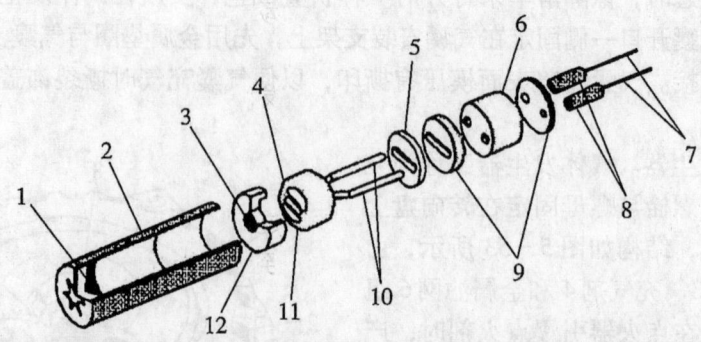

1-引爆炸药　2-药筒　3-引药　4-电热丝　5-陶瓷片　6-永久磁铁　7-引出导线
8-绝缘套管　9-绝缘垫片　10-电极　11-电热头　12-药托

图5-54　点火器零部件组成

第四节　发动机的电子控制的检查与维修

一、喷油器电路故障原因与维修

1. 侧1喷油器电路故障原因与维修

ECM操纵喷油器电磁阀来控制发动机的喷油量和喷油正时，每个喷油器电磁阀都通过驱动导线和回路导线与ECM相连。ECM通过驱动导线向喷油器发送电脉冲信号，操纵电磁阀后，通过回路导线返回ECM。电磁阀为常闭式，它只在燃油喷射和计量期间由来自ECM的脉冲电流打开。喷油器安装在气缸盖上。侧1喷油器电路如图5-55所示。

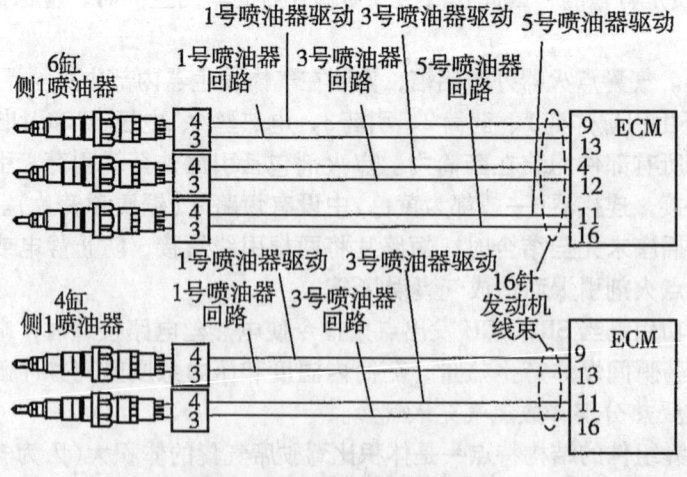

图5-55　侧1喷油器电路

（1）故障现象

故障指示灯点亮（黄色），发动机不能着火启动。

（2）故障原因

在侧 1 喷油器电路上检测到短路。对于 6 缸发动机，侧 1 是指 1、3、5 号气缸；对于 4 缸发动机，侧 1 是指 1、3 号气缸。

（3）故障维修

1）检查喷油器引线螺母，确保无任何导线通过气门室盖下的零件短路接地。

2）检查喷油器引线螺母，确保引线螺母紧固到规定扭矩值，确保螺母和电磁阀接线柱螺纹没有损坏。

2. 侧 2 喷油器电路故障原因与维修

侧 2 喷油器电路如图 5 - 56 所示。

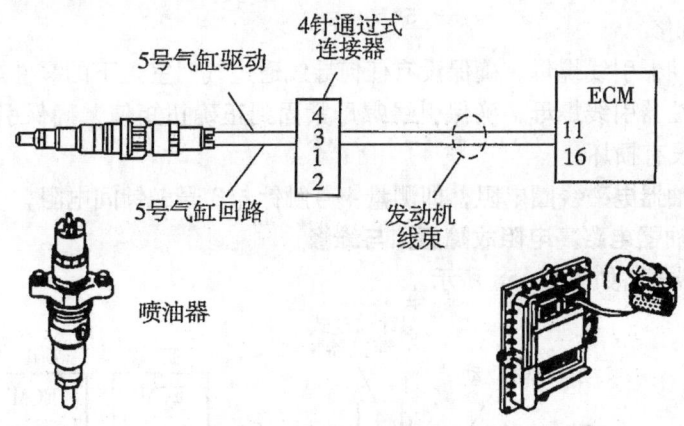

图 5 - 56　侧 2 喷油器电路

（1）故障现象

故障指示灯点亮（黄色），发动机不能着火启动。

（2）故障原因

在侧 2 喷油器电路上检测到短路。对于 6 缸发动机，侧 2 是指 2、4、6 号气缸；对于 4 缸发动机，侧 2 是指 2、4 号气缸。

（3）故障维修

同侧 1 喷油器电路故障维修。

3. 1 号喷油器电路高电阻故障原因与维修

1 号喷油器电路如图 5 - 57 所示。

（1）故障现象

故障指示灯点亮（黄色），1 号气缸可能缺火，发动机运行可能粗暴。

（2）故障原因

当线束上有电源电压时，在 1 号气缸的喷油器驱动导线或回路导线上未检测到电流，或者在 1 号喷油器电路上检测到高电阻。

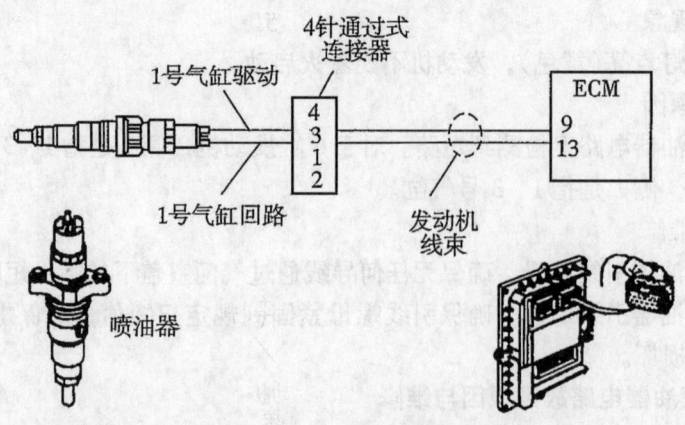

图5-57 1号喷油器电路

（3）故障维修

1）检查喷油器引线螺母，确保没有任何导线通过气门室盖下的零件短路接地。

2）检查喷油器引线螺母，确保引线螺母紧固到正确扭矩值，确保引线螺母和电磁阀接线柱螺纹没有损坏。

3）检查喷油器电磁线圈电阻，即测量4号触针与3号触针间电阻，应小于0.5Ω。

4. 2号喷油器电路高电阻故障原因与维修

2号喷油器电路如图5-58所示。

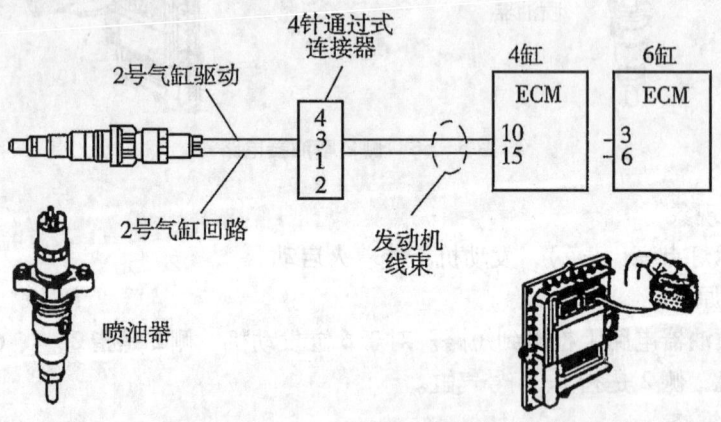

图5-58 2号喷油器电路

（1）故障现象

故障指示灯亮（黄色）。2号气缸可能缺火，发动机运行可能粗暴。

（2）故障原因

当线路上有电源电压时，在2号气缸喷油器线路上未检测到电流，或者在2号喷油器电路上检测到高电阻。

（3）故障维修

1）与2）同1号喷油器电路高电阻故障维修。

2)测量2号喷油器电磁线圈电阻，应小于0.5Ω。

5. 3号喷油器电路高电阻故障原因与维修

3号喷油器电路如图5-59所示。

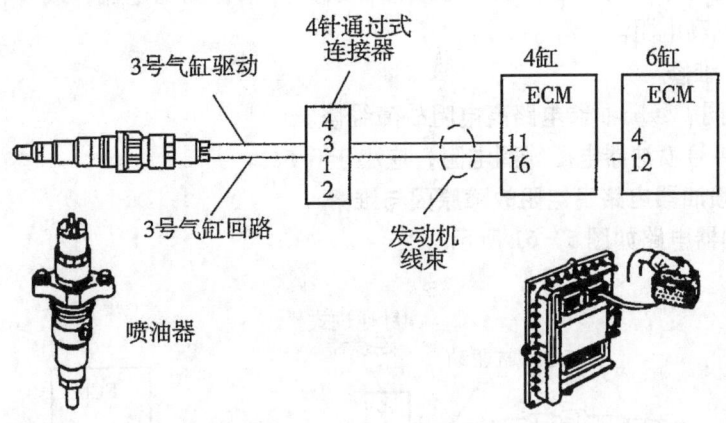

图5-59 3号喷油器电路

（1）故障现象

故障指示灯点亮（黄色），3号气缸可能缺火，发动机运行可能粗暴。

（2）故障原因

当线束上有电源电压时，在3号气缸喷油器线路上未检测到电流，或者在3号喷油器线路上检测到高电阻。

（3）故障维修

1)与2)同1号喷油器电路高电阻故障维修。

3)测量3号喷油器电磁线圈电阻，应小于0.5Ω。

6. 4号喷油器电路高电阻故障原因与维修

4号喷油器电路如图5-60所示。

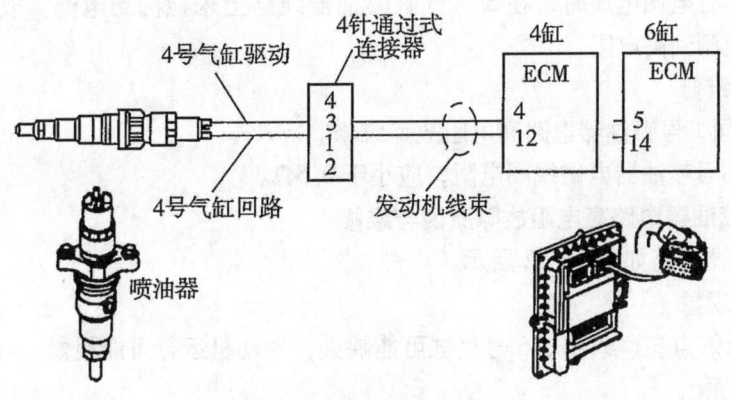

图5-60 4号喷油器电路

（1）故障现象

故障指示灯点亮（黄色），4号气缸可能缺火，发动机运行可能粗暴。

（2）故障原因

当线路上有电源电压时，在4号喷油器线路上未检测到电流，或者在4号喷油器电路上检测到高电阻。

（3）故障维修

1）与2）同1号喷油器电路高电阻故障维修。

3）测量4号喷油器电磁线圈电阻，应小于0.5Ω。

7. 5号喷油器电路高电阻故障原因与维修

5号喷油器电路如图5-61所示。

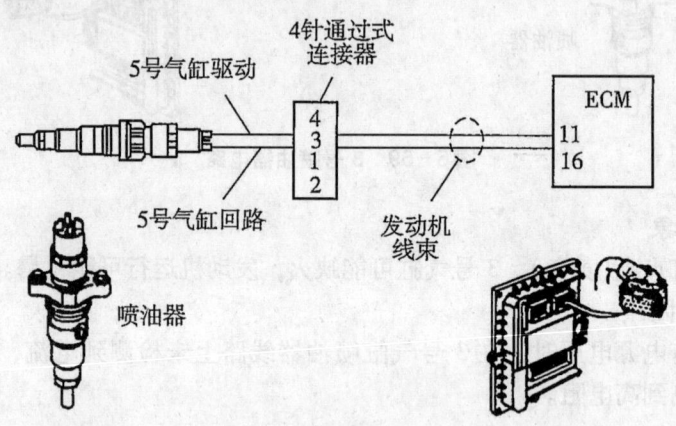

图5-61 5号喷油器电路

（1）故障现象

故障指示灯点亮（黄色），5号气缸可能缺火，发动机运行可能粗暴。

（2）故障原因

当线束上有电源电压时，在5号气缸喷油器线路上未检测到电流，或者在5号喷油器线路上检测到高电阻。

（3）故障维修

1）与2）同1号喷油器电路高电阻故障维修。

3）测量5号喷油器电磁线圈电阻，应小于0.5Ω。

8. 6号喷油器电路高电阻故障原因与维修

6号喷油器电路如图5-62所示。

（1）故障现象

故障指示灯点亮（黄色），6号气缸可能缺火，发动机运行可能粗暴。

（2）故障原因

当线路上有电源电压时，在6号气缸喷油器线路上未检测到电流，或者在6号喷油器线路上检测到高电阻。

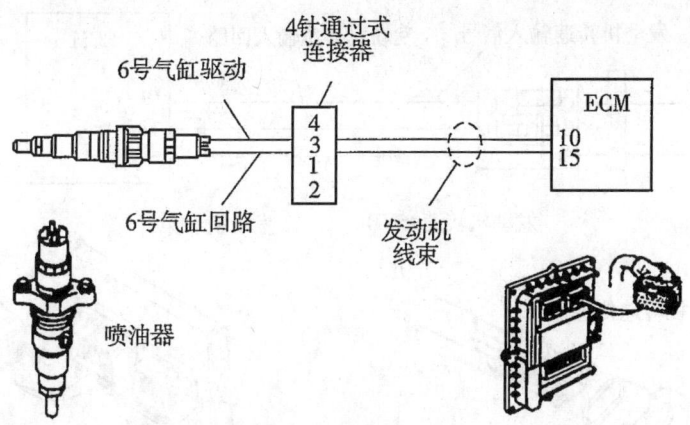

图5-62　6号喷油器电路

（3）故障维修

1)与2)同1号喷油器电路高电阻故障维修。

3)测量6号喷油器电磁线圈电阻，应小于0.5Ω。

二、发动机电子控制电路故障与维修

康明斯 ISCe 柴油发动机电子控制系统具有故障故障诊断、存储和显示功能。当电子控制系统诊断到故障时，会以故障代码的形式进行存储，并记录在 ECM 存储器中。利用发动机仪表板上的故障指示灯或 INSITE™ 手提电脑（或称电子服务工具），可以读取这些故障代码。因此，本部分主要以康明斯 ISCe 柴油发动机为例。

1. 发动机转速传感器电路故障原因与维修

发动机转速传感器需要5V工作电压，它向 ECM 提供发动机的转速和位置的信息，该信号的产生是通过感应固定在凸轮轴齿轮背部齿圈上的齿缺口的运动产生。齿圈上有71个齿，并且在第72个齿位置开有一个缺口。这个缺齿位置表示1缸（或6缸）处于上止点位置，如图5-63。发动机转速传感器安装在齿轮室壳体的背部，在喷油泵和空压机之间。

（1）故障现象

故障指示灯点亮（黄色），发动机功率将降低、可能冒白烟。

（2）故障原因

在发动机线束的17触针处未检测到发动机转速或位置信号。

（3）故障维修

1)检查5V电源线和信号线是否开路。

a. 测量8号触针与 ESS 连接器线束触针 A 之间电阻，应小于10Ω，如图5-64所示。

b. 测量17号触针与触针 C 之间的电阻，应小于10Ω，如图5-64所示。

2)检查5V电源线和信号线是否短路接地。

a. 测量8号触针与机体接地间电阻，应大于100kΩ。

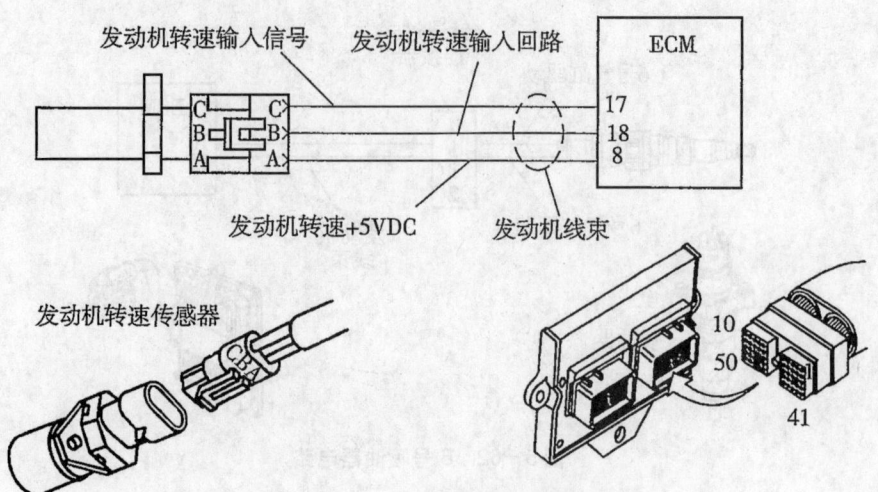

图5-63　发动机转速传感器电路

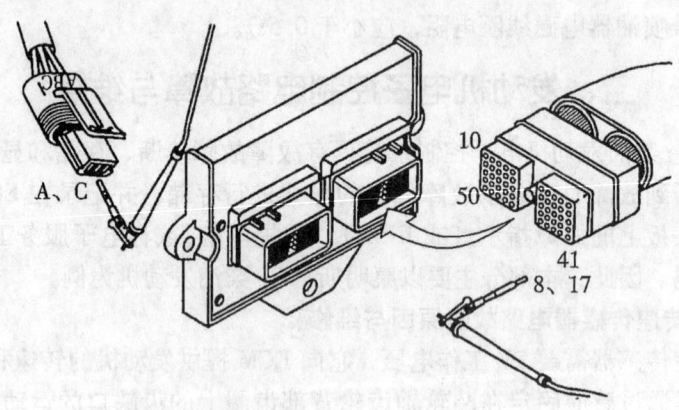

图5-64　检查8与A、17与C之间的电阻

b. 测量17号触针与机体接地间电阻，应大于100kΩ。上述检查如图5-65。

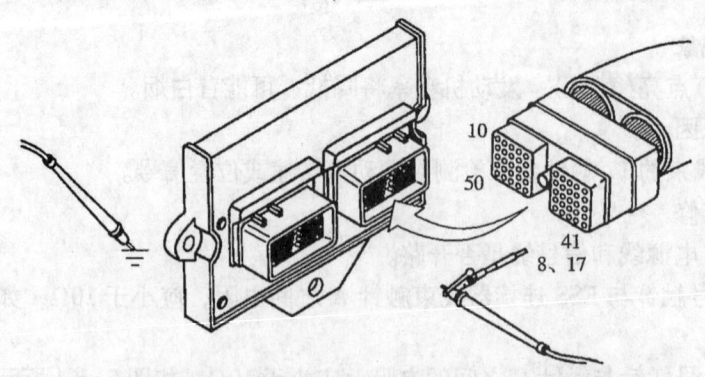

图5-65　分别检查8与机体间电阻、17与机体间电阻

3)检查 5V 电源线和信号线的触针与触针间是否短路。测量发动机线束连接器的 8 和 17 触针与连接器内所有触针间电阻，均应大于 100kΩ，如图 5-66。

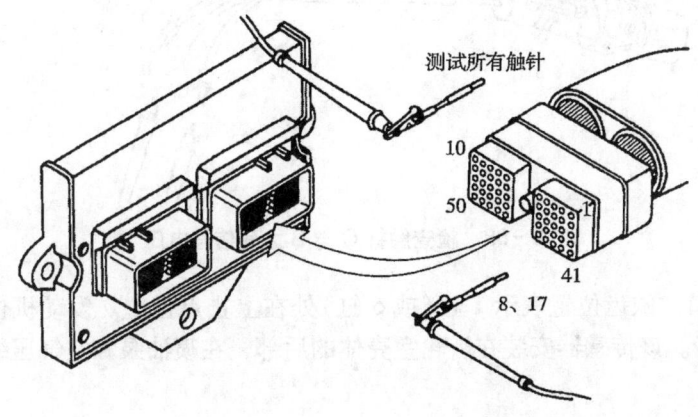

图 5-66　检查 8 和 17 触针与所有其他触针间电阻

4)检查 ESS 电源电压。测量 ESS 连接器线束的触针 A 与触针 B 间电压，应为 4.5～5.25V，如图 5-67。

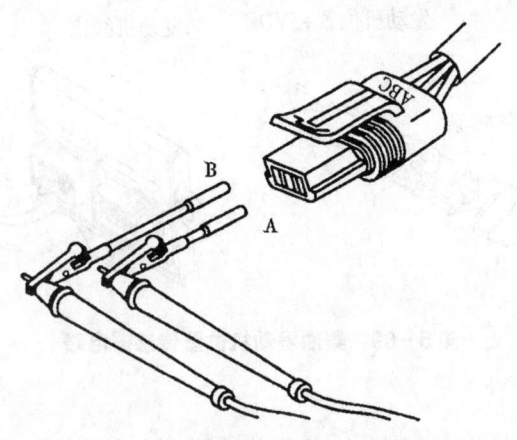

图 5-67　检查触针 A 与 B 间电压

5)检查有无 ESS 信号。在转动发动机时，测量抽头电缆线上触针 C 与 B 之间的电压，有信号为合格，如图 5-68。

6)使现行故障代码不再起作用。启动发动机，怠速运转 1min，使用 INSITE™ 证明故障代码 115 不再起作用。

7)使用 INSITE™ 清除非现行故障代码。

2. 发动机位置传感器电路故障原因与维修

发动机位置传感器需要 5V 工作电压，它向 ECM 提供发动机转速和位置信息。该传感器通过凸轮轴背部齿圈上的缺口感应产生信号，齿圈上有 71 齿、并且在第 72 齿位

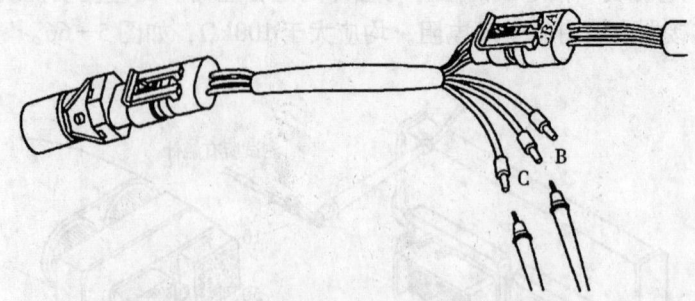

图 5-68　检查触针 C 与 B 之间信号电压

置开有一个缺口。缺齿位置表示 1 缸(或 6 缸)处在上止点位置。发动机位置传感器电路，如图 5-69。该传感器安装在齿轮室壳体的后部，在喷油泵和空气压缩机之间。

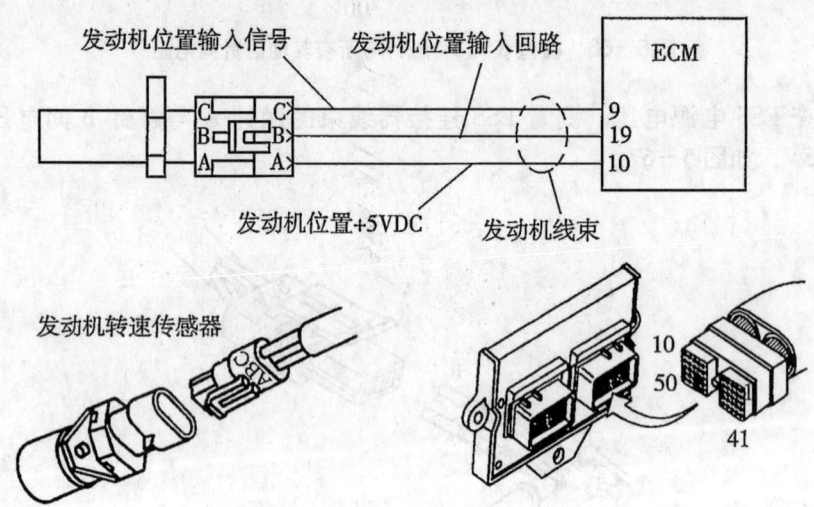

图 5-69　柴油发动机位置传感器电路

(1)故障现象

故障指示灯点亮(黄色)，主转速/位置传感器没有发动机转速和位置元件。

(2)故障原因

在发动机线束的 9 号触针上没有检测到发动机转速或位置信号。

(3)故障维修

1)检查 5V 电源线和信号线是否开路。

a. 测量发动机线束的 9 触针与 EPS 连接器线束的触针 C 间电阻，应小于 10Ω，如图 5-70 所示。

b. 测量 10 触针与 A 触针间电阻，应小于 10Ω，如图 5-70 所示。

2)检查 5V 电源线和信号线是否短路。

a. 测量发动机线束连接器的 9 触针与机体之间电阻，应大于 100kΩ。

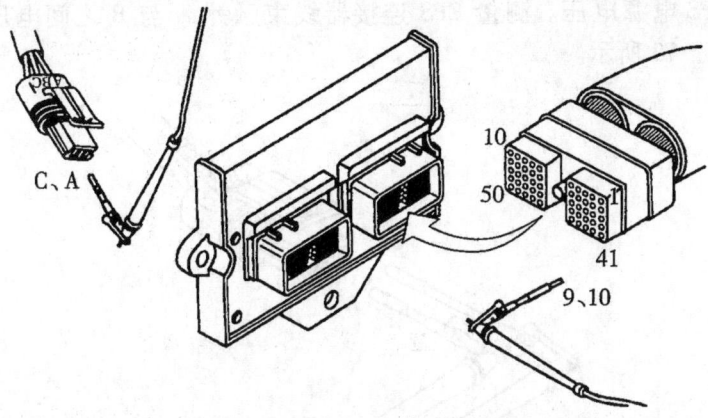

图 5-70　测量 9 与 C、10 与 A 之间电阻

　　b. 测量 10 触针与机体之间电阻，应大于 100kΩ。上述测量如图 5-71。

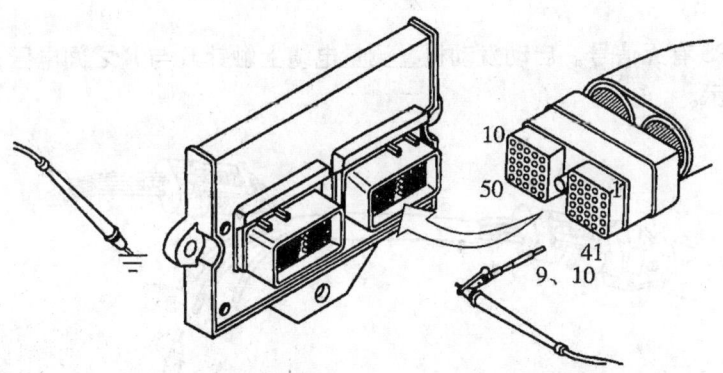

图 5-71　分别测量 9 与机体、10 与机体之间电阻

　　3）检查 5V 电源线和信号线的触针与触针间是否短路。测量发动机线束的 9 号、10 号触针与连接器内所有其他触针之间电阻，应大于 100kΩ，如图 5-72。

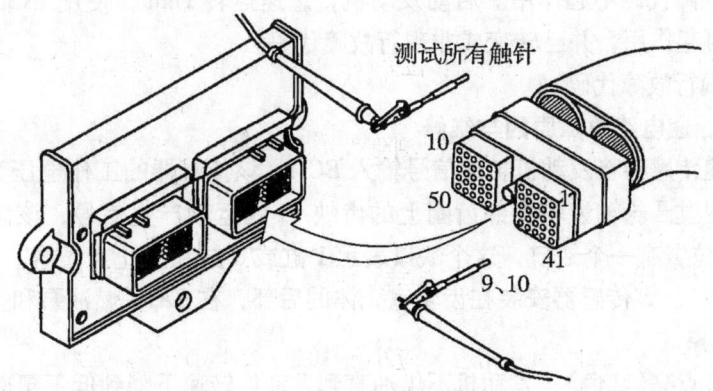

图 5-72　测量 9、10 触针与连接器内其他触针之间电阻

4)检查 EPS 电源电压。测量 EPS 连接器线束触针 A 与 B 之间电压应为 4.5 ～ 5.25V。如图 5-73 所示。

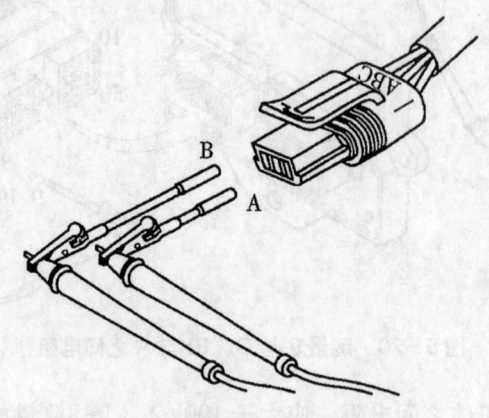

图 5-73　测量触针 A 与 B 之间电压

5)检查 EPS 有无信号。启动发动机，测量电缆上触针 C 与 B 之间电压，应有信号。如图 5-74 所示。

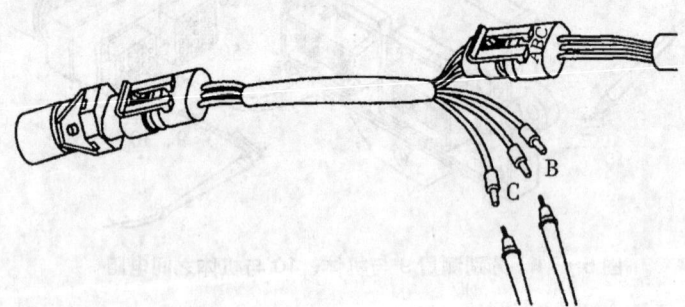

图 5-74　检查 C 与 B 触针之间有无信号

6)使现行故障代码不起作用。启动发动机，怠速运转 1min，使用 INSITE™ 证明故障代码 121 不再起作用，并已转变成非现行故障代码。

7)清除非现行故障代码。

3. 发动机超速电路故障原因与维修

发动机转速传感器将发动机转速信号输入 ECM，该传感器的工作电压为 5V。发动机转速传感器通过凸轮轴齿轮背部齿圈上的齿缺 VI 的运动产生信号，该齿圈有 71 个齿，在 72 个齿位置有一个缺口，这个缺口表示 1 缸或 6 缸在上止点位置。发动机超速电路，如图 5-75。该传感器安装在齿轮室壳体的后部，在 CAPS 燃油泵和空压机之间。

(1)故障现象

故障指示灯点亮(红色)，发动机不供油直到发动机转速下降到低于超速极限以下。

(2)故障原因

发动机转速信号显示发动机转速已经超过超速极限。

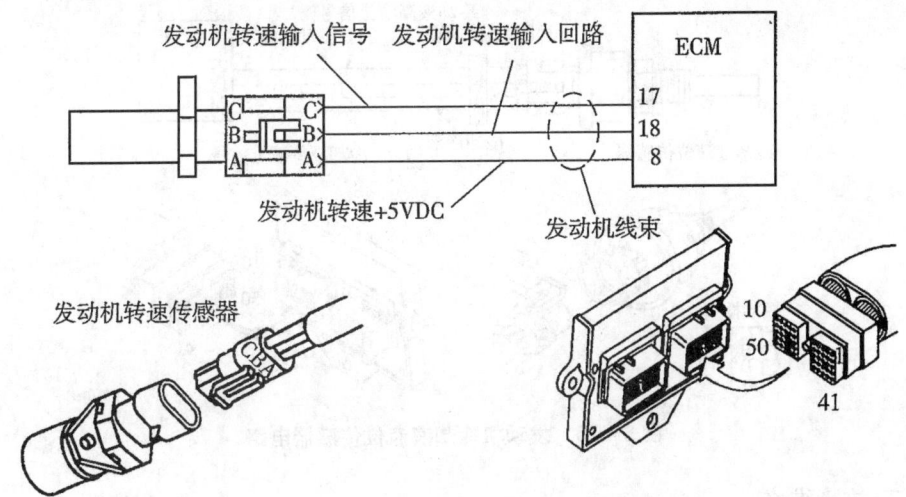

图 5-75　发动机超速电路

（3）故障维修

1）检查工作条件是否正常。当记录故障代码，检查发动机是否正处于熄火下降状态。要求车辆工作条件正常为合格。

2）检查变速器是否工作正常。

3）检查线束和传感器触针有无损坏。

4）检查车辆速度传感器是否损坏。

5）检查车辆速度传感器是否受到信号干扰。

6）用 INSITE™ 监测发动机的转速与机械式转速表或仪表板上转速表中的读数进行比较。要求转速读数正确。

7）检查在低速下是否存在现行故障代码。当发动机转速小于 2 800r/min 时，检查故障代码 234 是否起作用。要求在低速下现行故障代码不起作用。

8）清除故障代码。启动发动机，急速运转 1min，使用 INSITE™ 读取故障代码，证实故障代码 234 已不再起作用，并已转变成非现行故障代码，再用 INSITE™ 清除非现行故障代码。

4. 发动机冷却液液位传感器电路故障原因与维修

冷却液液位传感器用于监测发动机冷却水的液位，并将该信号传输给 ECM。该传感器结构复杂，不能用万用表检查。当散热器中的冷却水下降到一定程度时，发动机功率或转速会逐渐下降。如果已选择了发动机停机保护功能，发动机会停机。该传感器安装在散热器顶部或膨胀水箱中。该传感器电路如图 5-76 所示。

（1）故障现象

故障指示灯点亮，保养灯亮，发动机功率下降并且可能停机。

（2）故障原因

在 27 号触针和 37 号触针处的冷却液液位信号显示冷却液液位偏低。

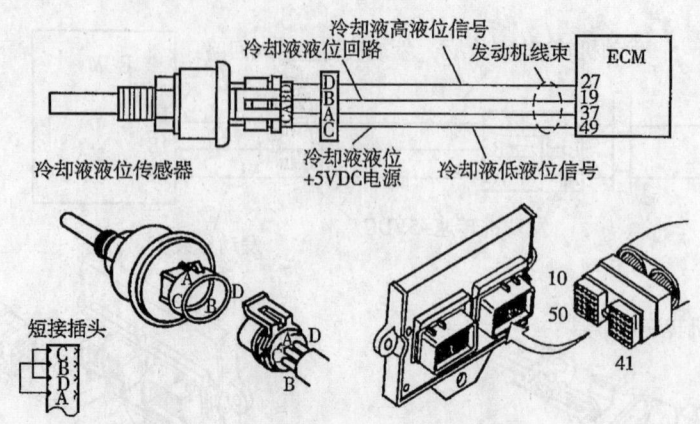

图 5-76 发动机冷却液液位传感器电路

（3）故障维修

1）检查冷却液液位传感器电路是否开路。测量传感器电路的触针 B、D、A、C 与发动机线束的 19、27、37、49 触针之间电阻，即 B 与 19、D 与 27、A 与 37、C 与 49 触针之间电阻，应小于 10Ω 为合格。如图 5-77。

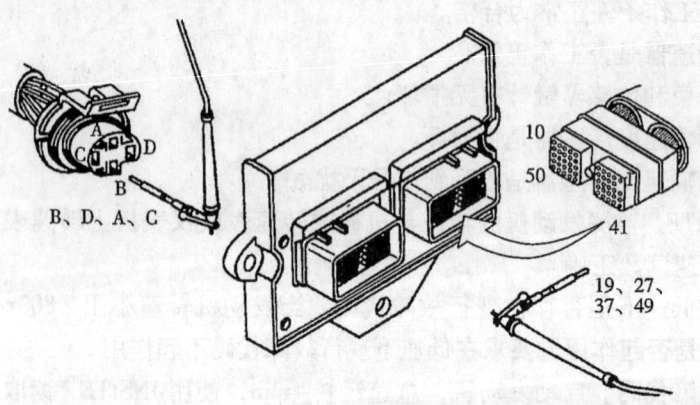

图 5-77 测量 B 与 19、D 与 27、A 与 37、C 与 49 触针之间电阻

2）检查传感器电源电压。测量发动机线束侧传感器的触针 C 与机体之间电压，应为 4.5～5.25V。如图 5-78 所示。

3）清除故障代码。启动发动机，怠速运转 1min，使用 INSITE™ 证实故障代码 235 已不再起作用，并已转变成非现行故障代码，使用 INSITE™ 清除非现行故障代码。

5. 发动机风扇离合器电源电路故障原因与维修

风扇离合器电磁阀是 ECM 用来控制发动机风扇的装置，ECM 通过发出信号来开启或关闭离合器电磁阀。风扇离合器安装在风扇轴上。风扇离合器电源电路，如图 5-79 所示。

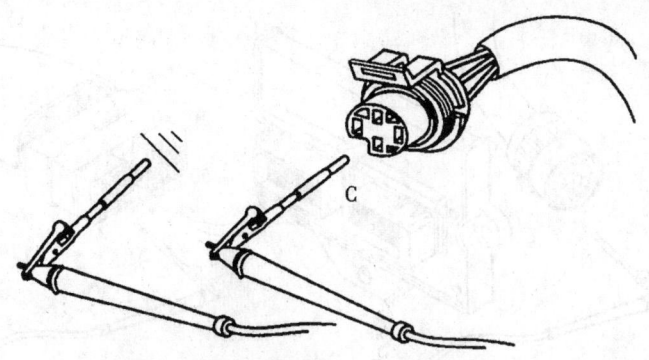

图 5-78 测量触针 C 与机体之间电压

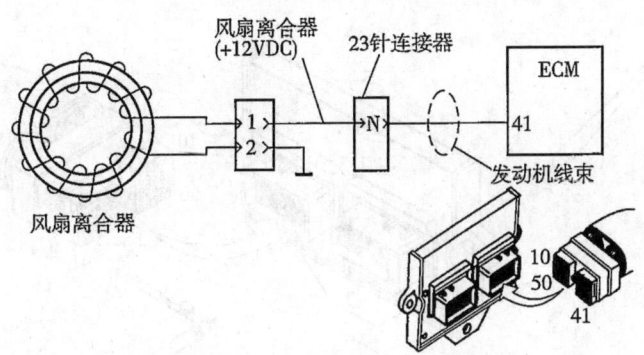

图 5-79 发动机冷却风扇离合器电源电路

(1)故障现象

故障指示灯点亮(黄色),ECM 不能控制发动机冷却风扇,风扇将会始终保持开启或关闭状态。

(2)故障原因

ECM 在风扇离合器启动电路 41 号触针处检测到错误信号。

(3)故障维修

1)检查是否开路。测量 41 触针与 23 针连接器中的 N 触针之间电阻,应小于 10Ω。如图 5-80 所示。

2)检查是否短路接地。测量 41 触针与机体之间电阻,应大于 100kΩ。如图 5-81 所示。

3)检查触针之间是否短路。测量 41 触针与连接器内所有触针之间电阻,应大于 100kΩ。如图 5-82 所示。

4)检查是否开路。测量 23 针连接器中的 N 触针与风扇离合器电磁阀或继电器之间电阻,应小于 10Ω。如图 5-83 所示。

5)检查 OEM 线束是否短路接地。测量 23 针连接器 N 触针与接地电阻,应大于 100kΩ。如图 5-84 所示。

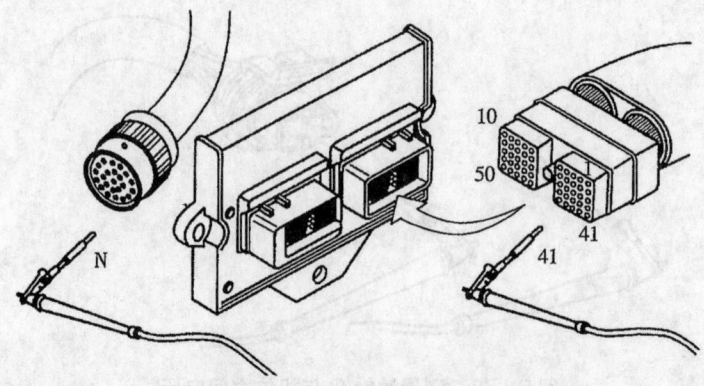

图 5－80　测量 41 触针与 N 触针之间电阻

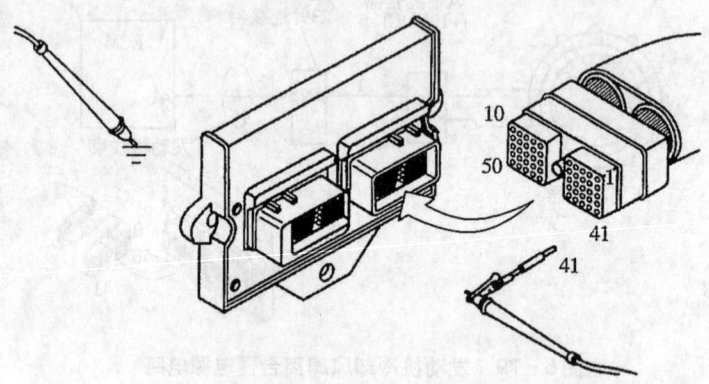

图 5－81　测量 41 触针与机体之间电阻

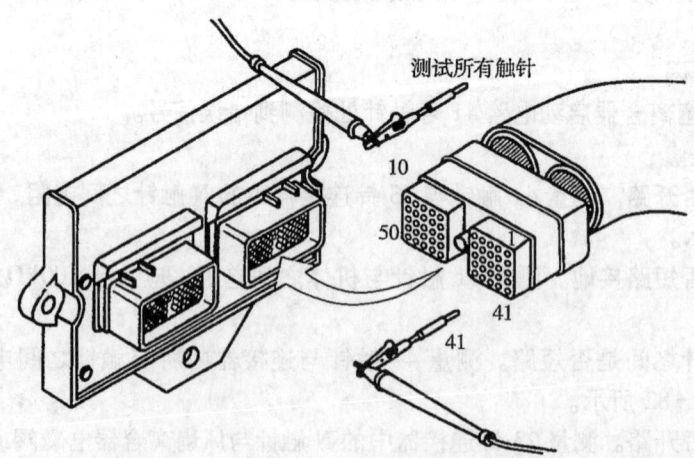

图 5－82　测量 41 触针与所有触针之间电阻

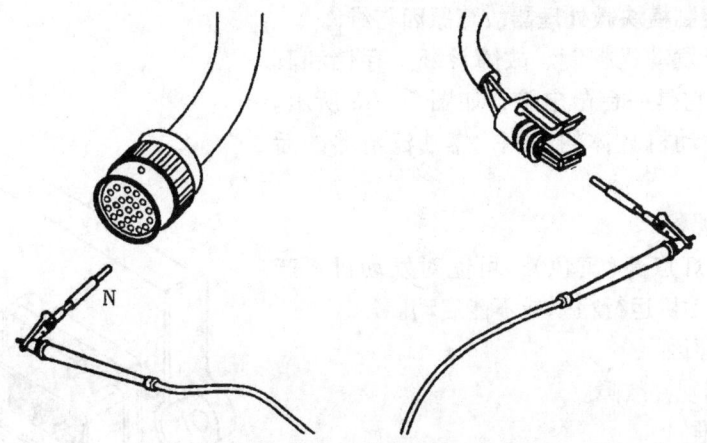

图5-83 测量N触针与继电器之间电阻

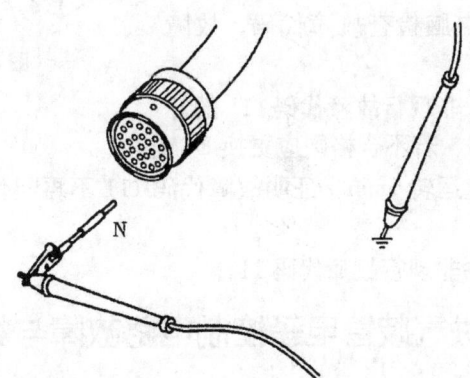

图5-84 测量N触针与接地之间电阻

6)检查 OEM 线束中触针与触针间是否短路接地。测量 23 针连接器中 N 触针与连接器中所有触针之间电阻，应大于 100kΩ。如图 5-85 所示。

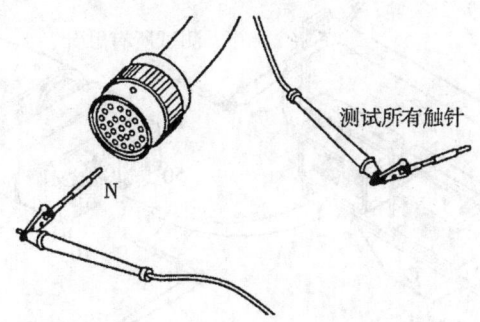

测试所有触针

图5-85 测量N触针与所有触针之间电阻

7)清除故障代码。启动发动机，怠速运转 1min，使用 INSITE™ 证实故障代码 245

已不起作用，并且已转变成非现行故障代码，再用 INSITE™ 清除非现行故障代码。

6. 电子控制模块微处理器故障原因与维修

ECM 用于发动机控制、故障诊断、存储和其他特性设置，它是一台微电脑，如图 5-86 所示。ECM 安装在发动机缸体的左侧，燃油滤清器的后面。

（1）故障现象

故障指示灯点亮（黄色），可能对发动机不产生影响或者发动机运行粗暴或不能启动。

（2）故障原因

ECM 内部硬件故障。

（3）故障维修

这个故障代码可能是由于 ECM 内部故障造成，ECM 不能维修，只能更换新件。

1）用 INSITE™ 手提电脑检查故障代码，故障代码 111 不再起作用。

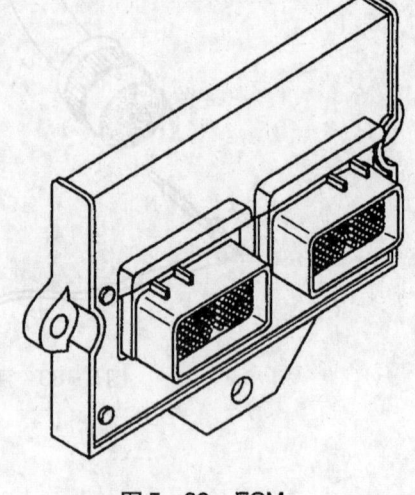

图 5-86　ECM

2）使用 INSITE™ 读取非现行故障代码 111 的计数。规定小于 3 次为合格，若不合格则应更换 ECM。

3）启动发动机，急速运转 1min，证明故障代码 111 不再起作用，并且已经转变成非现行故障代码。

4）使用 INSITE™ 清除非现行故障代码 111。

三、进气歧管电子控制电路故障与维修

1. 进气歧管压力传感器电路

该传感器用于监测进气歧管压力并将该信号输入 ECM。如果进气歧管压力过高，发动机功率将下降。该传感器电路如图 5-87 所示。进气歧管压力传感器安装在进气歧管的第 2 个进气口的后部、燃油滤清器的右侧。

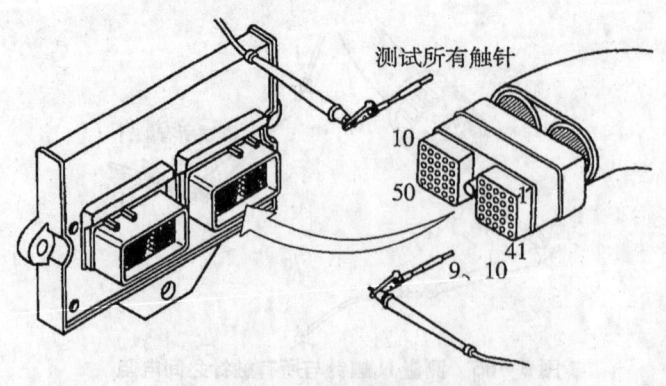

图 5-87　进气歧管压力传感器

（1）故障现象

故障指示灯点亮（黄色），发动机功率降低到无增压时的状况。

（2）故障原因

FC122——在发动机信号导线的 45 号触针上检测到进气歧管压力信号电压过高，FC123——在发动机信号导线的 45 号触针上检测到进气歧管压力信号压力过低。

（3）故障维修

1）检查是否存在机械故障。使用机械压力表检查进气歧管压力是否正确。要求由涡轮增压器来的歧管压力为正值并且废气门没有卡在关闭位置。否则，会使进气歧管压力过低。

2）检查进气歧管压力传感器的电源电压。测量该传感器电路中触针 A 与 B 之间的电压，应为 4.5～5.25V。如图 5-88 所示。

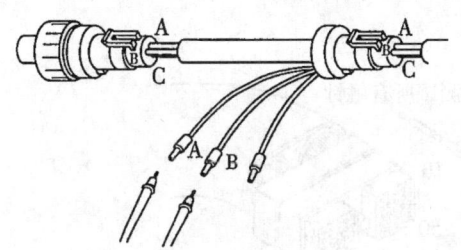

图 5-88　测量触针 A 与 B 之间电压

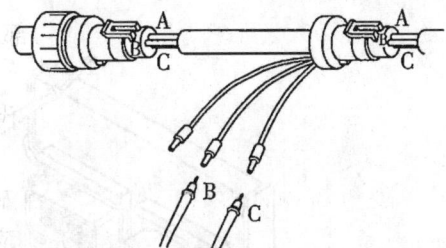

图 5-89　测量触针 B 与 C 之间信号电压

3）检查该传感器的信号电压。测量触针 B 与 C 之间的电压，应为 0.44～0.56V。如图 5-89 所示。

4）检查是否开路。测量发动机线束的 45 触针与传感器连接器线束的 C 触针之间电阻，应小于 10Ω。如图 5-90 所示。

5）检查是否短路接地。测量发动机线束的 45 触针与机体之间电阻，应大于 100kΩ。如图 5-91所示。

6）检查触针与触针间是否短路。测量发动机线束的 45 触针与发动机线束中其他所有触针间电阻，均应分别大于 100kΩ。如图 5-92 所示。

7）清除非现行故障代码。使用 INSITE™ 手提电脑确认现行故障代码 122 或 123 已不起作用，并且已转变成非现行故障代码，然后清除非现行故障代码。

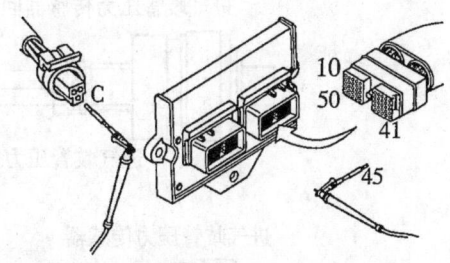

图 5-90　测量触针 45 与 C 之间电阻

2. 进气歧管压力传感器信号电压过高

进气歧管压力传感器通过 ECM 监测进气歧管的压力。ECM 监测 45 号触针的信号电压并将其转换成压力值。ECM 将进气歧管压力值用于发动机保护系统，该传感器安装在进气歧管的后部、燃油滤清器的右侧。进气歧管压力传感器电路，如图 5-93。

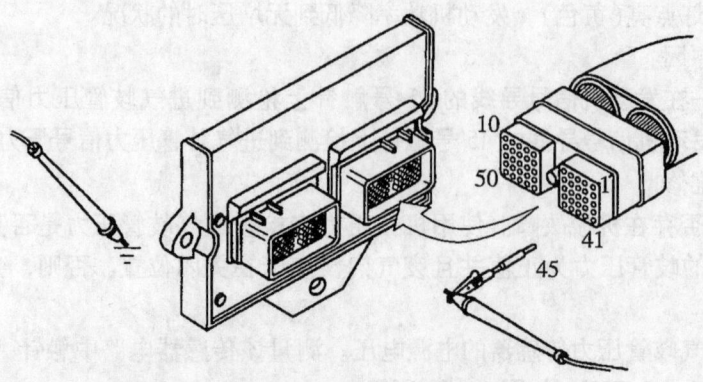

图 5-91　测量 45 触针与发动机机体之间电阻

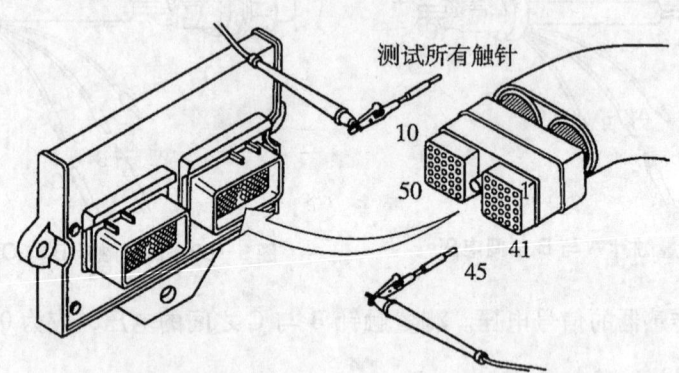

图 5-92　测量 45 触针与发动机线束中其他所有触针之间电阻

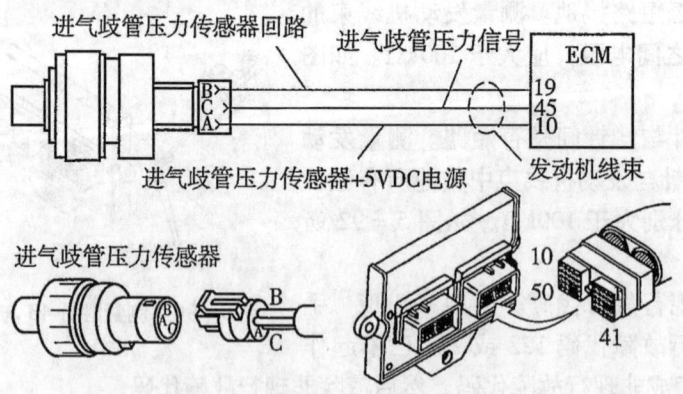

图 5-93　进气歧管压力传感器电路(一)

(1)故障现象

故障指示灯点亮(黄色),发动机功率将下降到没有增压时的状况。

(2)故障原因

进气歧管压力传感器信号指示进气歧管压力已经超过给定的发动机额定的最大值。

（3）故障维修

1）用机械压力表检查传感器的精度。

a. 将机械压力表连接到发动机进气歧管上，并将INSITE™手提电脑与发动机数据通信接口相连。

b. 启动发动机，并将INSITE™显示器上显示的进气歧管压力传感器的压力读数与机械压力表的读数比较，读数误差在5inHg为正确。

2）清除故障代码。启动发动机，急速运转1min，使用INSITE™证明现行故障代码已不起作用，并且已转变成非现行故障代码，然后清除非现行故障代码。

3. 进气歧管温度传感器电路

ECM通过进气歧管温度传感器监测发动机的进气温度，ECM并将温度信号用于发动机保护系统、喷油量和喷油正时。进气歧管温度传感器安装在进气歧管上，该传感器电路，如图5-94。

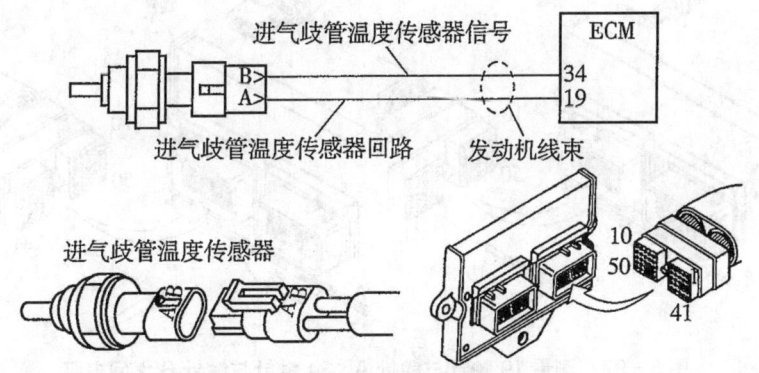

图5-94 进气歧管温度传感器电路（二）

（1）故障现象

故障指示灯点亮（黄色），进气歧管温度使用缺省值，发动机失去对进气歧管温度的保护功能。

（2）故障原因

FC153——在进气歧管温度传感器信号线的34号触针上检测到电压偏高，FC154——在进气歧管温度传感器信号线的34号触针上检测到电压偏低。

（3）故障维修

1）进气歧管温度传感器随温度的变化而变化，将实测电阻值与下列数值比较以证实传感器工作是否正常。

2）检查进气歧管温度传感器的电阻。测量传感器的触针A与B之间电阻，应在175～244Ω。如图5-95所示。

3）检查是否短路接地。测量传感器触针A与机体之间电阻，应大于100kΩ。如图5-96所示。

4）检查是否开路。测量发动机线束的19触针与传感器的触针A间电阻，34触针与

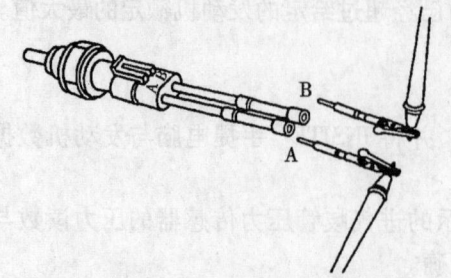
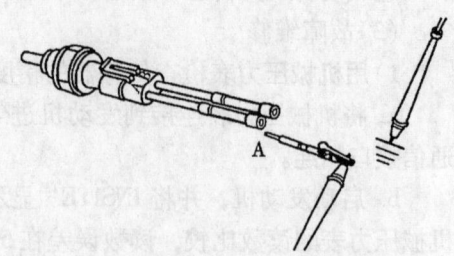

图 5-95　测量触针 A 与 B 之间电阻　　　图 5-96　测量触针 A 与机体之间电阻

触针 B 间电阻，应分别小于 10Ω。如图 5-97。

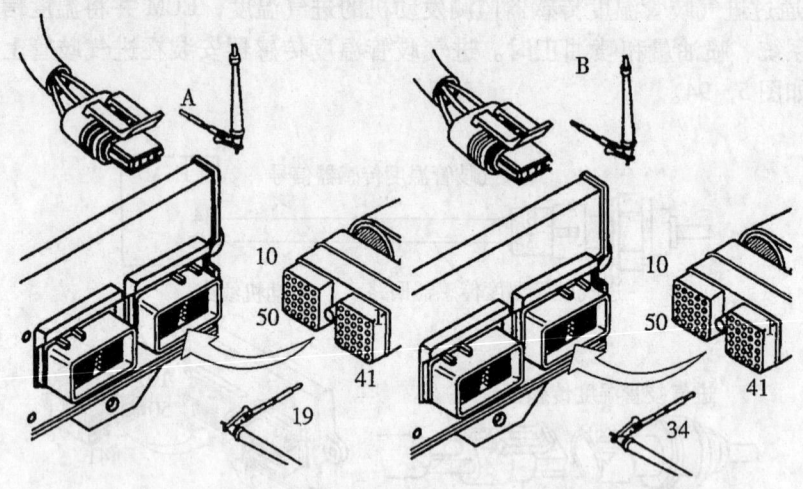

图 5-97　测量 19 触针与触针 A、34 触针与触针 B 之间电阻

5) 检查是否短路接地。测量发动机线束的 19、34 触针与机体接地电阻，应大于 100k，小于等于 2Ω。如图 5-98 所示。

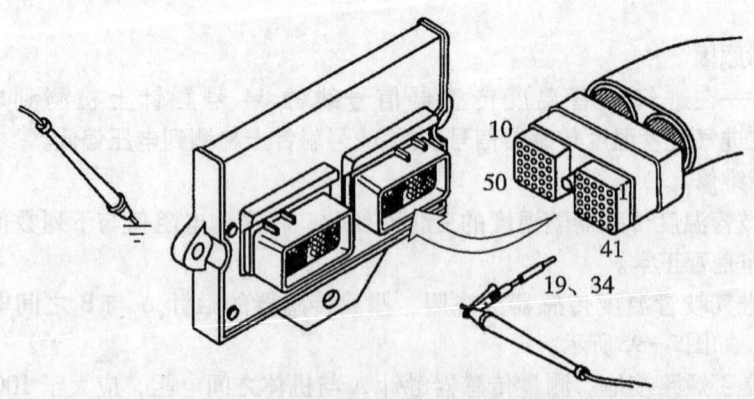

图 5-98　测量 19、34 触针与机体之间电阻

6)检查触针与触针间是否短路。测量发动机线束的 19、34 触针与发动机线束中所有触针间电阻，应大于100kΩ。如图 5－99。

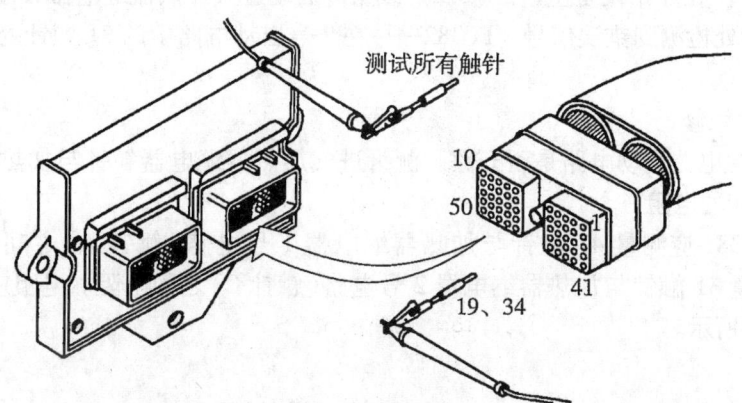

图 5－99 测量 19、34 触针与所有触针之间电阻

7)清除故障代码。启动发动机，怠速运转 1min，用 INSITE™证实故障代码 153 或 154 已不起作用，并已转变成非现行故障代码，再用 INSITE™清除非现行故障代码。

4. 进气加热器继电器电路

进气加热器在低温下能改善发动机的启动性能并能防止发动机启动冒白烟。ECM 控制进气加热器电源继电器。加热器有两个加热线圈，由 ECM 分别控制，进气加热器安装在进气歧管上，其加热器继电器的位置随 OEM 变化。进气加热器继电器电路，如图5－100。

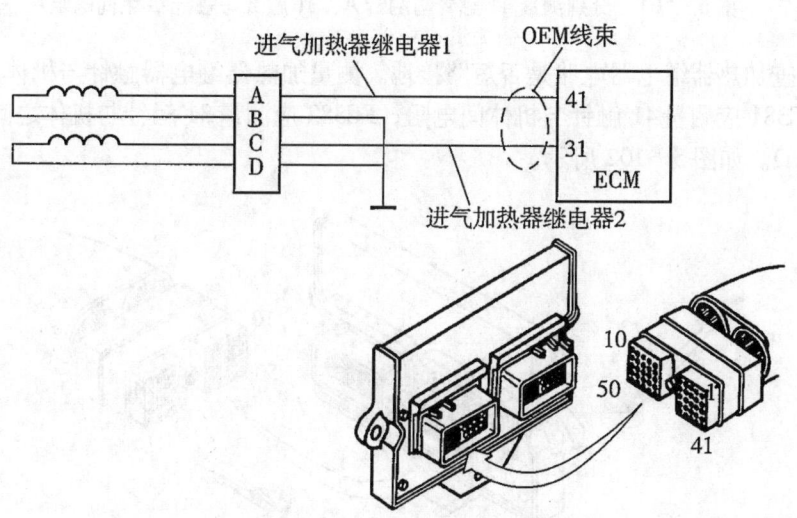

图 5－100 进气加热器继电器电路

（1）故障现象

故障指示灯点亮（黄色），ECM 不能向进气加热器供电。发动机在低温条件下启动

困难并可能冒白烟。

(2)故障原因

FC381——在原始设备生产厂(OEM)线束冷启动进气加热器继电器1号启动电路中的41号触针处检测到错误信号，FC382——在2号启动电路中的31触针处检测到错误信号。

(3)故障维修

1)检查继电器启动电路是否开路。测量进气加热器继电器触针与加热器继电器连接器线束之间的电阻。

对于FC381应测量41触针与加热器继电器1号电路(触针A)之间电阻，对于TC382应测量31触针与加热器继电器2号电路(触针C)之间电阻。电阻应小于10Ω。如图5-101所示。

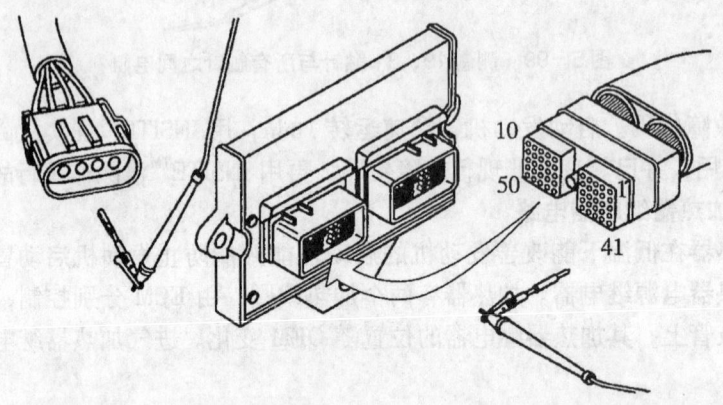

图5-101　分别测量41触针与触针A、31触针与触针C之间电阻

2)检查加热器继电器电路是否短路接地。测量加热器继电器触针与机体之间电阻，即测量FC381应测量41触针与机体间电阻；FC382应测量31触针与机体之间电阻，应大于100kΩ。如图5-102所示。

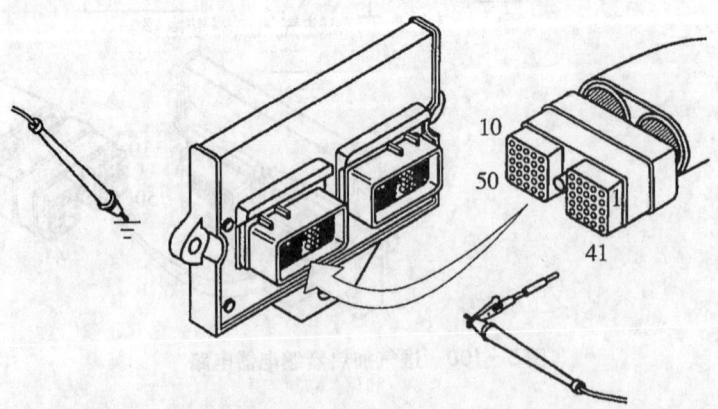

图5-102　测量41触针与机体间电阻、31触针与机体之间电阻

3)检查加热器继电器电路中的触针与触针间是否短路接地。

对于 FC381 应测量 41 触针与其他所有触针间电阻，对于 FC382 应测量 31 触针与其他所有触针之间电阻。上述测量电阻应分别大于 $100k\Omega$。如图 5-103 所示。

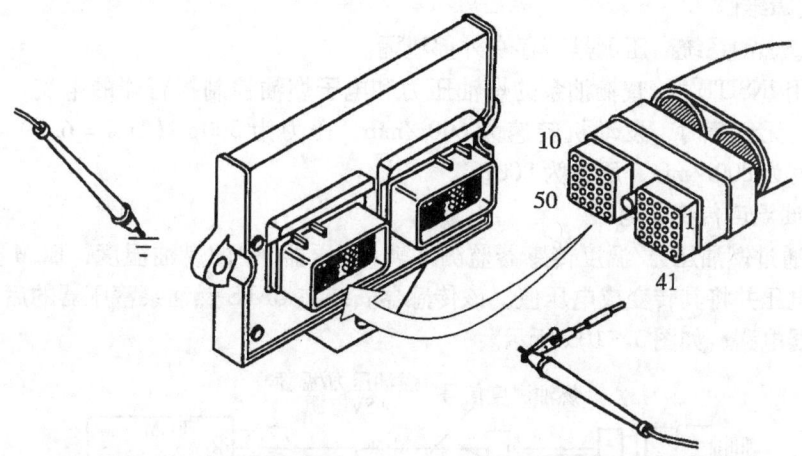

图 5-103　分别测量 41、31 触针与其他所有触针之间电阻

4)清除故障代码。启动发动机，怠速运转 1min，使用 INSITE™ 证实故障代码 381 和 382 不再起作用，并且已转变成非现行故障代码，再用 INSITE™ 清除非现行故障代码。

四、燃油系统电子控制电路故障原因与维修

1. 高压共轨(HPCR)泄漏

该故障表示燃油系统的高压侧出现泄漏。燃油系统的高压侧包括高压油泵、从高压油泵到燃油油管的油管、油轨(蓄压器)、高压接头和喷油器。HPCR 位于发动机的进气侧。燃油油轨压力传感器电路如图 5-104 所示。

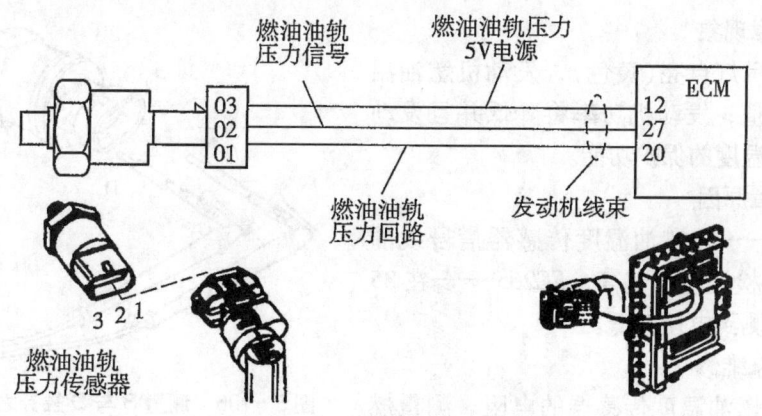

图 5-104　燃油油轨压力传感器电路

(1)故障现象

故障指示灯点亮(黄色),发动机可能停车。

(2)故障原因

油轨压力不能维持在最大泵送能力。

(3)故障维修

1)检查燃油系统高压侧是否存在外部泄漏。

2)使用 INSITE™检查输油泵的燃油压力和电子燃油控制执行器的电流,比较是否符合规范。无负荷时,发动机转速为 600r/min,压力为 500psi(1psi = 6.89 × 10³Pa);发动机转速为 800r/min,压力为 800psi。

2. 燃油温度传感器电路

ECM 通过燃油压力/温度传感器监测油轨(蓄压器)中的燃油温度,ECM 监测信号触针上的电压并将其转变成电压值。该传感器安装在 CAPS 燃油泵蓄压器的后部。燃油温度传感器电路,如图 5-105 所示。

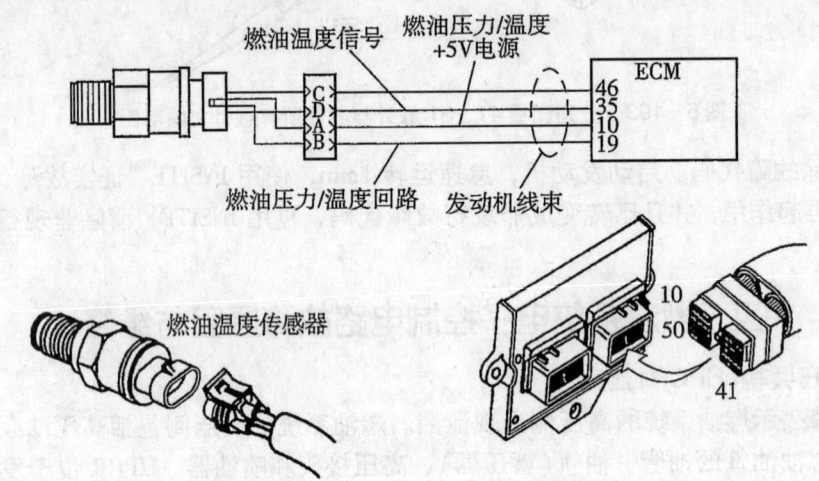

图 5-105　燃油温度传感器电路

(1)故障现象

故障指示灯点亮(黄色),发动机燃油温度使用缺省值,发动机功率将降低并且发动机失去燃油温度的保护功能。

(2)故障原因

FC263——在燃油温度传感器信号线的 35 号触针上检测电压偏高,FC265——在 35 号触针上检测到电压偏低。

(3)故障维修

1)检查燃油温度传感器的电阻。测量燃油温度传感器的触针 B 与 D 间电阻,应在 175~244Ω。如图 5-106 所示。

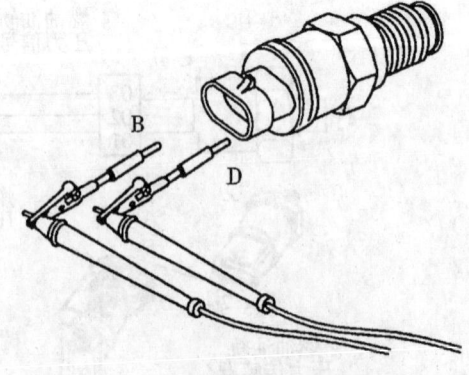

图 5-106　测量 B 与 D 触针之间电阻

2)检查是否短路接地。测量传感器的触针 A 与机体间电阻,应大于 100kΩ。如图

5-107所示。

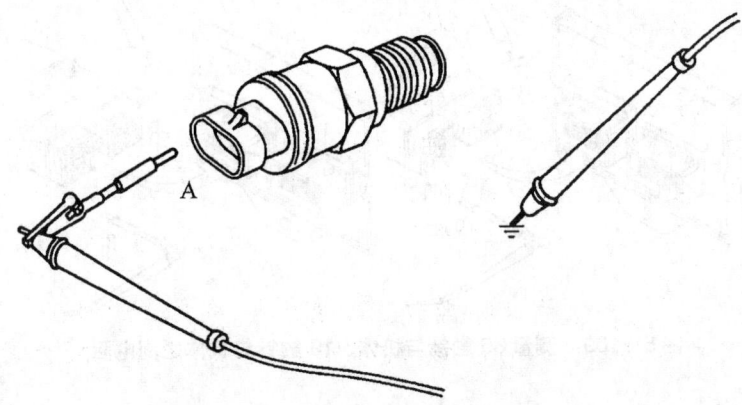

图5-107　测量A触针与机体之间电阻

3)检查是否开路。测量35与D触针、19与B触针间电阻，应小于10Ω。如图5-108 所示。

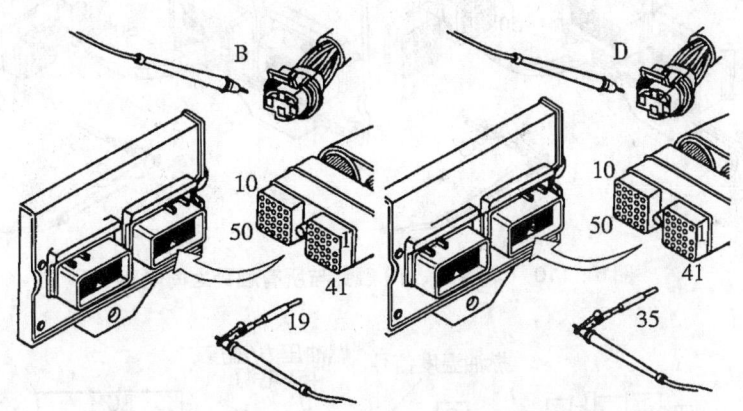

图5-108　测量35与D触针、19与B触针之间电阻

4)检查是否短路接地。测量35触针与机体间电阻、19触针与机体间电阻，应大于100kΩ。如图5-109所示。

5)检查是否短路接地。测量35、19触针与所有触针间电阻，应大于100kΩ，如图5-110 所示。

6)清除故障代码。启动发动机，急速运转1min，使用 INSITE™ 证实故障代码263和265已不起作用，并已转变成非现行故障代码，再用 INSITE™ 清除非现行故障代码。

3. 燃油压力传感器电路

ECM 通过燃油压力/温度传感器监测蓄压器中的燃油压力，并将监测信号触针上的电压转换成压力值。该传感器安装在 CAPS 燃油泵和蓄压器的后部，电路如图5-111。

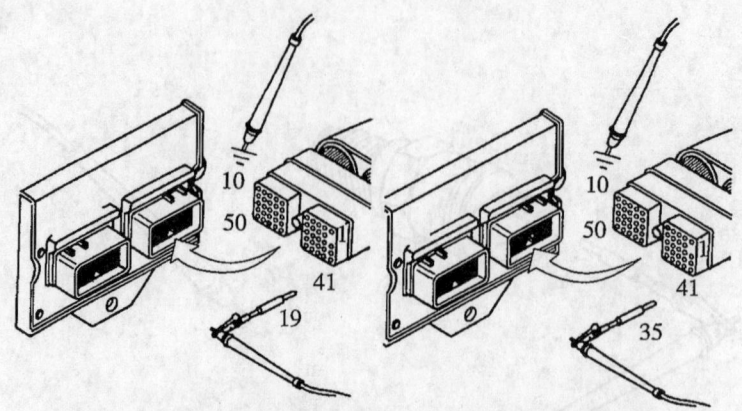

图 5-109　测量 35 触针与机体、19 触针与机体之间电阻

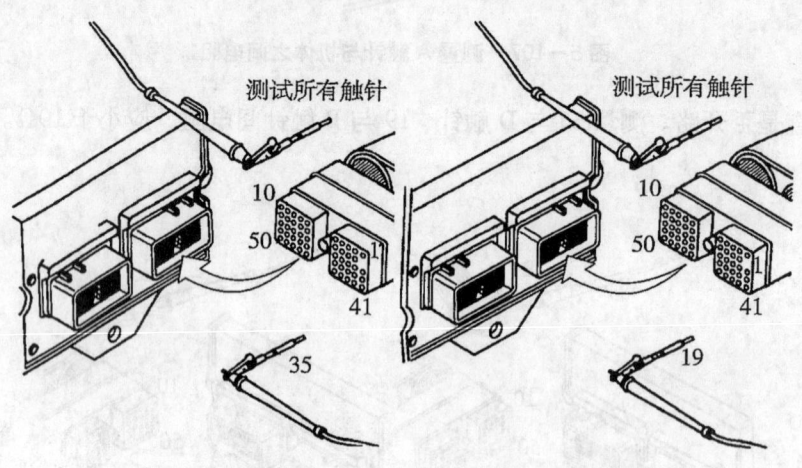

图 5-110　测量 35、19 触针与所有触针之间电阻

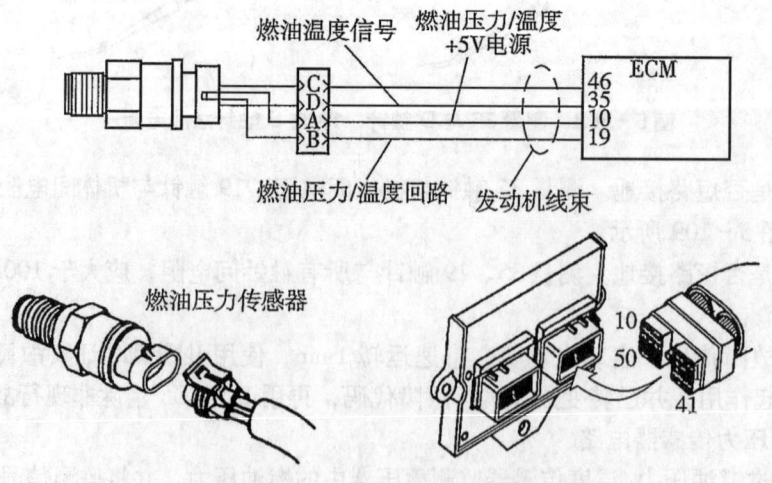

图 5-111　燃油压力传感器电路

174

（1）故障现象

故障指示灯点亮（黄色），发动机功率或转速会下降，发动机工作会粗暴。

（2）故障原因

蓄压器中的燃油压力没有随发动机工作条件的变化而变化。

（3）故障维修

1）检查发动机线束、燃油压力/温度传感器和 ECM 连接器触针，应不存在损坏。

2）监测燃油压力。在发动机运行期间，使用 INSITE™检查燃油压力。规定怠速时燃油压力为 34MPa，最大燃油压力为 102MPa。

3）清除故障代码。启动发动机，怠速运转 1min，使用 INSITE™证实故障代码 268 不再起作用，并且已转变成非现行故障代码，再用 INSITE™清除非现行故障代码。

4. 喷油控制阀电路

喷油控制阀调节喷入每个气缸的燃油量及喷油正时。ECM 根据燃油压力，发动机负荷和油门位置参数控制喷油控制阀的开启。喷油控制阀安装在分配器顶部的 CAPS 燃油喷射泵上，图 5-112 为喷油控制阀电路。

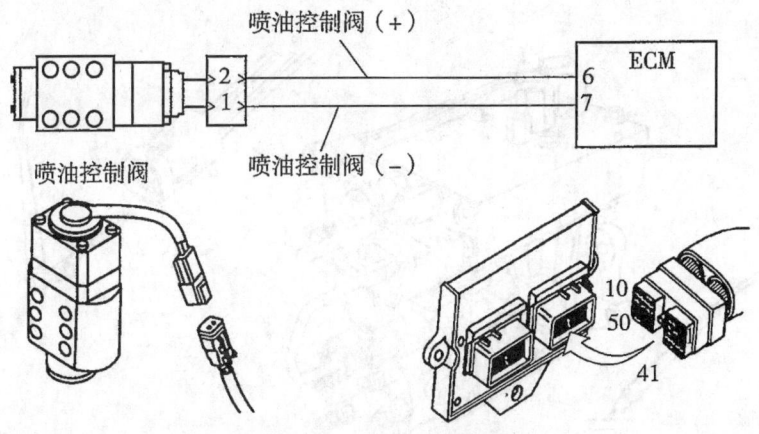

图 5-112　喷油控制阀电路

（1）故障现象

故障指示灯点亮（黄色），对喷油器供油中断、发动机可能熄火。

（2）故障原因

FC276——在发动机线束的 7 号触针处检测到电流过低或没有，FC279——在 7 号触针处检测到电流过高。

（3）故障维修

1）检查喷油控制阀（或称喷油电磁阀）的电阻。测量喷油控制阀（或电磁阀）连接器的 1、2 触针间电阻，应为 $0.08 \sim 0.12\Omega$。如图 5-113 所示。

2）检查喷油控制阀是否短路接地。分别测量喷油控制阀连接器 1、2 触针与机体接地之间电阻，应大于 $100k\Omega$。如图 5-114。

3）检查喷油控制阀是否开路。分别测量发动机线束的 7 触针与喷油控制阀连接器 1

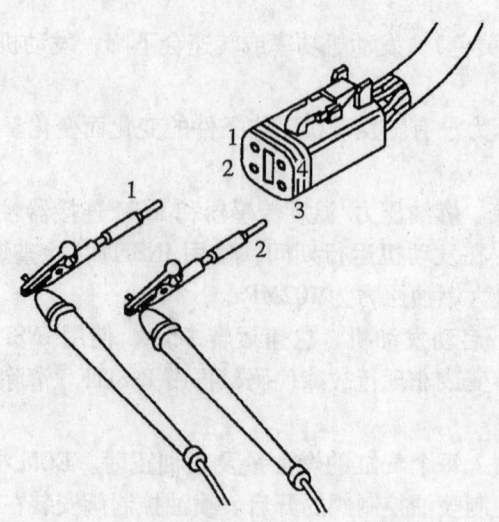

图5-113 测量1与2触针之间电阻

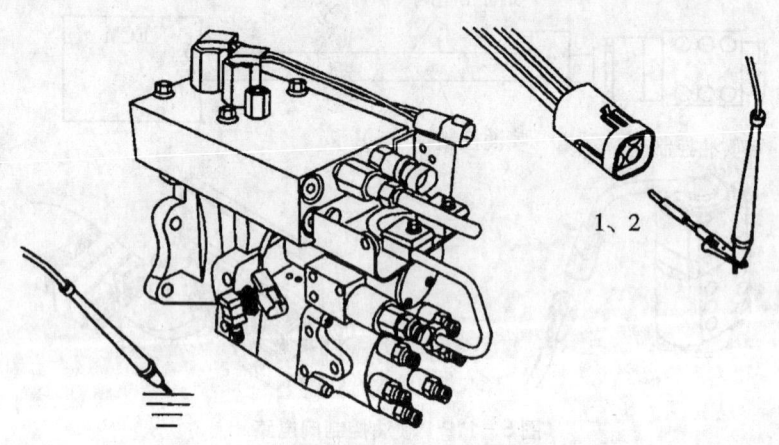

图5-114 分别测量1、2触针与机体之间电阻

触针之间电阻，6触针与2触针之间电阻，应小于10Ω。如图5-115所示。

4）检查是否短路接地。分别测量发动机线束的6、7触针与接地之间电阻，应大于100kΩ。如图5-116所示。

5）检查触针与触针之间是否短路。分别测量发动机线束的6、7触针与连接器中所有其他触针之间电阻，应大于100kΩ。如图5-117所示。

6）清除故障代码。启动发动机，怠速运转1min，使用INSITE™证实故障代码276和279不再起作用，并已转变成非现行故障代码，再用INSITE™清除非现行故障代码。

5. 输油泵电路

ECM通过信号直接控制输油泵的工作。当钥匙开关转到ON位置后，输油泵工作30s，使低压管路里充满燃油，以便发动机启动。输油泵安装在进油侧、低压油路上，

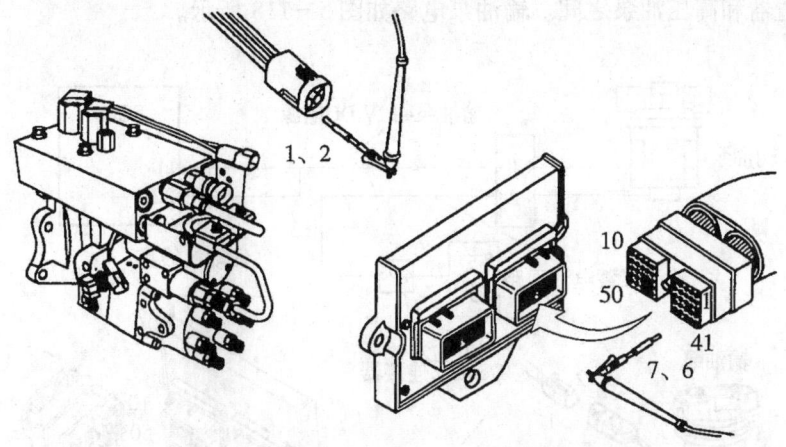

图 5 - 115　分别测量 7 与 1、6 与 2 触针之间电阻

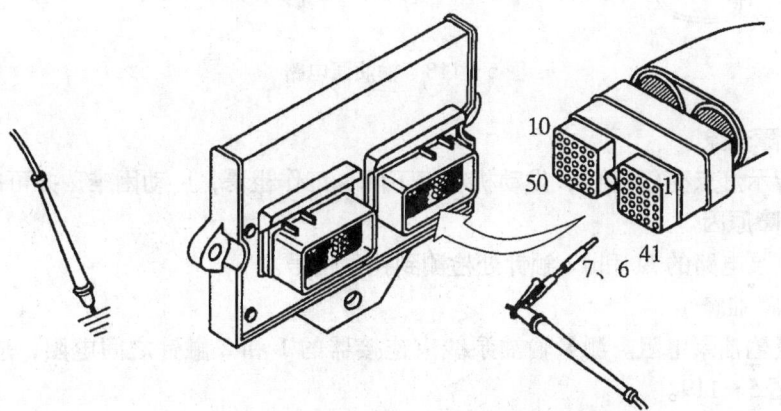

图 5 - 116　分别测量 6、7 触针与接地之间电阻

测试所有触针

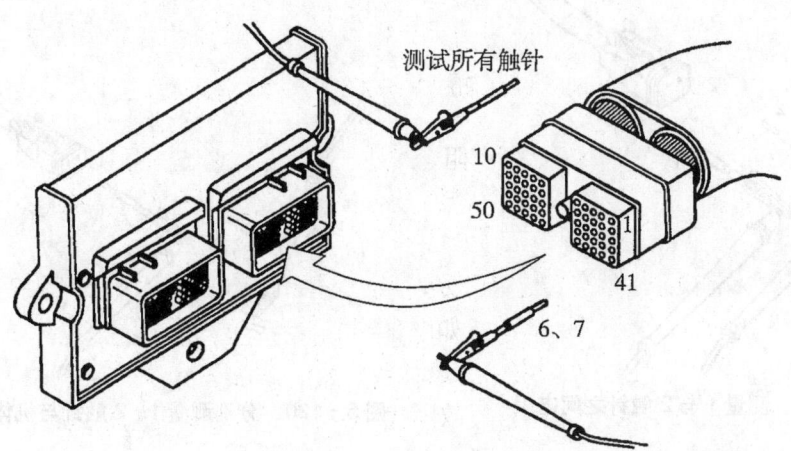

图 5 - 117　分别测量 6、7 触针与其他触针之间电阻

在燃油滤清器和高压油泵之间。输油泵电路如图 5－118 所示。

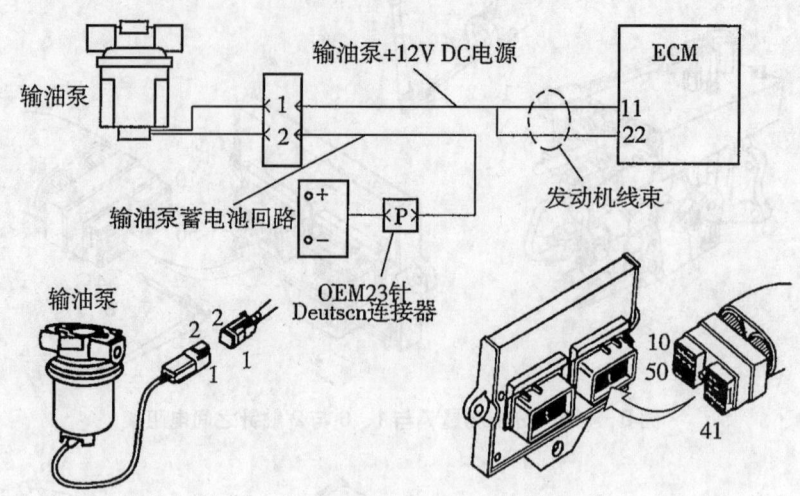

图 5－118　输油泵电路

（1）故障现象

故障指示灯点亮（黄色），发动机功率下降，工作粗暴，启动困难，并可能熄火。

（2）故障原因

在输油泵电路的 11 和 12 触针处检测到错误信号。

（3）故障维修

1）检查输油泵电阻。测量输油泵线束连接器的 1 和 2 触针之间电阻，应为 1.0～1.2Ω。如图 5－119。

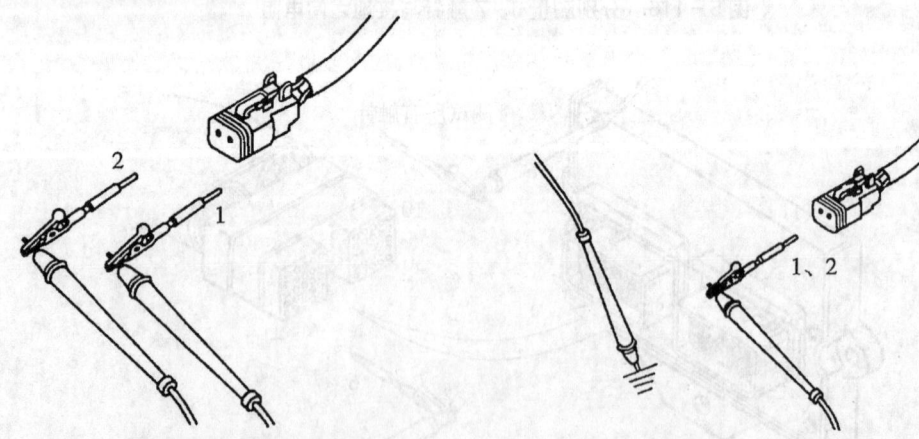

图 5－119　测量 1 与 2 触针之间电阻　　图 5－120　分别测量 1、2 触针与机体之间电阻

2）检查输油泵是否短路接地。分别测量输油泵电路连接器的 1、2 触针与机体之间电阻，应大于 100kΩ。如图 5－120 所示。

3) 检查输油泵电源触针是否开路。

a. 测量输油泵线束连接器的 2 触针与机体之间电阻，应小于 10Ω。

b. 分别测量发动机线束的 11、22 触针与 1 触针间电阻，应小于 10Ω。

测量如图 5－121 所示。

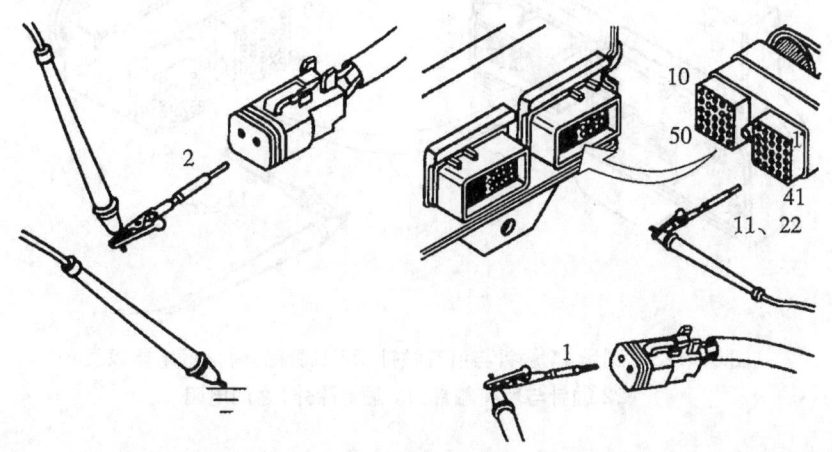

图 5－121　测量 2 触针与机体之间电阻以及 11、12 触针分别与 1 触针之间电阻

4) 检查是否短路接地。分别测量发动机线束的 11、22 触针与机体之间电阻，应大于 100kΩ。如图 5－122 所示。

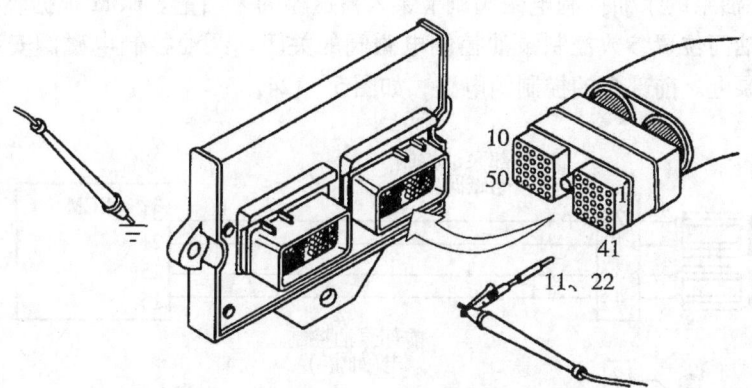

图 5－122　分别测量 11、22 触针与机体之间电阻

5) 检查触针之间是否短路接地。

a. 测量发动机线束连接器的 11 触针与连接器中除 22 触针以外的所有触针之间电阻，应大于 100kΩ。

b. 测量发动机线束连接器的 22 触针与连接器中除 11 触针以外的所有其他触针之间电阻，应大于 100kΩ。

测量如图 5－123 所示。

6) 测量输油泵的电源电压。钥匙开关在 ON 时，连接 INSITE™，测量输油泵连接器

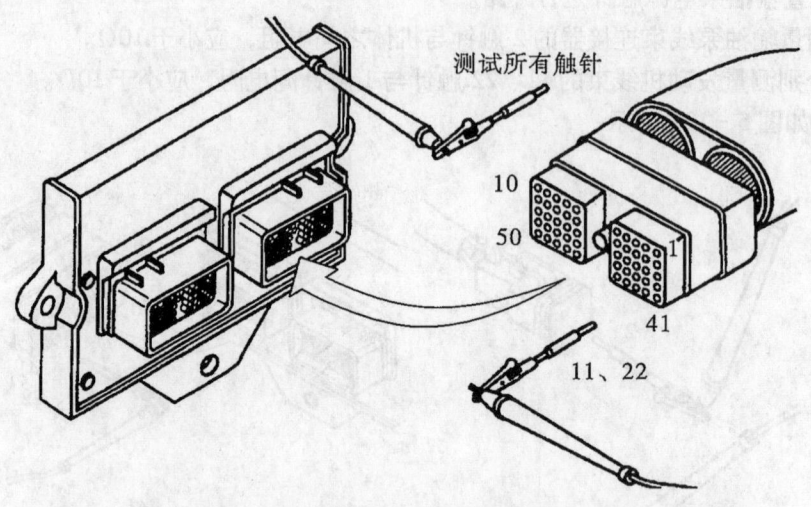

图 5-123　测量 11 触针与所有触针(22 触针除外)之间电阻以及
22 触针与所有触针(11 触针除外)之间电阻

两个端子间电压：12V 系统，应为 11～13V；24V 系统，应为 23～25V。

7) 清除故障代码。启动发动机，怠速运转 1min，使用 INSITE™ 证实故障代码 278 不再起作用，并且已转变成非现行故障代码，再用 INSITE™ 清除非现行故障代码。

6. 前部泵油控制电磁阀电路

CAPS 燃油泵的泵油控制电磁阀调节泵入蓄压器的燃油量。ECM 根据燃油压力、发动机负荷和油门位置参数控制泵油控制电磁阀的关闭。泵油控制电磁阀安装在蓄压器顶部的燃油泵上。前部泵油控制阀电路，如图 5-124。

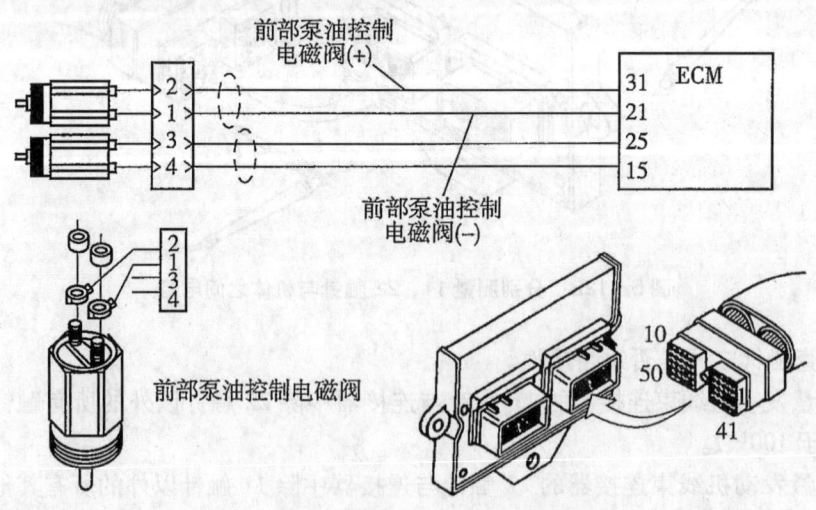

图 5-124　前部泵油控制电磁阀电路

(1) 故障现象

180

故障指示灯点亮(黄色),发动机功率下降。

(2)故障原因

FC271——在发动机线束的21触针处检测到电流过低或没有电流,FC272——在21触针处检测到电流过高。

(3)故障维修

1)检查前部泵油电磁阀的电阻。测量前部泵油电磁阀顶部两端子间电阻,应为0.5～1.5Ω。如图5-125所示。

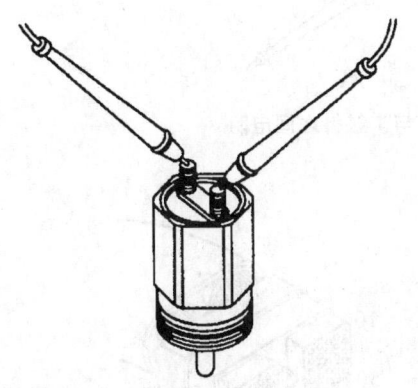 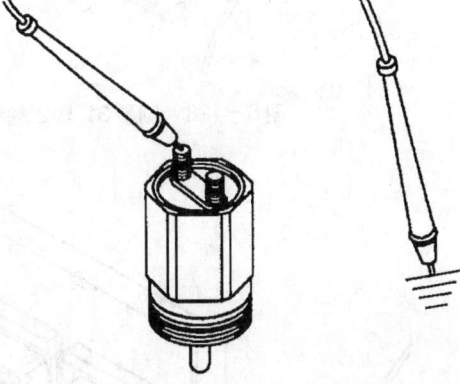

图5-125　测量电磁阀两端子间电阻　　图5-126　测量电磁阀一个端子与接地之间电阻

2)检查前部泵油电磁阀是否短路接地。测量电磁阀连接器的一个端子与接地之间电阻,应大于100kΩ。如图5-126所示。

3)检查电磁阀线束是否开路。测量1、2号触针与电磁阀线束端子之间电阻,应小于10Ω。如图5-127所示。

4)检查前部泵油控制电磁阀是否开路。测量发动机线束的31触针与前部泵油控制电磁阀连接器的2触针之间电阻,以及21触针与1触针间电阻,应小于10Ω。如图5-128所示。

5)检查是否短路接地。测量21、31触针与接地之间电阻,应大于100kΩ。如图5-129所示。

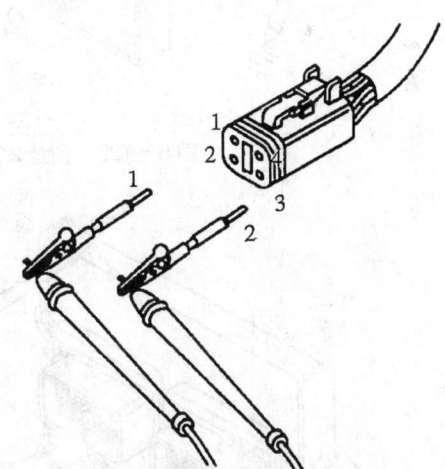

图5-127　测量1、2触针与电磁阀端子之间电阻

6)检查触针与触针之间是短路接地。测量21、31触针与连接器中所有触针之间电阻,应大于100kΩ。如图5-130所示。

7)清除故障代码。启动发动机,急速运转1min,使用INSITE™证实故障代码271和272已不再起作用,已转变成非现行故障代码,再用INSITE™清除非现行故障代码。

181

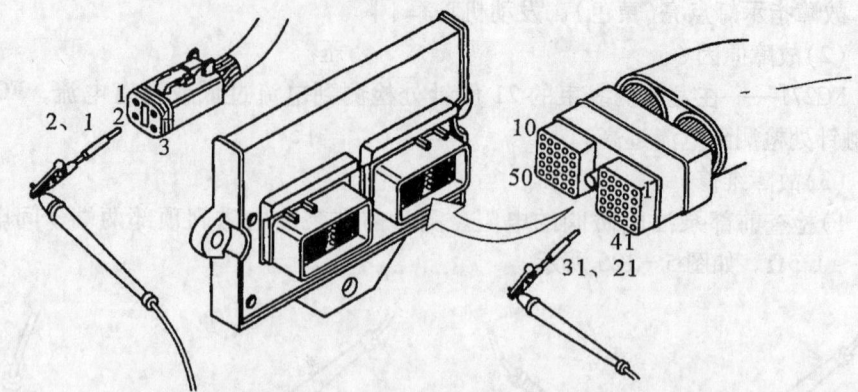

图 5-128 测量 31 与 2 触针、21 与 1 触针之间电阻

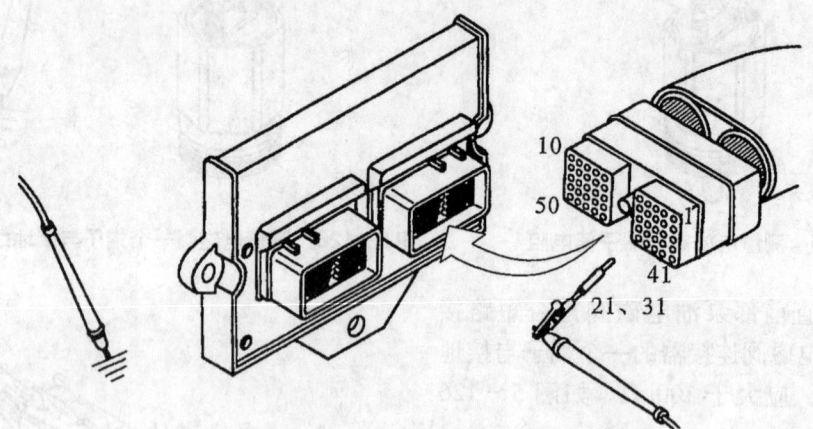

图 5-129 测量 21、31 触针与接地之间电阻

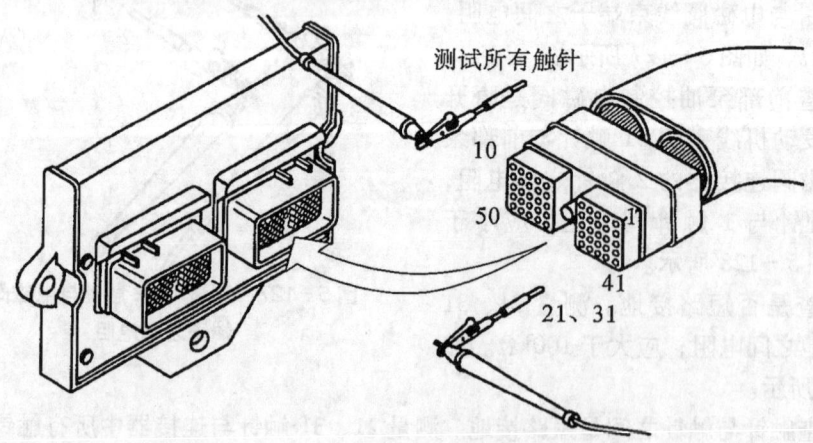

图 5-130 测量 21、31 触针与所有触针之间电阻

7. 后部泵油控制电磁阀电路

CAPS 燃油泵的泵油控制电磁阀调节泵入蓄压器的燃油量。ECM 根据燃油压力，发动机负荷和油门位置参数控制泵油控制电磁阀的关闭。泵油控制电磁阀安装在蓄压器顶部的燃油泵上。后部泵油控制电磁阀电路，如图 5－131 所示。

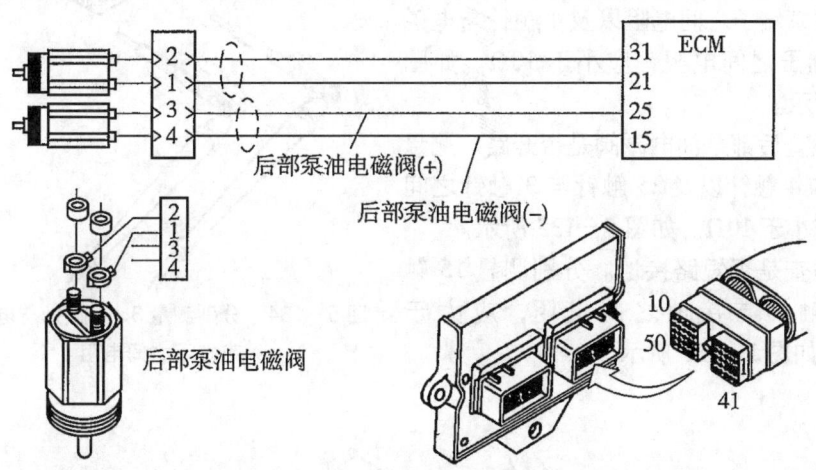

图 5－131　后部泵油控制电磁阀电路

（1）故障现象

故障指示灯点亮(黄色)，发动机功率下降。

（2）故障原因

FC273——在后部泵油控制阀电磁线圈发动机线束的 15 触针处检测到电流过低或没有电流，FC274——在 15 号触针处检测到电流过高。

（3）故障维修

1）检查后部泵油电磁阀电阻。测量后部泵油电磁阀两端子间电阻，应为 0.5 ～ 1.5Ω。如图 5－132 所示。

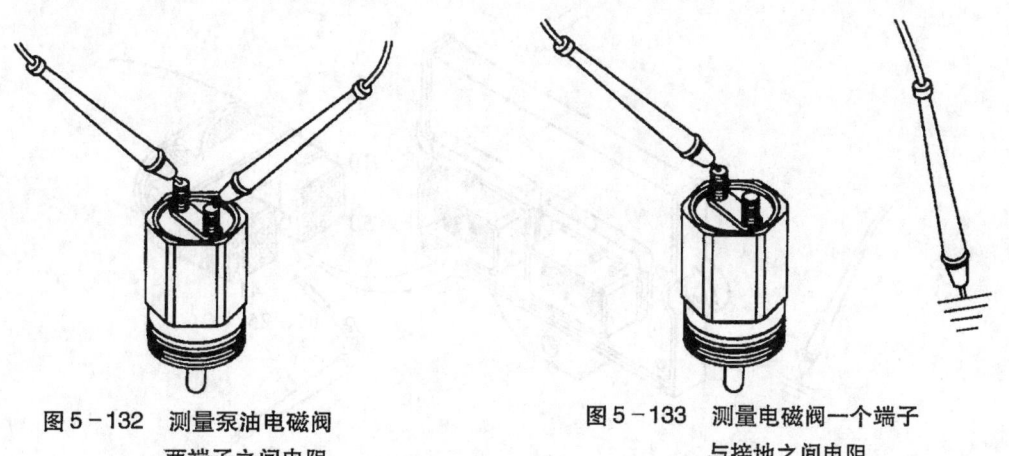

图 5－132　测量泵油电磁阀
两端子之间电阻

图 5－133　测量电磁阀一个端子
与接地之间电阻

2）检查后部泵油电磁阀是否短路接地。测量电磁阀的一个端子与接地之间电阻，应大于 $100k\Omega$。如图 5 - 133 所示。

3）检查电磁阀是否开路。测量 3 触针与电磁阀线束端子之间电阻以及 4 触针与电磁阀线束端子之间电阻，应小于 10Ω。如图 5 - 134 所示。

4）检查后部泵油电磁阀是否开路。测量 15 触针与 4 触针以及 25 触针与 3 触针之间电阻，应小于 10Ω。如图 5 - 135 所示。

5）检查是否短路接地。分别测量 15 触针、25 触针与接地之间电阻，应大于 $100k\Omega$。如图 5 - 136 所示。

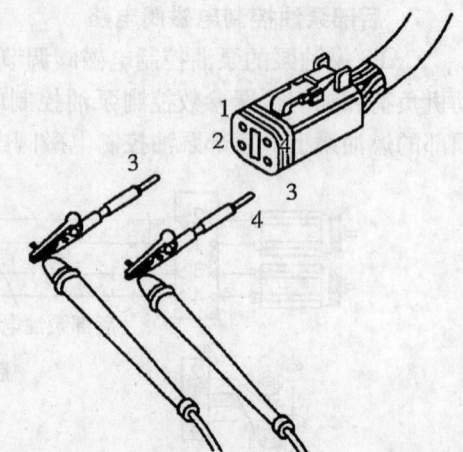

图 5 - 134　分别测量 3、4 触针与电磁阀线束端子之间电阻

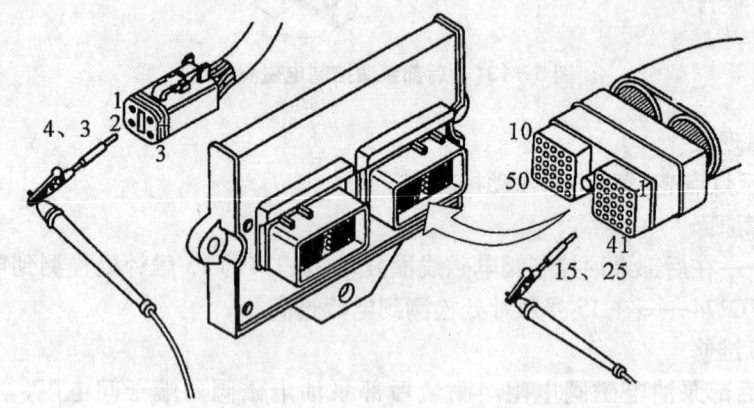

图 5 - 135　测量 15 与 4 触针、25 与 3 触针之间电阻

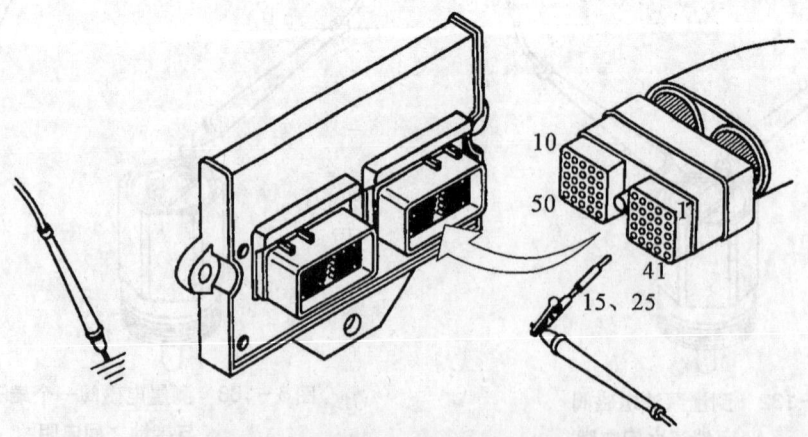

图 5 - 136　分别测量 15、25 触针与接地之间电阻

6)检查触针与触针之间是否短路接地。分别测量 15 触针、25 触针与其他触针之间电阻,应大于 100kΩ。如图 5 – 137 所示。

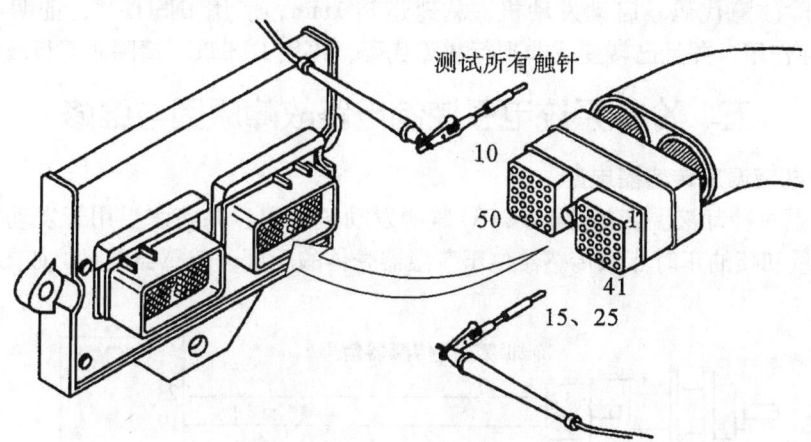

图 5 – 137　分别测量 15、25 触针与其他触针之间电阻

7)清除故障代码。启动发动机,怠速运转 1min,使用 INSITE™证实故障代码 273 和 274 已不起作用,并且已转变成非现行故障代码,再用 INSITE™清除非现行故障代码。

8. 燃油含水传感器电路故障原因与维修

燃油含水传感器安装在燃油滤清器中,当燃油中的水积累到一定数量时,燃油含水传感器(W/F)将信号输送给 ECM。燃油含水传感器电路,如图 5 – 138 所示。

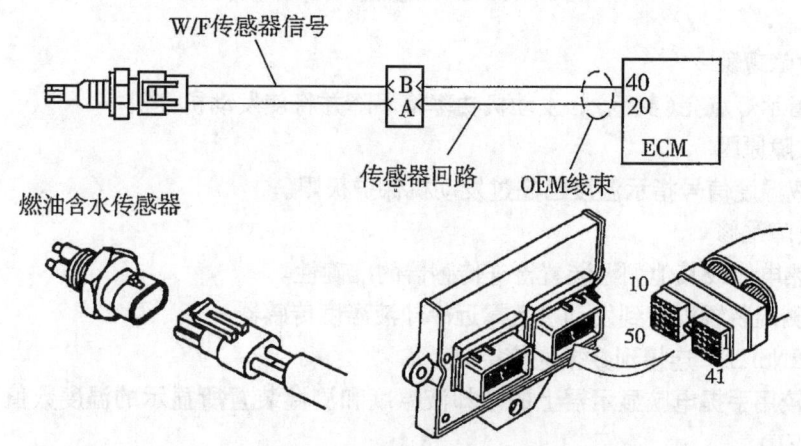

图 5 – 138　燃油含水传感器电路

(1)故障现象

故障指示灯点亮(W/F 闪烁),燃油中水过多会导致发动机启动困难,工作不稳。

(2)故障原因

燃油含水传感器信号表明燃油滤清器需要排水。

(3)故障维修

1)检查燃油滤清器。使用 INSITE™读取故障代码。故障代码 418 不起作用为合格；若不合格，将水从燃油滤清器中排出来。

2)清除故障代码。启动发动机，怠速运转 1min，使用 INSITE™，证明故障代码 418 已不起作用，并且已转变成非现行故障代码，再用 INSITE™清除非现行故障代码。

五、冷却系统电子控制电路故障原因与维修

1. 冷却液温度传感器电路

ECM 通过冷却液温度传感器（CTS）监测发动机水温，并将水温用于发动机保护系统、喷油量和喷油正时。该传感器位于节温器壳体的下面，传感器电路，如图 5-139。

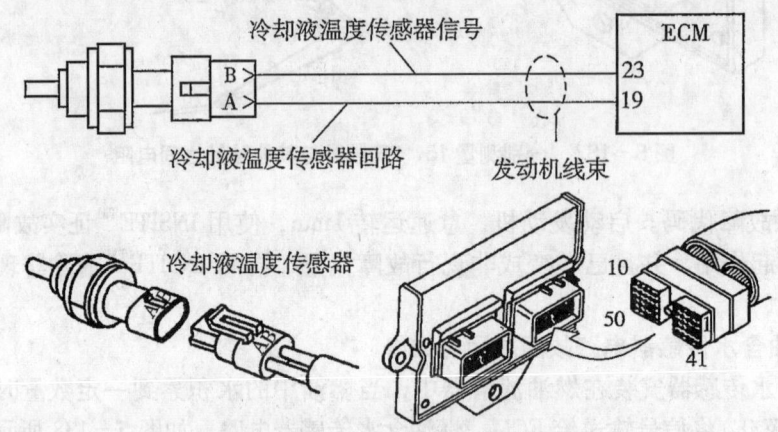

图 5-139　冷却液温度传感器电路

（1）故障现象

故障指示灯点亮（黄色），发动机功率将下降并将使发动机停机。

（2）故障原因

冷却液温度信号指示温度已超过发动机保护极限。

（3）故障维修

1)用热电偶或其他测温装置检查传感器的准确性。

a. 将测温装置安装到发动机上靠近冷却液温度传感器。

b. 用 INSITE™连接到数据通信接口上。

c. 比较用手提电脑显示器上的冷却液温度和测温装置所显示的温度数值。要求传感器读数正确。

2)清除故障代码。启动发动机，使之怠速运转 1min，用证实故障代码 146 已不起作用，并已转变成非现行故障代码，再用 INSITE™清除非现行故障代码。

2. 温度传感器电路

ECM 通过冷却液温度传感器监测发动机冷却液的温度，并用于喷油量和喷油正时以及发动机保护系统。该传感器位于节温器壳体的下面，传感器电路，如图 5-139。

（1）故障现象

故障指示灯点亮(黄色),发动机冷却液温度使用缺省值,发动机失去对冷却液温度的保护功能。

(2)故障原因

FC144——在冷却液温度传感器信号线23号触针处检测到电压偏高,FC145——在23号触针处检测到电压偏低。

(3)故障维修

1)冷却液温度传感器的电阻随温度的变化而变化。

2)检查冷却液温度传感器的电阻。测量传感器的触针A与B间电阻,应在175～244Ω。

3)检查是否短路接地。测量传感器触针A与机体之间电阻,应大于100kΩ。

4)检查是否开路。测量发动机线束的19触针与传感器触针A之间电阻,应小于10Ω;测量23触针与B间电阻,应小于10Ω。如图5-140所示。

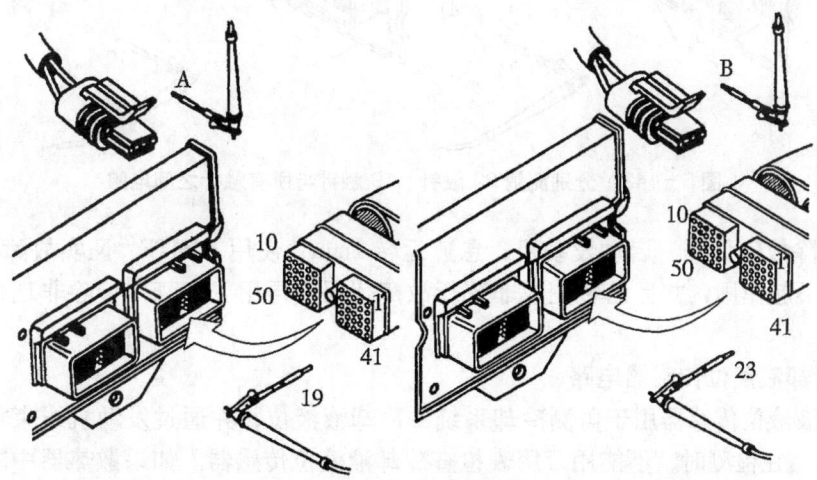

图5-140. 测量19触针与A触针、23触针与B触针之间电阻

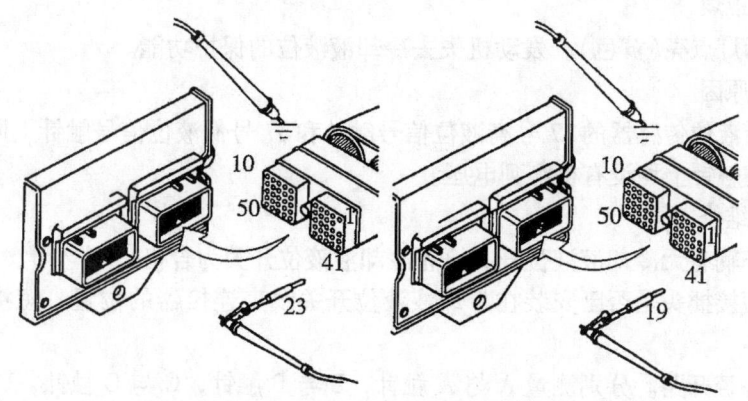

图5-141 分别测量23、19触针与机体之间电阻

5)检查是否短路接地。测量23触针与机体之间电阻，19触针与机体之间电阻，均应大于100kΩ。如图5-141所示。

6)检查触针与触针之间是否短路。测量发动机线束23触针与发动机线束中所有触针之间电阻，19触针与发动机线束中所有触针之间电阻，均应大于100kΩ。如图5-142所示。

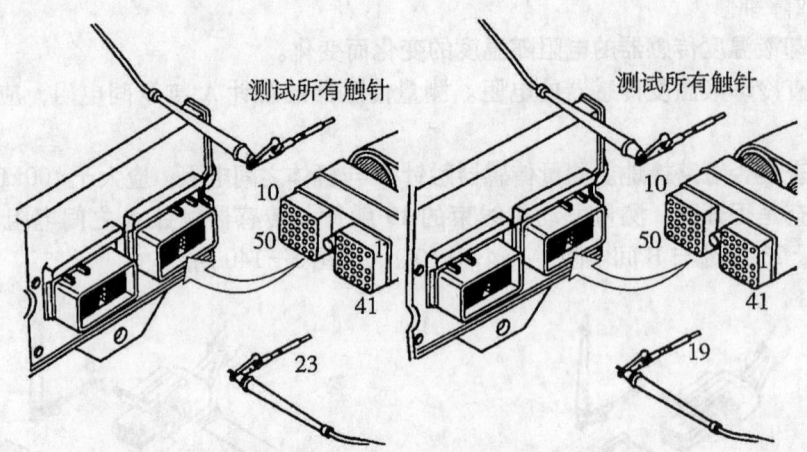

图5-142　分别测量23触针、19触针与所有触针之间电阻

7)清除故障代码。启动发动机，急速运转1min，使用INSITE™证实故障代码144或145已不起作用，并且已转变成非现行故障代码，再用INSITE™清除非现行故障代码。

3. 冷却液液位传感器电路

冷却液液位传感器用于监测冷却系统的冷却液液位，并通过发动机线束将信号传递给ECM。在检测时，不能用万用表检查冷却液液位传感器。如果散热器中的冷却液液位下降到一定位置时，会出现报警，并随时间的延长功率会逐渐下降。冷却液液位传感器安装在散热水箱上或膨胀水箱中。

(1)故障现象

故障指示灯点亮(黄色)，发动机失去冷却液液位的保护功能。

(2)故障原因

在冷却液液位传感器的27号高液位信号触针和37号低液位信号触针上同时检测到电压，或者在触针上均没有检测到电压。

(3)故障维修

1)检查车辆有无冷却液液位开关。有冷却液液位开关为合格。

2)检查短接插头是否已安装在冷却液液位开关线束连接器的位置。短接插头已安装为合格。

3)检查是否开路。分别测量A与A触针，B与B触针，C与C触针，D与D触针之间电阻，均应小于10Ω。

4)检查是否短路接地。分别测量A、B、C、D触针与机体之间电阻，均应大于

100kΩ。见图 5 - 143。

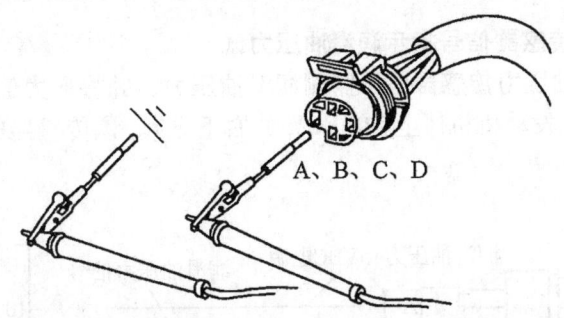

图 5 - 143　分别测量 A、B、C、D 触针与机体之间电阻

5）检查触针之间是否短路接地。分别测量 A、B、C、D 触针与连接器中其他触针之间电阻，均应大于 100kΩ。如图 5 - 144 所示。

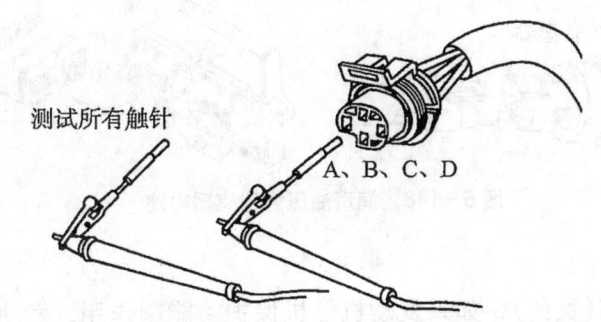

测试所有触针

图 5 - 144　分别测量 A、B、C、D 触针与其他触针之间电阻

6）检查是否开路。分别测量 37 与 A 触针，19 与 B 触针，49 与 C 触针，以及 27 与 D 触针之间电阻，均应小于 10Ω。如图 5 - 145 所示。

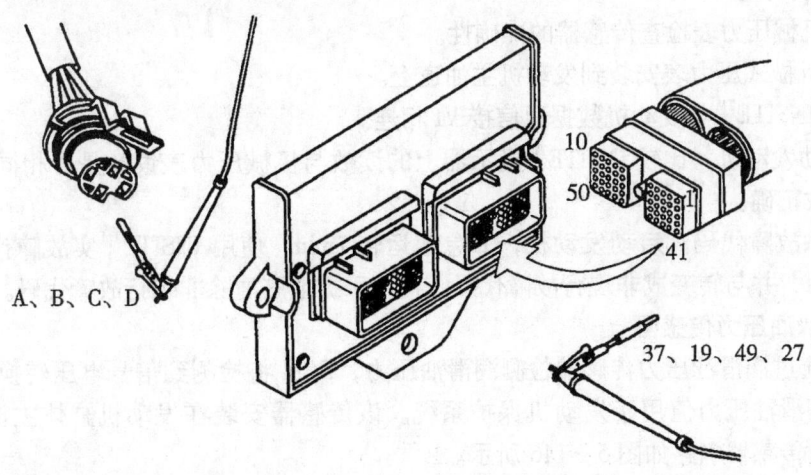

图 5 - 145　分别测量 37 与 A，19 与 B，49 与 C，以及 27 与 D 触针之间电阻

189

六、润滑系统电子控制电路故障原因与维修

1. 润滑油压力传感器信号指示润滑油压力低

ECM 通过润滑油压力传感器信号监测润滑油压力，并将压力值用于发动机保护系统。该传感器安装在发动机机体上（在 ECM 的右下方）。该传感器电路如图 5-146 所示。

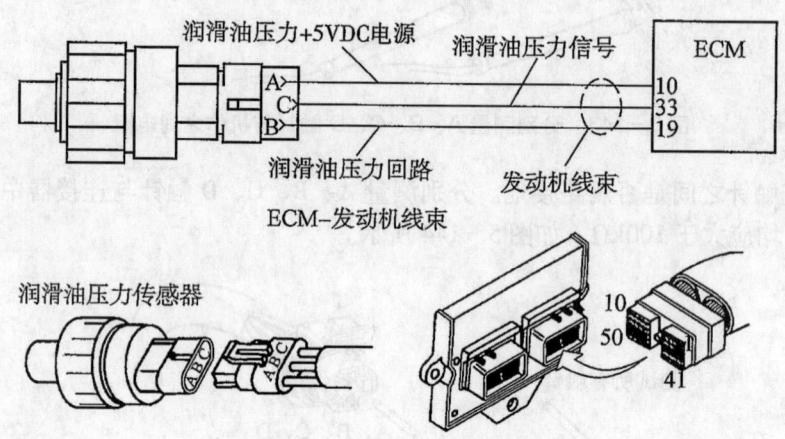

图 5-146　润滑油压力传感器电路

（1）故障现象

故障指示灯点亮（黄色），如果发动机停机保护功能起作用，发动机功率将下降，并可能使发动机停机。

（2）故障原因

润滑油压力信号指示发动机润滑油压力低于发动机保护下限。

（3）故障维修

1）用机械压力表检查传感器的准确性。

a. 将机械式压力表安装到发动机主油道上。

b. 将 INSITE™ 与发动机数据通信接 VI 相连。

c. 启动发动机，比较 INSITE™ 显示器上的读数与机械压力表读数是否相同。要求传感器读数正确。

2）清除故障代码。启动发动机，并急速运转 1min，使用 INSITE™ 实故障代码 143 已不起作用，并与转变成非现行故障代码，再用手提电脑清除非现行故障代码。

2. 润滑油压力传感器

ECM 通过润滑油压力传感器检测润滑油压力，ECM 将检测到信号电压转换成压力值，并将润滑油压力值于发动机保护系统。该传感器安装在发动机缸体主油道上。润滑油压力传感器电路如图 5-146 所示。

（1）故障现象

故障指示灯点亮（红色），发动机的功率降低，转速下降，如果发动机保护停机功

能被选择的话，发动机会停机。

（2）故障原因

润滑油压力信号显示润滑油压力远低于发动机保护下限。

（3）故障维修

2）使用机械压力表，检查传感器的准确性。

a. 将机械式压力表连接到发动机主油道上，并将 INSITE™ 连接到数据通信接口上。

b. 启动发动机并比较监视器上显示值与机械式压力表指示值相比较，压力差在 5psi 内时传感器读数正确。若不合格，则应更换机油压力传感器。

2）清除故障代码。启动发动机，急速运转 1min，使用 INSITE™ 证明故障代码 415 不再起作用，并且已经转变成非现行故障代码，再用 INSITE™ 清除非现行故障代码。

七、油门电子控制电路故障原因与维修

1. 油门踏板电路

油门踏板总成将驾驶员所要求的油门开度百分比传输给 ECM，ECM 根据油门百分比确定供油量。油门踏板上的油门位置传感器和急速有效开关由 OEM 调节，以向用户提供正确的输出信号。油门踏板位置传感器和急速有效开关安装在油门踏板上。油门踏板电路如图 5－147 所示。

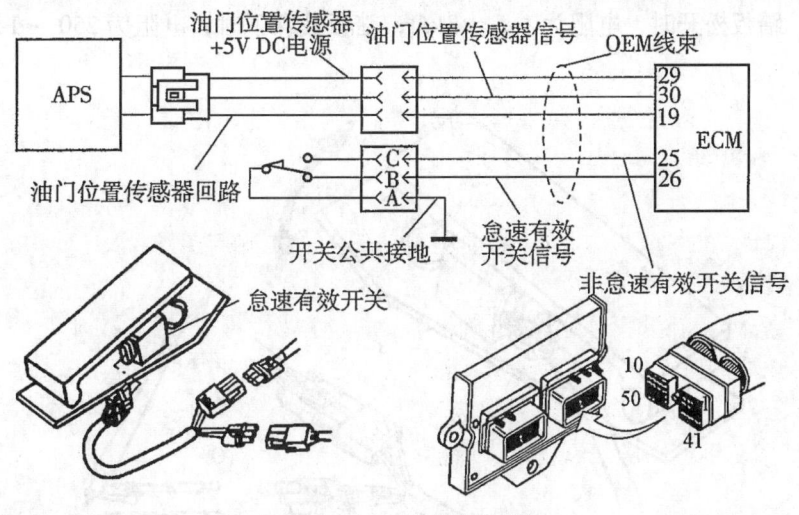

图 5－147　油门踏板电路

（1）故障现象

故障指示灯点亮（黄色），对发动机没有影响。

（2）故障原因

OEM 规定 30 触针处的油门位置信号表明处于非急速位置时，而在 26 触针上未检测到电压，说明油门处于急速位置；OEM 规定 30 触针处的信号表明油门处于急速位置，而在 26 触针处的急速有效开关信号表明油门处于非急速位置。

（3）故障维修

1)检查油门位置传感器电路的电阻。测量油门踏板被踩下和松开时，29 与 30 触针之间电阻。当踏板被松开时，电阻为1.5~3kΩ；踏板被踩下时，电阻为250~1 500Ω。如图 5-148 所示。

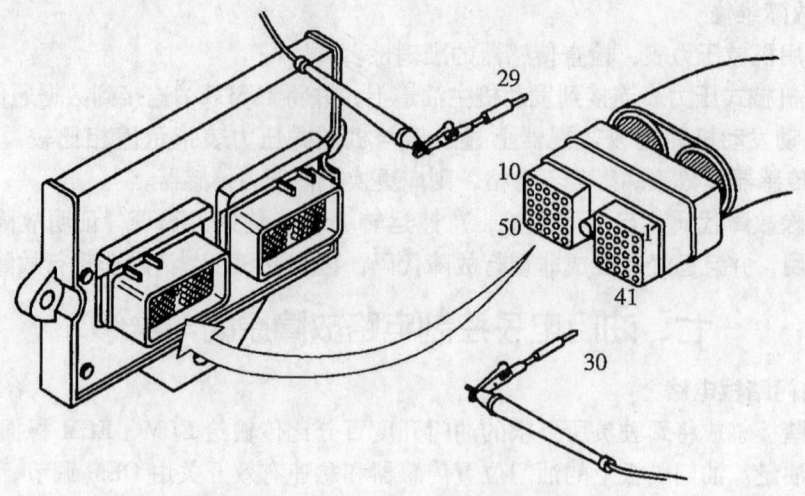

图 5-148　测量 29 与 30 触针之间电阻

2)检查油门位置传感器的电阻。测量油门踏板被踩下和松开时，传感器触针 C 与 B 间电阻。踏板松开时，电阻为1.5~3kΩ；踏板被踩下时，电阻为250~1 500Ω。如图 5-149。

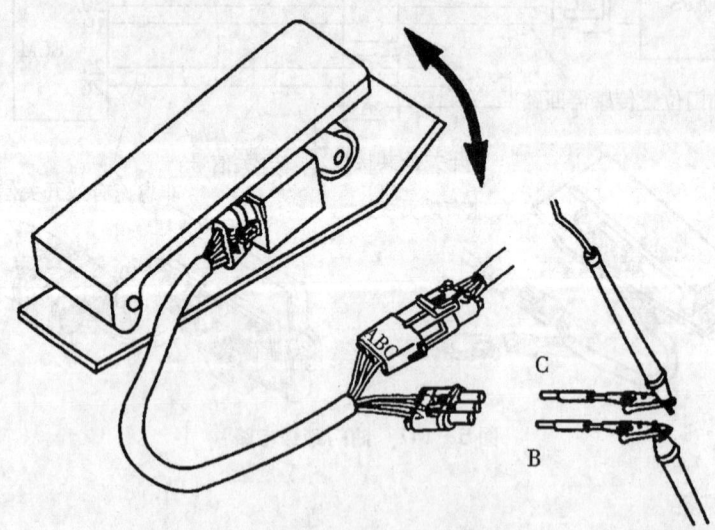

图 5-149　测量触针 C 与 B 之间电阻

3)检查 OEM 线束中的电阻。测量 29 触针与 C 触针，30 触针与 B 触针之间电阻，均应小于10Ω。如图 5-150 所示。

4)检查是否开路。油门踏板被踩下或松开时，测量 29 触针与 19 触针之间电阻，

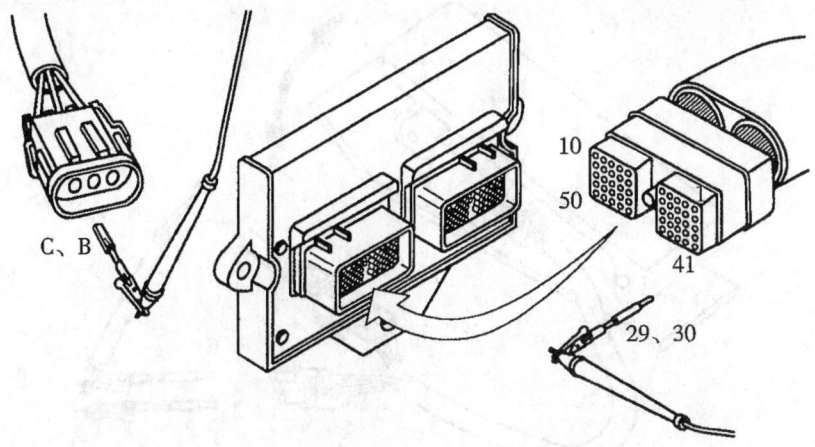

图5-150　测量29与C、30与B触针之间电阻

应为2～3kΩ。如图5-151所示。

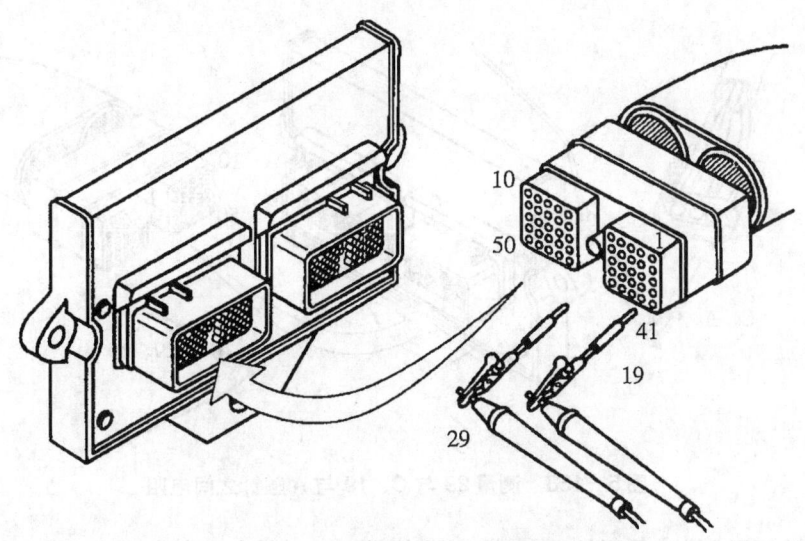

图5-151　测量29与19触针之间电阻

5)检查传感器电源线和回路线是否开路。测量传感器的触针C与触针A之间电阻（油门踏板被踩下或松开），应为2～3kΩ。如图5-152所示。

6)检查OEM线束是否开路。测量29触针与C触针之间电阻，19触针与A触针之间电阻，均应小于10Ω。如图5-153所示。

7)检查是否短路接地。分别测量29、30触针与机体之间电阻，均应大于100kΩ。如图5-154所示。

8)检查传感器是否短路接地。分别测量传感器的B、C触针与机体之间电阻，应大于100kΩ。如图5-155所示。

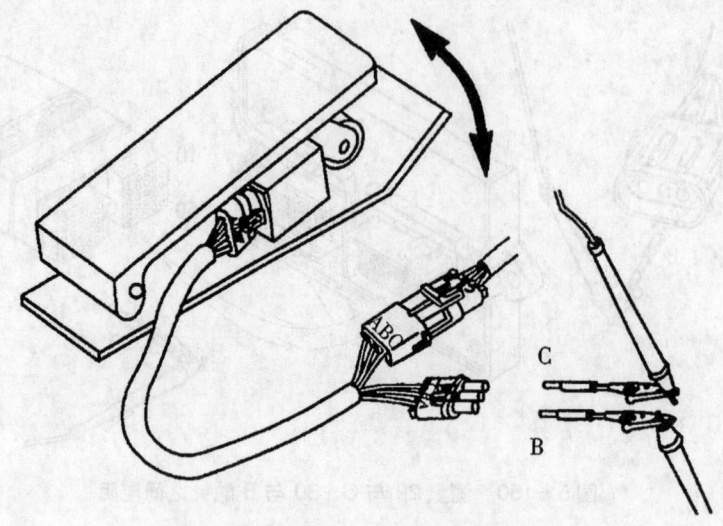

图 5-152　测量 C 与 A 触针之间电阻

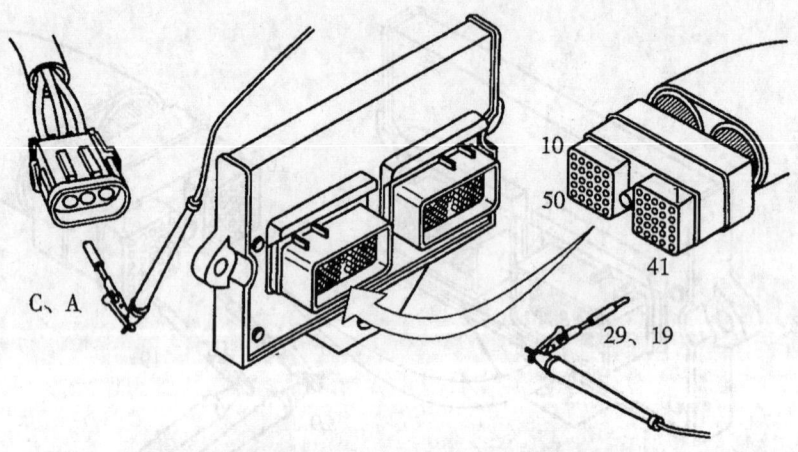

图 5-153　测量 29 与 C、19 与 A 触针之间电阻

9)检查 OEM 线束是否短路接地。分别测量 29 触针与机体之间电阻，30 触针与机体之间电阻，均应大于 100kΩ。如图 5-156 所示。

10)检查 OEM 线束中触针与触针之间是否短路接地。分别测量 29、30、19 触针与其他触针之间电阻，应大于 100kΩ。如图 5-157 所示。

11)清除故障代码。钥匙开关在 ON 位置，踩下油门踏板至全开位置并完全松开 3 次，启动发动机，怠速运转 1min 后行驶车辆，使用 INSITE™ 证明故障代码 432 不再起作用，并已转变成非现行故障代码，再用 INSITE™ 清除非现行故障代码。

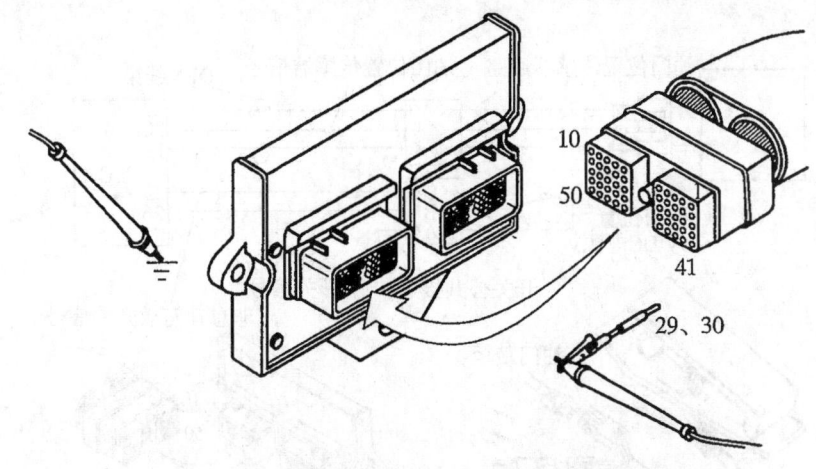

图 5-154 分别测量29、30 触针与机体之间电阻

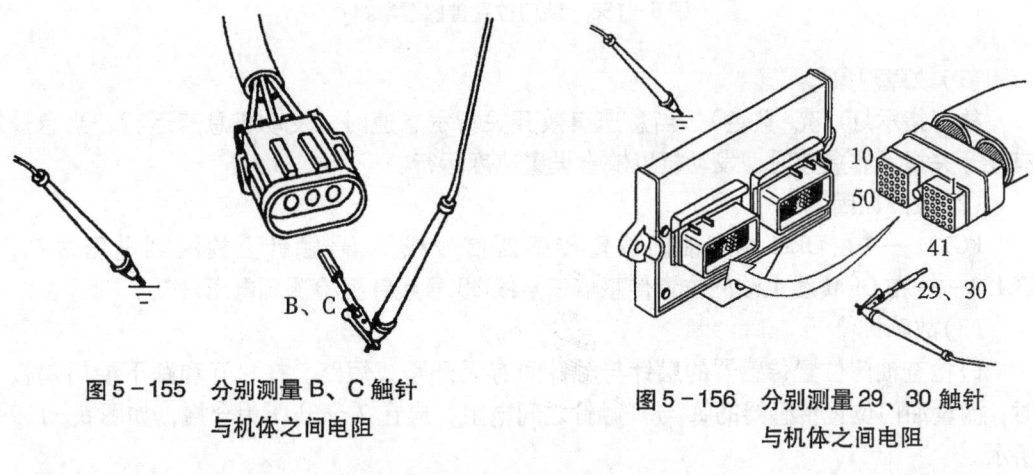

图 5-155 分别测量 B、C 触针
与机体之间电阻

图 5-156 分别测量 29、30 触针
与机体之间电阻

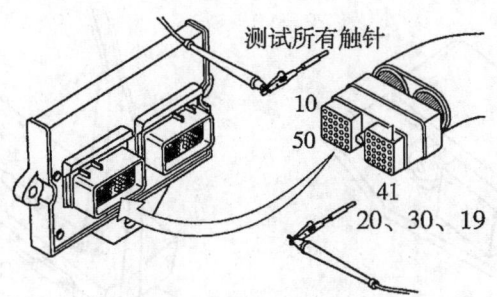

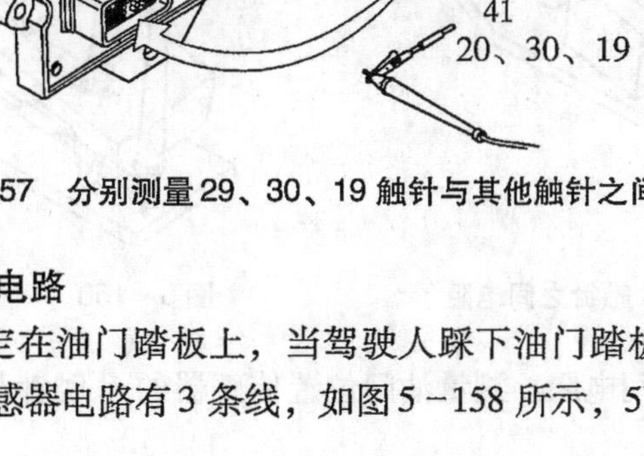

图 5-157 分别测量29、30、19 触针与其他触针之间电阻

2. 油门位置传感器电路

油门位置传感器固定在油门踏板上，当驾驶人踩下油门踏板时，该传感器将信号输入 ECM。油门位置传感器电路有 3 条线，如图 5-158 所示，5V 电源线(29 号触针)，

回路接地导线(19 号触针)和信号线(30 号触针)。

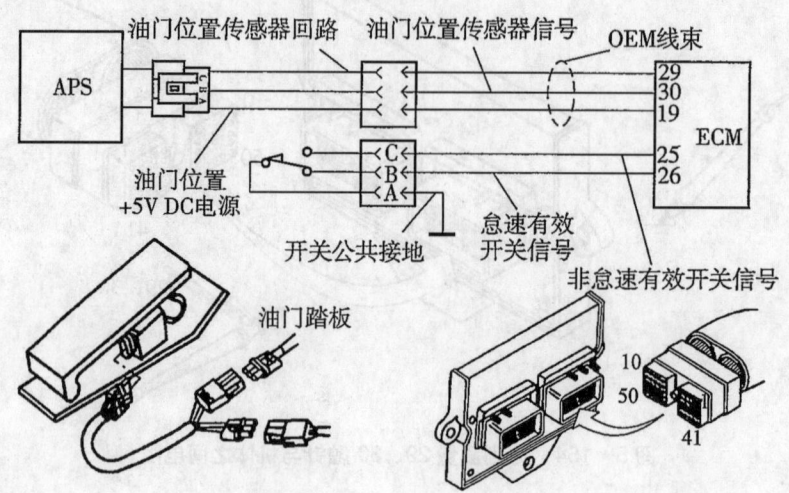

图 5-158　油门位置传感器电路

（1）故障现象

故障指示灯点亮（黄色），当怠速有效开关指示怠速时，发动机怠速运行，当怠速有效开关指示非怠速时，发动机以缺省设置速度运行。

（2）故障原因

FC131——在 OEM 线束油门位置传感器信号线 30 号触针上检测到电压过高，FC132——在 OEM 线束油门位置传感器信号线 30 号触针上检测到电压过低。

（3）故障维修

1）检查油门位置传感器的触针与触针间有无开路或短路。在松开和踩下油门踏板时，测量油门位置传感器的 A 与 C 触针之间电阻，应在 2～3kΩ 为合格，如图 5-159 所示。

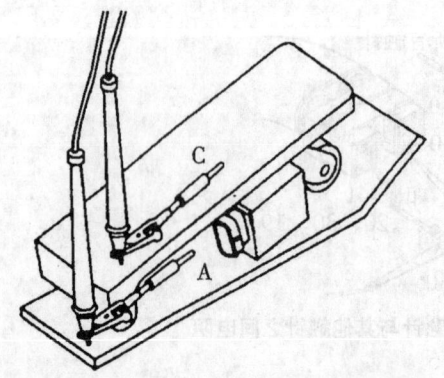

图 5-159　测量 A 与 C 触针之间电阻

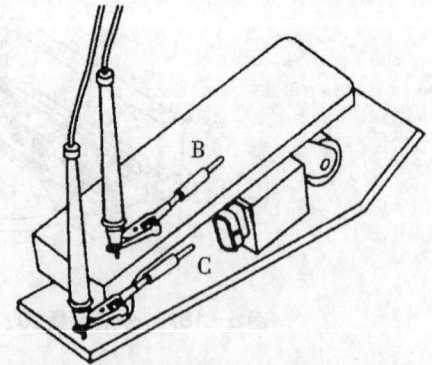

图 5-160　测量 C 与 B 触针之间电阻

2）检查传感器触针间电阻。测量油门位置传感器的 C 触针与 B 触针间电阻。松开踏板时，为 $1.5\sim 3k\Omega$；踩下踏板时为 $250\sim 1\,500\Omega$。如图 $5-160$ 所示。

　　3）检查传感器电源线是否短路接地。测量传感器的 C 触针与机体之间电阻，应大于 $100k\Omega$，如图 $5-161$ 所示。

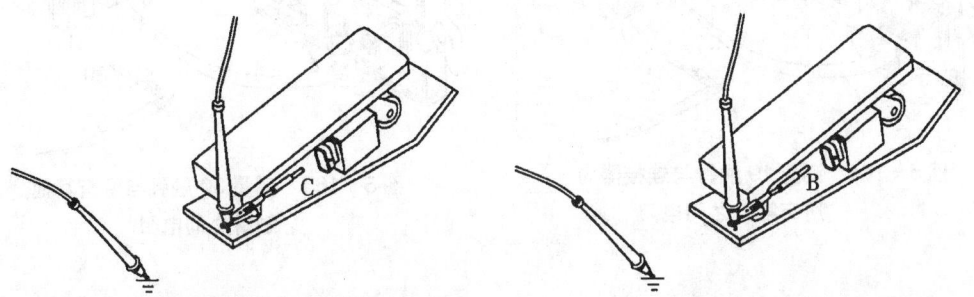

图 $5-161$　测量 C 触针与机体之间电阻　　　　图 $5-162$　测量 B 触针与机体之间电阻

　　4）检查信号线是否短路接地。测量传感器的 B 触针与机体之间电阻，应大于 $100k\Omega$，如图 $5-162$ 所示。

　　5）检查 OEM 线束中的电源、信号和回路线是否开路。分别测量 29 与 A 触针，30 与 B 触针，19 与 C 触针之间电阻，均应小于 10Ω。如图 $5-163$ 所示。

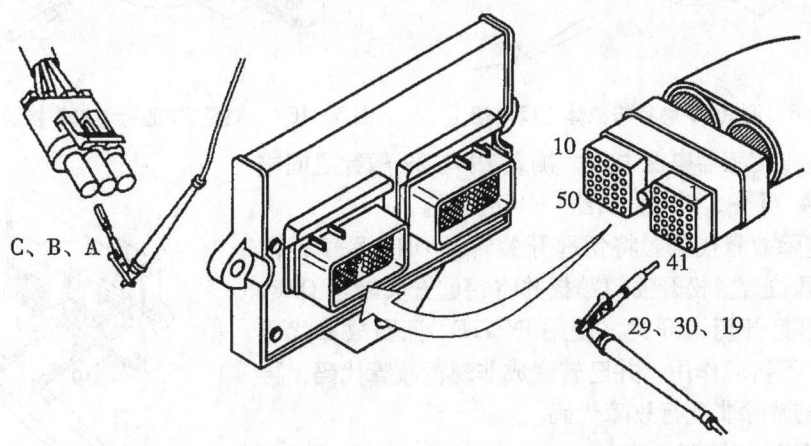

图 $5-163$　分别测量 29 与 A、30 与 B、19 与 C 触针之间电阻

　　6）检查电源线和 OEM 线束中任何导线间是否短路。测量 19 触针与 OEM 线束连接器内所有其他触针之间电阻，均应大于 $100k\Omega$。如图 $5-164$ 所示。

　　7）检查信号线与 OEM 线束中所有其他导线间是否短路。测量 30 触针与 OEM 线束中所有其他触针之间电阻，均应大于 $100k\Omega$。如图 $5-165$ 所示。

　　8）检查油门位置传感器电源线是否短路接地。测量 OEM 线束连接器的 19 触针与机体接地之间电阻，应大于 $100k\Omega$。如图 $5-166$ 所示。

　　9）检查信号线是否短路接地。测量 30 触针与机体接地之间电阻，应大于 $100k\Omega$。如图 $5-167$ 所示。

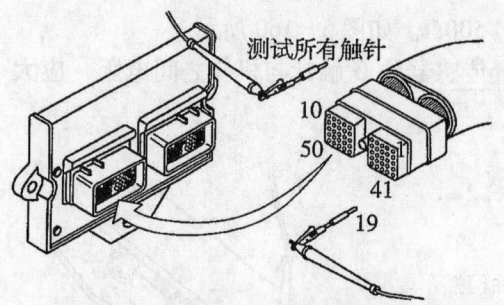

图5-164 测量19触针与连接器内所有触针之间电阻

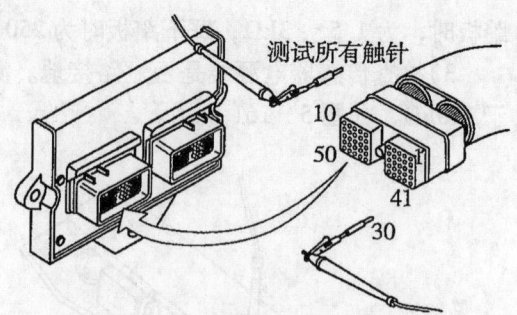

图5-165 测量30触针与所有其他触针之间电阻

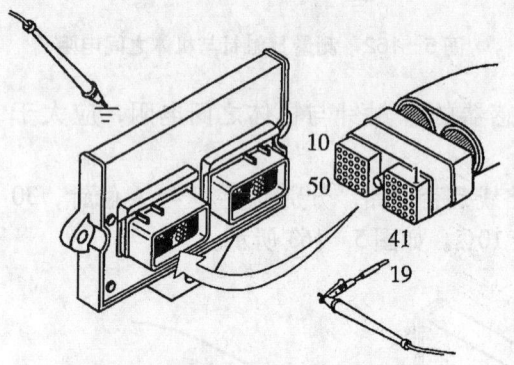

图5-166 测量19触针与机体之间电阻

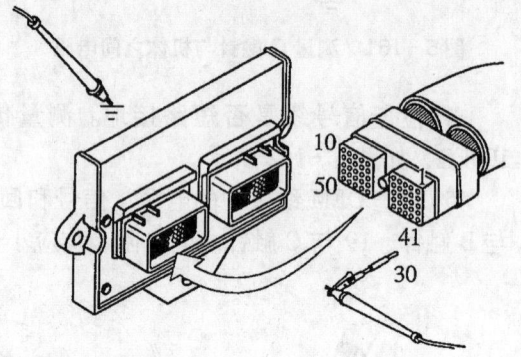

图5-167 测量30触针与机体接地之间电阻

10)检查传感器电源电压。测量19与29触针之间电压,应为4.75~5.25V。如图5-168所示。

11)清除故障代码。将钥匙开关转至ON,踩下油门踏板到全开位置,松开油门踏板并将钥匙开关转至OFF,等待15s再打开钥匙开关,使用INSITE™证明故障代码131或132不再起作用,并已转变成非现行故障代码,再用手提电脑清除非现行故障代码。

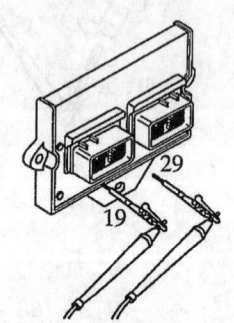

图5-168 测量19与29触针之间电压

3. 远程油门控制电路

远程油门控制总成包括远程油门位置传感器。该传感器的功能是将驾驶人所要求的油门开度按百分比传输到ECM,ECM根据远程油门开度确定供油量。远程油门位置传感器需要5V工作电压。远程油门控制电路,如图5-169。

(1)故障现象

故障指示灯点亮(黄色),远程油门位置传感器不工作。

(2)故障原因

FC385——在远程油门位置传感器电源线的10触针处检测到高电位,FC444——在电源线的10触针处检测到低电位。

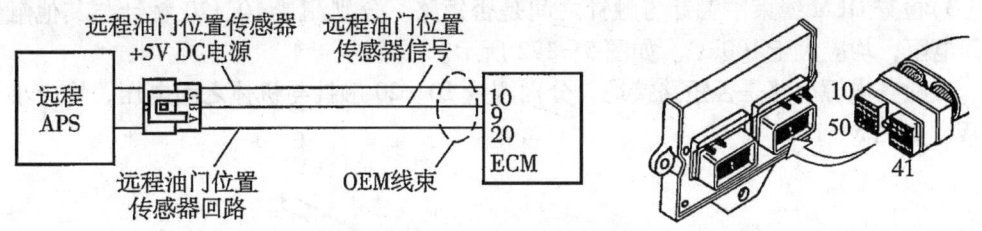

图 5－169 远程油门控制电路

(3)故障维修

1)检查是否开路。测量 10 触针与远程油门位置传感器连接器的触针 C 之间电阻以及 20 触针与触针 A 之间的电阻，均应小于 10Ω。如图 5－170。

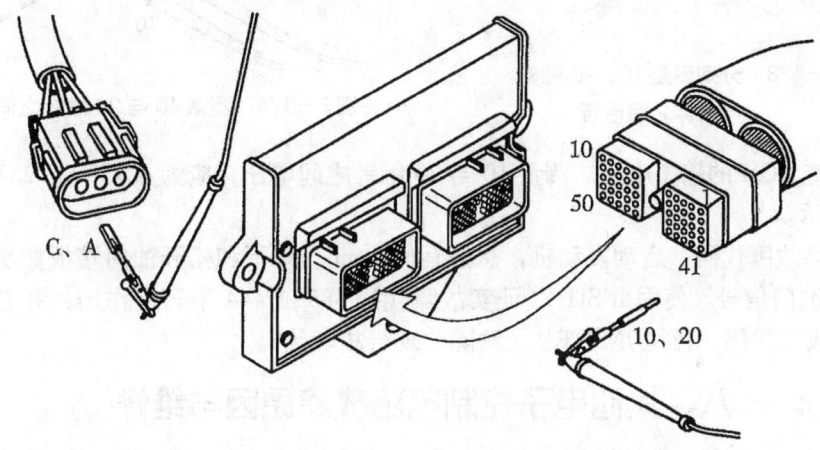

图 5－170 测量 10 与 C、20 与 A 触针之间电阻

2)检查是否短路接地。分别测量 10、20 触针与机体之间电阻，均应大于 100kΩ。如图 5－171 所示。

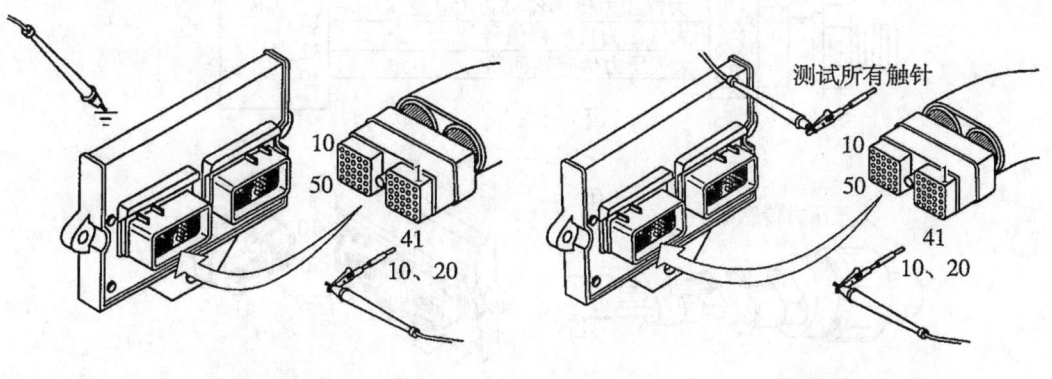

图 5－171 分别测量 10、20 触针
与机体之间电阻

图 5－172 分别测量 10、20 触针与
其他触针之间电阻

199

3）检查 OEM 线束中触针与触针之间是否短路。分别测量 10、20 触针与其他触针之间电阻，均应大于 100kΩ。如图 5－172 所示。

4）检查电源电路是否短路接地。分别测量 10、20 触针与机体之间电压，均应小于 1.0V。如图 5－173。

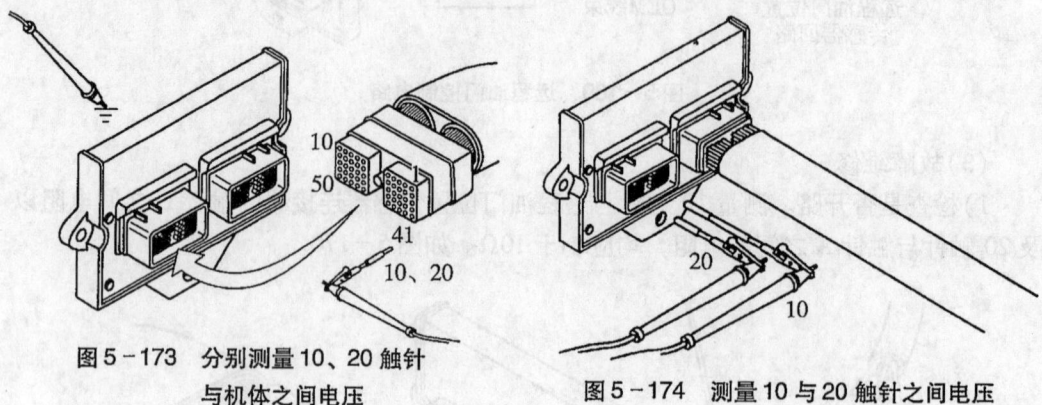

图 5－173　分别测量 10、20 触针
与机体之间电压

图 5－174　测量 10 与 20 触针之间电压

5）检查 ECM 的输出电压。测量 10 与 20 触针之间电压，应为 4.75～5.25V。如图 5－174 所示。

6）清除故障代码。启动发动机，怠速运转 1min，踩下和松开油门踏板数次以确保 ECM 得到油门信号。使用 INSITE™ 证实故障代码 385 或 444 不再起作用，并且已转变成非现行故障代码，再用 INSITE™，清除非现行故障代码。

八、其他电子控制电路故障原因与维修

1. 大气压力传感器电路

大气压力传感器用于监测大气压力并通过线束将信号传输到 ECM。大气压力传感器安装在输油泵下面。该传感器电路如图 5－175 所示。

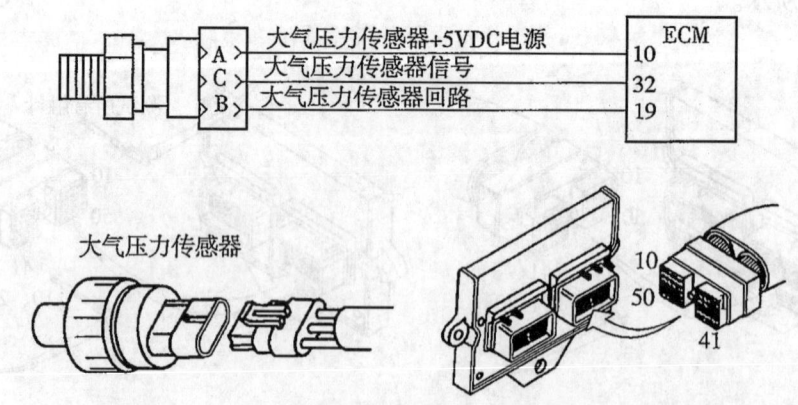

图 5－175　大气压力传感器电路

（1）故障现象

故障指示灯点亮（黄色），发动机功率将降低 15%。

（2）故障原因

FC221——在大气压力传感器信号线的 32 号触针上检测到电压偏高，FC222——在 32 号触针上检测到电压偏低。

（3）故障维修

1）检查 ECM 上大气压力传感器的电源电压。测量抽头电缆触针 A 与 B 触针之间电压，应为 4.5～5.25V。如图 5-176 所示。

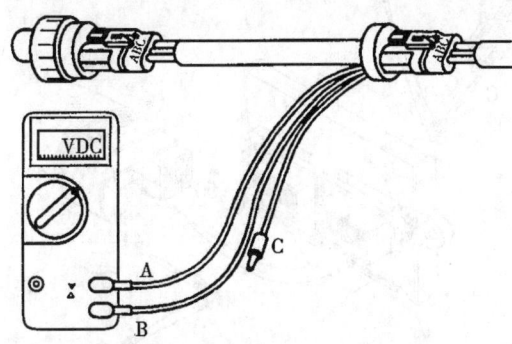

图 5-176　测量 A 与 B 触针之间电压

2）检查 ECM 上大气压力传感器的信号电压。测量电缆上触针 B 与 C 之间信号电压，如图 5-177。在不同海拔高度，其电压值应符合表 5-3 规定值。

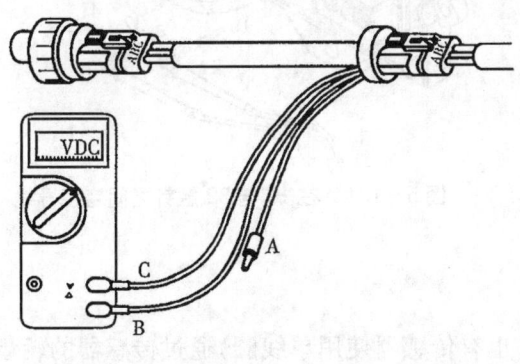

图 5-177　测量 B 与 C 触针之间电压

表 5-3　检查 ECM 上大气压力传感器的信号电压

海拔（m）	电压（V）
0	4.00～4.58
930	3.60～4.40
1 860	3.20～4.00
2 790	3.00～3.80
3 720	2.60～3.40

3）检查大气压力传感器信号线是否开路。测量发动机线束的 32 触针与大气压力传感器信号线上触针 C 之间的电阻，应小于 10Ω。如图 5-178 所示。

4）检查是否短路接地。测量发动机线束 32 触针与机体接地之间电阻，应大于 100kΩ。如图 5-179 所示。

5）检查触针与触针之间是否短路。测量发动机线束的 32 触针与发动机线束的其他触针之间电阻，均应大于 100kΩ。如图 5-180 所示。

6）检查 ECM 灵敏度是否正确。在 ECM 发动机连接器的 10 和 32 触针之间连接一导线，使用 INSITE™ 读取故障代码，证实故障代码 222 已不再起作用，而故障代码 221 正在起作用。如图 5-181 所示。

7）清除故障代码。启动发动机，急速运转 1min，使用手提电脑证实故障代码 221 或 222 不再起作用，并且已转变成非现行故障代码，再用 INSITE™ 清除非现行故障代

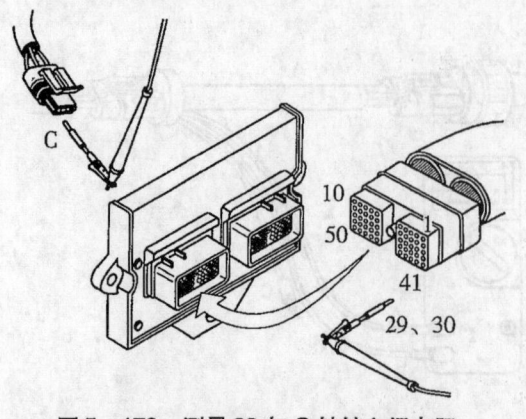

图5-178 测量32与C触针之间电阻

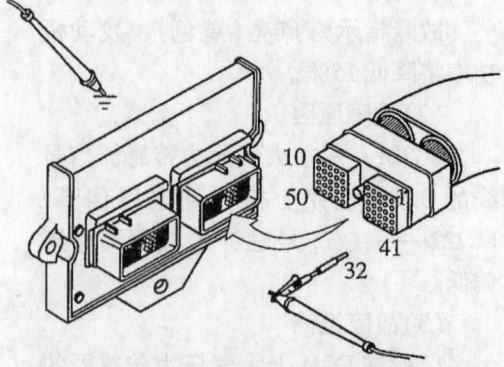

图5-179 测量32触针与机体之间电阻

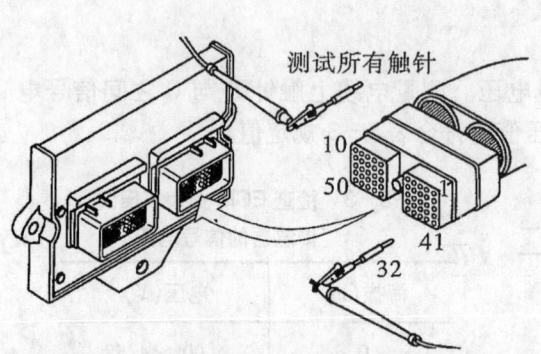

图5-180 测量32触针与其他触针之间电阻

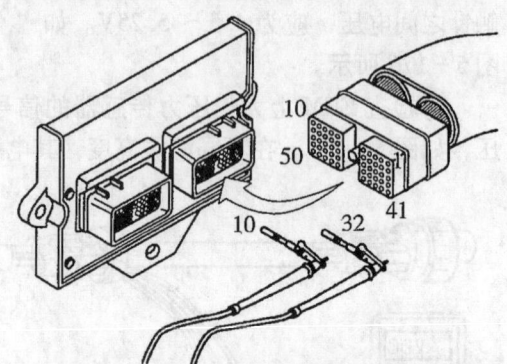

图5-181 在10与32触针之间连接导线

码。

2. 车辆速度传感器电路

车辆速度传感器使用两个独立的线圈(也有传感器使用单线圈)通过传感器的轮齿计数。ECM通过一个线圈感应车速。OEM通过另一个线圈将车速信号传递给转速表。车速传感器(VSS)安装在变速器的后部,该传感器电路如图5-182所示。

(1)故障现象

故障指示灯点亮(黄色),发动机转速被限制在设有车速传感器的最大发动机转速值内。这时巡航控制、退挡保护和道路车速调速器不工作,而车辆行驶里程记数会不准确。

(2)故障原因

在OEM线束的8号触针和18号触针上的车速信号已经丢失。

(3)故障维修

1)检查VSS调节是否正确。检查车辆速度传感器头与齿轮头部间隙调节是否正确。传感器头从齿轮头部转出1/2~3/4圈为合格。如图5-183所示。

2)检查传感器的电阻。测量传感器连接器侧A触针与B触针之间电阻,应为0.75~1.5kΩ。如图5-184所示。

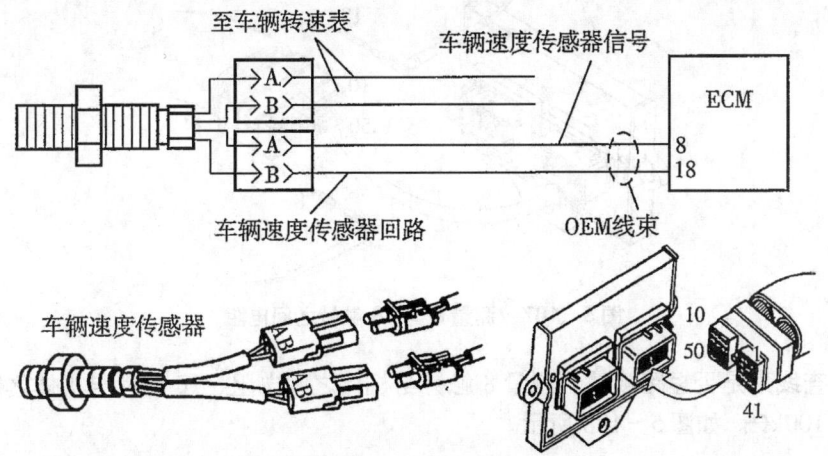

图5-182 车辆速度传感器电路

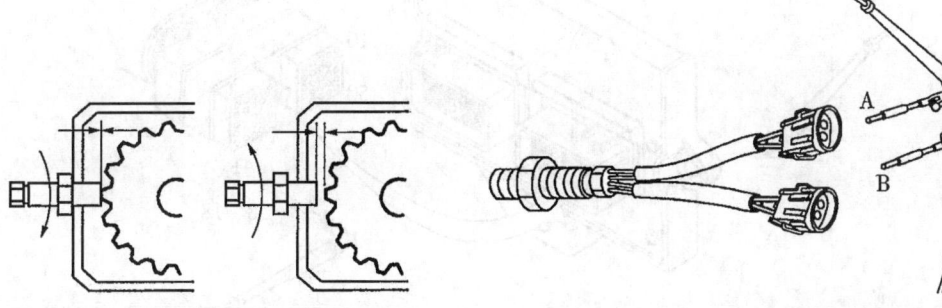

图5-183 检查VSS头与齿轮头部间隙　　　图5-184 测量A与B触针之间电阻

3)检查VSS是否短路接地。测量VSS连接器的A触针与机体间电阻，及另一个连接器的A触针与机体之间电阻，均应大于10MΩ。如图5-185所示。

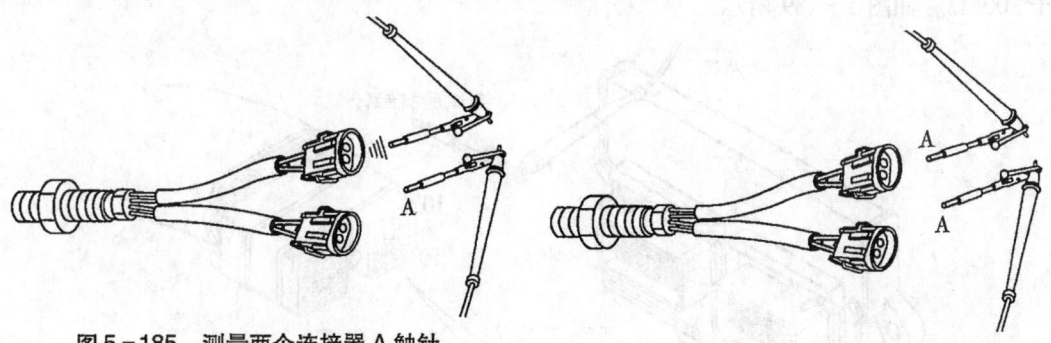

图5-185 测量两个连接器A触针　　　图5-186 测量A与A触针之间电阻
与机体之间电阻

4)检查VSS线圈是否短路。测量VSS连接器A触针与另一个连接器A触针之间电阻，应大于100MΩ。如图5-186所示。

5)检查VSS电路电阻。测量OEM线束连接器的8触针与18触针之间电阻，应为0.75～1.5kΩ。如图5-187所示。

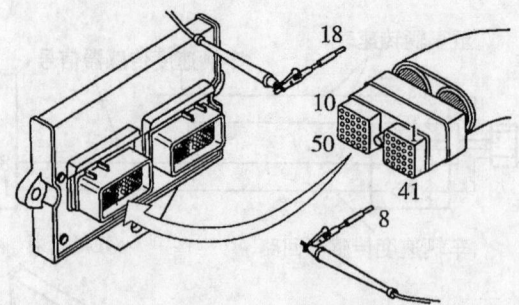

图 5 - 187　测量 8 与 18 触针之间电阻

6) 检查线束是否短路接地。测量 8 触针与机体之间电阻，18 触针与机体之间电阻，均应大于 100kΩ。如图 5 - 188 所示。

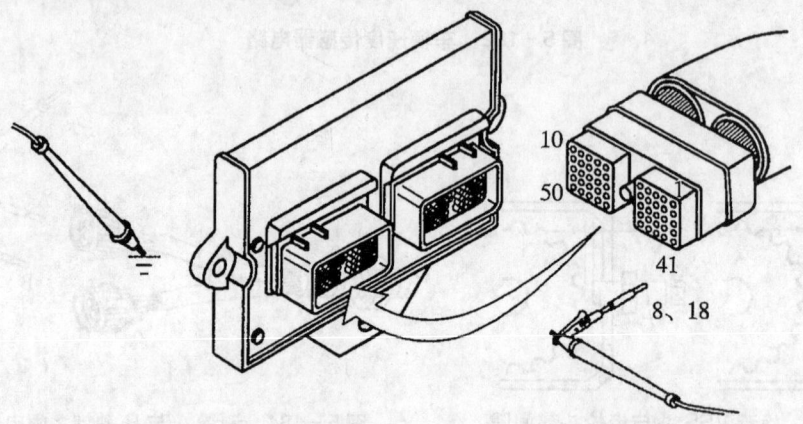

图 5 - 188　测量 8 触针、18 触针与机体之间电阻

7) 检查触针与触针之间是否短路。测量 8 和 18 触针与所有触针之间电阻，均应大于 100kΩ。如图 5 - 189 所示。

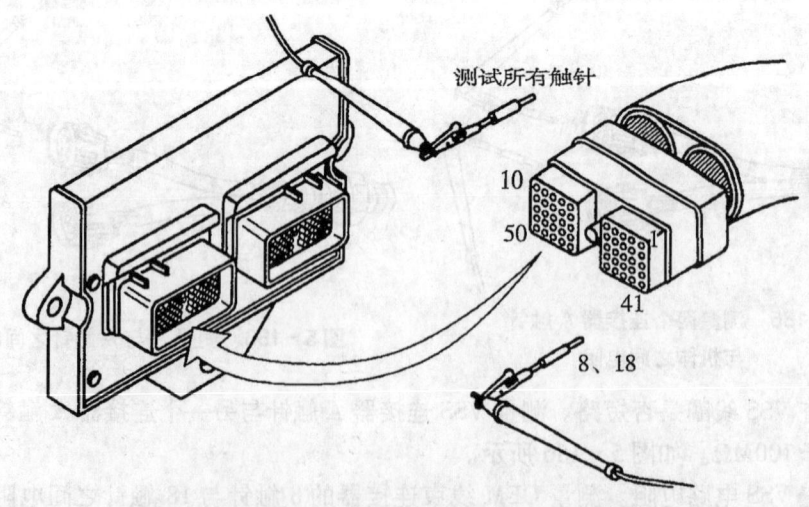

图 5 - 189　测量 8 和 18 触针与所有触针之间电阻

3. 怠速有效开关电路

ECM 通过怠速有效开关(IVS)功用是指示油门踏板释放(怠速)或油门踏板踩下(非怠速)时的状态，并由油门踏板制造厂负责调节此开关，以便在正确的油门踏板位置从怠速到非怠速进行转换，IVS 怠速有效开关安装在油门踏板总成上。怠速有效开关电路如图 5 - 190 所示。

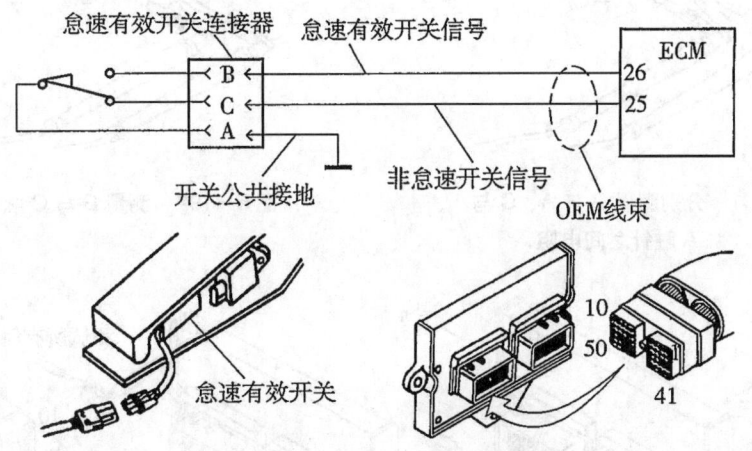

图 5 - 190 怠速有效开关电路

(1)故障现象

故障指示灯点亮(黄色)，FC431——对发动机性能没有影响，但失去怠速有效信号；FC551——发动机只有怠速。

(2)故障原因

FC431——在怠速有效开关线束的 25 或 26 触针上同时未检测到电压或在一个触针上未检测到电压，FC551——在 25 或 26 触针上同时检测到电压。

(3)故障维修

1)检查 IVS 是否开路。

a. 测量松开油门踏板时 IVS 连接器 B 与 A 触针之间电阻。

b. 测量踩下油门踏板时 IVS 连接器 C 与 A 触针之间电阻。

测量电阻均应小于 10Ω。如图 5 - 191 所示。

2)检查触针与触针间是否短路接地。测量在油门踏板踩下和松开时 IVS 连接器触针 B 与 C 之间电阻，应大于 100kΩ。如图 5 - 192。所示

3)检查 ECM 电源电压。分别测量 25、26 触针与机体之间电压，应为 4.75 ～ 5.25V。如图 5 - 193 所示。

4)检查触针之间是否短路接地。分别测量 25、26 触针与所有其他触针之间电阻，应大于 100kΩ。如图 5 - 194 示。

5)检查是否开路。分别测量 26 与 B 触针，25 与 C 触针，A 触针与机体之间电阻，均应为小于 10Ω。如图 5 - 195 所示。

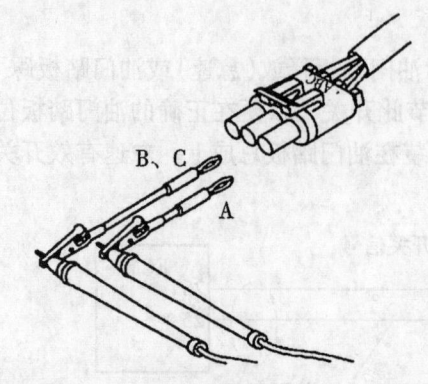

图 5-191 分别测量 B 与 A、C 与
A 触针之间电阻

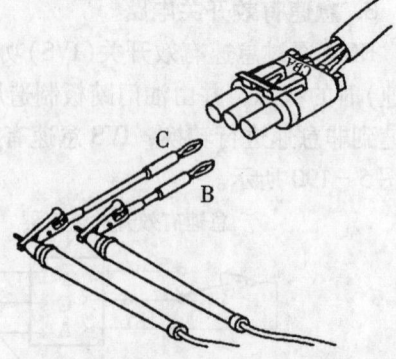

图 5-192 测量 B 与 C 触针之间电阻

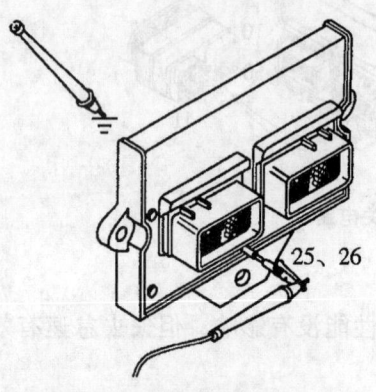

图 5-193 分别测量 25、26 触针与
机体之间电压

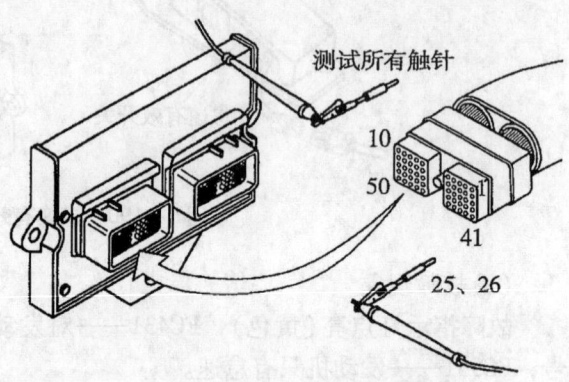

图 5-194 分别测量 25、26 触针与
其他触针之间电阻

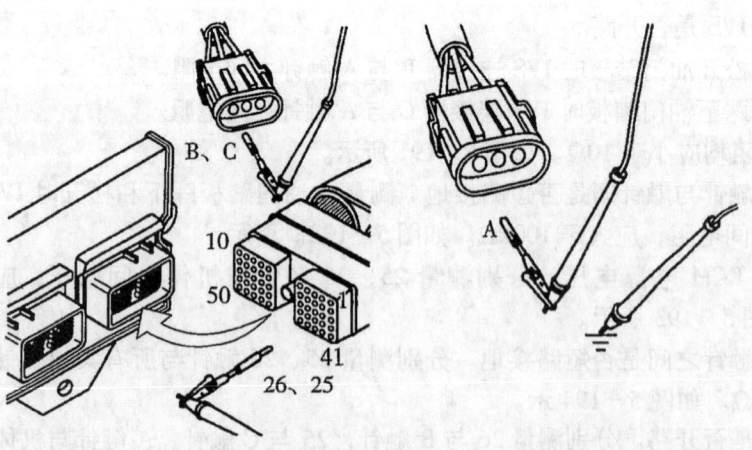

图 5-195 分别测量 26 与 B、25 与 C、A 与机体之间电阻

6）检查是否短路接地。分别测量 25、26 触针与机体之间电阻，应大于 $100k\Omega$。如图 5－196 所示。

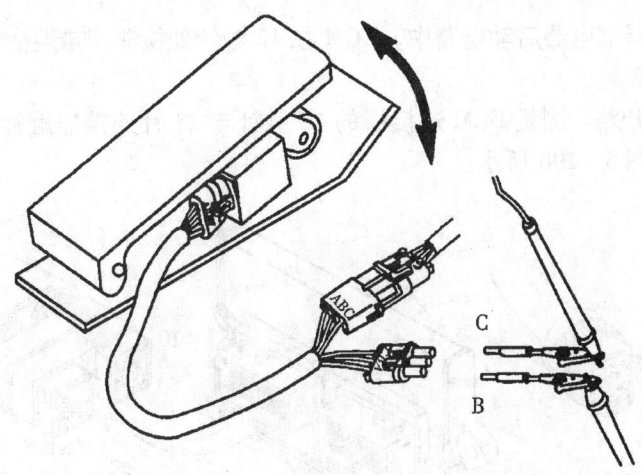

图 5－196　分别测量 25、26 触针与机体之间电阻

7）清除故障代码。将钥匙开关转至 ON 位置并完全踩下和松开油门踏板 4～5 次，再将钥匙开关转到 OFF 位置 5s，启动发动机，怠速运转 1min，使用 INSITE™ 证明故障代码 431 或 551 已不再起作用，并已转变成非现行故障代码，再用 INSITE™ 清除非现行故障代码。

4. 排气制动器电源电路

ECM 通过输送信号到排气制动器继电器来启动排气制动器。排气制动器安装在排气管上。排气制动器电源电路，如图 5－197 所示。

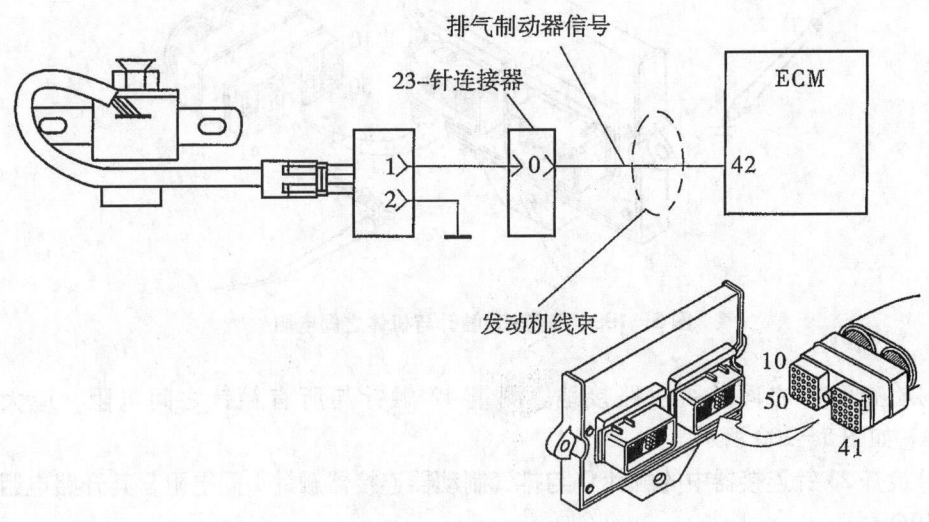

图 5－197　排气制动器继电器电源电路

（1）故障现象

故障指示灯点亮（黄色），排气制动器不工作。

（2）故障原因

在排气制动器继电器启动电路中，ECM 在 42 触针处检测到错误信号。

（3）故障维修

1）检查是否开路。测量 ECM 连接器的 42 触针与 23 针连接器触针 O 之间的电阻，应小于 10Ω。如图 5－198 所示。

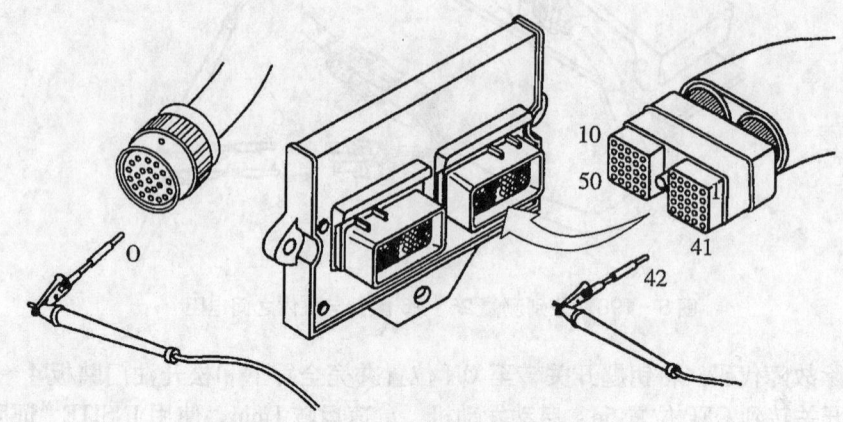

图 5－198　测量 42 触针与 O 触针之间电阻

2）测量 42 触针与机体之间电阻，应大于 100kΩ。如图 5－199 所示。

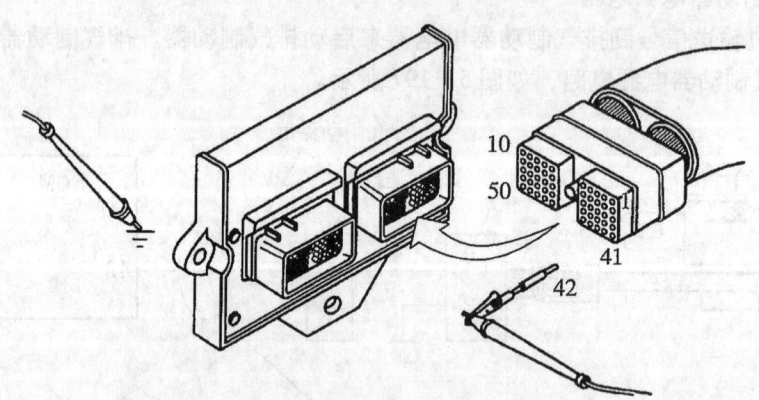

图 5－199　测量 42 触针与机体之间电阻

3）检查触针之间是否短路接地。测量 42 触针与所有触针之间电阻，应大于 100kΩ。如图 5－200 所示。

4）检查 23 针连接器中的触针 O 与排气制动器连接器触针 1 间电阻，其开路电阻应小于 10Ω。

5）测量 23 针连接器触针 O 与机体间短路电阻，应大于 100kΩ。如图 5－201 所示。

6）测量 23 针连接器的触针 O 与连接器中所有其他触针之间电阻，其短路电阻均应

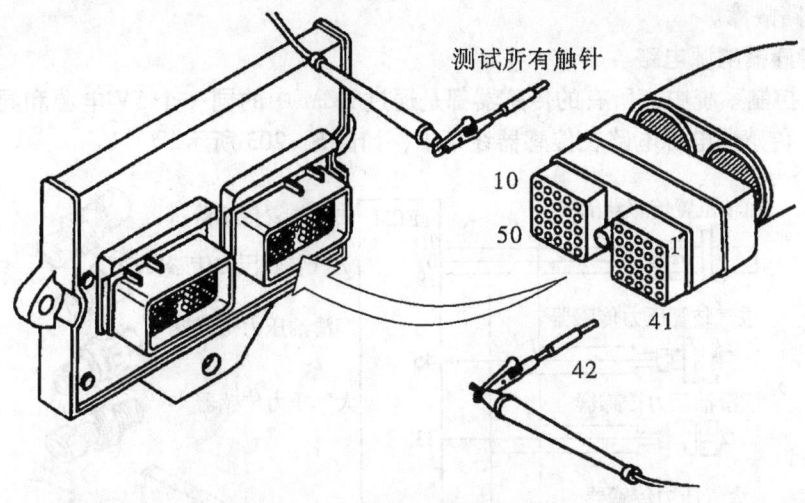

图5－200　测量42触针与所有触针之间电阻

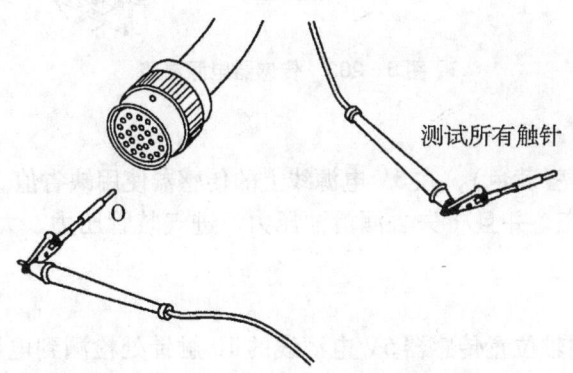

图5－201　测量O触针与机体之间电阻

大于100kΩ。如图5－202所示。

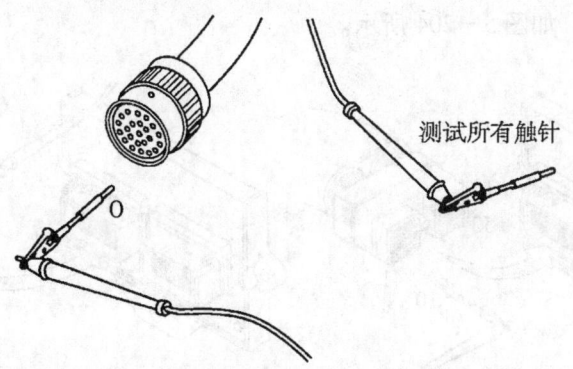

图5－202　测量O触针与所有触针之间电阻

7)清除故障代码。启动发动机，怠速运转1min，使用INSITE™证实故障代码不再起作用，并已转变成非现行故障代码，再用INSITE™清除非现行故障代码。大气压力

209

传感器电路故障。

5. 传感器电源电路

ECM 控制系统中，所有的传感器都是通过 ECM 中的同一个 5V 电源和同一个回路供电。5V 传感器电源电路在传感器线束中，如图 5 - 203 所示。

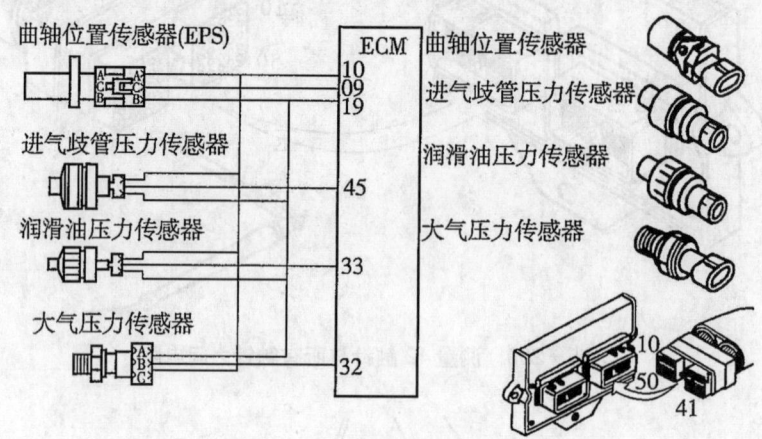

图 5 - 203　传感器电源电路

(1)故障现象

故障指示灯点亮(黄色)，在 5V 电源线上的传感器使用缺省值。发动机功率将降低到没有增压时的状态，并且将失去润滑油压力、进气歧管压力、大气压力和燃油压力对发动机的保护。

(2)故障原因

FC352——在曲轴位置传感器 5V 电源线的 10 触针处检测到电压偏低，FC386——在 10 触针处检测到电压偏高。

(3)故障维修

1)检查发动机线束是否短路接地。测量发动机线束连接器的 10 触针与机体之间电阻，应大于 100kΩ。如图 5 - 204 所示。

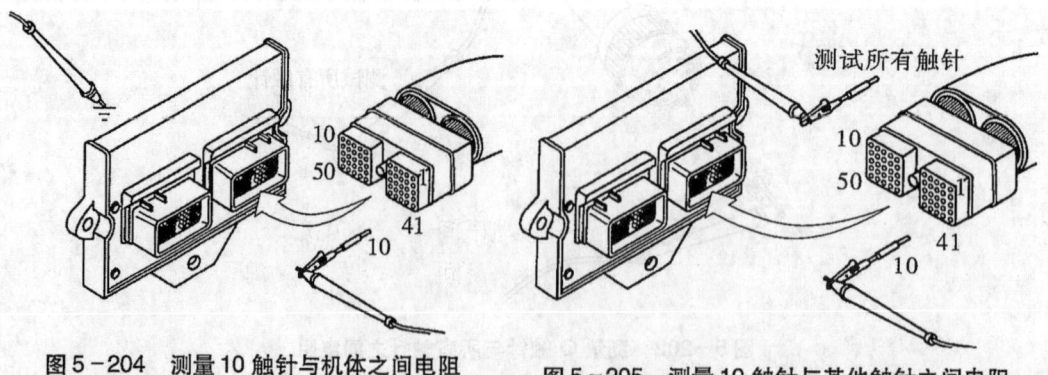

图 5 - 204　测量 10 触针与机体之间电阻　　　　图 5 - 205　测量 10 触针与其他触针之间电阻

2)检查触针之间是否短路。测量 10 触针与连接器中的所有其他触针之间电阻，均应大于100kΩ。如图5-205所示。

3)检查传感器电源电压。分别测量发动机转速传感器、润滑油压力传感器、进气歧管压力传感器和大气压力传感器相应的触针A与机体之间电压，应为4.5～5.25V。

4)清除故障代码。启发动机，急速运转1min并用INSITE™证实故障代码352和386已不再起作用，并且已转变成非现行故障代码，再用INSITE™清除非现行故障代码。

6. 无开关蓄电池电源电路

ECM从蓄电池无开关导线直接得到稳定的电压，在导线的正极线路有3个插片或7.5A熔丝和两个10A熔丝，用于防止线束过热。当车辆钥匙开关接通后，ECM通过钥匙开关经过导线获得蓄电池输入电压。无开关蓄电池电源电路如图5-206所示。

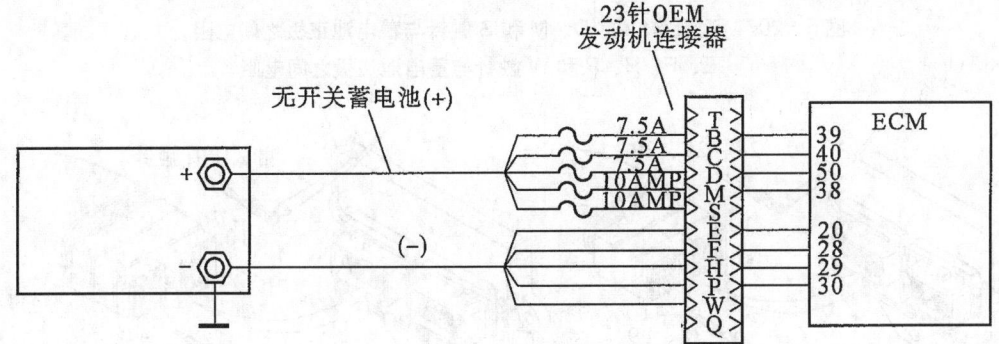

图5-206 无开关蓄电池电源电路

(1)故障现象

故障指示灯点亮(黄色)，对发动机性能没有影响。故障代码图表示里程信息数据以及保养监视器数据可能不准确。

(2)故障原因

上一次钥匙接通时ECM收集的数据(如故障代码、里程信息数据等)在钥匙开关断开后未储存到ECM存储器中。

(3)故障维修

1)检查蓄电池电源电路的电阻。

a. 测量蓄电池电源电路连接器触针B、C、D、M和S与蓄电池正极端子之间电阻。

b. 测量蓄电池回路连接器的触针E、F、H、P和W与蓄电池负极端子之间电阻。要求电阻值小于10Ω，如图5-207所示。

2)检查蓄电池电压。测量蓄电池正负极端子间电压，正常情况下：大于12V(对于12V系统)、大于24V(对于24V系统)；启动期间：大于6.2V(12V系统)、大于12V(24V系统)。

3)检查蓄电池电源电路和回路是否开路。测量38、39、40、50触针分别与20、28、29和30触针之间电压，对12V系统，应为10～15V；对于24V系统，应为22～27V。如图5-208所示。

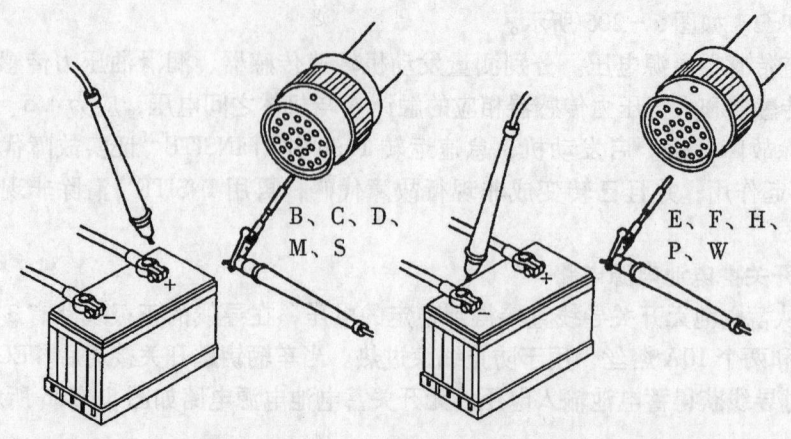

图 5-207 测量 B、C、D、M 和 S 触针与蓄电池正极之间电阻，
E、F、H、P 和 W 触针与蓄电池负极之间电阻

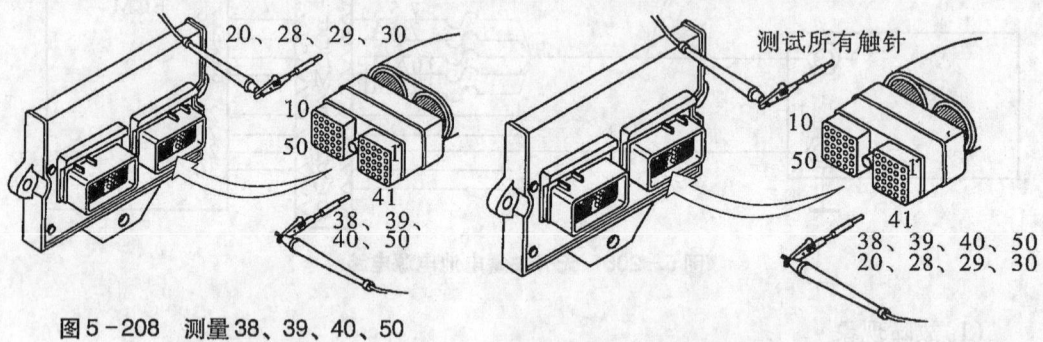

图 5-208 测量 38、39、40、50
触针分别与 20、28、29
和 30 触针之间电压

图 5-209 分别测量 38、39、40、50、20、28、
29 和 30 触针与所有触针之间电阻

4）检查是否短路接地。分别测量 38、39、40、50、20、28、29、30 触针与所有触针之间电阻，均应大于 100kΩ。如图 5-209 所示。

5）清除故障代码。启动发动机，怠速运转 1min，使用 INSITE™，证明故障代码 434 不再起作用，并已转变成非现行故障代码，再用 INSITE™清除非现行故障代码。

7. ABS 制动防抱死装置

（1）传感器的检修

1）检测传感器与齿圈的间隙。传感器与齿圈的间隙一般应大于 0.7mm，最大不得超过 1.5mm。

2）检测传感器的电阻。电阻值应在 1 100～1 250Ω。

3）检测传感器的输出电压。转动车轮，用万用表测量传感器的输出电压，电压值应大于 0.20V。

（2）ECU 与电磁阀的检测

将车辆处于停驶状态，关闭钥匙开关，ABS 警告灯点亮，然可听到电磁阀的循环响声，且 ABS 警告灯在点亮 3s 后熄灭，说明 ABS 控制系统与电磁阀正常。当闭合钥匙开关后，ABS 警告灯并不熄灭，但车辆行驶的车速超过 7km/h 后 ABS 警告灯才熄灭，说明 ABS 控制系统与电磁阀正常。

当钥匙开关闭合后 ABS 警告灯不亮，说明 ABS 线路失效或是警告灯泡损坏。应检查灯泡和线路。如果警告灯一直点亮，说明 ABS 系统中存在 1 个或几个故障。这时，可以利用"读取故障码方法"来判断故障的部位和故障的性质。

8. 电涡流缓速器系统

(1)常见故障

1)制动力矩不匹配，大小不正常，但电磁缓速器指示灯正常。可能是有一个电路或线圈搭铁不好，某处断路或线圈断路。

2)系统不工作。可能是电磁缓速器熔断丝烧断。

3)系统没有某个挡。可能是该挡位的继电器触点烧蚀。

4)系统过热、有异响。可能是电磁缓速器润滑不良或维护不当。

5)系统制动性能明显下降。可能是继电器触点烧蚀。

6)电磁缓速器指示灯常亮或不亮，系统工作不可靠。可能是系统控制单元出现故障。

(2)其他故障

1)由于系统裸露在外，所以行驶中难免会有脏污物被卷进去，影响转子盘和电磁铁极片之间的间隙，改变系统制动力矩的大小。

2)如果发动机或变速器后油封漏油，也可能会导致电磁缓速器和电涡流缓速器系统线圈烧毁。

3)线路出现故障，使信号传不过去，或速度传感器信号、制动踏板信号不准确等，造成系统提供的制动力矩大小不准确。

4)ABS 系统出现故障也会对电磁缓速器的工作造成影响，表现为系统工作断断续续，经常烧坏电磁缓速器的熔丝。

(3)一般检修方法

1)确认电源电压最低为 24V，仔细检查电磁缓速器的电路是否完好。

2)更换电磁缓速器熔断丝。**注意：更换前要先切断车辆电路的总电源，以防工具搭铁烧毁线路电器。**

3)更换该挡的继电器。

(4)控制系统的检测

使用手动控制手柄，检查控制继电器的工作情况。如发现问题应进一步检查继电器和控制手柄。在控制系统有问题时应重点检查供电系统和传感器。

(5)电涡流缓速器的检查

1)电涡流缓速器各线圈的检测。用万用表逐个测量各线圈的电阻，电阻值过大说明线圈断路；电阻值过小线圈有短路。

2)检测电涡流缓速器工作时的电流与电压。使用电压表和钳式电流表，在继电器电源线上安置电流表，在电源线与搭铁线之间安置电压表。当电涡流缓速器工作时，检查电流和电压值。

第6章　柴油车用电设备系统维修

第一节　照明和信号系统故障与维修

一、照明系统结构特点

照明系统是汽车夜间工作的重要部分，往往由于灯光系统的故障而影响安全行驶。因此，无论对驾驶人或修理工，了解、掌握照明系统的线路和一般故障分析、处理非常重要。照明系统包括：车灯开关、灯光继电器、雾灯开关、雾灯、前照灯、变光开关、示宽灯、仪表灯、插座、室内灯及发动机罩下照明灯等。

1. 照明系统线路与配置

照明系统电路如图6-1所示。为保护各电气设备，各主要设备的线路中均安置了熔丝(共14对)，并将所有熔丝安装在一个熔丝盒内。不过，这也有些问题，当出现故障后，一时很难找到出现故障设备相应的熔丝，夜间行驶更为麻烦。所以了解和熟悉各系统的线路及熔丝的位置，对实际工作有很大帮助。

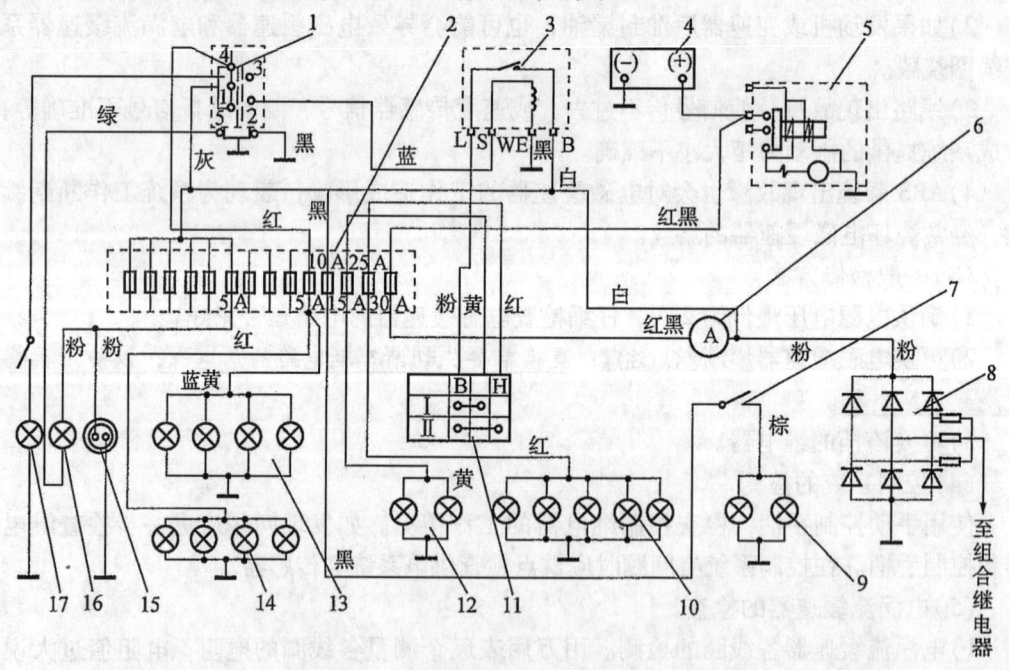

1-车灯开关　2-熔丝盒　3-灯光继电器　4-蓄电池　5-起动机　6-电流表
7-雾灯开关　8-交流发电机　9-雾灯　10-前照灯远光　11-变光开关　12-前照灯近光
13-示宽灯　14-仪表照明灯　15-插座　16-室内灯　17-发动机罩下照明灯

图6-1　解放汽车照明系统线路

表6-1　五十铃皮卡车主要照明灯

名　　称	额定功率(V/W)	数　　量	备　　注
前照灯	12～65/55	2	卤素灯
	12～45/40	2	
示宽灯	12～5	2	
前侧转向信号灯	12～21	2	
侧面转向信号灯	12～5	2	
后侧转向信号灯	12～21	2	
后雾灯	12～21	1	
尾灯和制动灯	12～21/5	2	
倒车灯	12～21	2	
牌照灯	12～5	1或2	
车顶灯	12～10	1	
工作灯	12～5	1	选装
踏步梯级照明灯	12～5	2	选装
聚光灯	12～5	2	选装

　　柴油车上都装备有多种照明装置，表6-2至表6-4所示是斯太尔柴油车配置的照明灯。

表6-2　斯太尔柴油车普通车型配置照明灯

灯　具　名　称		灯　泡　型　号	灯泡功率(W)	单车数量
前照灯		H4P43t	75/70	2
前位置灯		T4WBA9S	4	2
前雾灯		H3PK22S	70	2
后雾灯		P21WBA15S	21	1
前转向灯		P21WBA15S	21	2
前侧转向灯		P21WBA15S	21	2
示高灯		T4WBA9S	4	2
后组合灯	转向灯	P21WBA15S	21	2
	位置灯	R5WBA15S	5	4
	制动灯	P21WBA15S	21/5	2
室内照明灯		R10WBA15S	10	4
信号、报警灯		W2WBA9ds	2	—
点烟器照明灯		W2WBA9ds	2	1
倒车灯		RL21W	21	1

表6-3　斯太尔柴油车新车型配置照明灯

灯　具　名　称		灯　泡　型　号	灯泡功率(W)	单 车 数 量
前照灯		H4P43t	75/70	2
辅助远光灯		H3PK22S	70	2
前位置灯		T4WBA9S	4	2
后组合灯	转向灯	P21WBA15S	21	2
	位置灯	R5WBA15S	5	4
	制动灯	P21WBA15S	21	2
	后雾灯	P21WBA15S	21	2
	倒车灯	RL21W	21	2

表6-4　斯太尔柴油车新车型配置照明灯(续)

灯　具　名　称	灯　泡　型　号	灯泡功率(W)	单 车 数 量
示高灯	T4WBA9S	4	2
前雾灯	H3PK22S	70	2
前转向灯	P21WBA15S	21	2
前侧转向灯	T4WBA9S	4	2
室内照明灯	R10WBA15S	10	4
信号灯	W2WBA9ds	2	—
点烟器照明灯	W2WBA9ds	2	1
翘板开关位置灯	发光二极管	—	—

2. 前照灯

解放汽车前照灯为对称4灯制、封闭式,透光直径为136mm。内装4个R2型三爪盘式白炽灯泡,内侧远光灯泡的功率为60W,外侧近光灯泡的功率为55W。前照灯分解如图6-2所示。

斯太尔柴油车采用双灯丝卤素灯泡,组合式结构,功率为70/75W。

(1)普通车型前照灯

普通车型使用普通仪表板,在前照灯中使用了大灯继电器。当钥匙开关闭合后,前照灯远、近灯的控制电源接通,组合开关手柄往上抬时前照灯远光灯点亮,作会车警告用,此位置具有自动复位功能(复位到中间位置);当闭合灯光开关二挡触点后,大灯继电器吸合,组合开关手柄若在中间位置时,前照灯近光被点亮,若在下端位置时,前照灯远光被点亮。

(2)新车型前照灯

新车型使用新式仪表板,前照灯与普通型相比有以下差异:

1)增设了远光继电器和近光继电器,用以代替普通型的前照灯继电器。

2)新车型的组合开关手柄每向上提一次,前照灯呈近光与远光的交替变换。白天

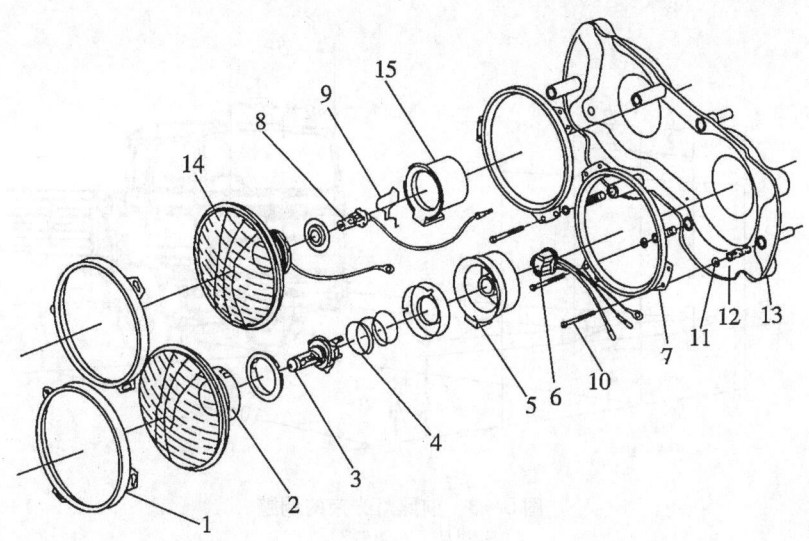

1-灯圈　2-远/近光灯罩总成　3-12V60W/55W 灯泡　4-弹簧　5-远/近光灯密封罩
6-3 孔插座　7-灯光调整底座　8-12V55W 灯泡　9-卡簧　10-灯光调整螺栓
11-灯光调整垫圈　12-灯光调整弹簧　13-灯光底板　14-远光灯罩总成　15-远光灯密封罩

图6-2　前照灯的分解

会车警告时，将手柄向上提即可(此位置具有自动复位功能)。

　　3)增设了辅助远光灯系统，包括辅助远光灯及其控制继电器。主回路电源来自熔断器，控制回路电源来自熔断器，中间串接一个翘板开关，当需要时接通此开关，辅助远光控制继电器线圈通电，致使该继电器的触点接通，接通主回路，辅助远光灯点亮熔断器受变光开关的远光位置控制。

　　(3)前照灯光束的检查与调整

　　1)引起前照光束的偏移的主要原因是：安装位置不当；调整不当；左右灯装错等。

　　2)检查和调整

　　a. 按规定标准充足轮胎气压。

　　b. 将无载荷的车停放在距调整墙 10m 的平整地上，车的中心轴线应与墙垂直。

　　c. 在墙上划一条高度为 h 的水平线和两条相隔为 b 的垂直线，如图6-3所示。h 的高度为大灯中心至地面的高度 H 减去 X(X 取 10cm)，b 的尺寸为两大灯的中心距。

　　d. 检查调整近光光束，将近光光束暗区的边界调整到对准水平线处，暗区边界线不应超出水平调整线。

　　e. 检查调整远光光束，在墙上划一条高度为 H 的水平线，将远光光束中心射在水平线 H 与垂直线的交点 E 处。

　　f. 每个大灯必须单独检查调整。掩盖住一侧的大灯，调整另一侧的大灯。

　　g. 若不符合要求，可通过大灯玻璃罩圈上的调整螺钉调整。一般情况下，水平位置上的螺钉调整光束的左右位置；上下方向上的螺钉调整光束的垂直位置。面对斯太尔汽车的前照灯，左上角的调整螺钉调整水平方向的光束，右下角的调整螺钉调整垂

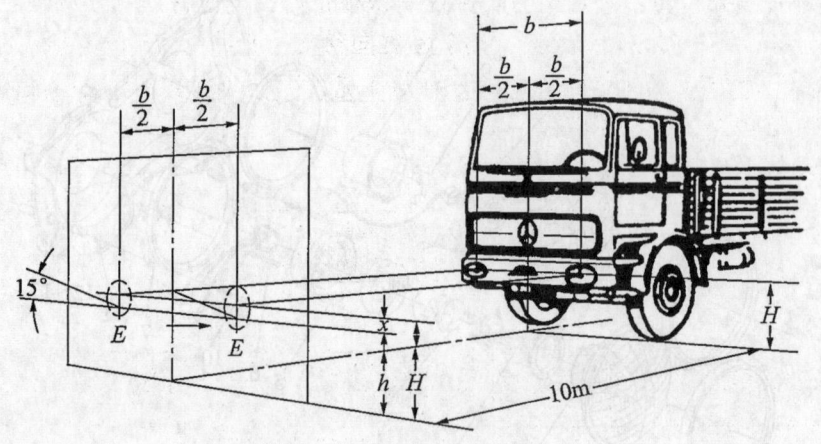

图 6-3　前照灯光束的调整

直方向的光束。

（4）前照灯常见故障与检修

1）解放柴油车前大灯远光、近光灯都不亮故障与排除。如果前大灯的远光、近光灯都不亮，原因有以下几点：灯光继电器有故障、变光开关有故障或插座脱落、车灯开关有故障、连接线松动或接触不良。

首先检查脚踏变光开关插座是否松脱。如变光开关插座接触牢靠，灯光继电器、车灯开关上的连接线也无松动，可从灯光继电器入手检查：

用导线将灯光继电器上的两接线柱连接，如果听不到"咔嗒"声，表明灯光继电器是好的；如果能听到"咔嗒"声，灯光继电器是坏的，应更换新件。如果灯光继电器是好的，则故障在变光开关或车灯开关上。

2）解放柴油车前大灯远光或近光灯不亮故障与排除。前大灯远光或近光灯不亮，多数原因出现在熔丝盒或脚踏变光开关上。遇到这种情况应先检查熔丝，如果熔丝已断，应注意排除短路点；如果熔丝未断，就应该检查变光开关及其插座。

3）灯光继电器和变光开关故障与排除。灯光继电器和变光开关分别用于控制前大灯的接通和灯光转换。

灯光继电器由车灯开关控制。使用中不得将该继电器短接（即直接用车灯开关控制前大灯），因为前大灯消耗电流大，而车灯开关触点允许通过电流较小。变光开关如有损坏亦应及时更换新件，同时必须型号相同。

3. 雾灯

雾灯装于保险杠内，功用是在雾中行驶或不准使用前照灯近光会车时提供照明。雾灯开关安装在仪表板上。

4. 制动灯

（1）更换制动灯开关

该开关是常闭式的，在制动踏板非受力位置时，其触点在外力的挤压下断开。更换制动灯开关通常需两人，一人在驾驶室内踏下制动踏板，另一人打开驾驶室前脸，在左外侧拆装开关。如果该开关的闭合控制铁板位移，则应释放制动踏板到最高点，接通钥匙开关，正常时制动灯点亮，向前围方向移动控制铁板到制动灯熄灭(注意：要留有余量，否则汽车运行时驾驶室的震动可使开关壳体损坏)，然后将其用固定螺栓锁紧。

(2)制动灯常见故障与排除

1)制动灯不亮。检查程序如图6-4所示。

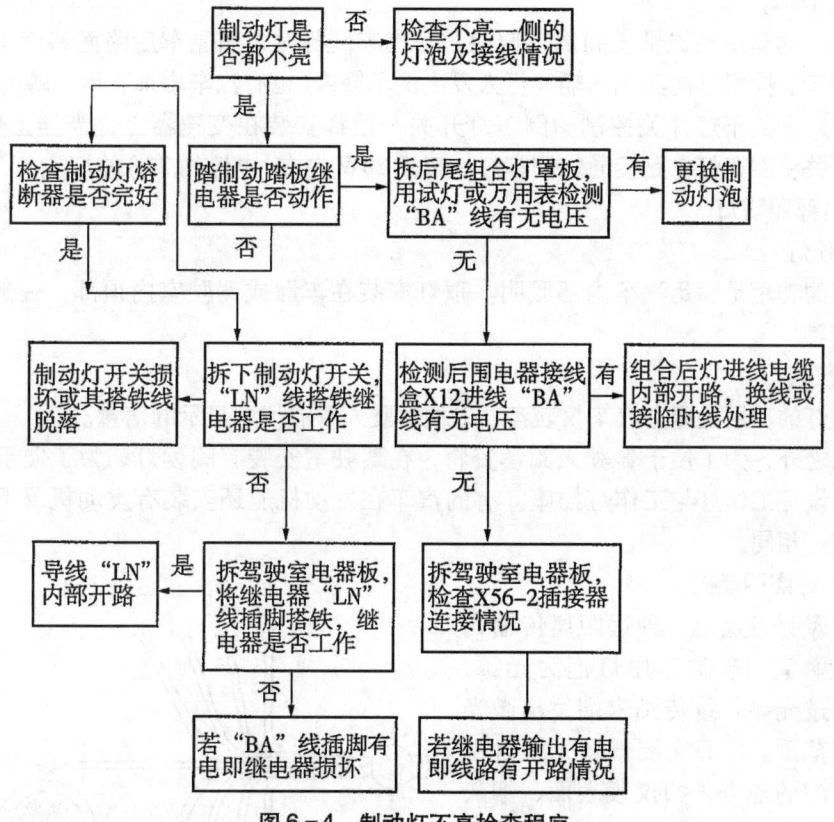

图6-4　制动灯不亮检查程序

2)制动灯常亮。检查程序如图6-5所示。

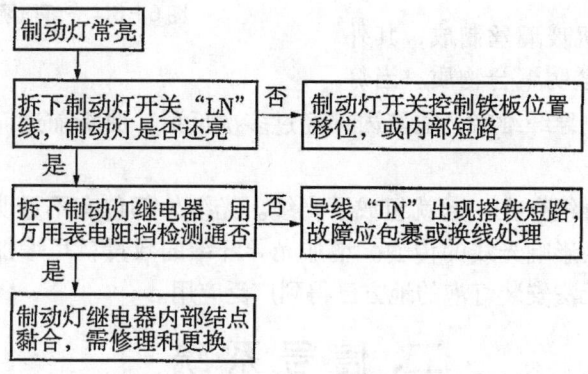

图6-5　制动灯常亮检查程序

5. 外部照明灯

(1) 牌照灯

牌照灯的功用是照亮汽车牌照，发光为白色。牌照灯受停车灯开关和前照灯开关控制。当其中一个开关接通，牌照灯电路即可接通使灯泡发亮，指示车辆牌照号码。

牌照灯安装在汽车牌照上部，一般用 5～10W（即电流 <1A）的灯泡。

(2) 倒车灯

倒车灯的功用是提供夜间倒车照明。当汽车倒行时，照亮车后路面和障碍物，以便安全倒车。同时可向其他车辆和行人发出倒车警告（也有汽车增加了倒车蜂鸣器）。

倒车灯受倒车灯开关控制。倒车灯开关一般都安装在变速器上，当挂上倒挡时，倒车灯开关将倒车灯电路接通。倒车灯一般用 20W 左右（电流约 2A）的灯泡。

6. 内部照明灯

(1) 顶灯

顶灯的功用是满足汽车内部照明。顶灯安装在车厢或驾驶室内顶部，一般用 5～10W 的灯泡。

(2) 仪表灯

仪表灯的功用是照亮汽车仪表盘，以便驾驶人看清仪表显示的信息。

除此之外，为了便于驾驶人阅读资料，在驾驶室安装有阅读灯；为了便于夜间检修车辆，设有工作灯与工作灯插座。有的汽车在发动机舱还安装有发动机罩下灯，功用与工作灯相同。

7. 光纤照明装置

光纤照明装置是一种远距离传输光线的装置，它以普通车用灯泡为光源，让光线通过光导纤维传到末端发出微光照亮一定范围。在只需要微弱光线且不便安装灯泡的地方，如仪表表面、烟灰盒、门锁孔等处，往往采用光纤照明。光纤照明装置由光导纤维和照明灯组成，如图6-6所示。

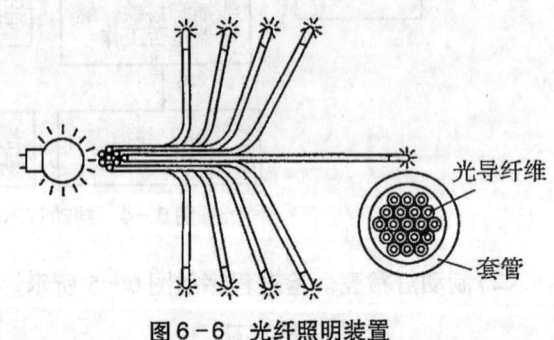

图6-6 光纤照明装置

光导纤维由有机玻璃丝制成，其外部包有隔光作用的透明聚合物质。当灯泡产生的光线通过光导纤维时，在其内部经过多次反射，曲折前进而传到末端即可达到照明目的。

将多根光导纤维组合在一起就组成了光缆。光缆外部包有不透明的软管，可以任意弯曲或扭转而不会影响光线的传输。增加光导纤维的数量就可增加光缆输出端的亮度，故在不便甚至无法安装灯泡的地方已得到广泛应用。

二、信 号 系 统

信号系统包括转向信号、警报信号、喇叭及倒车信号等。信号系统的线路如图

6－7所示。

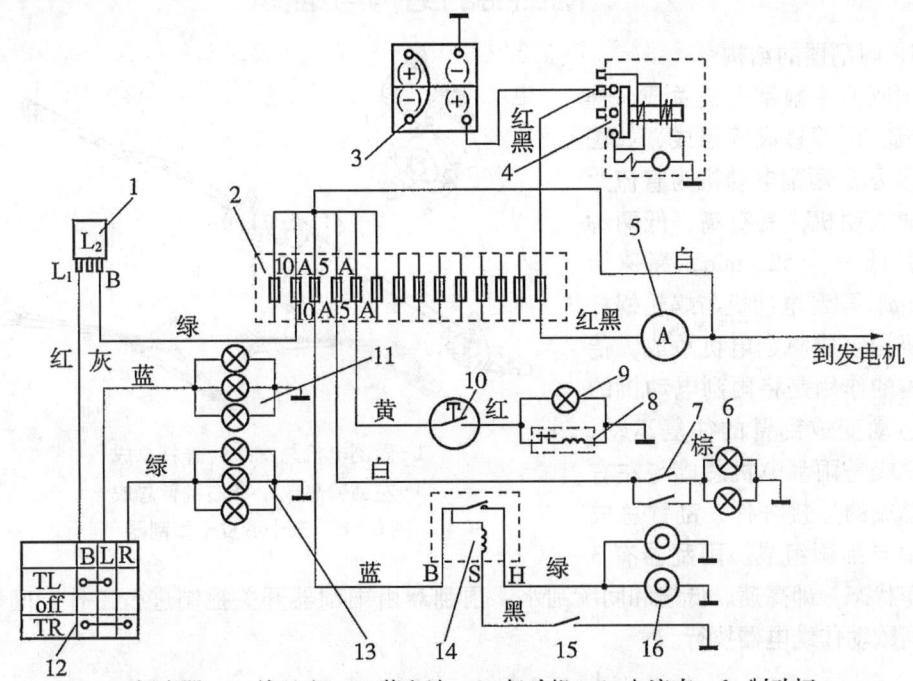

1－闪光器　2－熔丝盒　3－蓄电池　4－起动机　5－电流表　6－制动灯
7－制动灯开关　8－倒车蜂鸣器　9－倒车灯　10－倒车灯开关　11－左转向灯
12－转向灯开关　13－右转向灯　14－喇叭继电器　15－喇叭按钮　16－喇叭

图6－7　信号系统线路

1. 转向信号

转向信号由转向灯开关、闪光器、转向灯三部分组成。转向灯开关装在转向盘下部的转向柱上，由驾驶人操纵，具有自动回位机构，当汽车转弯后，随着转向盘的回位，能将转向开关自动地回到原始的断开位置。

2. 倒车信号

倒车信号包括倒车灯和倒车蜂鸣器。倒车灯安装在车架后横梁上，倒车蜂鸣器则单独安装，两者都接倒车灯开关，由倒车灯开关统一控制。倒车灯开关安装在变速器盖上，当变速器挂入倒挡时，倒车灯开关触点闭合，使倒车灯和倒车蜂鸣器电路接通。

3. 喇叭及喇叭继电器

喇叭为盆式双音(高、低音)喇叭，由喇叭按钮经喇叭继电器控制。

第二节　雨刮器和风窗洗涤器结构与维修

为了保持驾驶人员前的风窗玻璃清晰、明亮和洁净，清除风窗玻璃上的雾水和雨雪，清洗风窗玻璃上的灰尘和污物，在风窗玻璃上配置了雨刮器和风窗洗涤器。

一、雨刮器的结构与维修

1. 雨刮器的结构

雨刮器由雨刮电机总成、连杆总成、刮臂总成等组成，如图6-8所示。雨刮电动机为直流永磁双速电动机，具有高、低两种速度，低速为52r/min，高速为71r/min。雨刮电动机与蜗轮蜗杆传动机构组成雨刮电机总成，传动机构的作用是将雨刮电动机的旋转运动变成刮臂的往复运动，连杆总成是雨刮电机总成与左右刮臂总成的连接杆件，刮臂总成由刮臂与刮刷组成。雨刮器有3种工作状态，即高速、低速和间歇刮水。雨刮器由雨刮器开关控制进行工作，间歇动作由间歇动作继电器执行。

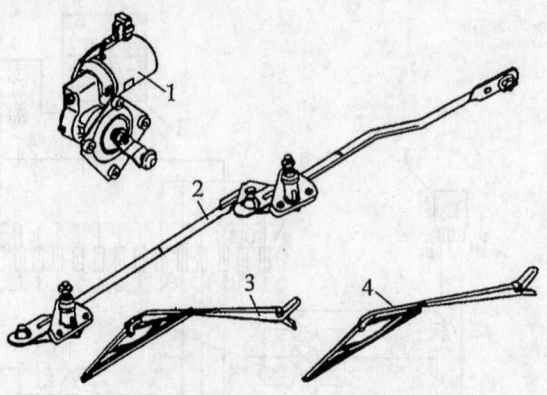

1-雨刮电机总成 2-连杆总成
3-左刮臂总成 4-右刮臂总成
图6-8 五十铃皮卡雨刮器

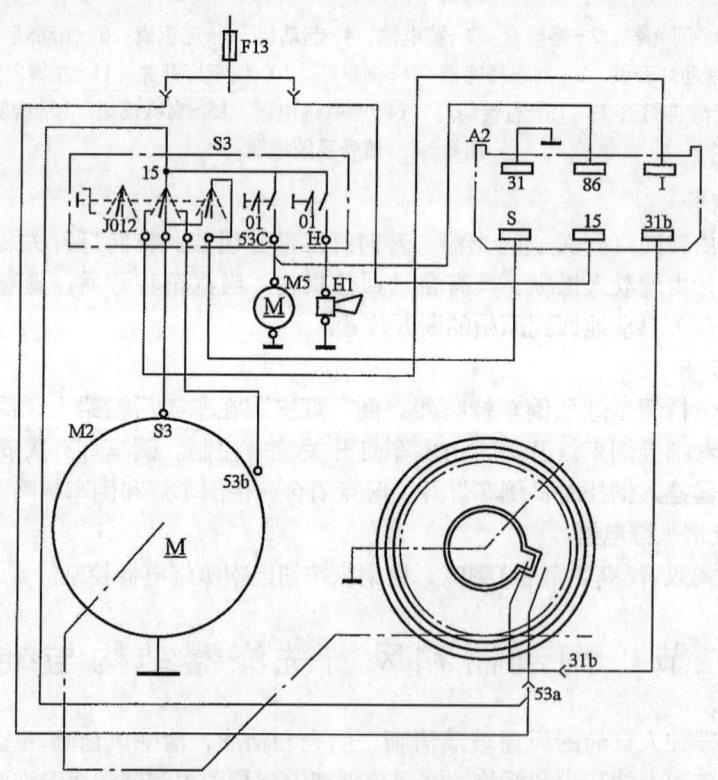

F13-刮水电动机电路熔断器 S3-组合开关 M5-洗涤电动机
M2-刮水电动机及回位装置 H1-电喇叭 A2-间歇继电器
图6-9 斯太尔雨刮器电路原理

2. 雨刮器的工作原理

采用永磁式双速直流电动机结构，电源由熔断器引出，这一回路的其他负载包括电喇叭及洗涤(喷淋)电动机。

在运转过程中，间歇继电器不参与工作。在组合开关内部有一组触点，置"0"位置时闭合，即将开关内的31b与53接通，回位电流经间歇继电器内31b、S结点，雨刮器慢转，到达原理示意图图示位置停止。如果控制器损坏后，将其插座31b与S插脚连接起来，电路仍具备除间歇、洗涤时刮水之外的其他功能。

雨刮器开关位于间歇挡，即J挡位，间歇继电器内部有一低频振荡电路环节，其控制电动机间歇刮水。雨刮摆臂运转一次间隔时间设定在5～9s。

洗涤电动机工作时，雨刮器运转，间歇继电器内的延时电路启动，当喷水结束时，该电路自动控制雨刮器仍进行2～3次刮水过程，把前风窗残留的水汽擦干净。

3. 雨刮器的使用与故障排除

(1)雨刮器失控

故障排除程序如图6-10所示。

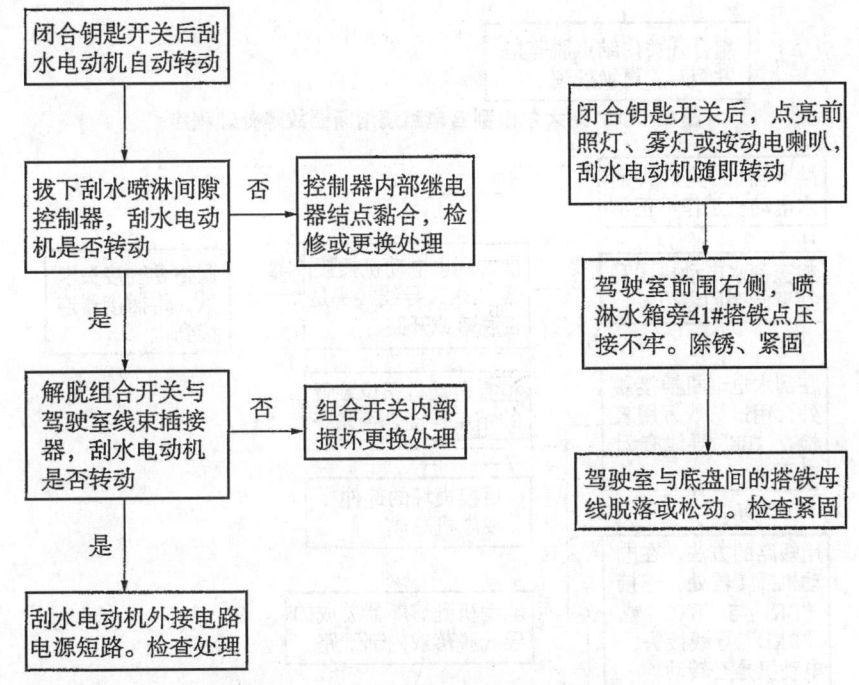

图6-10　斯太尔雨刮器失控故障排除程序

(2)烧熔断器

故障排除程序如图6-11所示。

(3)断路

故障排除程序如图6-12所示。

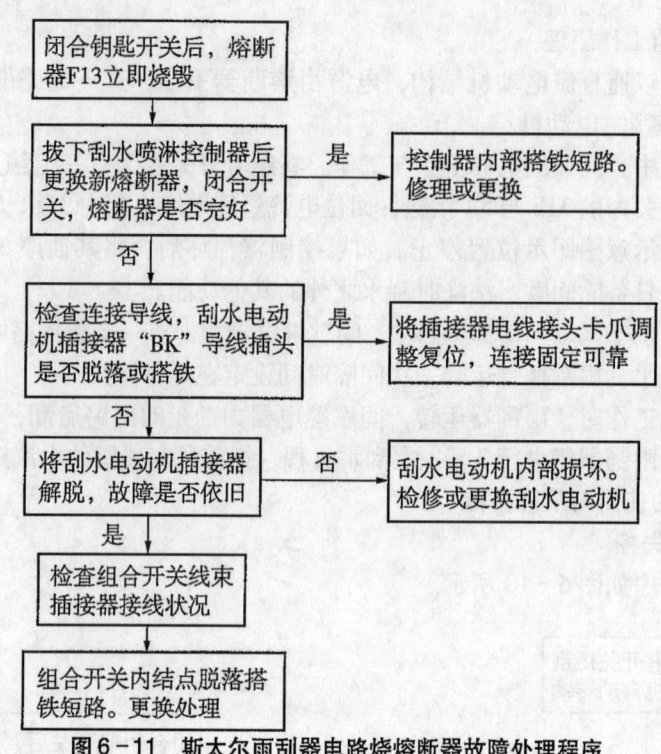

图6-11　斯太尔雨刮器电路烧熔断器故障处理程序

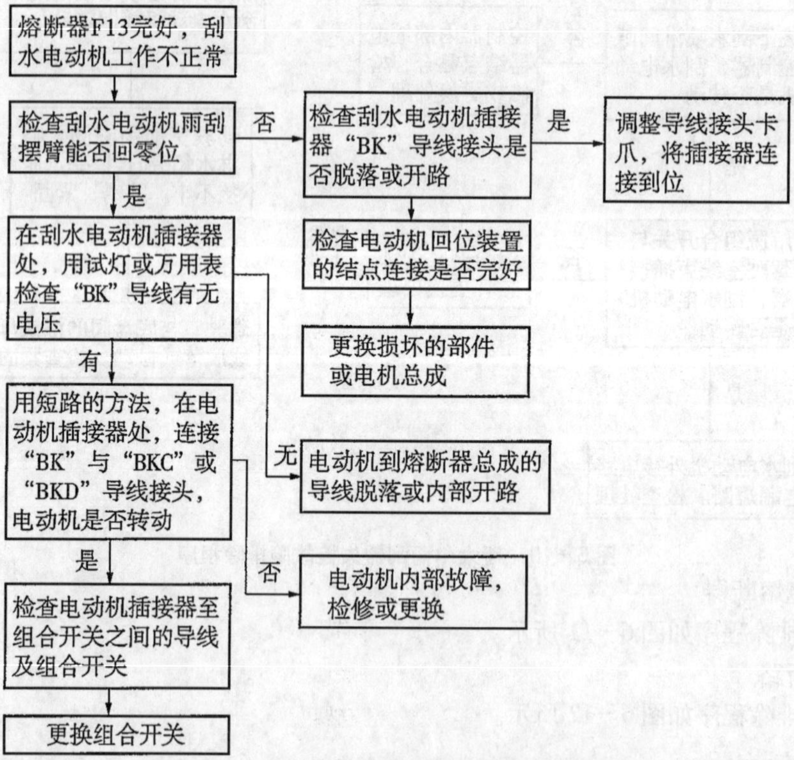

图6-12　斯太尔雨刮器电路断路故障处理程序

二、风窗洗涤器

1. 风窗洗涤器的结构特点

风窗洗涤器由洗涤泵、贮液罐、管道及喷嘴等组成，如图 6-13 所示。洗涤泵为离心泵，由洗涤器电动机带动，洗涤器电动机为直流永磁电动机，工作电压 12V。洗涤泵的流量为 28mL/s。风窗洗涤器由洗涤器开关控制进行工作。

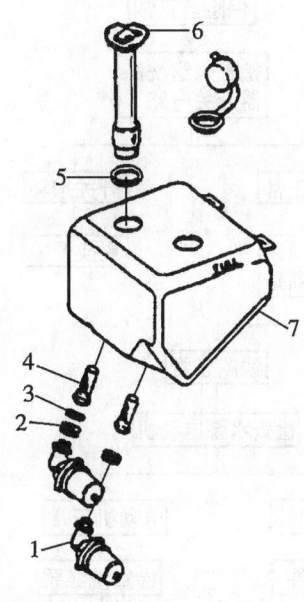

1-洗涤泵　2-过滤器螺母密封垫　3-过滤器　4-过滤器螺母
5-传感器密封垫　6-洗涤液液位传感器　7-洗涤液储液罐
图 6-13　风窗洗涤器

2. 风窗洗涤器的故障与排除

风窗洗涤器的常见故障有：接通电源后不喷液、喷射方向不适当等。风窗洗涤器的常见故障、产生原因及排除方法见表 6-5 所示。

表 6-5　风窗洗涤器常见故障与排除方法

故　　障	产 生 原 因	排 除 方 法
不喷液	储液罐无洗涤液	加液
	洗涤电路保险丝熔断	更换保险丝
	洗涤泵电动机损坏	更换电动机
	洗涤器电路电源线或接地线断路	检修线路
	喷嘴堵塞或管道破裂	疏通喷嘴或更换管道
喷射方向不适当	喷嘴位置不当	重新调整位置

洗涤器通电不工作故障的速查方法，如图 6 - 14 所示。

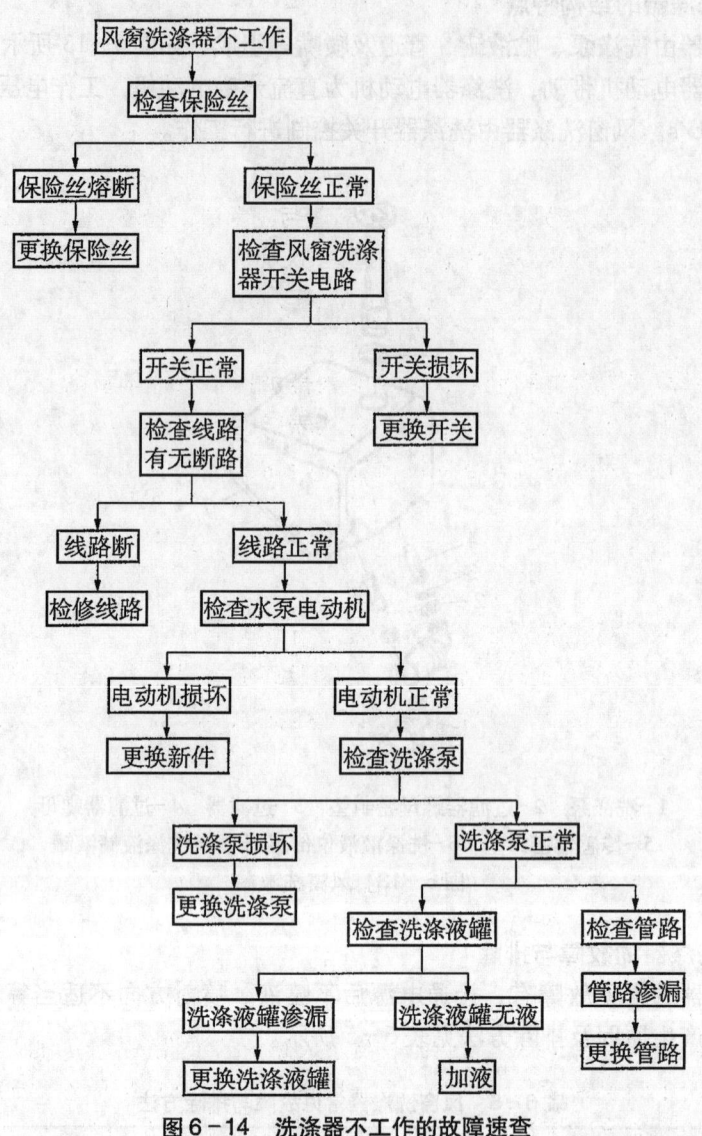

图 6 - 14　洗涤器不工作的故障速查

第7章　柴油车信息显示系统维修

第一节　信息显示系统电气仪表的结构特点

信息显示系统的电气仪表部分有：电流表与电压表，润滑油压力表及其传感器，水温表及其传感器，燃油表及其传感器，转速表及其传感器，车速里程表。

一、电流表的结构特点

车用的电流表有电磁式和动磁式，电流表是用作指示汽车蓄电池充电或放电电流的大小，并且监测充电系是否正常工作。电流表的一端与蓄电池连接，另一端与发电机及用电设备连接。当发电机向蓄电池充电时，电流表指示"＋"；当蓄电池向外放电时，电流表指示"－"。

1. 电磁式电流表

（1）功用

在现代汽车上，充电系统工作状态的指示方式有电流表指示、充电指示灯指示和电压表指示3种。电流表的显著特点是：不仅能够指示充电系统的充放电状态，而且还能指示充放电电流的大小，适合于整车负载电流相对较小、仪表盘安装空间相对较大的载货汽车选装。

（2）结构

电磁式电流表的结构如图7－1所示。黄铜板条3固定在绝缘底板上，两端与接线端子1和2相连，下面夹有永久磁铁6。在磁铁内侧的转轴5上装有带指针的软钢转子与指针4。

（3）工作原理

电磁式电流表的工作原理如图7－2所示。当电流表没有电流流过时，由于软钢转子被永久磁铁磁化，且转子磁化后的极性与永久磁铁的极性相反，因此两者互相吸引，使指针保持指向中间位置"0"，如图7－2(b)所示，说明充放电电流都等于零。

当蓄电池的放电电流流过黄铜板条时，在其周围就会产生磁场，方向可用安培定则（即右手螺旋定则）判定，如图7－1所示。由图可见，放电电流的磁场方向与永久磁铁的磁场方向垂直。因此，放电电流的磁场（磁通量用 Φ_{d1} 表示）与永久磁铁的磁场（磁通量用 Φ_m 表示）就会产生一个合成磁场（磁通量用 Φ_1 表示），如图7－2(a)所示。转子与指针在合成磁场的作用下，就会向刻度盘上的负值（－）方向偏转一个角度，指示充电系统处于放电状态。放电电流越大，电流的磁场就越强（磁通量用 Φ_{d2} 表示），合成磁场也就越强（磁通量用 Φ_2 表示），转子与指针偏转的角度也就越大，如图7－2(a)中虚线所示。

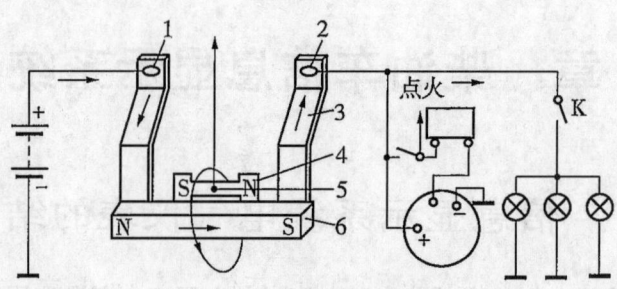

1、2-接线端子　3-黄铜板条　4-软钢转子与指针　5-转轴　6-永久磁铁

图7-1　电磁式电流表的结构

如果交流发电机向蓄电池充电，则电流及其磁场方向放电时恰好相反，如图7-2（a）所示。充电电流小时的磁通量用 Φ_{c1} 表示，合成磁场的磁通量用 Φ_1 表示，此时合成磁场使转子与指针向刻度盘止值（＋）方向偏转的角度小。充电电流大时的磁通量用 Φ_{c2} 表示，合成磁场的磁通量用 Φ_2 表示，此时合成磁场使转子与指针偏转的角度增大。

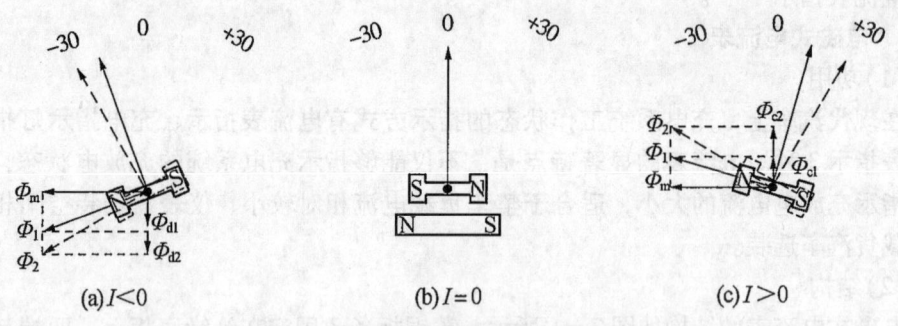

图7-2　电磁式电流表的工作原理

电磁式电流表的两个接线端子具有正、负极之分，标有正极"＋"标记的端子应与交流发电机的输出端子"B"相连，标有负极"－"标记的端子应与蓄电池正极端子"BAT"相连。

2. 动磁式电流表

动磁式电流表具有结构简单的优点，现代汽车上普遍采用，如国产东风系列汽车就采用了动磁式电流表。

（1）结构

动磁式电流表的结构如图7-3所示。黄铜导电板3固定在绝缘的塑料底板上，两端与接线端子1、4相连，中间夹有磁轭6。导电板3上固装有一根针轴，永磁转子5和指针2套装在针轴上，称为磁钢指针。因为永磁转子可随

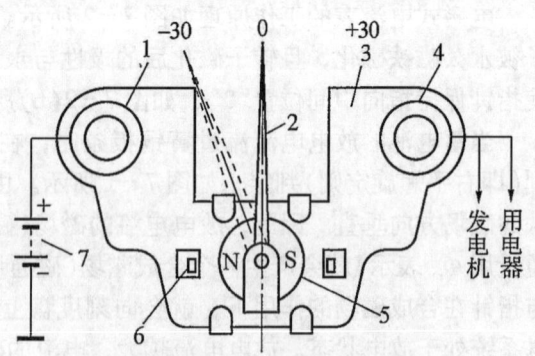

1、4-接线端子　2-指针　3-导电板
5-永磁转子　6-磁轭　7-蓄电池
图7-3　动磁式电流表的结构

指针一同转动，故称为动磁式电流表。

（2）工作原理

动磁式电流表的工作原理与电磁式电流表基本相同。当电流表没有电流流过时，永磁转子产生的永磁磁场使磁轭磁化并相互吸引，使指针保持在中间"0"的位置。当放电电流通过导电板时，在导电板周围就会产生磁场，电流与永磁磁铁产生的合成磁场就会使套装在导电板上的磁钢指针向负值（-）方向偏转，指示充电系统处于放电状态。放电电流越大，指针偏转角度越大，指示的放电电流值也越大。当交流发电机的充电电流流过导电板时，合成磁场将使磁钢指针向正值（+）方向偏转，指示充电系统处于充电状态。充电电流越大，指针偏转角度越大，指示的充电电流值也越大。

二、电压表的结构特点

1. 电压表的功用

电压表的功用是指示电源系统的工作情况。因为电压表能够指示电压的高低来反映发电机、调节器和蓄电池的技术状况，所以比电流表和充电指示灯更为直观实用。

电压表有电磁式和双金属片式两种。由于双金属片式在接通或断开电源时，指示摆动较为迟缓，故应用较少。

2. 电磁式电压表的结构组成

车用电磁式电压表的结构原理如图7-4所示，它由两只十字交叉布置的电磁线圈、永久磁铁、转子、指针及刻度盘组成。两只电磁线圈与稳压管 VS 以及电阻值为 112Ω 的限流电阻 R 串联。在电磁线圈电路中串联稳压管的目的是当电源电压达到一定数值时，电磁线圈才有电流流过，电压表电路才能接通。

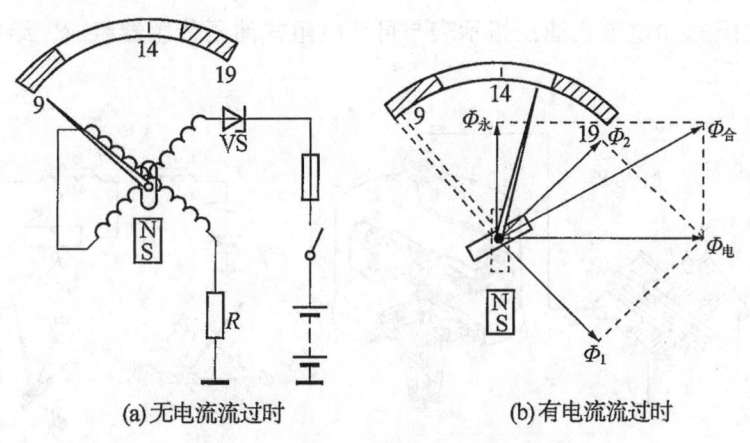

(a)无电流流过时   (b)有电流流过时

图7-4 电磁式电压表结构原理

3. 电磁式电压表的工作原理

当电压表尚未接通或电源电压低于稳压管的稳定电压时，永久磁铁将转子磁化，使指针保持在初始位置（即指针指向9V位置），如图7-4(a)所示。

当电压表电路接通、电源电压达到稳压管稳定电压时，电磁线圈通过电流 I_1 和 I_2，产生磁场(磁通量分别用 Φ_1 和 Φ_2 表示)将转子磁化，磁场的方向是 Φ_1 和 Φ_2 的合成磁场(磁通量垂电)的方向，电流的合成磁场垂电与永久磁铁的磁场，便使转子带动指针偏转，如图 7-4(b)所示。

电源电压越高，通过电磁线圈的电流就越大，电流的合成磁场就越强，因此指针偏转的角度就越大。

4. 电压表的检查与调整

接通点火开关、但未启动发动机时，电压表指示的是蓄电池端电压，12V 电气系统一般为 11.5～12.6V。

在接通起动机瞬间，电压表指示读数有所降低，对于 12V 电系的电压会降低到约 9～10V。若电压表指示值过低，则表明蓄电池亏电或有故障。

发动机启动后正常运转时，电压表指针应指在额定电压区域内(13.5～14.5V)。若接通点火开关，发动机启动前后电压表指示读数不变，则表明发电机不发电；若启动后电压表指示值不在额定区域内，则表明调节器损坏。

三、润滑油压力表和传感器

汽车润滑油压力表按工作原理不同可分为电磁式和电热式(双金属片式)两种类型。

1. 电磁式油压表

(1)功用

发动机润滑油压力表又称为机油压力表，简称油压表，功用是指示发动机润滑油压力的高低。油压表由安装在仪表盘上的油压指示表和安装在发动机主油道或粗滤器上的油压传感器两部分组成。

(2)结构组成

电磁式油压表由电磁式油压指示表与可变电阻式油压传感器组成，结构和工作原理如图 7-5 所示。

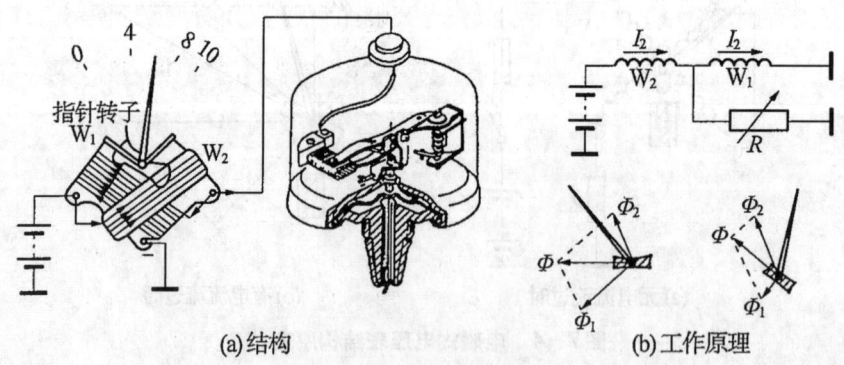

(a)结构　　　　　(b)工作原理

图 7-5　电磁式油压表

可变电阻式油压传感器是利用油压大小推动滑臂来改变可变电阻电阻值的传感器。当压力升高时，电阻值减小；当压力降低时，电阻值增大。油压指示表中设有两个电磁线圈 W_1 和 W_2 和铁磁转子，电磁线圈 W_1 与传感器电阻并联连接。转子上固定指针，称为指针转子，指针转子套装在轴上，由电磁线圈产生的合成磁场驱动而摆动。

（3）工作原理

当油压较低时传感器电阻值较大，电磁线圈 W_2 上的分压值较低，流过线圈 W_2 中的电流相对较小，W_1 中的电流相对较大，两个电磁线圈电流产生的合成磁场驱动转子和指针指向油压较低一边。

当油压升高时传感器电阻值减小，电磁线圈 W_2 上的分压值升高，流过线圈 W_2 中的电流相对增大，线圈 W_1 中的电流相对减小，线圈电流产生的合成磁场驱动转子和指针向油压较高一边偏摆，指示油压升高。

电磁式油压表的优点是指示的油压值不受电源电压变化的影响。

2. 双金属片式油压表

（1）结构

目前大多数汽车都采用了双金属片式油压表。这种油压表是由双金属片式油压指示表与双金属片式油压传感器组成，结构如图 7-6 所示。

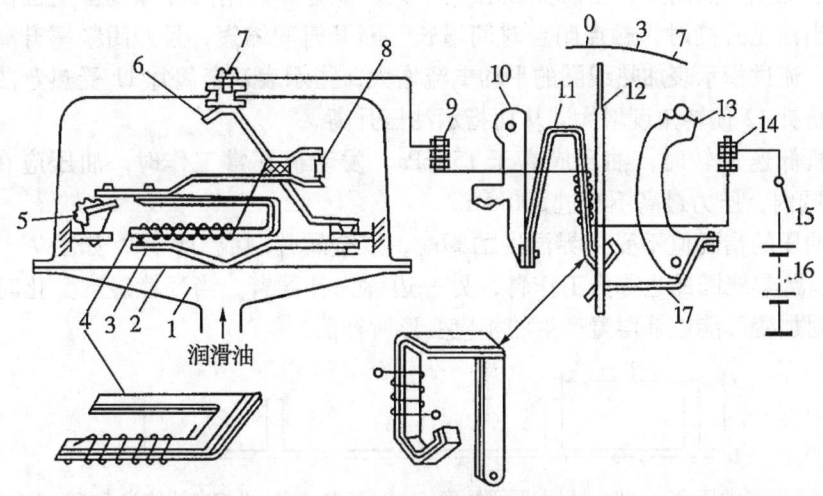

1-油腔 2-膜片 3、17-弹簧片 4、11-双金属片与加热线圈 5、10、13-调整齿扇
6-接触片 7、9、14-接线端子 8-校正电阻 12-指针 15-点火开关 16-蓄电池
图7-6 双金属片式油压表

油压传感器由双金属片、加热线圈、膜片、校正电阻和导电弹片等组成。膜片 2 的中央部位与弯曲的弹簧片 3 接触，弹簧片一端焊有触点，另一端固定并通过壳体搭铁。双金属片 4 上绕有加热线圈，加热线圈一端与双金属片触点相连，另一端通过接触片 6、接线端子 7 与油压指示表的接线端子 9 相连。校正电阻 8 为分流电阻，与加热线圈并联。改变校正电阻的电阻值，即可调整流过加热线圈电流的大小。

油压指示表内也设有双金属片 11 和加热线圈，双金属片一端固定在调整齿扇 10 上，另一端与指针 12 相连。指示表的加热线圈绕在双金属片上。

（2）工作原理

当点火开关接通时，加热线圈流过电流的电路为：蓄电池正极→点火开关→指示表接线端子14→指示表双金属片11上的加热线圈→指示表接线端子9→油压传感器接线端子7→接触片6→双金属片4上的加热线圈→传感器触点→弹簧片3→搭铁→蓄电池负极。

当发动机主油道润滑油的压力低时，传感器膜片2几乎不产生变形，作用在触点上的压力很小，传感器加热线圈稍有电流流过，温度略有上升，双金属片就会受热产生变形使触点断开，油压表电路即被切断。因为传感器触点接触压力很小，所以必须经历较长时间后，触点才能闭合将电路接通。触点如此循环断开与闭合（开闭频率每分钟为5～20次），使指示表加热线圈流过一个平均电流。当润滑油压力低时，传感器触点接触压力小，触点闭合时间短、断开时间长，因此流过指示表加热线圈的平均电流较小，指示表双金属片11受热弯曲变形小，带动指针12偏转的角度小，从而指示油压低。

当润滑油压力升高时，传感器膜片2向上拱曲，传感器触点接触压力增大，双金属片向上位移增多，只有当加热线圈通过较大电流产生较多热量使双金属片产生较大形变时，才能使触点断开；当触点断开后不久，双金属片稍为冷却就会复位使触点闭合。因此当油压升高时，触点闭合时间增长、断开时间缩短，且开闭频率升高，如图7-6所示，流过指示表加热线圈的平均电流增大，指示表双金属片11受热弯曲变形增大，带动指针12偏转角度增大，从而指示油压升高。

发动机低速运转时，油压应高于150kPa，发动机正常工作时，油压应在200～400kPa范围内，压力最高不超过500kPa。

为使油压的指示值不受外界温度的影响，双金属片制成"Π"形，如图7-7所示。其中，绕有加热线圈的边称为工作臂，另一边称为补偿臂，当环境温度变化时，工作臂产生的附加变形能被补偿臂产生的相应变形所补偿。

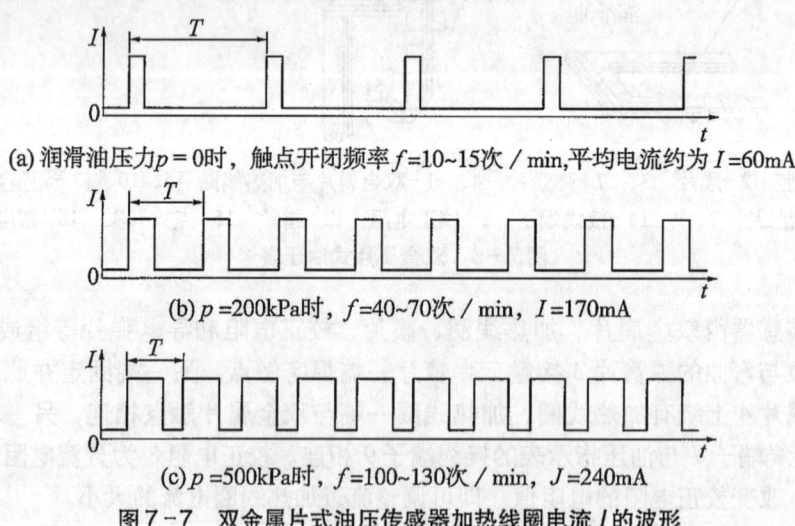

(a) 润滑油压力p＝0时，触点开闭频率f＝10~15次／min，平均电流约为I＝60mA

(b) p＝200kPa时，f＝40~70次／min，I＝170mA

(c) p＝500kPa时，f＝100~130次／min，J＝240mA

图7-7　双金属片式油压传感器加热线圈电流I的波形

为了避免工作臂上加热线圈产生的热气上升导致补偿臂产生附加变形，在安装油压传感器时，必须使传感器壳上的箭头朝上，其偏移垂直位置的角度应小于±30°，目的是使工作臂在补偿臂之上。

四、水温表和传感器

1. 电磁式水温表

（1）功用

水温表的标准名称是冷却液温度表，功用是指示发动机冷却液的工作温度。水温表由安装在发动机冷却水道上的温度传感器和安装在仪表盘上的温度指示表两部分组成。

水温表按工作原理不同可分为电磁式和电热式（双金属片式）两种类型。

（2）结构组成

电磁式水温表由电磁式温度指示表和热敏电阻式传感器组成，结构和原理如图 7 - 8 所示。

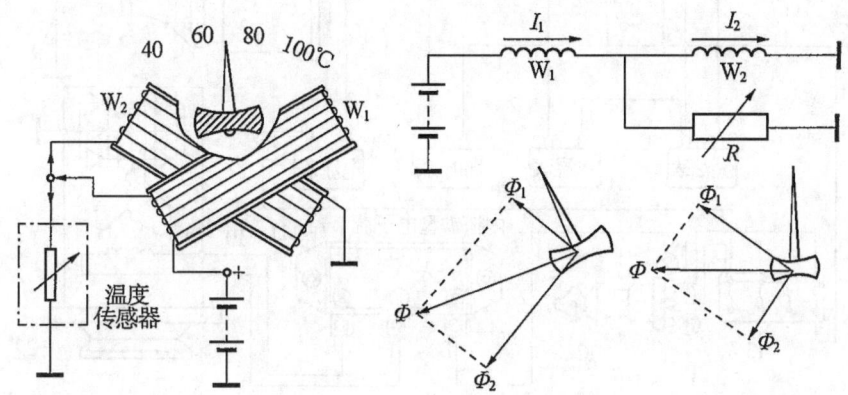

图 7 - 8　电磁式水温表的结构原理

水温指示表中设有两个电磁线圈 W_1 和 W_2 和铁磁转子，电磁线圈 W_2 与传感器的热敏电阻并联连接。转子上固定指针称为指针转子，指针转子套装在轴上，由电磁线圈产生的合成磁场驱动而摆动。

热敏电阻式传感器的电阻值随冷却液温度变化而变化。当温度降低时，热敏电阻的电阻值增大；反之，当温度升高时电阻值减小。

（3）工作原理

当冷却液温度较低时热敏电阻的电阻值较大，电磁线圈 W_1 上的分压值较低，流过线圈 W_1 的电流相对较小，流过线圈 W_2 的电流相对较大，其合成磁场驱动指针转子向左偏转角度较大，指示水温较低。

当冷却液温度升高时热敏电阻的电阻值减小，电磁线圈 W_1 上的分压值增大，流过线圈 W_1 的电流相对增大，流过 W_2 的电流相对减小，其合成磁场驱动指针转子向右偏转角度增大，指示水温升高。发动机正常工作时，水温一般在 85℃ 左右。

2. 双金属片式水温表

双金属片式水温表可分为双金属片式指示表与热敏电阻式传感器、双金属片式指示表与双金属片式传感器两种。目前，水温传感器普遍采用负温度系数型热敏电阻式传感器。

双金属片式指示仪表是依靠加热线圈通过电流产生热量对其进行加热而工作的。

如果双金属片式指示表匹配使用的传感器不是双金属片式传感器，而是热敏电阻式传感器，那么当电源电压发生变化时，指示表加热线圈流过电流的大小和产生热量的多少都会发生变化，指示的数值就会发生误差。

因此，凡是双金属片式指示仪表与热敏电阻式传感器匹配使用的汽车仪表，在电路中都串接有一只仪表电源稳压器，简称仪表稳压器，避免电源电压变化给仪表指示精度带来影响。东风系列汽车的水温表和燃油表都匹配了可变电阻式传感器，其仪表系统电路如图7-9所示。

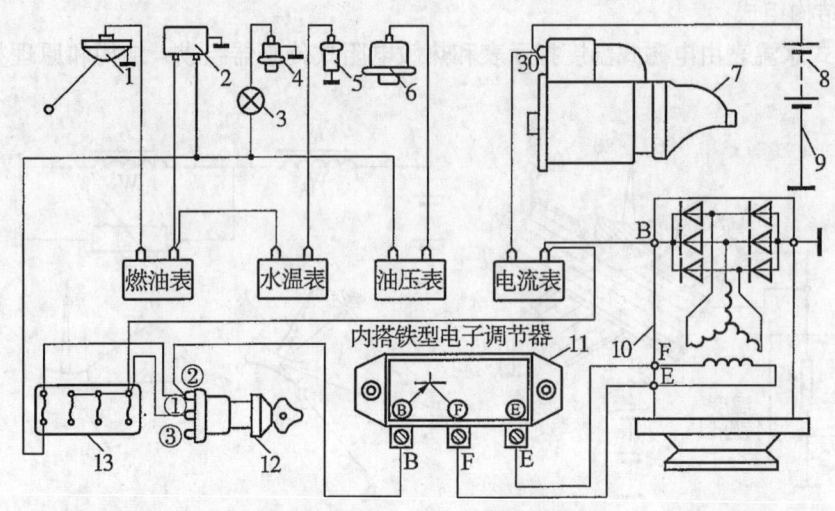

1-燃油传感器　2-仪表稳压器　3-油压过低指示灯　4-油压过低警报开关
5-水温传感器　6-油压传感器　7-起动机　8-蓄电池　9-电源总开关
10-交流发电机　　11-电压调节器　12-点火开关　13-熔断器盒

图7-9　东风系列汽车仪表系统电路

(1)仪表稳压器的结构和原理

仪表稳压器的功用是当电源电压波动时，向指示仪表和传感器电路提供一个稳定的电压，保证指示仪表指示的准确。

常用仪表稳压器分为双金属片式和电子式两种。桑塔纳等轿车采用电子式，东风、解放等卡车采用双金属片式，结构如图7-10所示。

仪表稳压器主要由双金属片、加热线圈和一对常闭触点组成。双金属片制成"Π"形，如图7-11所示，加热线圈绕制在双金属片上，加热线圈一端搭铁，另一端焊接在双金属片上。双金属片一

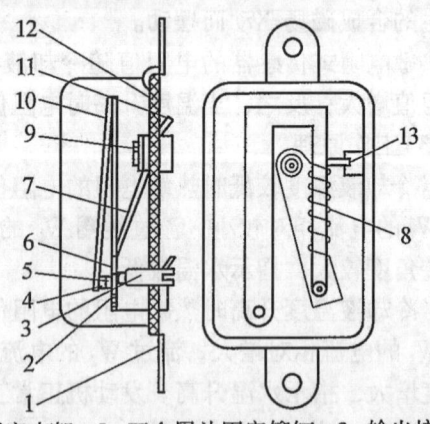

1-固定支架　2-双金属片固定铆钉　3-输出接线片
4-上触点　5-下触点　6-调节螺钉　7-接触片
8-加热线圈　9-接触片固定螺钉　10-双金属片
11-输入接线片　12-绝缘底板　13-搭铁线

图7-10　仪表稳压器结构

端固定，另一端铆有活动触点，固定触点与电源端子"+"连接。仪表稳压器的工作原理如下：

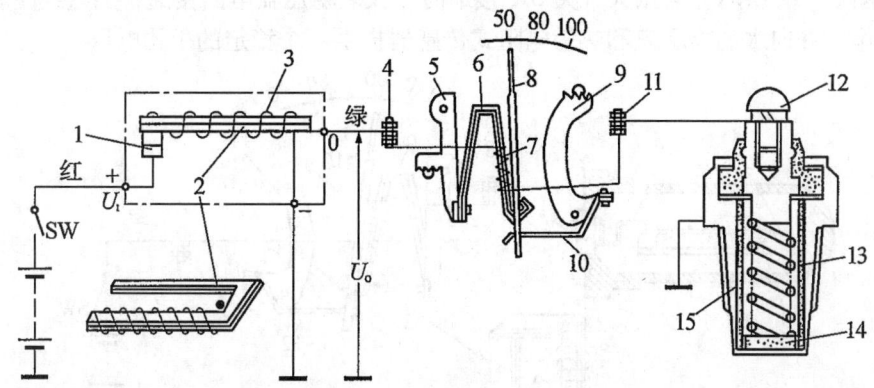

1-稳压器触点　2、6-双金属片　3、7-加热线圈　4、11、12-接线端子　5、9-调整齿扇
8-指针　10-弹簧片　13-弹簧　14-热敏电阻　15-金属壳体
图7-11　双金属片式温度表结构原理

当点火开关接通、稳压器触点处于闭合状态时，输出端子输出的电压 U_0 与输入电压 U_i 相等(即 $U_0 = U_i$)。此时双金属片上的加热线圈有电流流过，并产生热量对双金属片进行加热。

当双金属片受热时就会向上弯曲使触点断开，当触点断开时输出电压 $U_0 = 0$。此时加热线圈电流切断，双金属片逐渐冷却复位，触点将重又闭合。触点如此循环断开与闭合，稳压器不断输出脉冲信号电压，并使输出电压保持在某一平均值。

当汽车电源电压升高时，由于稳压器的输入电压升高，流过加热线圈的电流增大，产生热量多，因此双金属片只需加热较短时间即可使触点断开。触点断开后，待双金属片逐渐冷却复位时，触点就会再次闭合。由此可见，虽然电源电压升高时会使输入稳压器的电压 U_i 有所升高，但是触点闭合时间缩短使得稳压器输出电压的平均值将基本保持不变。同理，当汽车电源电压降低，稳压器的输入电压降低时，由于触点闭合时间增长，因此输出电压的平均值将基本保持稳定。

车用仪表电源稳压器的稳压值依车型而异，东风系列汽车为 (8.64 ± 0.15) V，解放系列汽车为7V。如果仪表稳压器的输出电压不符合规定值，对于双金属片式稳压器，可调节图7-10所示调节螺钉6进行调整，拧入调节螺钉时输出电压升高，拧出调节螺钉时电压降低。电子式稳压器不能调整，有故障时只能换用新件。

(2)双金属片式水温指示表的结构和特点

东风、解放等汽车用双金属片式水温指示表的结构与油压指示表完全相同，唯一不同的是刻度盘上的数值不同。油压指示表的数值为"0、3、7"，水温指示表的数值为"50、80、100"。

(3)热敏电阻式传感器的结构特点

水温传感器目前普遍采用负温度系数型热敏电阻式传感器。热敏电阻由铜、钴、镍、锰烧结而成，显著特点是温度升高时电阻值减小，温度降低时电阻值增大。

（4）双金属片式水温指示表与热敏电阻式传感器的工作原理

由仪表稳压器、双金属片式水温指示表与热敏电阻式传感器组成的水温表的工作原理如图7－12所示。当点火开关SW接通时，仪表稳压器电路接通，加热线圈和双金属片工作，并向水温指示表和热敏电阻式传感器提供一个稳定的平均电压。

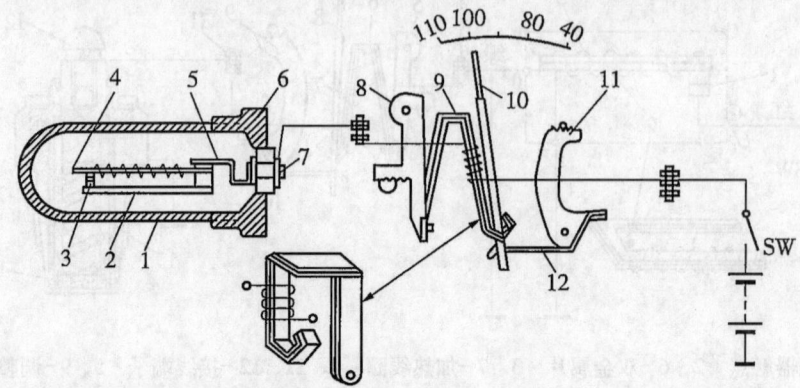

1－水温传感器壳体　2－触点臂　3－固定触点　4、9－双金属片　5－导电接触片　6－接线座
7－传感器接线端子　8、11－调整齿扇　10－指针　12－弹簧片
图7－12　不带稳压器的双金属片式温度指示表与传感器结构原理

水温指示表和热敏电阻式传感器电路为：稳压器输出端子"0"→指示表加正极端子4→指示表加热线圈7→指示表负极端子11→传感器接线端子12→传感器弹簧13→热敏电阻14→壳体15搭铁→仪表稳压器负极。

当发动机冷却液温度较低时，传感器的热敏电阻电阻值较大，指示表加热线圈流过的电流值较小，指示表双金属片受热弯曲变形小，指针向右偏摆角度较小，指示水位较低；当发动机冷却液温度升高时，传感器的热敏电阻电阻值减小，指示表加热线圈流过的电流值增大，双金属片受热产生的变形量增大，指针向右偏摆角度增大，指示水位升高。

（5）双金属片式水温指示表与双金属片式水温传感器的工作原理

当水温表的温度指示表和传感器均为双金属片式时，电路中可以不采用仪表稳压器。双金属片式指示表与双金属片式传感器的结构原理如图7－12所示。

双金属片式水温指示表的结构与双金属片式油压指示表完全相同，唯一不同的是仪表板刻度不同。

双金属片式水温传感器是一个密封的铜质壳体，内装"Π"形双金属片，双金属片上绕有加热线圈。加热线圈一端焊接在双金属片的触点上，另一端与导电接触片5相连。固定触点用螺钉固定在触点臂上，触点臂另一端与铜质壳体连接而搭铁。

当点火开关接通时，水温表电路为：蓄电池正极→点火开关SW→指示表双金属片9上的加热线圈→传感器接线端子→导电接触片→加热线圈→触点→触点臂搭铁→蓄电池负极。双金属片4经加热线圈加热后，向上弯曲变形，使触点断开，切断电流通路。经过一段时间后，双金属片冷却复位，触点重又闭合，电路又被接通，如此循环，电路中形成一个平均电流。该平均电流的大小取决于冷却液温度的高低。

当冷却液温度较低时，由于传感器双金属片周围环境温度较低，因此只有当加热线圈通过较大电流使双金属片产生较大形变时，才能使触点断开。与此同时，因为传感器双金属片周围环境温度较低、散热容易，所以触点断开后双金属片在较短时间内就会冷却复位使触点再次闭合。因此当冷却液温度较低时，触点闭合时间较长、断开时间较短，流过指示表加热线圈的平均电流较大，使指示表双金属片受热变形较大，带动指针偏转角度较大，从而指向低温。

当冷却液温度升高时，传感器双金属片周围环境温度较高且散热困难，传感器加热线圈通过较小电流就能使触点张开，且在触点断开后双金属片需要经过较长时间散热才能使触点再次闭合，因此当冷却液温度升高时，触点闭合时间缩短、断开时间增长，流过指示表加热线圈的平均电流减小，使指示表双金属片受热变形减小，带动指针偏转角度减小，从而指示温度升高。

五、燃油表及传感器

1. 电磁式燃油表

（1）燃油表的功用

燃油表的功用是指示燃油箱内储存的燃油量。燃油表由安装在燃油箱上的燃油传感器和安装在仪表盘上的燃油指示表两部分组成。

汽车燃油表按工作原理不同可分为电磁式和电热式（双金属片式）两种类型。

（2）结构组成

电磁式燃油表由电磁式指示表与可变电阻式传感器组成，结构如图7-13所示。

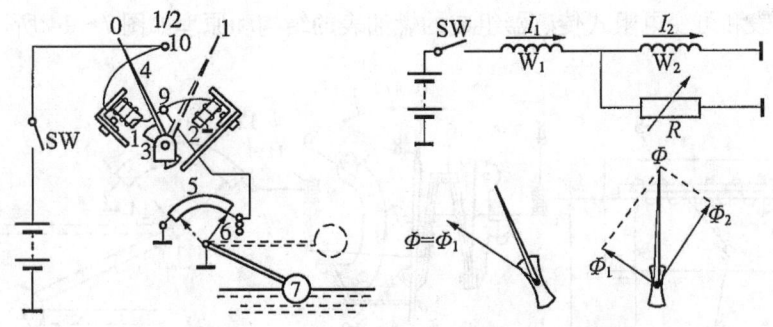

1-左线圈 W_1　2-右线圈 W_2　3-转子　4-指针

5-线绕电阻　6-滑片　7-浮子　8、9、10-接线端子

图7-13　电磁式燃油表结构和原理

指示表由左电磁线圈 W_1、右电磁线圈 W_2、指针转子和刻度盘等组成。左、右线圈 W_1 和 W_2 分别绕在两只铁心上，两只铁心互相成90°安装，且右电磁线圈 W_2 与燃油传感器并联连接。指针转子套装在转子轴上。

燃油传感器由线绕电阻5、滑片6和浮子7组成。浮子浮在油面上，随油面升降而改变其高低位置。

（3）工作原理

当点火开关接通时，电流流过燃油表的路径为：蓄电池正极→点火开关SW→燃油表"＋"接线端子10→左线圈W_1→燃油表"－"接线端子9，然后分成右线圈和可变电阻两条支路。右线圈支路经过右线圈W_2后直接搭铁回到蓄电池负极；可变电阻支路为：接线端子9→燃油传感器接线端子8→线绕电阻5→滑片6→搭铁→蓄电池负极。

当左、右线圈流过电流时，在其铁心中就会产生磁场，其合成磁场就会驱动指针转子摆动，使指针指向某一刻度值。

当燃油箱内无油时传感器浮子下沉，可变电阻被短路，此时右线圈W_2也被搭铁短路。左线圈W_1在电源电压作用下，通过电流达到最大值，产生的电磁吸力最强，吸引针指转子向左摆动，使指针指在"0"（或"E"）位置。

当燃油箱内油量增加时传感器浮子随油面上浮，并带动滑片在线绕电阻上滑动，串入电路中的可变电阻值逐渐增大，右线圈W_2上的分压值逐渐升高，流过的电流逐渐增大，产生的磁场逐渐增强。此时，左线圈上的分压值降低，流过的电流将逐渐减小，产生的磁场逐渐减弱。因此，合成磁场使指针转子逐渐向右偏摆，指示燃油量增加。当油箱内燃油充满半箱时，在合成磁场作用下，指针将指在"1/2"位置；当油箱全满时，合成磁场将使指针指向"1"（或"F"）位置。

注意：传感器线绕电阻一端搭铁的目的是防止滑片在线绕电阻上滑动时产生电火花而引起火灾。

2. 双金属片式燃油表

（1）双金属片式燃油表的结构特点

为了避免电源电压波动给仪表的指示精度带来影响，在采用可变电阻式燃油传感器的燃油表电路中，同水温表一样，必须设置仪表稳压器。由仪表稳压器、双金属片式燃油指示表和可变电阻式传感器组成的燃油表的结构和原理如图7－14所示。

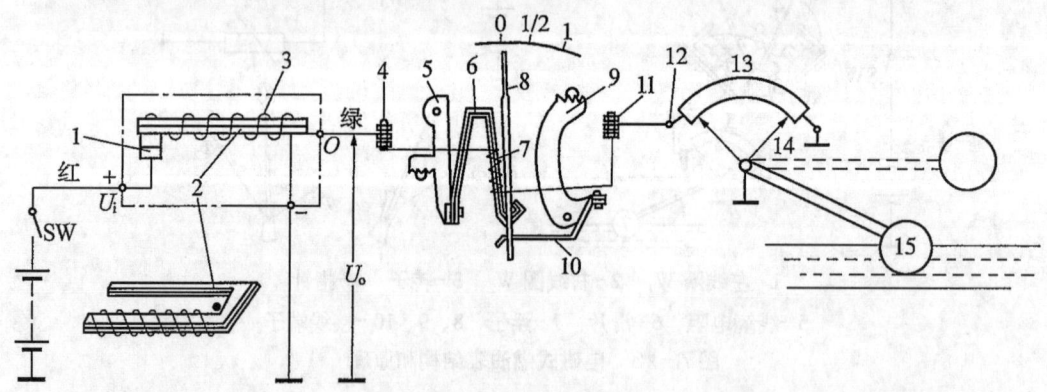

1-触点 2、6-双金属片 3、7-加热线圈 4、11、12-接线端子 5、9-调整齿扇
8-指针 10-弹簧片 13-滑线式可变电阻 14-滑片 15-浮子

图7－14 带稳压器的双金属片式燃油指示表与可变电阻式传感器结构原理

可变电阻式燃油传感器为滑线式。

（2）双金属片式燃油表的工作原理

由仪表稳压器、双金属片式水温指示表与可变电阻式传感器组成的燃油表的工作原理如图 7-14 所示，当点火开关 SW 接通时，仪表稳压器电路接通，其加热线圈和双金属片工作，并向水温指示表和热敏电阻式传感器提供一个稳定的平均电压。

燃油指示表和可变电阻式传感器电路为：稳压器输出端子"0"→指示表正极端子 4→指示表加热线圈 7→指示表负极端子 11→传感器接线端子 12→传感器滑线电阻 13→传感器滑片 14→搭铁→仪表稳压器负极。

当燃油箱储油量少时传感器浮子下沉，滑线电阻接入仪表电路的电阻值较大，指示表加热线圈流过的电流值较小，指示表双金属片受热弯曲变形小，指针向右偏摆角度较小，从而指示燃油较少。

当燃油箱内油量增加时传感器浮子随油面上浮，并带动滑片在线绕电阻上滑动，使串入电路中的电阻值逐渐增大，指示表加热线圈流过的电流增大，双金属片受热产生的变形量增大，指针向右偏摆角度增大，从而指示燃油量增加。

当油箱内燃油充满半箱时，指针偏摆指在"1/2"位置；当油箱全满时，指针将指向"1"（或"F"）位置。

注意： <u>传感器线绕电阻一端搭铁的目的是：防止滑片在线绕电阻上滑动时产生电火花而引起火灾。</u>

六、转速表和传感器

发动机转速表用于显示发动机的转速，由仪表盘上的转速表和传感器组成。

1. 电磁感应式转速表

传感器为电磁感应式，一般安装在喷油泵或发动机飞轮上。如图 7-15 所示为电磁感应式转速表的工作原理，其工作过程如下：

当发动机工作时，安装在喷油泵或飞轮上的传感器齿轮旋转，因此在传感器线圈中产生与发动机转速成正比的电压脉冲信号。该电压脉冲信号经过放大、整形、功率放大而驱动转速表表针，指示发动机的转速。

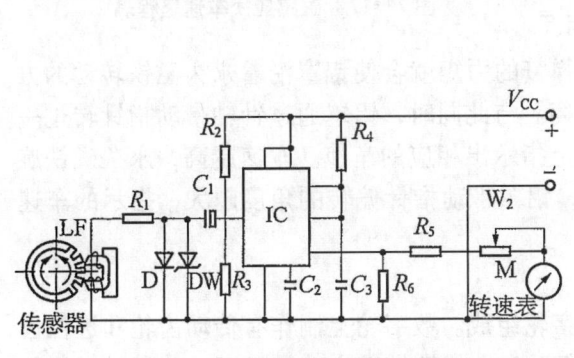

图 7-15　电磁感应式转速表电路

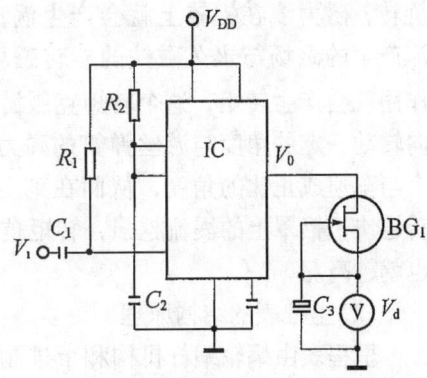

图 7-16　发电机感应式转速表

2. 发电机感应式转速表

利用发电机定子线圈某一相正弦波作为发动机的转速信号。如图 7-16 所示为发电机感应式转速表的工作原理。这种转速表是利用发电机某一相输出的正弦波形，通过转速表内部电路的计数、整形、放大转变为模拟电量驱动转速表表针，指示发动机的转速。

另外，在有的转速表中还装有一个报警开关，当发动机转速超过限定值时，接通蜂鸣器进行报警。

七、车速里程表结构特点

车速里程表的功用是指示汽车行驶速度和行驶里程数，行驶里程数又分为累计行驶里程数和单程行驶里程数两种。按工作原理不同，车速里程表可分为磁感应式和电子式两种。

1. 磁感应式车速里程表

磁感应式车速里程表由车速表和里程表两部分组成，结构如图 7-17 所示。它由永久磁铁、感应罩、磁屏（铁护罩）、游丝、指针与刻度盘、计数轮、蜗轮蜗杆和主动轴等组成。主动轴由变速器（或分动器）传动蜗杆经软轴驱动。

（1）车速表的结构原理

车速表由与主动轴紧固在一起的永久磁铁 1、带有针轴 4 和指针 7 的感应罩（铝罩）2、磁屏（铁护罩）3 和紧固在车速里程表外壳上的刻度盘等组成。

汽车停驶时，铝罩在盘形游丝弹簧的弹力作用下，使指针指向刻度盘的"0"位置。当汽车行驶时，主动轴带动永久磁铁旋转，磁力线在铝罩上就会产生涡流，涡流产生的磁场与永久磁铁的旋转磁场相互

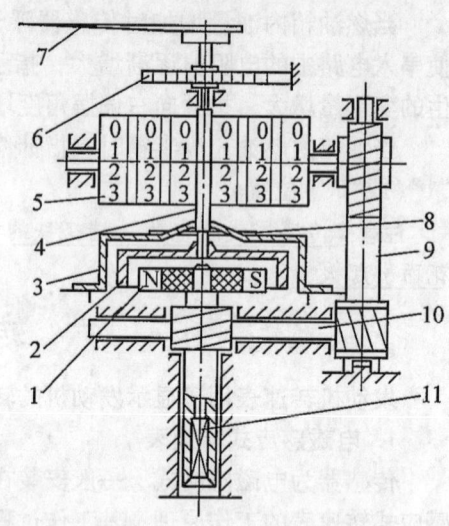

1-永久磁铁（磁钢）　2-感应罩（铝罩）
3-磁屏（铁护罩）　4-针轴　5-计数轮
6-游丝　7-指针　8-卡簧
9-垂直蜗轮轴　10-水平蜗轮轴　11-主动轴
图 7-17　磁感应式车速里程表

作用就会产生转矩，这个转矩克服游丝弹簧的力矩就会使铝罩沿着永久磁铁转动的方向转动一定的角度与游丝弹簧的弹力平衡。与此同时，铝罩通过针轴带动指针转过一个与车速成正比的角度，从而在刻度盘上指示出相应的车速。车速越高，永久磁铁旋转越快，铝罩上的涡流越强，转矩越大，铝罩带动指针偏转的角度越大，指示的车速也就越高。

（2）里程表的结构原理

里程表由蜗轮蜗杆机构和十进制数字轮组成。数字轮上制作有传动齿轮和进位齿轮。蜗轮蜗杆具有一定的传动比，汽车行驶时，软轴带动主动轴转动，并经 3 对蜗轮蜗杆驱动里程表右边的第一数字轮转动。第一数字轮上所刻的数字为(1/10)km。

在两个相邻的数字轮之间，既通过自身的内齿进行齿轮传动，又通过进位数字轮进行进位传动，从而形成 1:10 的传动比。即在右侧数字轮转动一周，数字由"9"翻转

到"0"的同时，其进位数字轮便使左侧相邻的数字轮转动(1/10)周，形成十进位递增关系。当汽车行驶时，就可累计出行驶里程数。

2. 电子式车速里程表

电子式车速里程表是用设在变速器上的传感器获取车速信号，并通过导线传输信号，能够克服磁感应式车速里程表用软轴传输转矩带来的磨损等缺点。电子式车速里程表还具有精度高、指示平稳和寿命长等优点。

电子式车速里程表的结构如图7-18所示，主要由车速传感器、电子电路、车速表和里程表4部分组成，既能指示汽车行驶速度，又能记录行驶里程(包括累计里程和单程里程)，并具有复零功能。

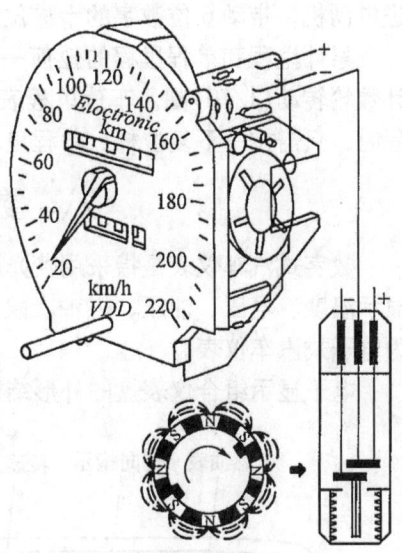

车速传感器一般采用舌簧开关式或磁感应式传感器，由变速器驱动，能够产生与汽车行驶速度成正比的电信号。采用舌簧开关式传感器是由1个舌簧开关和1个具有4对磁极的转子组成。转子每转1周，舌簧开关中的触点闭合8次，产生8个脉冲信号，汽车每行驶1km，车速传感器将输出4127个脉冲信号。

电子电路的作用是将车速传感器输入的与车速成正比的频率信号，经过整形、触发、输出一个与车速成正比的电流信号。电子电路主

图7-18 电子式车速里程表的结构

要包括稳压电路、单稳态触发电路、恒流源驱动电路、64分频电路和功率放大电路，如图7-19所示。车速表的指示精度由电阻R_1调节，初始工作电流由电阻R_2调节。电阻R和电容C用于电源滤波。

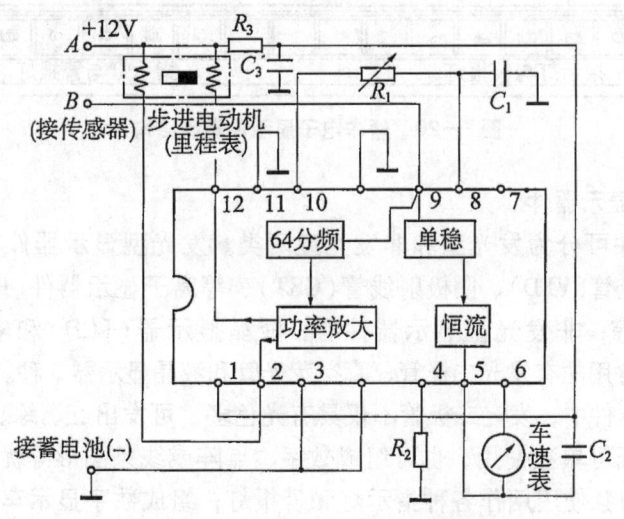

图7-19 电子式车速里程表的结构

车速表实际上是一个磁电式电流表，当汽车以不同车速行驶时，从电子电路接线端子6输入与车速成正比的电流信号便驱动车速表指针偏转，从而指示相应的车速。在车速表刻度盘上 50～130km/h 的区域标有红色标记，表示经济车速区域。

里程表是由一个步进电动机及 6 位数字的十进位齿轮计数器组成。步进电动机是一种利用电磁铁的作用原理将脉冲信号转换为线位移或角位移的微型电动机。车速传感器输出的频率信号经过 64 分频后，再经功率放大器放大到具有足够的功率去驱动步进电动机，带动 6 位数字的十进位齿轮计数器工作，从而记录累计里程和单程里程。

累计里程和单程里程的任何一位数字轮转动一圈，进位齿轮就会使其左边的相邻计数轮转动(1/10)圈。车速里程表上设有一个单程里程计复位杆，当需要清除单程里程时，只需按一下复位杆，单程里程计的 4 个数字轮就会全部复位为零。

八、数字式仪表结构特点

数字式汽车仪表是指采用荧光屏、液晶显示屏、数码管和发光二极管等显示器件，显示温度、电压、油压、燃油、发动机转速表、车速和里程等状态信息的仪表，又称为电子式汽车仪表。

电子显示组合仪表盘的外形结构如图 7-20 所示。

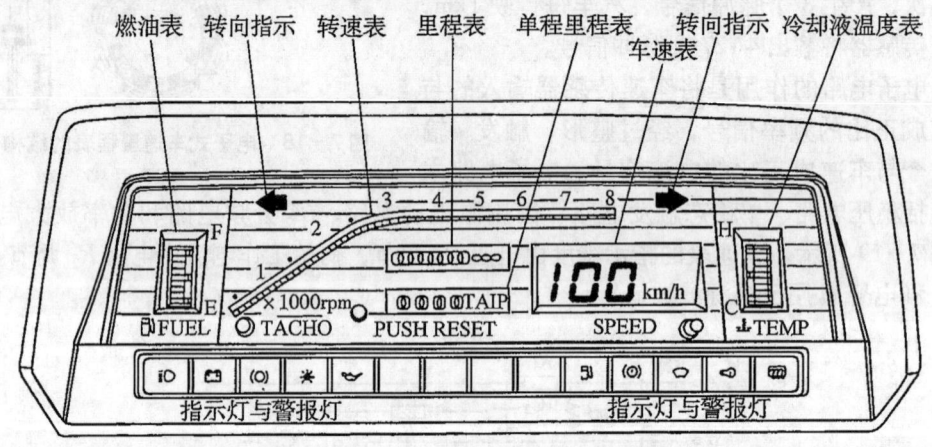

图 7-20 轿车电子显示仪表盘结构

1. 汽车信息显示器件

电子显示器件可分为发光型和非发光型两类。发光型显示器件有：发光二极管（LED）、真空荧光管（VFD）、阴极射线管（CRT）、等离子显示器件（PDP）和电致发光显示器件（ELD）等；非发光型显示器件有：液晶显示器（LCD）和电致变色显示器（ECD）等。汽车常用的有发光二极管、真空荧光管和液晶显示器 3 种。

在上述显示器件中，发光二极管不仅具有光色多，可发出红、绿、黄、橙等颜色，而且价格便宜，既可单独使用，也可组成数字、点阵或线条图形等优点。因此，在汽车使用最多，如单独使用用作各种指示灯和警报灯；组成数字显示车速和里程；组成点阵显示电压、油压、油量和冷却液温度等；组成线条图形显示发动机转速和高位制动警告信号等。

2. 数字式汽车仪表驱动电路

数字式汽车仪表主要由采集信息的传感器、分析处理信息的电子电路(包括单片机)以及各种信息显示器件组成。其中,传感器和电子电路的功用与前述发动机转速表基本相同,主要区别在于信息显示方式有所不同。

在数字式汽车仪表中,除汽车行驶速度(即车速)一般采用数字形式显示之外,其余信息(如电压、油压、温度、燃油和发动机转速表等)一般都采用线条图形或象形图形显示。线条图形和象形图形制作在组合仪表盘透明护板下面的面膜上,在面膜下面制作有安装固定发光二极管等显示器件的支架,各种显示器件与印刷电路板上的电子电路和驱动电路等连接。当驱动电路驱动发光二极管等显示器件工作时,即可通过面膜上的线条图形或象形图形显示相应的状态参数。由此可见,显示驱动电路是数字式汽车仪表的重要组成部分。常用点/线显示驱动电路有 LM3914、LM3915 和 LM3916 等,下面以 LM3914 点/线显示驱动器电路为例,介绍数字式汽车仪表显示驱动电路的工作原理。

(1)LM3914 显示驱动器特点

LM3914 显示驱动器简化电路如图 7-21 所示。LM3914 是检测模拟电平,驱动 10 个发光二极管 LED 进行线性模拟显示的单片集成电路。显示形式(即显示点或显示线条图形)可以通过改变专门设置端子(11 端子)的连接进行转换。

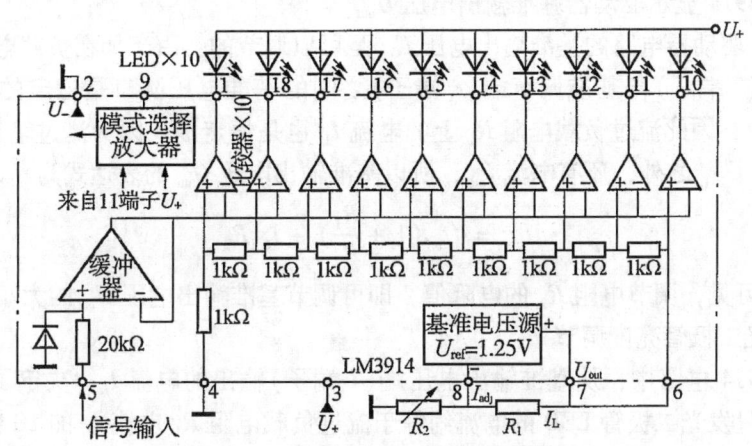

图 7-21 LM3914 点/线显示驱动器电路

该电路设有可调基准电压和精密的 10 级分压器。用低偏流输入缓冲器来接受低到搭铁或 U_- 的信号,对高于 35V 或低于搭铁的输入不需要保护。缓冲器再驱动 10 个独立的比较器,比较器的基准电压来自精密分压器,这样即使在很宽的温度(0~70℃)范围内,也能将指示的非线性控制在 0.5% 范围内。

LM3914 可方便地使显示系统增加控制器、可视警报、展宽刻度的功能。该电路可驱动多种颜色的 LED 或低电流白炽灯,并可将多个 LM3914"链接"起来形成 20 到 100 段以上的显示。由于分压器两端均连接到电路外部,因此可用两个驱动器制作成中心为零位的指示表，如充放电电流指示表。该显示驱动器有以下特点：

1）可驱动发光二极管（LED）、液晶显示管（LCD）或真空荧光管。

2）用户可在外部选择线模式显示或点模式显示。

3）可扩展到 100 级显示。

4）内部电压基准为 1.2 ～ 12V。

5）可在低于 3V 的电源下工作。

6）输入可低到搭铁电平，可输入 ±35V 电压而不会损坏或发生错误输出。

7）LED 驱动器输出是集电极电流输出，输出电流在 2 ～ 30mA 范围内可调，输出端之间没有相互作用，可与 TTL 或 CMOS 逻辑电路相连接。

8）LM3914 内部 10 级分压器是浮动的，可连接很宽的电压（±35V）范围。

（2）LM3914 显示驱动器功能

信号电压输入高阻抗缓冲器后，再加到 10 个比较器的反向输入端（即"－"端），每个比较器串联一只电阻并偏置在不同的比较电平上。在图 7－21 中，电阻串接到内部的 1.25V 基准电压上。在此情况下，输入信号每增加 125mV，比较器就接通另一个指示 LED。该电阻分压器可连接在高于 U_- 和比 U_+ 低 1.5V 的任意两个电压之间。如果需要扩展指示表显示量程范围，则分压器的总电压可降低到 200mV。虽然扩展指示表量程显示比较精密，但是只有在使用线图模式时各段 LED 才能均匀发光。当每级为 50mV 以上时可用点模式显示。

（3）LM3914 显示驱动器基准输出电压 U_{out}

LM3914 驱动器电路的基准输出电压 U_{out} 是可以调节的。由于加在负载电阻 R_1 上的基准输出端（7 端子）与基准调节端（8 端子）之间的基准电压队口是恒定的（标称值为 $U_{ref} = 1.25V$），因此流过负载电阻 R_1 上的电流 I_L 也是恒定的。因为流过输出调节电阻 R_2 的电流除了 I_L 之外，还有电流 I_{adj}，所以基准输出电压 U_{out} 的表达式为

$$U_{out} = U_{ref}(1 + \frac{R_1}{R_2}) + I_{adj}R_2$$

由上式可见，调节电阻 R_2 的电阻值，即可调节基准输出电压 U_{out} 的大小。

（4）发光二极管亮度调节

在 LM3914 电路中，从基准输出电压端（7 端子）输出的电流 I_L，决定了 LED 的电流。流经每只发光二极管 LED 的电流约等于流过负载电阻 R_1 电流 I_L 的 10 倍，并且相对恒定，不受电源电压和温度变化的影响。因此改变电阻 R_1 电阻值的大小，即可改变流过发光二极管 LED 的电流来调节发光二极管的亮度。

（5）模式选择端的使用

模式选择输入端（9 端子）具有控制多个 LM3914 的连接以及显示线图或点模式工作的功能。使用方法是：当显示为线条图形时将模式选择端（9 端子）连接到电源端子（3 端子）上。当显示为点阵形式时，单个 LM3914 驱动器的模式选择端开路即可，多个 LM3914 驱动器串联驱动 20 个或更多个 LED 时，则将前一级驱动器（即有最低输入电压比较点的驱动器）的 9 端子接到较高一级 LM3914 的 1 端子，并连续地将较低输入驱动器的 9 端子接到较高输入驱动器的 1 端子。相互串联连接的最后一个 LM3914 驱

动器的 9 端子接到 11 端子上。除最后一个 LM3914 驱动器之外，在其余所有驱动器的 11 端子与电源之间均应连接一只 20kΩ 的电阻（即与第 9 只 LED 并联一只 20kΩ 的电阻）。

3. 数字式汽车仪表实例

为了说明数字式汽车仪表的显示情况，下面以发光二极管（LED）显示汽车电源电压的电压表为例说明。

（1）点阵显示功能

驱动器 LM3914 驱动 LED 以点阵形式显示电源电压的电压表电路如图 7 – 22 所示，该电路的显著特点是模式选择输入端（9 端子）与 11 端子连接，从而实现点阵显示功能。驱动器 LM3914 的作用是驱动电压表的发光二极管（LED）发光，从而指示电源电压的高低。该电路可指示 2.5 ~ 3.6V 的电压。

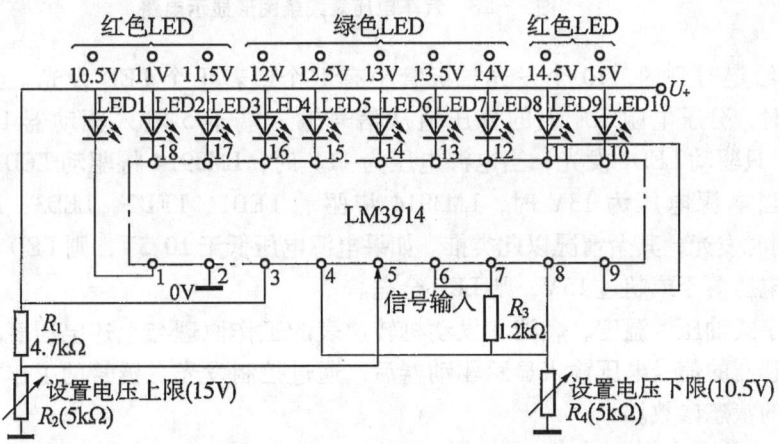

图 7 – 22 汽车电压表点阵显示电路

电压表读数的最大值和最小值可通过选择电阻 R_2 和 R_4 的电阻值来决定。电阻 R_1 和 R_2 构成的分压器连接在 LM3914 的电源端子 3 与搭铁之间，并将电阻 R_2 上的分压值从信号输入端子 5 输入驱动器，从而即可显示 10.5 ~ 15V 的电源电压。

在给定时刻内，10 个发光二极管中仅有 1 个可发光。当电源电压为 10.5V 时，分压电阻 R_2 上的分压值从信号输入端子 5 输入驱动器 LM3914，此时 LM3914 只驱动端子 1 连接的 LED1 发光；当电源电压为 11V 时，LM3914 只驱动端子 18 连接的 LED2 发光；其余 LED 工作情况以此类推。如果电源电压低于 10.5V，则 LED 都不发光；如果电源电压等于或超过 15V，则 LED 全亮。电压表工作时，根据仪表盘面膜下面每只 LED 的工作情况，即可知道电源电压高低。

（2）线条图形显示功能

驱动器 LM3914 驱动 LED 以线条图形形式显示电源电压的电压表电路如图 7 – 23 所示，该电路的显著特点是模式选择输入端（9 端子）与电源端子（3 端子）连接，从而实现线条图形显示功能。其余电路连接与点阵显示相同。

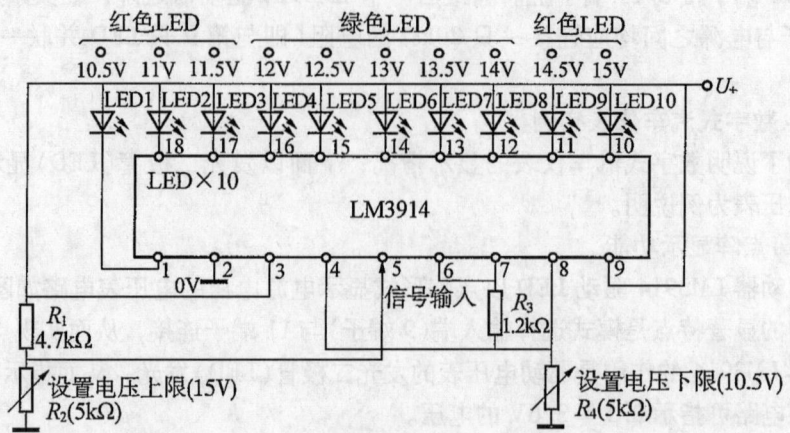

图7-23 汽车电压表线条图形显示电路

在给定时刻内，10 个发光二极管中有 1 个或若干个 LED 发光。当电源电压为 10.5V 时，分压电阻 RE 上的分压值从信号输入端子 5 输入驱动器 LM3914，此时 LM3914 只驱动 LED1 发光；当电源电压为 11V 时，LM3914 将驱动 LED1、LED2 同时发光；当电源电压为 13V 时，LM3914 将驱动 LED1、LED2、LED3、LED4、LED5、LED6 同时发光；其余情况以此类推。如果电源电压低于 10.5V，则 LED 都不发光；如果电源电压等于或超过 15V，则 LED 全亮。

数字式油压、温度、燃油和发动机转速表的工作原理与上述电压表基本相同，将相应传感器的信号电压输入显示驱动器后，通过控制发光二极管的工作状态，即可指示相应的状态参数。

第二节　信息显示系统警报部分的结构特点

为了保证行车安全和提高车辆的可靠性，在现代汽车上都安装了许多警报装置。警报装置可分为车内警报(主要是对驾驶人)和车外警报(主要是对行人与车辆)两类。

车内警报装置一般由传感器和红色警告灯组成。警告灯又称为警报灯，当被监测的部件或系统工作失常时，警报灯电路自动接通而发亮报警，提醒驾驶人采取相应措施。

信息显示系统的警报系统包括水温警报传感器，发动机润滑油警报传感器，燃油警报传感器，制动低气压警报传感器，空滤器堵塞警报传感器。

一、冷却液温度过高警告灯

汽车警报信号控制系统一般由警报传感器(开关)、警报指示灯(或蜂鸣器)和控制电路组成。汽车警报信号控制系统工作原理如图 7-24 所示。

水温警报传感器的功用是当发动机冷却水温过高时，使水温警报指示灯点亮。水温警报传感器目前常用有双金属片式和膨胀式。

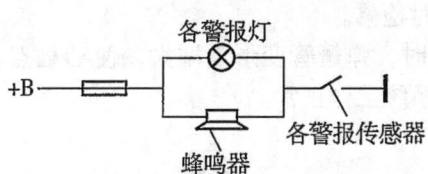

图7-24 警报信号控制系统工作原理

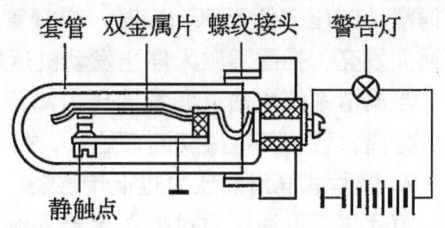

图7-25 双金属片式水温警报传感器结构

双金属片式水温警报传感器为一种触点式开关，是利用双金属片受热膨胀使触点闭合，使水温警报指示灯电路接通点亮。结构如图7-25所示。

膨胀式水温警报传感器也是一种触点式开关，与双金属片式水温警报传感器不同的是利用低熔点金属受热后由固体转变为液体，且体积增大，使触点闭合。结构如图7-26所示。

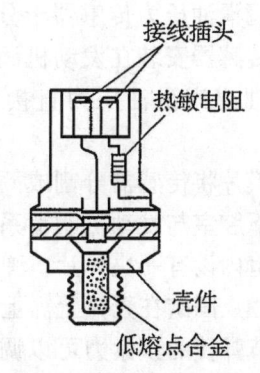

图7-26 膨胀式水温警报传感器结构

二、发动机润滑油压力过低警告灯

在汽车润滑系统中，除了装备有润滑油压力表之外，还装备有润滑油压力过低警告灯。

润滑油压力过低警告灯为红色警告灯，功用是当润滑系统的润滑油压力降低到一定值（50～90kPa）时，警告灯电路自动接通而发亮警报，提醒驾驶人，避免损坏发动机。

润滑油压力警告灯配套使用的传感器有弹簧管式和膜片式两种。

1. 弹簧管式润滑油压力过低传感器

弹簧管式润滑油压力过低传感器的结构原理如图7-27所示。传感器外形与润滑油表配用的润滑油压力传感器相似，但体积较小。传感器安装在发动机润滑系统主油道上，主油道润滑油压力直接作用到弹簧管内。

传感器金属壳体内设有弹簧管3，弹簧管一端与螺纹接头6连接，并与发动机润滑系统主油道相通，另一端焊接有动触点5。静触点4经接触片与传感器接线端子2相连。

当点火开关接通、发动机润滑系统主油

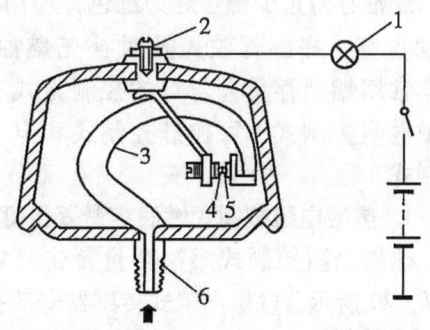

1-警告灯 2-接线端子 3-弹簧管
4-静触点 5-动触点 6-传感器接头

图7-27 弹簧管式润滑油压力过低传感器

道润滑油的压力低于 50kPa 时，弹簧管变形量小，动触点与静触点接合，警告灯电路接通而发亮，提醒驾驶人停止发动机运转并及时检修。

当润滑系统主油道润滑油压力高于 50kPa 时，弹簧管变形量增大，使动触点与静触点分离，警告灯电路切断而熄灭，指示润滑系统工作正常。

2. 膜片式润滑油压力过低传感器

膜片式润滑油压力过低传感器的结构如图 7－28 所示。传感器外形和结构与润滑油表配用的润滑油压力传感器十分相似，但体积较小。传感器安装在发动机润滑系统主油道上，主油道润滑油压力直接作用到膜片上。

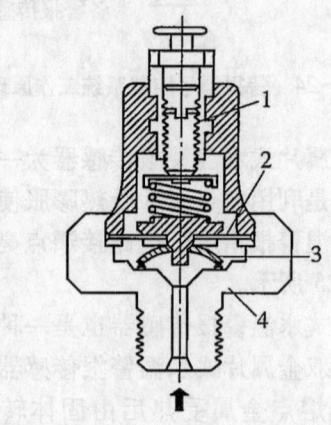

钢制膜片将传感器分割成两个互不相通的腔室，下腔室与发动机润滑系统主油道相通。下腔室内设有一块弹片，弹片上焊有动触点，静触点固定在壳体上。上腔室内设有弹簧，调节弹簧的预紧力可以调整警报压力的高低。

1－弹簧片　2－膜片　3－弹片与触点　4－壳体
图 7－28　膜片式润滑油压力过低传感器

当点火开关接通、发动机润滑系统主油道润滑油的压力低于 50kPa 时，膜片在弹簧预紧力的作用下克服润滑油压力向下拱曲，带动弹片和动触点向下移动并使触点闭合，警告灯电路接通而发亮。

润滑系统主油道润滑油压力升高时，油压对膜片的作用力增大。当油压达到正常工作油压时，油压对膜片的作用力将克服弹簧预紧力使膜片向上拱曲，同时带动弹片和动触点向上移动使触点断开，警告灯电路切断而自动熄灭，指示润滑系统工作正常。

三、燃油油存量过少警告灯

在汽车燃油供给系统中，除了装备有燃油表之外，还装备有燃油存量过少警告灯。

燃油存量过少警告灯为红色，功用是当油箱燃油储量少于某一规定值时，警告灯自动点亮，提醒驾驶人及时补充燃油。汽车常用燃油存量警告灯的控制方式有热敏电阻控制式、可控硅控制式和电子控制式 3 种。

1. 热敏电阻控制式燃油存量警告灯

热敏电阻控制式燃油存量警告灯如图 7－29 所示。热敏电阻式传感器安装在燃油箱上，当油箱内燃油储量多时，传感器的热敏电阻元件浸泡在燃油中，由于燃油温度低和散热快，因此热敏电阻电阻值较大，警告灯电路流过电流较小

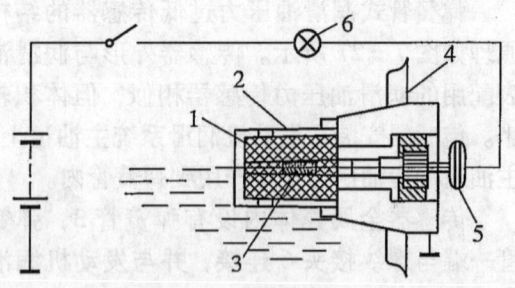

1－防爆金属丝网　2－传感器壳体　3－热敏电阻
4－油箱壳体　5－接线端子　6－警告灯
图 7－29　热敏电阻控制式燃油存量警告灯电路

而不能发光。

当油箱的燃油存量减少到规定值以下时传感器将露出油面，由于传感器周围的环境温度高于燃油温度，因此热敏电阻电阻值减小，警告灯电路流过电流增大而发亮，提醒驾驶人及时补充燃油。

2. 可控硅控制式燃油存量警告灯

可控硅控制的燃油存量警告灯适合于与双金属片式仪表稳压器、双金属片式燃油指示表配套使用，电路如图 7 - 30 所示。

当仪表稳压器向双金属片式指示表输入脉冲电压信号时，在传感器的滑线式可变电阻上也会出现与燃油油面成比例的脉冲电压信号。当燃油油面下降到一定值时，串入指示表电路的可变电阻电阻值增大，脉冲电压的幅值随之增大。当脉冲电压的幅值达到一定值时，便会触发可控硅

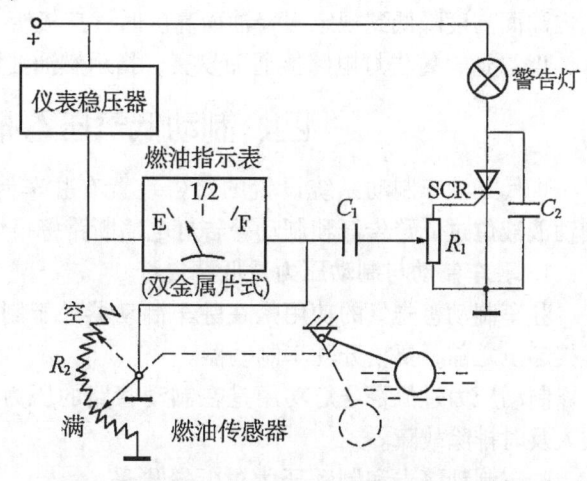

图 7 - 30　可控硅控制式燃油存量警告灯电路

SCR 使其导通。当可控硅导通时，警告灯电路接通而发亮，指示燃油油面过低，提醒驾驶人及时补充燃油。

当脉冲电压消失时触发信号消失，可控硅截止，警告灯熄灭。

调整电阻 R_1 的电阻值，可以调整可控硅的导通时机，以使警告灯的警报时刻与燃油量减少到警报油面一致。

3. 电子控制式燃油存量警告灯

电子控制式燃油存量警告灯适合于与电磁式燃油指示表配套使用，电路如图 7 - 31 所示。图中各电子元件的参数分别为：$R_1 = 10k\Omega$，$R_2 = 15k\Omega$，$R_3 = 2.7k\Omega$，$R_4 = 3.3k\Omega$，$R_5 = 5\Omega/2W$，$R_6 = 6.8k\Omega$，$R_7 = 9.1k\Omega$，$R_8 = 1k\Omega$，$R_9 = 120k\Omega$，$C = 5\mu F/15V$。

三极管 T_1、T_2 组成施密特触发器，可变电阻 R_1 上的电压与燃油箱内的燃油油面高度成正比，即

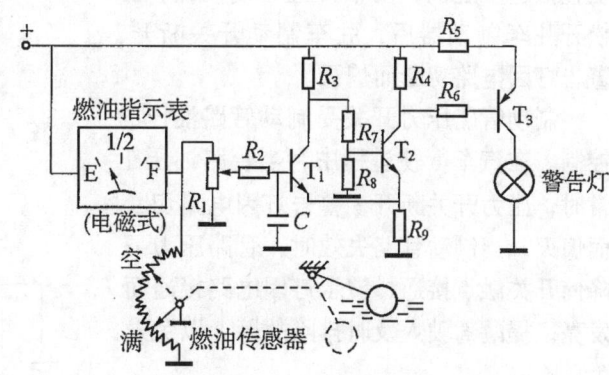

图 7 - 31　电子控制式燃油存量警告灯电路

油面升高时，传感器滑线电阻串入指示表电路的电阻值增大，可变电阻 R_1 上的电压升高；反之，油面降低时，R_1 上的电压降低。

当油箱全满时浮子上浮，带动滑片向下滑动使滑线电阻串入指示表电路的电阻值

增大，电阻 R_1 上的电压升高，三极管 T_1 的基极电位升高而导通，T_1 集电极电位降低使三极管 T_2 截止，T_2 截止时将 T_3 基极电流切断，因此 T_3 截止，警告灯无电流流过而熄灭。

当燃油箱内油面高度降低时，浮子下沉并带动滑动片向上移动滑线电阻串人指示表电路的电阻值减小，电阻 R_1 上的电压降低，三极管 T_1 的基极电位随之降低。当燃油箱内油面高度降低到规定报警油面高度时，三极管 T_1 因基极电位降低而截止，三极管 T_2、T_3 导通，警告灯电路接通而发亮，指示燃油油面过低，提醒驾驶人及时补充燃油。

四、制动低气压警报传感器

现代柴油车制动系统设置的警告装置有驻车制动警告灯、制动压力过低警告灯、制动液液位过低警告灯和制动警告灯电路断路警报灯等。

1. 驻车制动与制动压力过低警告灯

驻车制动警告灯的功用是在驻车制动器处于制动状态时自动点亮，提醒驾驶人在挂挡起步之前，要松开驻车制动器。

制动压力过低警告灯功用是在制动管路的压力降低到一定值时自动点亮，提醒驾驶人及时排除故障。

驻车制动警告和制动压力过低警告采用同一个指示灯进行警报，又称为制动警告灯，电路如图 7-32 所示。驻车制动开关与制动管路压力开关并联连接。

当点火开关接通时，如果驻车制动器处于制动状态，则驻车制动开关接通，制动警告灯因电路接通而发亮，提醒驾驶人在挂挡起步之前，要松开驻车制动器；当松开驻车制动器后，驻车制动开关断开，警告灯因电路切断而熄灭。

制动管路压力开关受制动管路油压的控制。在汽车行驶过程中，当管路油压正常时，压力开关断开，警告灯因电路切断而熄灭；当制动管路失效时，管路压力下降使开关触点接通，警示灯因电路接通而发亮，提醒驾驶人及时排除故障，以免发生危险。

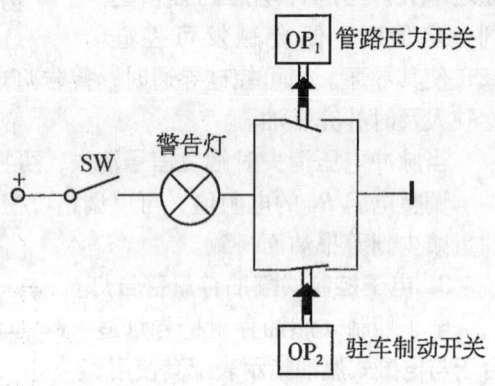

图 7-32　驻车制动警告灯电路及组成

2. 制动液液位过低警告灯

制动液液位过低警告灯电路中串联有一只传感器，如图 7-33 所示。传感器为舌簧开关式，安装在制动液储液罐上。传感器壳体上设有两个接线端子，其中一个

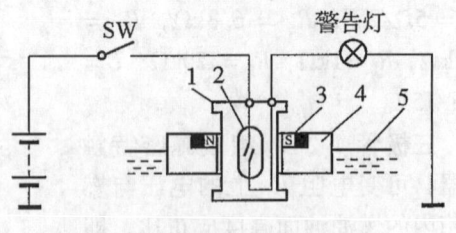

1-壳体　2-舌簧管　3-永久磁铁
4-浮子　5-制动液液位
图 7-33　制动液液位警告灯与传感器结构原理

连接12V电源，另一个连接警告灯。传感器浮子随制动液液位高低而上下浮动，浮子上固装有永久磁铁。舌簧开关的触点受永久磁铁磁场的作用而断开或闭合。

在点火开关SW接通的情况下，当浮子随制动液液面下降到规定值时，永久磁铁的磁场使舌簧开关触点磁化而闭合，警告灯电路接通而发亮，提醒驾驶人及时补充制动液。

当补充制动液时，浮子带动永久磁铁随制动液液面升高而上升，随着永久磁铁对舌簧开关触点的作用力减弱，舌簧开关触点在自身弹力的作用下断开，使警告灯因电路切断而熄灭，表示制动液液位正常。

3. 制动警告灯电路断路警报灯

制动警告灯电路断路警报灯的电路原理如图7-34所示。在左、右制动警告灯电路中，连接有两个电磁线圈 W_1、W_2 以及舌簧开关K，信号灯电路断路警报灯与舌簧开关串联。

在点火开关SW接通的情况下，如果左、右制动警告灯电路正常，那么，当踩下制动踏板时，制动灯开关接通，电流分别经电磁线圈 W_1、W_2 流过左、右制动警告灯使其发亮，指示跟随车辆本车正在制动。此时，两个线圈产生的磁场相互抵消，舌簧开关触点K在自身弹力作用下断开，断路警报灯处于熄灭状态。

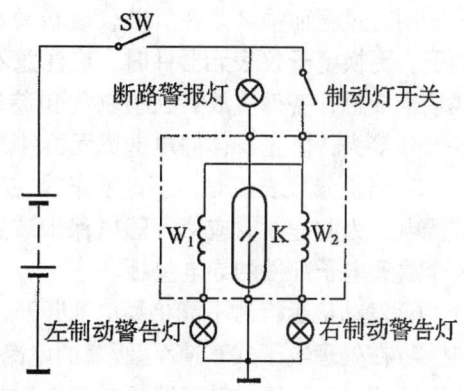

图7-34　制动警告灯电路断路警报灯电路

当踩下制动踏板时，如果左(或右)制动警告灯线路(或灯丝)断路，则电磁线圈 W_1(或 W_2)中将有一个线圈无电流通过，另一个线圈通电产生的磁场将使舌簧开关触点K磁化而闭合，使断路警报灯电路接通而发亮，提醒驾驶人及时排除故障。

五、空气滤清器堵塞警报传感器

空气滤清器堵塞警报传感器的功用是当空气滤清器脏污时，警报灯点亮。

该警报传感器采用膜片式真空开关。工作原理是当空气滤清器的进气阻力增大到一定程度时，真空开关的触点闭合，警报灯电路接通，空气滤清器堵塞警报指示灯点亮。

第三节　信息显示系统常见故障与维修

一、仪表显示系统检查方式方法

1. 仪表显示系统检修注意事项

1)仪表结构比较精密，对检修技术要求较高，检修时应遵照各汽车维修手册中的有关规定进行作业。

2)仪表显示板与母板(逻辑电路板)不仅较容易损坏,而且价格也较贵。因此在使用与检修时应十分小心。除非有特殊说明,否则不能将蓄电池的全部电压加在仪表板的任何输入端。在检查电压、电阻时,应使用高阻抗仪器(不能使用简易仪表),若检修汽车仪表时使用不当,常常会造成微机电路的严重损坏,进行仪表检修时应特别注意这一点。

3)对需要检修的仪表板,拆卸时首先应切断电源,而后按拆卸顺序进行拆卸。注意:拆卸时不能敲打、震动,以防损坏电子元器件。

4)拆装仪表板应按拆装顺序进行,拆装时不要用力过猛,以防本来良好的元器件由于用力过猛而损坏。在拆装仪表板总成之前,脱开连接器或端子时应先脱开蓄电池端子。更换电子仪表元器件时,应注意不让身体与更换元件(备用元件)的集成电路引线端子接触,备件应放置在镀镍的包装袋内,不要提前从袋中取出,取出时不要触碰各部分接头,防止身体静电造成元器件的损坏。

5)当检修仪表板时,不论就车或在工作台上作业,作业地点或维修人员都不能带有静电。为此作业时应使用静电保护装置,通常使用一根与车身连接接铁的手腕带和一个放置电子部件的导电垫板。

6)发动机运行时不能将蓄电池断开,因为这会引起瞬间的反电势,导致仪表损坏。

7)在处理电子式车速/里程表的电路板时,必须使用原来的塑料盒,以免因静电感应而损坏。若不慎碰触电路板的接头时,将会使仪表的读数消除,此时就必须送专业厂家维修后才能使用。

2. 仪表板的检测方法

(1)用快速检测器进行检查

快速检测器能发出模拟各种传感器信号,用它能够迅速测出故障的部位。如在使用测试器能显示仪表板输入信号时,说明传感器或其电路有故障。若显示器仍不能显示,再将测试器直接接在仪表板的有关输入插座上,此时若显示器能正常显示,说明线束和连接器有故障,否则表明仪表板有故障。

(2)用电脑快速测试器

这种测试器能够模拟燃油的流量和车速传感器的信号,同样把测试器所发出的信号从不同部位输入,即可检验传感器、线束对号电脑和显示装置工作是否正常。

(3)用液晶显示仪表测试器检查

该测试器在测试时,能为仪表板和信息中心提供参照输入信号,这就可检测出信息中心的工作状态。这种测试的目的是,对仪表板有无故障做进一步的验证。

3. 仪表板故障的检测

汽车仪表显示系统的故障,一般都出在传感器、连接器、导线、个别仪表及显示器上。检修时应先将传感器电路断开或拆下,用检测设备对它们进行逐个检查。

(1)传感器的检测

首先将传感器的电路断开或拆下传感器,用仪器进行逐个检查。对各种电阻式传感器的检查,通常是采用测量电阻值的方法来判断它的好坏,即把所测得的电阻值与规定的标准值相比较。判断传感器有无故障，若所测的值小于规定的数值，表明传感器内部短路，否则是传感器内部短路或接触不良。传感器一般是不可拆、不可维修的元件，若有故障只能更换新件。

（2）连接器的检查

采用电子式仪表的汽车，往往需要很多连接器把电线束连到仪表板上去。这些连接器一般都采用不同颜色，以便辨认它属于哪一部分的连接。为保证其连接可靠、牢固，连接器上都设有闭锁装置。检查时可用眼看或手摸的方法进行，连接器装置要齐全、完好，插头、插座应接触可靠、无锈蚀。仪表电路工作中用手触摸连接器，应没有明显的温度感觉，若温度过高，说明该连接器接触不良，应查明原因予以排除。

（3）个别仪表故障诊断

若电子式仪表板上个别仪表发生故障，应检查与此仪表相关的各个部分。首先应检查各导线的连接状况，包括各连接器的接触状况，线路是否破损、搭铁、短路或断路等。然后再用检测设备分别对该仪表及传感器进行检测，查明故障原因后予以修复，必要时更换新件。

（4）显示器故障检修

一旦电子仪表板上的显示装置部分笔画、线路出现故障，应将仪表板上显示器件调整到静态显示状态，仔细观察是否还有别的故障，就此时出现的故障，使用检测设备对与此相关的电路或装置进行认真检查。若仅有一二条笔画或线段不发亮或不显示，则说明逻辑电路板通过多路传输的脉冲信号正确，可能是显示装置的部分线段工作不正常，遇此情况应作进一步检查，属于接触不良的应加以紧固，确保其电路畅通；若是电子器件本身的问题，应更换显示器件或电路板。

4. 仪表故障的诊断方法

（1）拆线法

当仪表读数异常，通过分析、推断可能是传感器内部或传感器与指示仪表间的导线存在搭铁故障时，常采用拆线法进行检查。即通过拆除有关接线柱上的导线，来判断故障的原因及部位。以电磁式燃油表为例，当传感器内部搭铁或浮子损坏，以及传感器与燃油表间的导线搭铁时，无论油箱内油量多少，接通点火开关后，燃油表指针总指向"0"。此时可采用拆线法进行检查。首先，拆下传感器上的导线，若此时燃油表指针向"1"处移动，则是传感器内部搭铁或浮子损坏；若指针仍指向"0"，则应拆下燃油表上的传感器接线柱导线，若仪表指针向"1"移动，为燃油表至传感器间的导线搭铁；若指针仍不动，则可能是燃油表内部损坏或其电源线断路。

（2）搭铁法

当仪表读数异常，通过分析、推断可能是传感器搭铁不良或损坏，以及传感器与指示仪表间的导线存在断路故障时，可采用搭铁法进行检查。通过用导线将有关接线柱搭铁，可判断故障的原因及部位。

接通点火开关后，对于电磁式燃油表无论油箱存油多少，燃油表指针均指向"1"；对于双金属片式燃油表，燃油表指针则均指向"0"，以上情况均说明相应仪表传感器可能搭铁不良或损坏，又或者是传感器与指示仪表间的导线存在断路故障，可利用搭铁法进行检查。首先，将传感器与导线相连的接线柱搭铁，若指针转动，说明传感器损坏或搭铁不良；若指针不转动，可用导线将指示仪表上接传感器的线柱搭铁，若指针转动，则为传感器与指示仪表间的导线存在断路故障；若指针仍不转动，则说明指示仪表内部损坏或其电源线断路。

（3）短接法

在其他电器仪表工作均正常，只有与稳压器相连的仪表（燃油表、电磁式水温表）不工作时，可利用短接法进行检查。用短接导线将稳压器的输入、输出端短接，这时与稳压器相连的仪表指针若立即偏转，为之稳压器内部存在故障。

（4）对比法

电器仪表读数不准时，可采用对比法进行校验检查。在相同的工况条件下，比较被校验的仪表与标准仪表的读数，从而可判断被校验仪表的技术状况。例如，检验汽车电流表时，可将被试电流表与标准电流表及可变电阻串联在一起，接通蓄电池电流，逐渐调小可变电阻，比较两个电流表的读数，若相差超过20%，为电流表存在故障，应予以修复或更换新件。

二、仪表系统检修与常见故障维修

1. 电流表

（1）电流表的检修

检修电流表时，应当注意以下几点：

1）用手摇动电流表时，指针应能灵活摆动；停止摇动后，指针应能很快停在"0"位。如果指针摆动呆滞，多为转子轴轴承过紧，应调整；如果指针不能回到"0"位，可拨动配重块进行校准。若指针虽能灵活摆动，但不能迅速停在"0"位，可能是永久磁铁退磁所致，应进行充磁处理。

2）当电流表通电后指针偏转迟缓、读数比标准值低时，一般为转子轴和轴承磨损或指针碰擦卡住，应拆开电流表进行检查。如果轴和轴承磨损，应更换新件；如为指针歪斜而碰擦，可用镊子校正指针。当电流表的读数比标准值高时，一般为永久磁铁磁性减弱，应进行充磁处理。

3）对充磁电流表进行充磁处理时，用永久磁铁或电磁铁与电流表永久磁铁的异性磁极接触一段时间，即可恢复原有的磁性。如磁性过强，则会使读数偏低，应予退磁。方法与充磁相同，所不同的是用永久磁铁或电磁铁与电流表永久磁铁的同性磁极接触一段时间。

4）当电流表指针向一边偏摆角度大，而向另一边偏摆角度小时，一般为转子不正，指针碰擦，应拆开进行检修。

5）检验电流表的准确度时，可用标准量程为 −30A ～ 0 ～ +30A 的直流电流表和标准电阻值为 0 ～ 5Ω、额定电流为 30A 的可变电阻与被试电流表以及蓄电池串联在一起进行检验。检验时接通蓄电池电源，在逐渐减小可变电阻值的同时，比较两只电流表读数的大小。如果读数之差在20%的范围内，说明被测电流表工作基本正常（注意：汽车电流表的误差允许在20%范围内），否则，应予修理或换用新件。

（2）常见故障维修

电流表是用来指示蓄电池充电和放电电流强度的仪表。其故障现象及原因是：

1）电流表刻度盘变形。一般是由于接线时导电杆的螺母未拧紧，接触电阻大，电流流过时发热，使刻度盘受热变形。因此，使用时务必拧紧接线螺母。

2）电流表指针摆动大。表针阻尼性差，应适当加阻尼油；调节器有故障或调节电压不稳；发电机电刷接触不好，应检查电刷的弹簧和滑环表面。

2. 电压表

（1）电压表的检修

检修电压表时应当注意以下几点：

1）接通点火启动开关、发动机尚未启动时，电压表指示的蓄电池端电压读数范围：12V电气系统应为 $11.4 \sim 12.6V$，24V电气系统应为 $22.8 \sim 25.2V$。如端电压过低，说明蓄电池严重亏电或内部短路。

2）在接通点火启动开关启动发动机的 $3 \sim 5s$ 内，电压表指示的12V电气系统蓄电池端电压读数应为 $9 \sim 11V$。对于额定容量小于或等于 $60A \cdot h$ 的蓄电池，如电压表读数低于9V，说明蓄电池有故障或寿命终止，需要换用新件。如电压表读数在 $9 \sim 11V$，说明蓄电池技术状态良好，端电压接近11V可继续使用，接近9V应补充充电。如电压表读数高于11V，说明蓄电池技术状态很好，可以继续使用，无需充电。对于24V电气系统，在接通点火启动开关启动发动机的 $3 \sim 5s$ 内，蓄电池端电压读数应为 $18 \sim 22V$。如电压表读数低于18V，说明蓄电池有故障或寿命终止，需要换用新件。如电压表读数在 $18 \sim 22V$，说明蓄电池技术状态良好，端电压接近22V可继续使用，接近18V应补充充电。如电压表读数高于22V，说明蓄电池技术状态很好，无需补充充电，即可继续使用。

3）发动机正常运转时，电压表指示的蓄电池端电压读数范围：12V电气系统应为 $(14.2 \pm 0.25)V$，24V电气系统应为 $(28.0 \pm 0.3)V$。如果电压表指示的读数与发动机启动前的读数相同，说明交流发电机不发电，需要检修交流发电机和电压调节器；如电压表指示电压过高，说明电压调节器故障，需要换用调节器。

（2）常见故障诊断维修

1）故障现象。发动机不工作时，在蓄电池存电充足情况下，电压表指针指在 L（低）或 H（高）位置。

2）诊断方法。观察其他3个仪表的工作情况，如果都正常，电压表指针无论是指在 L 位置还是指在 H 位置，均为电压表本身故障。

3. 油压表

（1）油压表的检验与调整

油压表常见故障有读数偏大、偏小或指针不动。油压表读数不准可进行校准；若指针不动，一般是电热线圈烧坏或触点烧蚀，应进行修理。双金属片式油压表一般都可进行调整。

1）油压指示表和传感器电阻的检查。如果电阻值小于标准电阻值，说明电热线圈有匝间短路故障。如果电阻值大于标准电阻值，说明线圈与连接部件接触不良。如果万用表指针不动，说明线圈电路断路。

2）指示表指针偏摆角度的检验与调整。将指示表与毫安表（0～300mA）、可变电阻（0～100Ω）和12V蓄电池串联组成检验电路，如图7-35所示。接通电路开关，调节可变电阻，当毫安表指示读数分别为60mA、170mA和240mA时，指示表指针应相应地指示在"0"、"2"、"5"的刻度上，指示不准应进行调整或修理。

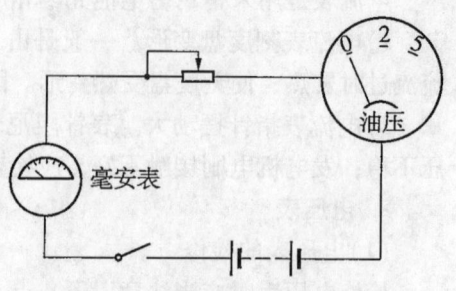

图7-35　油压指示表检验电路

如指示表指针在"0"位有误差，可用螺丝刀或专用工具调整零位调整扇齿。向左拨动（从表背面看），读数增高；向右拨动，读数降低。如最大读数的误差超过20%，可拨动偏摆角度调整扇齿——向左拨动，读数增高；向右拨动，读数降低。

3）重新绕制电热线圈。电热线圈烧坏后，可按技术数据重新绕制。绕制方法如图7-36所示。在绕制电热线圈时，每绕一圈后，注意捏线的手指应捻动一下，给导线松一下劲，或者每绕一圈把导线松开一下，让其松一下劲，然后再绕下一圈。这样绕出的线圈既平整又不致

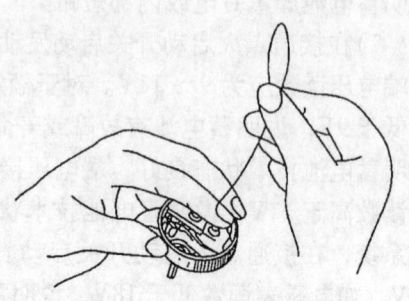

图7-36　绕制电热线圈

破坏导线的绝缘。每圈之间的距离要均匀，松紧也要均匀，线圈的连接和电阻值应与原来的相同。绕制完毕，需要再次进行检验。

在指示表内，指针与双金属片方框构成的3个直角应在一个平面内，否则会使读数不准。

4）传感器输出电流的检验与调整。将被检验的传感器与标准的指示表、12V蓄电池、油压机、机械式油压表组成如图7-37所示的检验装置。如果没有油压机，可用汽车液压制动总泵代替。

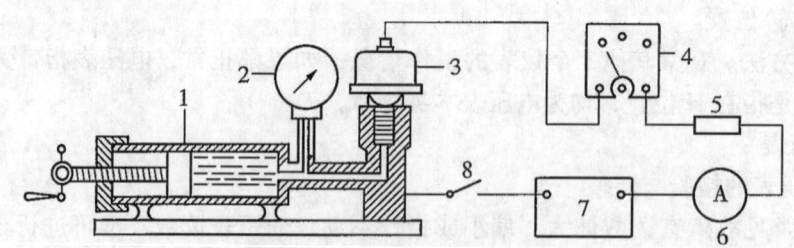

1-油压机　2-油压表　3-传感器　4-标准指示表
5-降压电阻　6-电流表　7-蓄电池　8-开关
图7-37　润滑油传感器的检验

检验时，接通控制开关，摇转油压机手柄，当机械式油压表指示的压力分别为 0、200kPa、500kPa 时，如标准指示表应相应地指示 0、200kPa、500kPa 压力，则表明被检传感器工作良好。否则说明传感器工作不正常，应予修理或换用新件。在规定压力下，传感器输出电流以及规定电流下指示表指针的读数如表 7-1 所示。

表 7-1　油压与电流对应值

传感器所感受的压力(kPa)	指示表的读数(kPa)	传感器应输出的电流(mA)
0	0	65 ± 5
200	200 ± 20	170 ± 3
$500 \sim 600$	500 ± 10	240

在传感器感受高压时，如输出电流比规定值低，则多为校正电阻值增大所致。可将指示表弹片的张力减弱或改变电阻值来进行校准。

上述检验传感器的装置，也可以用来检验指示表。

(2)常见故障诊断维修

一般油压表故障为油压指示过高、过低或无指示，而油压指示过低主要是由指针卡死而引起。

1)油压表指示过高。当发动机润滑油道工作压力正常，而通过传感器由表头显示的数值比实际压力高时，首先可拆掉压力传感器上的接线，观察油压表指示压力是否下降。

a. 如果指针指示平稳下降，可换一个好的压力传感器来检查原压力传感器是否损坏；如确认传感器不能使用，应更换新件。

b. 发现拆线后指针指示仍不下降，可将油压表至传感器的接头拆下，观察压力表指示是否下降。若下降可确认是压力表至传感器之间的电线因破损产生局部短路，这时可进一步查出短路部位。

c. 如果拆线后仍不见指示下降，则油压表内部有故障，应更换新件。

2)油压表无指示。当发动机润滑油道有工作压力，而润滑油表显示值为零时，首先可将润滑油压力传感器上的接线端子拆下直接搭铁，观察指针指示是否平稳上升。

a. 油压表指针平稳上升，则可确定压力传感器内部故障，必须更换新件。

b. 指针仍无反应，应检查油压表的电源端头上是否有电。有电，则润滑油压力表损坏；如无电，应检查熔断丝及熔断丝至润滑油压力表之间电路是否有断路。

4. 水温表

(1)水温指示表的检查与调整

1)水温指示表和传感器电阻的检验。水温指示表和传感器电阻的检验方法与油压表相同。

2)水温指示表指针偏摆度的检验与调整。指示表指针偏摆度的检验方法与油压表相同。注意：在相应电流强度时，水温表指示的刻度大小排列顺序与油压表相反。水温指示表的检修与调整方法与油压指示表相同。

(2)水温表故障诊断与维修

发动机水温表常见故障及其排除方法如下：

1）发动机工作时指示表指针不动。发动机水温达到正常工作温度80～90℃时，水温表仍指在50℃位置不动。此时如油压表和燃油表都不工作，故障可能是点火开关到仪表的导线断路。如油压表和燃油表工作也不正常，说明故障发生在指示表到传感器之间的线路中。

可将传感器上的连接导线短时搭铁进行试验，如指示表指针摆动，说明故障发生在传感器内部；如指针仍然不动，说明故障发生在指示表或指示表至传感器之间的导线断路。

2）发动机水温升高后指针却不摆动。一旦接通点火开关，指针就偏摆到最高温度位置。出现这种现象时，可先拆下传感器接线端子上的导线，查看指针能否回到静止状态时的位置。如能回位，说明传感器内部短路或搭铁；如指针仍然指示在最高温度位置，说明线路中有搭铁故障或连接错误，可逐段检查排除。

3）指示表指针指示的数值不准。在发动机工作时，如发动机的温度正常，但指示表指针指示的数值偏低或偏高，应检查指示表或传感器是否发生故障。如无故障，则应进行调整。

5. 燃油表

(1)燃油表的检验

燃油表的传感器和指示表都可使用图7-38所示的仪器和连接电路进行检查。注意：如果检验燃油指示表，传感器必须是标准的燃油传感器；反之，如果检验燃油传感器，指示表就必须是标准的燃油指示表。

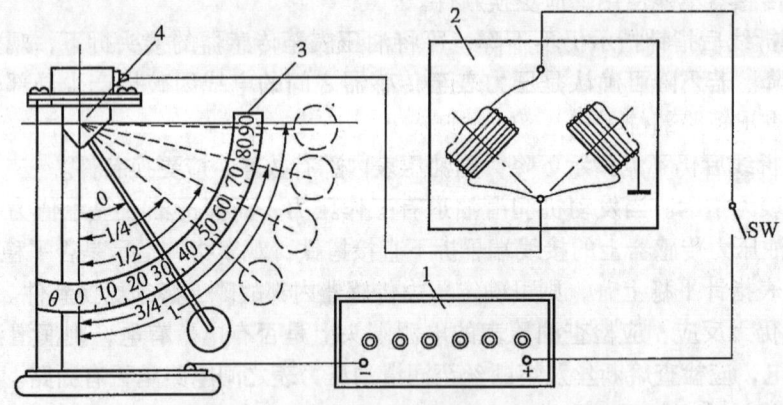

1—蓄电池　2—指示表　3—量角器　4—传感器
图7-38　燃油表的检验电路

在检验燃油指示表或燃油传感器时，首先接通控制开关SW，然后将浮子臂分别摆到31°和89°位置进行检验时，指示表的指针应相应地指在"0"和"1"位置。如果误差小于10%，指示表或传感器就可继续使用，否则应当进行调整、修理或换用新件。

如果没有量角器，也可用手扳动燃油传感器浮子进行检验。方法是将浮子放在最低位置(相当于31°位置)和抬高到水平位置(相当于89°位置)时,燃油指示表指针应相应地指示在"0"或"1"位置。这种方法虽不如仪器检验准确,但操作简便。

(2)燃油表的调整

1)燃油指示表的调整。当燃油传感器良好,燃油指示表的指针不能摆到"0"位置时,可上下移动左线圈的位置进行调整。当左线圈距离指针转子远些时,磁力便减弱,转子被右线圈吸引过去的角度便增大;反之,当左线圈距离指针转子近些时,转子被右线圈吸引过去的角度便减小。与此同时,弯曲右线圈的导磁磁轭,改变其磁路磁阻的大小,也可调整指针的摆角。

2)燃油传感器的调整。调整燃油传感器时,先把铜套固定螺钉拧松,然后移动铜套和滑片,滑片应与电阻接触良好。并注意检查电阻是否烧坏、搭铁是否良好,有无短路、断路等,浮子杆上下摆动是否灵活,否则应予修理或换用新件。

(3)燃油传感器的修理

当燃油传感器的可变电阻烧坏时,可用相同直径的镍铬合金丝进行绕制。绕制电阻时,电阻值和连接方法必须与原传感器相同。修复后要经过检验,证明无误后才可使用。

当燃油指示表线圈损坏后,可用相同直径的漆包康铜线进行绕制。绕制时,线圈的绕向、匝数、电阻和连接方法必须与原指示表线圈相同。由于燃油指示表左、右线圈的匝数和绕线方向不同,因此不能互换使用。修复后必须经过检验,证明无误后才可使用。

6. 车速里程表

(1)车速里程表的检查

车速里程表的检查包括以下几个方面:

1)检查车速里程表的铝制金属碗有无歪斜、碰撞摩擦现象。如有歪斜或碰撞摩擦,就会导致读数不准或工作失常,应予校正。

2)检查游丝弹簧以及表轴与轴套之间有无松动。如有松动,可用空心冲将其铆紧。

3)检查各部轴承有无松旷。如果轴承磨损而松旷,应予修理或换用新件。

4)检查车速里程表针轴的轴向间隙是否过大。如果轴向间隙过大,就应进行修理或换用新件。

5)检查驱动软轴的润滑情况。取下车速里程表驱动软轴接头的油毡,用汽油清洗干净、晾干后,再浸足变压器油并装回即可。车速里程表内的传动机件禁止使用润滑脂(黄油)进行润滑。

(2)准确度的检查与调整

检查车速表指示的准确度时,用一电动机同时驱动标准车速表和被试车速表,调节驱动电动机的转速,比较被试车速表和标准车速表的读数。被试车速表的读数误差较大时应进行调整,顺时针拨动指针可使读数增大,反时针拨动指针可使读数减小。车速表的读数误差也可通过改变磁铁与铝盘之间的空气间隙进行调整,气隙增大可使读数减小;反之,气隙减小可使读数增大。

(3)故障诊断与维修

车速里程表常见故障及其排除方法如下：

1)车速表指针不动。指针不动的主要原因是软轴连接处松脱、表内有发卡现象或软轴扭断等，应拆开仪表进行修理。

2)车速表指针跳动。指针跳动的主要原因是磁铁轴承磨损导致磁铁旋转时窜动而碰撞金属碗所致，因此需要更换轴承。

3)里程表计数轮不转。计数轮不转的主要原因是软轴连接处松脱、表内有发卡现象或软轴扭断等。如果仅有部分计数轮不转，则其原因是计数轮之间的进位拨销折断或传动齿轮损坏，需要更换新件。

7. 汽车警报系统的检修

(1)警报指示灯不灭

警报指示灯不灭的主要原因是警报传感器(开关)接通、警报指示灯线路搭铁。检查时应确保所检测的系统没有故障(例如发动机冷却水温不高、制动气压足够、润滑油压力正常等)，然后将警报传感器(开关)上的接线拆下，如果警报指示灯熄灭，说明警报传感器(开关)有故障；如果警报指示灯仍不熄灭，说明警报指示灯线路搭铁。

(2)警报指示灯不亮

警报指示灯不亮的主要原因是熔断丝烧断、警报传感器(开关)损坏、警报指示灯线路断路。检修时首先可用导线将警报传感器(开关)短接，如果警报指示灯亮，说明警报传感器(开关)损坏；如果警报指示灯不亮，应检查熔断丝和警报指示灯线路。

(3)润滑油警报灯不亮

1)故障现象。发动机不工作时，润滑油警报灯不亮。

2)故障原因。

a. 润滑油警报灯有故障。

b. 导线断路。

c. 印刷电路中二极管损坏。

d. 润滑油警报灯开关有故障(润滑油警报灯开关与润滑油压力感应器组合在一起，装在发动机左中部)。

3)故障诊断与维修。

a. 将仪表板上第2个插座下排右数第1个插孔蓝线搭铁。若警报灯不亮，为灯泡故障或二极管故障(断路或二极管装反)；若警报灯亮，将熔断器盒右侧蓝色插座上的蓝线(较细的是润滑油警报灯的搭铁线，较粗的是洗涤电动机电源线)搭铁，润滑油警报灯不亮，说明插接不良。

b. 将润滑油警报开关蓝线搭铁。若润滑油警报灯不亮，说明蓝线断路；若润滑油警报灯亮，说明润滑油警报灯开关有故障。如果发动机工作正常，润滑油警报灯亮；先拆下润滑油警报灯开关蓝线，若故障消失，说明润滑油警报灯开关故障；如果故障不消失，再拆下润滑油粗滤器堵塞开关的蓝线，若故障消失，说明润滑油粗滤器堵塞开关有故障或润滑油粗滤器有堵塞。

c. 如果两个开关上的蓝线都拆下后，润滑油警报灯仍亮，说明蓝色导线搭铁。

(4)低气压警报灯不亮

1）故障现象。制动系统湿储气筒内无气压，或者气压低于 0.4MPa 时低气压警报灯不亮。

2）故障原因。

a. 警报灯泡损坏。

b. 导线断路或插接不良。

c. 警报灯开关有故障。

3）故障诊断与维修。

a. 将仪表盘上第 1 个插座上排右数第 2 个插孔的绿线搭铁。若警报灯不亮，为警报灯灯泡损坏。

b. 将熔丝盒右侧绿插座上的绿线搭铁。若警报灯不亮，说明插头未插好；若警报灯亮，继续查。

c. 将湿储气筒上的绿线搭铁。若警报灯不亮，说明这段导线断路；若警报灯亮，为低气压警报灯开关有故障。

第8章　柴油车电路系统维修

第一节　全车电路图典型实例

一、电气设备电路图的种类

车辆电气设备电路图是将车辆电气设备用图形、符号和代表导线的线条按照它们各自的工作原理、相互关系连接在一起。

电路图有线束图和原理图。线束图绘出了整车实际线路布置，使用中便于查找电器零件的位置，而原理图则完全依据电气工作原理绘制而成的，便于对整车电气工作原理的理解和故障分析。只有将二者有机地接合起来，才能对整车的电气了如指掌，处理问题时得心应手。

1. 线束图

线束图用于制作线束、连接各电器部件。图8－1所示为 EQ3208G 型柴油车驾驶室线束图。

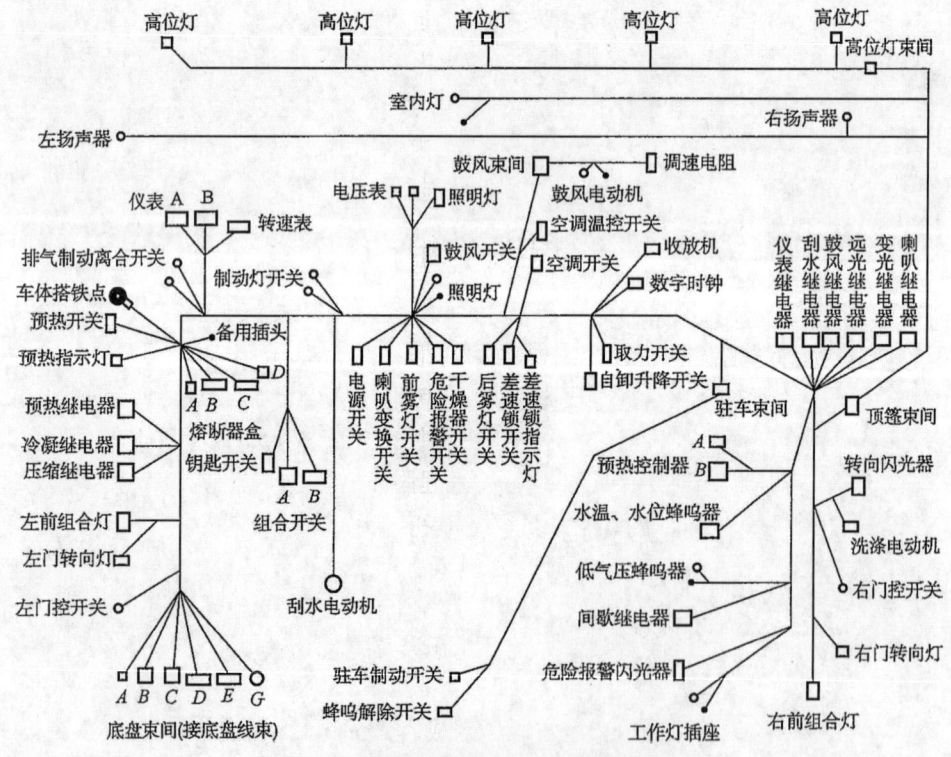

图8－1　EQ3208G型柴油车驾驶室线束

2. 原理图

原理图是用规定的图形、符号，把各种电气设备按电路原理，由上到下合理地连接起来，然后再将每个系统横向排列起来。

原理图可简明清晰地反映电气系统各部件的连接关系和电路原理，便于分析、查找电路故障。

二、电气设备电路图的识图方法

要看懂汽车电路图，首先要熟悉车辆电气设备的结构原理，了解车辆电路图所用图形符号(包括导线、端子和导线的连接，触点与开关，电器元件，仪表，传感器，电气设备和一些限定符号)的意义和车辆电气线路一般的结构特点。在此基础上，先从比较熟悉的车型入手，由简到繁，整理归纳，逐步深入，以至触类旁通。

汽车电路图读图的一般要领如下：

1)对照图注和图形符号，熟悉有关元器件名称及其在图中的位置、数量和接线情况。

2)根据"回路原则"分析电路。任何一个电路都应是一个完整的电气回路。其中包括电源、开关(或熔断器)、电器(或电子线路)、导线和连接器等，并从电源正极经导线、开关(或熔断器)至用电器后搭铁，回到同一电源的负极。

3)注意电路中开关或继电器的状态。大多数电器或电子设备都是通过开关(包括电子开关)或继电器的不同状态而形成回路或改变回路实现不同的功能。

4)要善于利用汽车电路特点，把整车电路化整为零。汽车电路的单线制、各电路负载相互并联以及两个电源也相互并联等特点，为把整车电路化整为零进行读图提供了方便。整车电路可以按前面所述的组成汽车电气线路的各个分电路逐一进行分析，对于各分电路同样可以采取"各个击破"的办法进行识读。

三、全车电路的组成与分析

1. 全车电路的组成

汽车电气设备电路图是将各电气部件的图形符号通过导线联接在一起的关系图，可分为 3 种形式，即布线图、电气原理图和线束图。布线图是汽车上采用较早，应用较广的一种，它较准确地反映了汽车电气各部件的安装位置。从图中可看出导线的走向、接点、分叉等情况，但识读困难。电气原理图可清楚反映出电气系统各部件的连接关系和电路原理。线束图用于绕制线束和连接电气。

全车线路一般包括以下几个部分：

(1)电源电路

由蓄电池、发电机、调节器及工作情况指示装置电路组成。

(2)启动电路

由起动机、继电器及启动保护装置电路组成。

(3)照明及灯光信号装置电路

由各种灯光、继电器及开关电路组成。

（4）仪表电路

由仪表指示表、传感器、各种报警指示灯及控制器组成的电路。

（5）辅助装置电路

由为提高车辆安全性、舒适性、经济性等各种功能的电气装置组成的电路。因车种车型不同而有所差异，一般包括风窗刮水/清洗装置、风窗除霜/防雾装置、启动预热装置、音响装置、空调装置、点烟器等。较高级车型还配有车窗电动升降装置、电控门锁、电动座椅调节等装置。

现代汽车的发展，电子控制装置在车上的应用越来越多，如电子控制燃油喷射、自动变速器、制动防抱死系统，恒速控制、悬架平衡控制等将会构成电气线路的另一组成部分。

2. 电气线路分析

电气线路分析方法是先研究各部分的线路，然后按照由部分到整体的顺序，逐次地进行研究。在研究某一部分或某一设备的线路时，应熟悉该部分的工作原理，根据它的工作性质，运用有关的连接原则，分析和掌握它的线路。具体方法可以沿着工作电流的流动方向，由电源查向用电设备，也可以逆着工作电流方向，由用电设备查向电源。

在布线图中电气系统的图形符号一般由其外形演变而来的，易于辨认。在电路原理图中则有规定的符号，可参考随车说明书。

在全车线路中，常标有字母和数字，用作说明图形和线条所反应不出来的内容。由这些字母和数字所组成的图示，是表达图面内容的一种方式。如导线的线号（编号）、颜色、截面积等。

在懂得电路图符号及数码意义的基础上，按照"化整为零、闭合回路"的原则，即可读懂电气线路图，为查找和排除电气系统故障提供依据。

尽管各汽车电气设备的数量不同，形式不一，安装位置不同，接线也有些差异。但它们都具有以下几个共同特点：

1）汽车上各电气设备的接线大多采用单线制。这样不但安装方便，而且减小了线路的故障。

2）两个电源——蓄电池和发电机并联。这样两电源可单独供电，也能共同供电，且发电机电压高于蓄电池电压时，还能向蓄电池充电。

3）各用电设备必须并联，且受各自开关控制。

4）电流表能反映蓄电池的充放电情况。汽车上的用电设备除了用电量大的起动机、电喇叭外，都必须经过电流表与蓄电池构成回路。

5）为了防止短路烧坏线束，汽车上大部分用电设备都装有保护装置（保险装置）。

四、原理图分析

整车电气系统根据它的工作原理分成电源、启动、火焰预热、仪表和信号灯、暖风、刮水和喇叭、第三制动、差速操纵、全轮驱动操纵、举升操纵、收放机、室内照明灯、雾灯、点烟器、工作灯和照明及信号等系统。下面以斯太尔汽车为例分析电气原理图。

1. 电气原理图

电气原理如图8-2所示(收放机、室内灯、雾灯、点烟器、工作灯及照明信号部分)。图中符号说明(此说明也适用于线束图)如下:

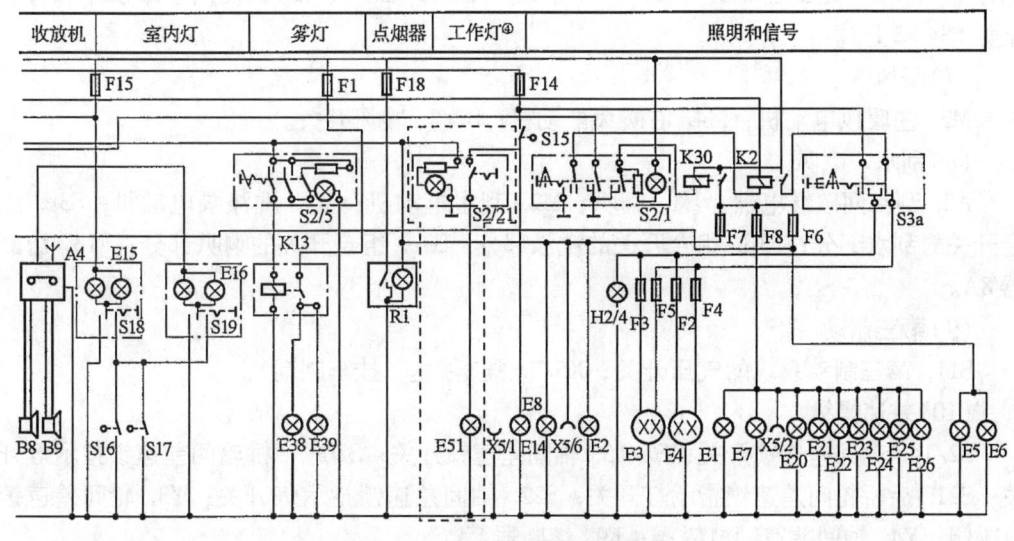

图8-2 斯太尔电气原理(局部)

(1)电源

G1、G2. 蓄电池;G3. 交流发电机;S4. 电源总开关。

(2)启动

H2/3. 充电指示灯;M1. 起动机;S1. 钥匙开关;S6. 启动按钮;S14. 空挡开关。

(3)火焰预热

A24. 火焰预热控制器;B8. 温度传感器;H2/39. 火焰预热指示灯;R3、R4. 预热器;Y21. 电磁阀;F34. 火焰预热装置用熔断器。

(4)仪表

A7. 电子转速表;B1. 温度表传感器;B2. 燃油表传感器;B3. 油压表传感器;H3. 超速报警蜂鸣器;H4. 低气压报警蜂鸣器;P1. 水温表;P2. 燃油表;P3. 油压表;S28. 低气压报警开关(在气压表P4内)。

(5)信号灯

H2/1. 手制动指示灯;H2/7. 低气压警告灯;H2/8. 空气滤清器阻塞警告灯;H2/9. 驾驶室锁止指示灯;H2/11. 润滑油压力警告灯;S27. 驾驶室锁止指示灯开关;S29. 空气滤清器阻塞警告灯开关;S30. 辅助低气压指示灯开关;S31. 手制动低气压警告灯开关;S32. 油压报警开关(在油压表传感器B3内);F11. 熔断器5A。

(6)制动灯、转向信号灯

A1. 闪光器;E10. 左前转向信号灯;E11. 左侧转向信号灯;E12. 右前转向信号灯;E13. 右侧转向信号灯;E52. 左制动灯;E53. 右制动灯;E54. 左组合后灯内的转

向信号灯；E55. 右组合后灯内的转向信号灯；K1. 制动灯继电器；K4. 弱光继电器；S2/2. 危险报警开关；S3b. 组合开关的转向部分；S10. 制动灯开关；S26. 低速挡指示灯开关；H2/5. 主车转向指示灯；H2/6. 挂车转向指示灯；H2/22. 低速挡指示灯；X5/3. 挂车插座（左转向信号灯）；X5/4. 挂车插座（制动灯）；X5/5. 挂车插座（右转向信号灯）；F10. 熔断器5A；F12. 熔断器5A（X5/3、X5/4、X5/5仅用于牵引车和挂车上如S34车上）。

（7）暖风

M3. 左暖风电动机；M4. 右暖风电动机；S2/3. 暖风开关。

（8）刮水、喇叭

A2. 刮水间歇继电器；H1. 喇叭；M2. 刮水电动机；M5. 洗涤泵电动机；S3c. 组合开关的刮水部分；S3d. 组合开关的洗涤部分；S3e. 组合开关的喇叭部分；F13. 熔断器8A。

（9）第三制动

S11. 第三制动系统的气压开关；X5/7. 挂车插座（挂车制动）。

（10）差速操纵

S2/14. 轮间差速锁开关；S2/15. 轴间差速锁开关；S20. 中桥轮间差速锁指示灯开关；S21. 后桥轮间差速锁指示灯开关；S22. 轴间差速锁指示灯开关；Y3. 轮间差速锁电磁阀；Y4. 轴间差速锁电磁阀；F9. 熔断器5A。

（11）全轮驱动操纵（用于全轮驱动的汽车如S34车上）

S2/13. 全轮驱动开关；S25. 全轮驱动指示灯开关；Y5. 全轮驱动电磁阀。

（12）举升操纵（用于自卸车如K29）

S2/10. 取力开关；S23. 取力指示灯开关；Y1. 取力电磁阀。

（13）收放机

A4. 收放机；B8. 左扬声器；B9. 右扬声器。

（14）室内照明灯

E15. 左室内灯；E16. 右室内灯；S16. 左门控开关；S17. 右门控开关；S18. 左室内灯开关（在左室内灯E15内）；S19. 右室内灯开关（在右室内灯E16内）；F15. 熔断器8A。

（15）雾灯

E38. 左雾灯；E39. 右雾灯；K13. 雾灯继电器；S2/5. 雾灯开关；F1. 熔断器25A。

（16）点烟器

R1. 点烟器；F16. 熔断器8A。

（17）工作灯

（仅用于S34车上）E51. 工作灯；S2/21. 工作灯开关。

（18）照明及信号

E1. 左后组合灯内的尾灯；E2. 右后组合灯内的尾灯；E3. 左前组合灯内的前照灯；E4. 右前组合灯内的前照灯；E5. 左前组合灯内的示宽灯；E6. 右前组合灯内的示

宽灯；E7. 左示高灯；E8. 右示高灯；E14. 倒车灯；E20. 车速里程表照明灯；E21. 转速表照明灯；E22. 气压表照明灯；E23. 油压表照明灯；E24. 燃油表照明灯；E25. 温度表照明灯；E26. 车速里程表照明灯；H2/4. 远光指示灯；K2. 前照灯光继电器；K30. 位置灯继电器；S2/1. 车灯开关；S3a. 组合开关的变光和超车开关部分；S15. 倒车灯开关；X5/1. 挂车插座（搭铁）；X5/2. 挂车插座（左后灯）；X5/6. 挂车插座（右后灯）；F2～P8. 熔断器5A（X5/1、X5/2、X5/6 仅用于牵引车和挂车上如S34）。

2. 各子系统工作原理简述

（1）电源系统

包括蓄电池G1和G2、交流发电机G3和电源总开关S4。电源总开关S4闭合之后即可向发电机G3、钥匙开关S1、火焰预热装置A24、紧急闪光报警开关S2/2、收放机A4、驾驶室顶灯E15和E16、雾灯E38和E39、点烟器R1、前照灯继电器K2和位置灯继电器K30提供电源。上述部件中，除雾灯E38、E29需将灯总开关S2/1开至小灯或前照灯（大灯）位置时才能点亮之外，其余电气设备只要电源总开关S4闭合之后即可投入工作。

（2）启动系统

包括启动电动机M1、钥匙开关S1、启动按钮开关S6和空挡开关S14。

（3）火焰预热装置

它是一种选装装置，是由预热控制器A24、传感器B8、电磁阀Y21、加热器R3、R4和指示灯H2/39组成。当发动机水温低于+23℃时，将钥匙开关旋到"预热"位置时，控制装置将进气管中的加热器R3、R4接通，预热指示灯H2/39点亮，50s后指示灯闪烁提示驾驶人可以启动。此刻按下启动按钮，预热电磁阀Y21打开将燃油喷向加热器点燃达到预热空气的目的。发动机启动后，预热工作持续1～2min便会停止工作。当发动机水温高于+23℃时，该装置将不工作。

（4）仪表和信号系统

主要包括检查发动机的润滑油压力表、水温表、燃油表、发动机转速表和超转速警告蜂鸣器、各种警告和指示灯以及转向和危险紧急闪光指示系统。发动机转速表A7是一个电子频率表，它通过检测与发动机联动的交流发电机单相频率来反映发动机转速。因此在使用中应注意发电机传动皮带，如果松弛或更换发电机时传动皮带轮直径不相同都影响转速表指示的准确。在转速表内装有一超转速开关，如果发动机超速，此开关接通蜂鸣器H3鸣叫以示警告。

在指示主制动储气筒气压的双针气压表内安装有一低气压警告开关S28，当气压低于650kPa时该开关闭合，此时低气压警告灯H2/7点亮、蜂鸣器H4鸣叫以示汽车不能行驶。

为了指示驾驶室倾翻落座是否到位，在驾驶室后支承架上安装有驾驶室锁止指示灯开关S27，当驾驶室落座到位时，此开关断开，指示灯H2/9熄灭，如若指示灯点亮，则说明驾驶室没有落座到位。为检验空气滤清芯透气度从而判断滤芯是否失效，在空气滤清器上安装一个阻塞警告开关S29，当空气阻力达到规定程度时，此开关内触点闭合，警告灯H2/8点亮以示空气滤清器应该清理。为避免因润滑油压力过低而造成事故，除设置有润滑油压力表之外，还在润滑油压力传感器 B3 内装有低油压警告开关 S32，当润滑油压力低时该开关闭合接通，油压警告灯 H2/11 点亮以示警告。

手制动指示灯 H2/1 连接两个开关，一个是手制动低气压警告灯开关 S31，另一个是辅助用气系统低气压警告灯开关 S30。当汽车欲行驶将手制动手柄置于"行驶"位置，而手制分室回路气压不足 650kPa 时，S31 闭合，警告灯 H2/1 点亮，以示汽车不能起步。同样当辅助用气系统气压低于 650kPa 时，S30 闭合，警告灯 H2/1 同样点亮以示警告。

制动灯和转向信号灯系统分别由制动灯开关 S10、灯光继电器灯 K1 和信号灯 E52、E53、紧急危险报警开关 S2/2、闪电继电器 A1、组合开关 S3b（转向）、指示灯 H2/5、H2/6、弱光继电器 K4 和转向信号灯 E10、E11、E12、E13、E54、E55 以及拖车制动信号灯接头 X5/4、转向信号灯接头 X5/3、X5/5 等组成。

当踏踩制动踏板时，制动灯开关 S10 闭合接通，制动灯 E52、E53 点亮。

当汽车转向时，拨动组合开关转向手柄时，组合开关 S3b 或与左（L）转向、或与右（R）转向信号灯线路接通，此时由 F12 来的火线经紧急危险开关 S2/2 与闪光继电器 A1 将某一侧转向信号灯接通闪亮。与此同时闪光继电器 A1 接通主车转向指示灯 H2/5 使其同时闪亮。对牵引车而言，只要接头 X5/3、X5/5 将拖车转向信号灯接通，则拖车转向指示灯 H2/6 闪亮。

当汽车在道路遇故障停驶时，按下紧急闪光警告开关 S2/2 时，它把左右转向信号灯和闪光继电器均接通，使全部闪光信号灯闪亮以示警告。与同时安装在紧急闪光警告开关 S2/2 内的指示灯也同步闪亮。转向闪光继电路 A1 是晶体管式继电器。指示灯 H2/5 和 H2/6 不仅起转向指示灯的作用，而且起故障指示作用。即当转向信号系统发生故障或信号灯功率不匹配时，指示灯均不闪亮。H2/22 是低速挡指示灯，当变速箱挂低速挡时，开关 S26 闭合，指示灯点亮。弱光继电器 K4 的作用是在白天行车时，继电器线圈经示宽灯 E6、E5 接地而动作，其常开触点闭合，此时低速挡指示灯 H2/22、主车转向指示灯 H2/5 和拖车转向指示灯 H2/6 均直接与火线接通点亮。在夜间行车灯总开关无论是接通小灯还是接通前照灯时，位置灯继电器 K30 均将小灯系统接通电源（见照明和信号系统），熔断器 F6 通电，从而弱光继电器 K4 的线圈等电位而释放，常开触点断开，使 H2/22、H2/5 和 H2/6 通过电阻接通电源，从而使其亮度减弱，达到白天指示清晰、夜间不至耀眼的目的。

(5)暖风系统

由暖风开关 S2/3、暖风电动机 M3 和 M4 组成。开关 S2/3 共有 3 挡："停"、"弱风"和"强风"。当开关开至"弱风"挡时，M3 和 M4 两电动机串联，使转速较低。当开关开至"强风"挡时，两电动机并接使转速较高。开关 S2/3 内装有照明灯，当灯总开关开至"小灯"或"大灯"时点亮从而照明开关的位置。

(6)刮水和喇叭系统

刮水开关 S3c、风窗洗涤开关 S3d、刮水电动机 M2、风窗洗涤泵电动机 M5、刮水间歇继电器 A2 和喇叭开关 S3e、喇叭 H1。刮水开关 S3c 有 4 个挡位："间歇"、"停"、"慢速"和"快速"。当开关拨至"慢速"或"快速"时，开关将接通电动机 M2 的不同绕组，达到不同的刮水速度之目的。当开关 S3c 拨至"间歇刮水 J"位时，开关将接通晶体管刮水间歇继电器 A2，通过 A2 接通电动机 M2，达到间歇刮水的目的。当按下风窗洗涤开关 S3d 时，一方面接通风窗洗涤泵电动机 M5，向风窗玻璃喷射清洗液，另一方面又接通刮水间歇继电器 A2，使刮水电动机 M2 刮水动作 1 次。S3c、S3d、S3e 均安装在方向盘与转向开关构成一套组合开关。

(7)第三制动系统

主要是指排气制动。S11 是安装在主车排气制动开关阀上的信号开关，X5/7 是拖、挂车电接头。

(8)差速操纵系统

主要是由轮间差速开关 S2/14、电磁阀 Y3 和指示灯开关 S20、S21、桥间差速锁开关 S2/15、电磁阀 Y4 和指示灯开关 S22 组成。当按下开关 S2/14 或 S2/15 时，电磁阀 Y3 或 Y4 通电打开气路开关，压缩空气进入差速锁工作缸使差速锁挂合。当差速锁挂合到位时，行程开关 S20、S21 或 S22 闭合，从而使开关 S2/4 或 S2/15 内的指示灯点亮，以示差速锁开始工作。开关内的指示灯有两个作用：夜间行车灯总开关开至小灯或大灯位置时，指示灯经电阻和灯总开关 S2/1 接地而弱亮，起照明以示开关位置的作用。当挂合差速锁之后，指示灯直接经开关 S20、S21 或 S22 接地而强亮，以示差速锁工作到位。

对于全轮驱动的汽车来说(038、034 军车型汽车)，前驱动的挂挡电路与上述差速锁电路完全相同。

对于自卸车(如 K29 型汽车)来说，液压举升的动力输出(取力器)的操纵电路由取力器开关 S2/10、电磁阀 Y1 和闭合开关 S23 组成，工作原理与上述电路完全相同。

(9)室内灯系统

由室内灯 E15、E16、室内灯开关 S18、S19 和门控开关 S16、S17 组成。当 S18、S19 开至"室内灯"位置时，E15、E16 直接接通点亮。当开至"门控位置"时，当车门一开则 S16 或 S17 闭合，室内灯点亮以提示驾驶人车门关闭不严。

(10)雾灯系统

由雾灯开关 S2/5、雾灯继电器 K13 和雾灯 E38、E39 组成。值得说明的是虽然雾灯继电器 K13 的常开触点直接接入线路火线，但继电器线圈火线是经雾灯开关 S2/5 接至位置灯继电器 K30 上。因此，只有当灯总开关 S2/1 开至"小灯"或"大灯"位置时(即小灯继电器 K30 接通)，雾灯开关 S2/5 才通电，就是说只有小灯或大灯点亮，雾灯才能点亮。雾灯开关 S2/5 内装照明灯同样是显示开关位置。

(11)照明和信号系统

主要由灯总开关 S2/1、位置灯继电器 K30、前照灯继电器 K2、安装在组合开关内的变光和超车灯开关 S3a 以及前照灯和各种小灯组成。灯总开关共有 3 个挡位，当开至"0"位时灯光系统断路；当开至"1"位置时，位置灯继电器 K30 线圈通电，触点闭合，熔断丝 F7、F8、F6 通电，从而使各开关照明灯、点烟器照明灯、右尾灯 E2、右示高灯 E8、拖车右尾灯插座 X5/6、左尾灯 E1、左示高灯 E7、拖车左尾灯插座 X5/2 以及各仪表照明灯及左、右示宽灯 E5、E6 点亮；当 S2/1 开至"2"位置时，前照灯继电器

K2 线圈也同时通电，触点闭合，变光及超车灯开关 S3a 通电。该开关也有 3 个位置，当开至"2"位置(组合开关手柄置中间位置)时，将接通前照灯 E3、EA 的近光灯丝，大灯呈近光照明状态；当开关 S3a 开至"3"位置(组合开关手柄置下方位置)时，将接通前照灯 E3、E4 的远光灯丝，大灯呈远光照明状态，同时远光指示灯 H2/4 点亮；当组合开关手柄向上提起、S3a 开至"1"位置时，如若是夜间行车灯总开关 S2/1 开至"前照灯"位置时，则前照灯 E3 和 E4 近、远光都将接通，起超车示意作用。如若白天行车，灯总开关 S2/1 在"关闭"位置，则此时将接通大灯 E3、E4 的远光，起到警告对方来车不允许超车的警告作用，组合开关的这一位置不能锁定，释放后能自动回到中间位置。

倒车灯开关 S15 安装在变速箱上，当挂倒挡时 S15 闭合，装在汽车尾部的倒车灯 E14 点亮。

此子系统的工作原理是针对普通车型的，新车型的与普通车型的差异详见各相关部分。

3. 电路系统图示符号及含义

掌握电路图中的图示符号或字母代号的含义，对掌握电路图十分有益处。图 8-3 为图示符号及含义。

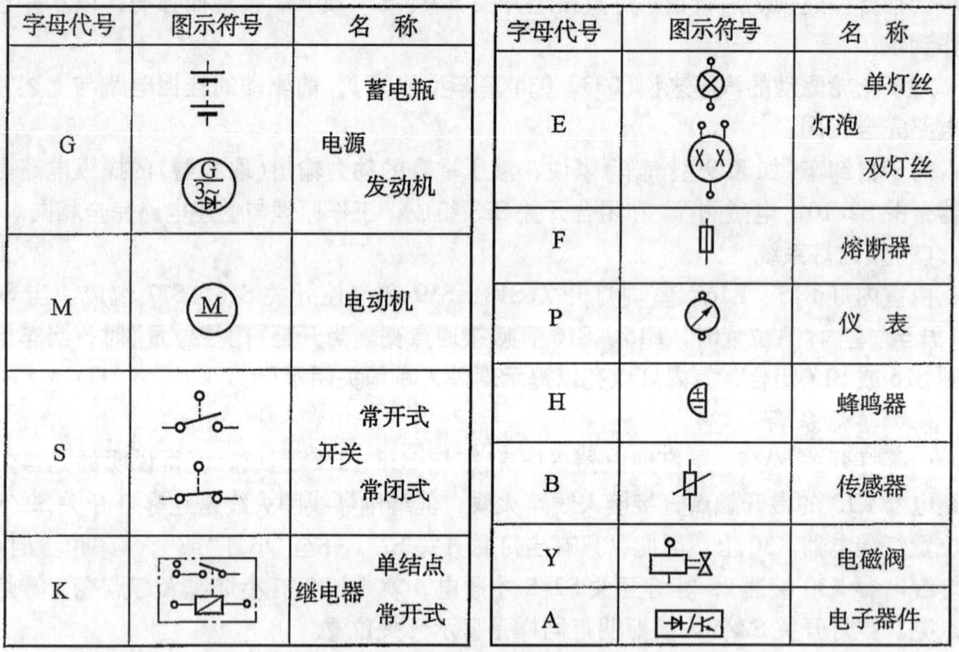

字母代号	图示符号	名 称	字母代号	图示符号	名 称
G		蓄电瓶 电源 发动机	E		单灯丝 灯泡 双灯丝
M		电动机	F		熔断器
S		常开式 开关 常闭式	P		仪 表
			H		蜂鸣器
			B		传感器
K		继电器 单结点 常开式	Y		电磁阀
			A		电子器件

图 8-3 图示符号、代号及含义

此外，图中的所有的插接件和复合插接件均用字母 X 表示，如 X56/2 是指复合插接件 56 中的第 2 号插件，在图中还往往标注着插接脚号。

第二节 电气设备电路控制器件维修

一、中央配电器

现代汽车往往将各种控制继电器与熔断器(丝)安装在一起，构成全车电气线路的控制及电能配给的中心——中央配电器。斯太尔汽车共有16个熔断器，电气系统共有7个继电器。图8-4为装置图。

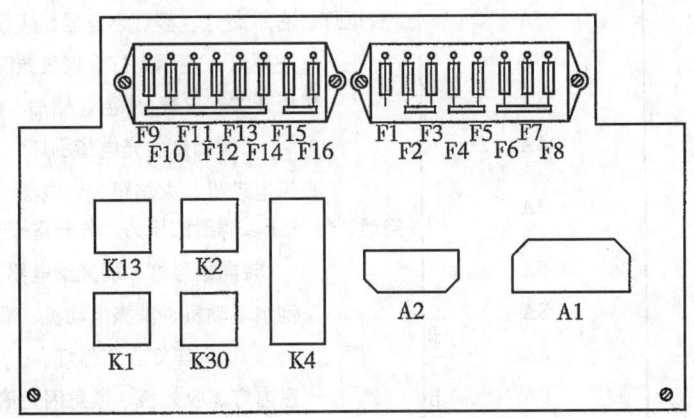

图8-4 中央配电器

新型斯太尔汽车的中央控制器，如图8-5所示。

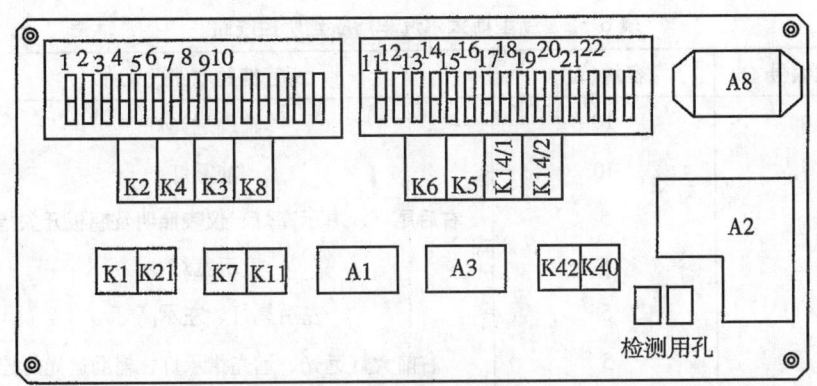

图8-5 新型中央控制器

1. 熔断器的保护电路

斯太尔汽车各熔断器的容量、所控电路及部件如表8-1所示。

271

表 8-1 熔断丝所控线路

熔断丝编号	容量(A)	所管辖的电路及元件
F1	16A	雾灯
F2	5A	右前大灯远光
F3	5A	左前大灯远光
F4	5A	右前大灯近光
F5	5A	左前大灯近光
F6	5A	前示宽灯
F7	5A	右尾灯、右示高灯、雾灯继电器、翘板开关指示灯
F8	5A	左尾灯、左示高灯、仪表照明灯
F9	5A	翘板开关、仪表(水温、燃油、油压)
F10	5A	制动灯、充电指示灯
F11	5A	暖风电动机、火焰预热继电器、警告灯 (空滤、低气压、润滑油压力、驾驶室锁止和驻车制动)
F12	5A	转向信号灯、弱光继电器
F13	8A	刮水电动机、洗涤电动机、喇叭
F14	8A	倒车灯、工作灯
F15	8A	室内灯、收放机、紧急闪光信号
F16	8A	点烟器

新型斯太尔汽车的熔断器的容量、所控电路及部件如表 8-2 所示。

表 8-2 新型斯太尔汽车熔断丝所控线路

熔断丝编号	容量(A)	所管辖的电路及元件
F1	10	辅助远光灯
F2	10	前雾灯
F3	5	右后尾灯、右示高灯、仪表照明及翘板开关指示灯
F4	5	示宽灯
F5	5	左后尾灯、左示高灯
F6	5	右前大灯远光、远光指示灯、辅助远光灯控制
F7	5	左前大灯远光
F8	5	右前大灯近光
F9	5	左前大灯近光
F10	5	后雾灯
F11	7.5	紧急闪光信号灯、室内灯、收放机、时钟、 位置灯继电器、车速里程表、电源开关

续表

熔断丝编号	容量(A)	所管辖的电路及元件
F12	7.5	点烟器
F13	25	火焰预热控制器
F14	7.5	空气干燥加热器
F15	7.5	倒车灯
F16	7.5	组合仪表
F17	5	制动灯
F18	7.5	转向信号灯、超会车警告灯
F19	7.5	电喇叭
F20	7.5	刮水电动机、第三制动装置、车速里程表、工作灯、蜂鸣器、差速锁、全轮驱动、取力器翘板开关
F21	15	暖风电动机

2. 熔断器的颜色标识、使用及维修

1)熔断器是用来防止短路电流，造成电气控制元件及电线束过载损坏的安全保护装置，根据具体电路的要求，它应按规定的容量配置。

2)普通斯太尔汽车，共使用了 17 只熔断器，其中 1 只 25A，安装在电器板底下的熔断器盒里，采用的是片状的熔断体，16 只外形呈小仿梭状的熔断器，安装在电器板的熔断器架上，熔断器架中间空格处贴有色板，其分为黄、白、红 3 种颜色，安装时要与熔断器熔断体后瓣颜色标识一定要对"色"入座。黄色表示 5A，白色表示 8A，红色表示 16A。

熔断器标称容量一般按电路正常工作电流的 2 倍选用，当回路中的电流超过熔断器标称电流 1 倍时，其熔断体因过热熔断而断路，这种情况只有电路中出现短路故障时才会发生。熔断器损坏后，应首先检查电路和分析原因，无误时，更换规定容量的熔断器。灯光电路中的灯泡，在工作过程中出现损坏，瞬间强亮，这是灯丝熔断击穿灯壳内的气体产生弧光，其直接造成电源短路，如果更换坏灯泡后电路不能恢复正常的，应当检查熔断器是否完好。

3. 各继电器的功用

(1)普通型斯太尔汽车的继电器功用

K13：雾灯继电器　　　　K1：制动灯继电器　　　K2：前照灯继电器

K30：位置灯继电器　　　K4：双联继电器　　　　A2：刮水间歇继电器

A1：闪光继电器　　　　　A24：火焰预热控制器

(2)新型斯太尔汽车的继电器功用

KI：电源继电器　　　　　K2：位置灯继电器　　　K3：近光继电器

K4：远光继电器　　　K5：喇叭继电器　　　K6：制动灯继电器

K7：辅助远光继电器　　K8：前雾灯继电器　　K11：排气制动继电器

K14/1：刮水电动机Ⅰ挡　K14/2：刮水电动机Ⅱ挡　K21：电源总开关

K40：暖风1挡控制继电器　K4/2：暖风2挡控制继电器

AI：闪光继电器　　　　A2：火焰预热控制器

A3：刮水间歇继电器　　A8：启动保护继电器

二、翘 板 开 关

在斯太尔汽车使用与保养说明书中，电路使用的翘板开关，其位置、工作显示光源用照明灯泡的符号标注，这与实际情况存在差别，这里我们把相关部分的细节放大扩展，并以新、旧两种类型对照、比较的形式，介绍翘板开关具体的使用方法。自1997年以来，斯太尔系列各种车型全都安装了新型翘板开关。

翘板开关在汽车电路中是广泛使用的基本电气控制器件。这种新型开关不仅式样美观、动作灵巧，由于采取新的设计结构，工作时，电路的触点是跳动式的连接或分离；选用半导体发光二极管为内部显示光源，有效地克服了老式开关，滑动式触点动作不可靠和白炽灯泡点亮后产生高热，时常烤坏灯座而有使用寿命短的弊病。

1. 结构特点

(1)采用了新的欧洲汽车技术标准

它具有与其他进口或国产欧式汽车如奔驰、沃尔沃、依维柯等重型车配件的通用性能，货源多，替换容易。

(2)体现出技术进步的连续性

新型开关借用一过渡套盒，便可固定在斯太尔车型的仪表板上，原有的电线束不做变动，只是把线端的圆形插接头改成扁形插接头及护套，就能将老式开关很方便地升级换成新型开关。

(3)选用新型材料

砷化镓 LED 发光二极管是现代电子电路中常用的场致发光元件，工作寿命超过10万 h，消耗功率仅为 30～40mW，要比老式开关中白炽灯泡的功率小2个数量级，工作时几乎不产生热，并具有极强的抗震性能。

2. 各具体开关

(1)灯光开关

有2个工作位置，1挡控制位置灯继电器，2挡控制前照灯继电器。位置灯继电器工作时，汽车的示高灯、示宽灯、后尾小灯、仪表照明灯及所有翘板开关的位置显示光源被点亮。前照灯继电器工作时，前照灯被点亮，其远光、近光的切换是由组合开关操作手柄控制的。

(2)雾灯开关

控制雾灯继电器的触点闭合后，汽车的雾灯被点亮。由于开关的电源来自位置灯继电器出线端，雾灯工作的前提条件是位置灯工作。

(3)轮间差速锁开关

钥匙开关接通闭合后，轮间差速锁开关电源接通，该开关启动后，其被控负载——电磁阀工作，压缩空气推动工作缸锁闭轮间差速器，机械动作完成时，触动一检测开关，翘板开关内的光源强亮，显示其工作位置。桥间差速锁、举升等翘板开关结构、控制负载及工作过程与此完全一致。

（4）暖风开关

斯太尔汽车有2个暖风电动机，通过串、并联连接，电动机以低、高2种速度工作，这是由开关内部结点位置变化实现的。

（5）危险报警灯开关

构造最为复杂，在其非工作位置，有一组结点闭合，为闪光继电器提供转向灯工作的电源，左、右转向灯由组合开关的操作手柄切换控制；该开关接通闭合后，上述触点断开，另两组触点接通：一组为闪光继电器应急灯工作电源，另一组将左、右转向灯电源线连接在一起，四角转向灯一起闪亮报警，此时，开关内的光源也作闪烁显示。

3. 使用注意事项

（1）开关的锁止装置

在灯光、轮间差速锁、桥间差速锁及举升等开关的按钮上方设有锁止装置。它的作用是防止因无意碰触，致使其所控负载电路接通或关断，以避免由此危及车辆的行驶安全和传动系统的正常工作。如夜晚汽车高速行驶时前照灯突然熄灭，或是常规行车时闭合差速锁及进行举升操作等，可强调开关使用的条件，限制误操作。启动带有锁止装置的开关时，先要往下移动锁钮，然后轻轻地扳动按键，不要使用蛮力，造成开关的损坏。

（2）显示光源

发光二极管具有半导体二极管固有的性质，正向导通，反向截止。正向导通电压为 1.3～2V。因此，在汽车电路中使用时，它必须串接一只限流降压电阻，这与同白炽灯泡是迥然不同的。使用说明书电气原理图中，用灯泡的符号标注新型翘板开关的显示光源，只是等效、简化的表示，但在具体应用上还是要注意它们之间的差别：

1）老式开关中的灯泡是通用和可互换的，新型开关系列的显示光源有3种彼此不可代换的结构形式。

2）普通仪表灯泡可用通电的方法试验其好坏，而发光二极管只能在串接电阻的条件下进行。如果电源直接加在二极管的管脚，且电压极性是正向的话，会立即被过载击穿烧毁。

4. 实际应用

（1）符号标识

图8-6为普通翘板开关汇总图，图8-7为新型翘板开关汇总图。

新型开关系列一共有27种符号标识，驱动形式为4×2的基本车型，通常采用其中5种符号标识的开关；6×4的车型在此基础上，增加一个桥间差速锁开关。其余的是为各种专用车、改装车备用，它们的结构、功能与雾灯或差速锁开关相同，仅在标识符号上有所差别。在每辆汽车的仪表板上共设有21个开关安装预留位置。

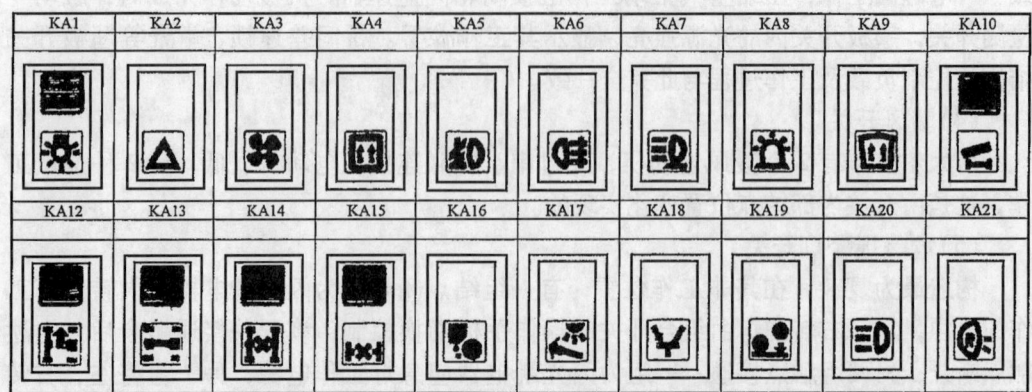

KA1-前照灯　KA6-后雾灯　KA12-取力器　KA17-工具箱照明灯　KA2-危险报警灯

KA7-车顶工作灯　KA13-全轮驱动　KA18-电子仪表　KA3-通风机　A8-旋转标志灯

KA14-轴间差速锁　KA19-支承轴提升　KA4-后视镜加热　KA9-风挡玻璃加热

KA15-轮间差速锁　KA20-远距离探照灯　KA5-雾灯　KA10-翻斗　KA16-撒砂装置　KA21-工作灯

图8-6　普通翘板开关汇总

1-灯光总开关　2-危险报警　3-后视镜加热　4-雾灯　5-后雾灯　6-警告灯　7-风扇

8-二级风挡玻璃加热　9-取力器　10-全轮驱动　11-轮间减速器锁止　12-远光灯　13-工作灯

14-座椅加热　15-空气悬架升降　16-分动器取力器　17-分动器空挡　18-分动器越野挡/公路挡

19-空气悬架　20-玻璃升降　21-顶灯　22-轴间差速器锁止　23-支承轴提升

24-蓬顶灯　25-电源总开关　26-ABS越野开关　27-自动限速

图8-7　新型翘板开关汇总

（2）应用技术资料

为使大家对新型开关的性能有较清楚、明确的认识，在实际电路应用中，对插脚接线的正确位置进行借鉴、比较，在表 8-3 中绘出了新、旧开关的插脚对照。

表 8-3　新、旧开关插脚对照

名称	符号标识	电器开关	接线插脚位置	原型车开关接线	应用条件
灯光开关	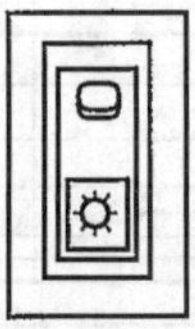	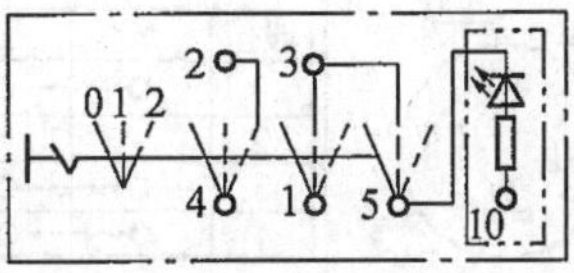	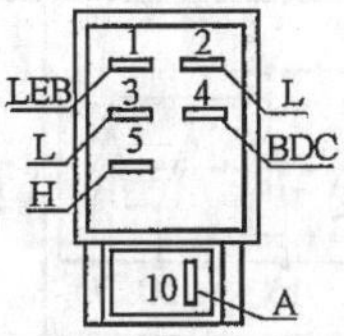	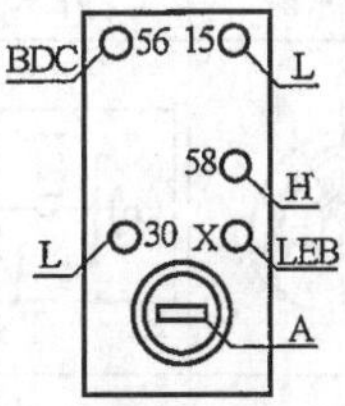	2 挡受钥匙开关控制
雾灯开关		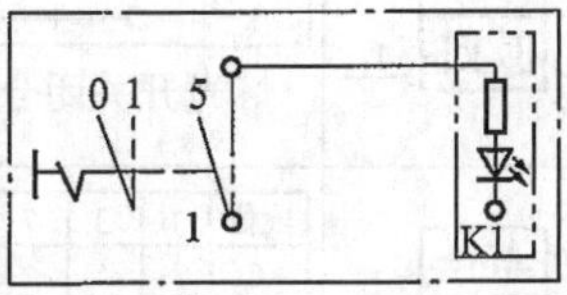	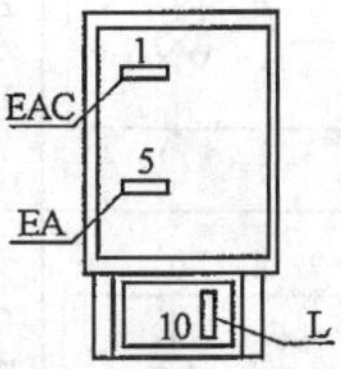	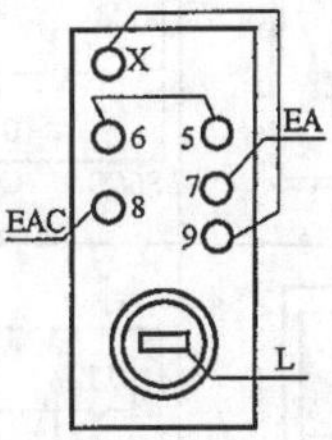	受灯光开关控制（位置灯点亮后方可工作）
轮间差速锁开关	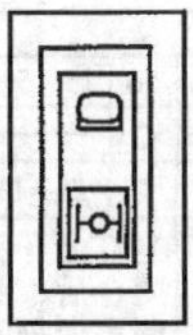	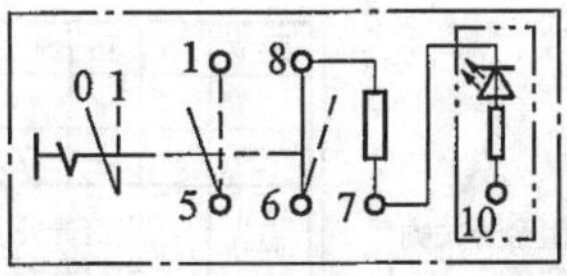	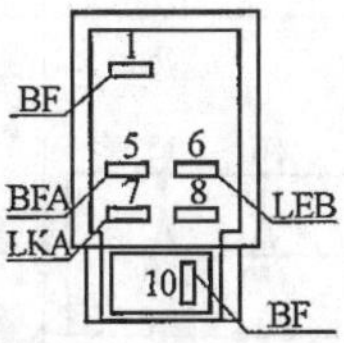	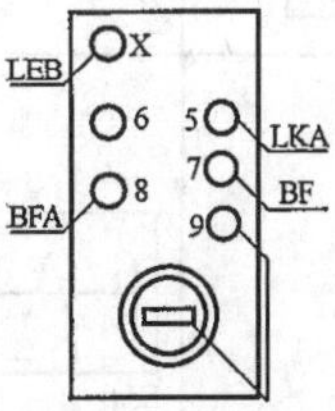	限于直路、短途，只能在汽车停止或车速相当于人步行速度的状态下启动或关断
暖风开关		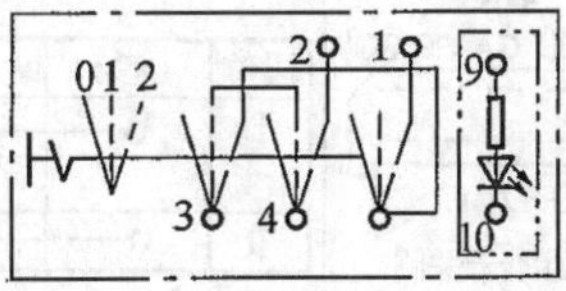	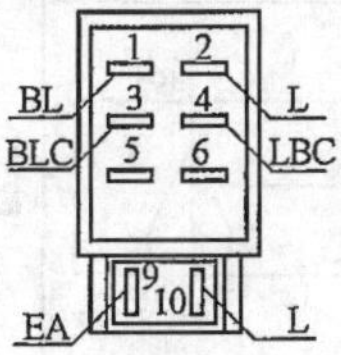	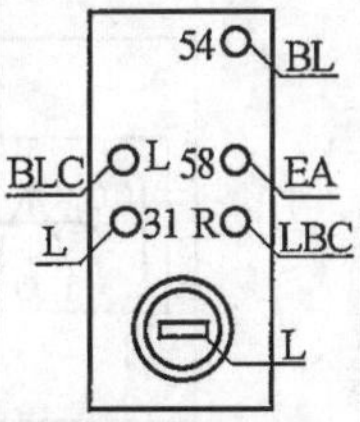	受钥匙开关控制
应急灯开关		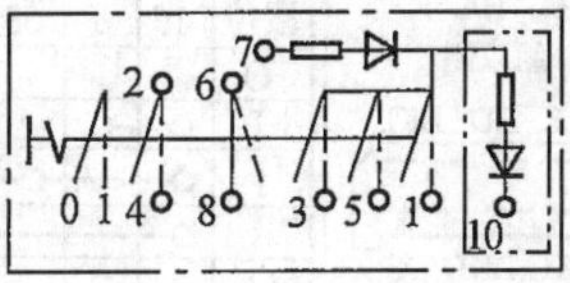	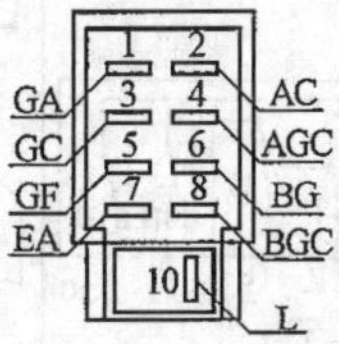	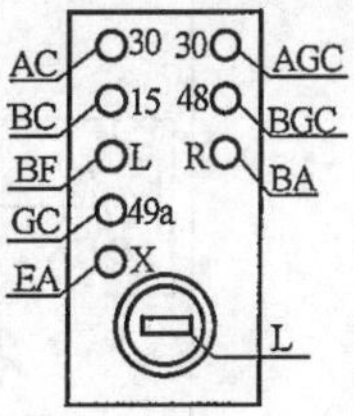	只受控于蓄电池开关

注：1. 表中未涉及到的其他开关，它们的电气原理、插脚接线位置与雾灯或轮间差速锁开关相同；2. 插引出线标注的英文字母是电路导线的色符标识；3. 插脚上没有引出线的是不接线的空位置。

三、各开关电气原理

将开关的符号、原理图、接线插脚位置及开关的功能有机地结合起来，对故障的排除、线路的连接、开关性能的判断等等均有帮助。在实战故障诊断、排除中，开关是作为一个分界点。开关的电气原理各挡通断，如表8-4所示。

表8-4 各开关电气原理

名称	符号标识	开关电气原理图	接线插脚位置	开关通断图及应用条件
钥匙开关 S1				段位：50、15、75、50；1、2、3、4
电源开关 S6/29				段位：1、5、9、10；0、1。开关指示灯接点插脚。灯光开关闭合时，指示灯点亮
灯光开关 S6/1				段位：1、3、7、2、8、9、10；0、1、2。开关指示灯接点插脚。灯光开关闭合时，指示灯点亮
组合开关的变光开关 S3a			组合开关侧 BCLBC B L / CB C D A	段位：56、15、56a、56b、56、15、56a、56b；1、2。工作条件：当灯光开关未打开时；当灯光开关打开闭合后，变光控制手柄每向上抬一次，近、远光位置接通变换一次
组合开关的转向灯开关 S3b			线束侧 BCL GA GF GC / BG D C CD	段位：49a、L、R；L、O、R
组合开关的刮水洗涤和喇叭开关 S3c、S3e、S3d			组合开关侧 F E LC / B BA K 组束侧 LK BD BKL / BKC BKD DF	段位：15、J、53、53b、51b、H、53c；O、J、I、II、O、a、b

续表

名称	符号标识	开关电气原理图	接线插脚位置	开关通断图及应用条件
辅助远光灯开关 S6/13	⋮D	S6/13　5 6 9　0.1　0 1　1 7 2 8 10	BC CF EA　1 2 5 6 7 8　3 10 L	段位 1 5 7 6 2 8 9 10；0：指示灯插脚；1：○—○—○—○—○—○。灯光开关闭合时，指示灯点亮
前雾灯开关 S6/4	⋮D		EAC CD EA　1 2 5 6 7 8　9 10 L	
后雾灯开关 S6/5		5 6 9　0.1　0 1　1 7 2 8 10	DFC CD EA　1 2 5 6 7 8　9 10 L	段位 1 5 7 2 6 8 9 10；0：指示灯插脚；1：○—○—○—○—○—○。当灯光开关闭合至小灯或前照灯位置时，指示灯点亮
火焰预热开关 S6/51	∞		KIF KIF EA　1 2 5 6 7 8　9 10 L	
工作灯开关 S6/14			BKC BF B　1 2 5 6 7 8　B EA L　9 10	
紧急闪光灯开关 S6/2	⚠	6 2 7　0.1　0 1　8 4 5 3 1 10	GF GA GC EA　1 3 5 7 10　2 4 6 8 L　AC AGC BGC BG	段位 6 8 2 4 5 3 1 7 10；1：○—○—○—○—○—○。当灯光开关闭合至小灯或前照灯位置时，火线经接点7经电阻、二极管和接点10接地。指示灯弱亮。当闭合紧急闪光开关时，指示灯直接闪光继电器火线接头5而呈强光闪亮
喇叭转换开关 S6/50	⊮	4 9　0.1　0 1　8 2 10	EA　4 9 10 L　FC DC1 FD	段位 4 8 2 9 10；0：○—○　指示灯插脚；1：○—○。灯开关闭合时，指示灯点亮
暖风电动机开关 S6/7	❈	3 2 6 9　0.1.2　0 1 2　5 1 4 10	BIF AC F EA　1 3 5　2 6 4 L　9 10	段位 3 5 1 2 6 4 9 10；0：；1：○—○—○　指示灯插脚；2：○—○—○

续表

名称	符号标识	开关电气原理图	接线插脚位置	开关通断图及应用条件
轮间差速锁开关 S6/12			BFA BF LEB 8 LKA 10 BF	
轴间差速锁开关 S6/11		3 5 10 0.1 0 1 1 7 8	BFC BF LEB 8 LKC 10 BF	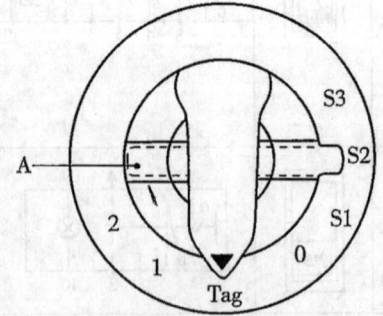 灯光开关闭合时，指示灯弱亮。当开关所控制的机构挂合到位时，指示灯强亮
取力器开关 S6/9			BFD BF LEB 8 LKD 10 BF	
全轮驱动开关 S6/10			BFE BF LEB 8 LKE 10 BF	

注：各开关接线插脚位置一栏图示中的插脚线号与电路图中的接点号是相对应的，在某些开关的插脚实物中也注明了此符号。图中引出线上的字母表示接线的色符，没有引出线的是空插脚。

四、防空灯开关

如图8-8所示，开关有7个位置。

当开关在"2"位时灯全亮；在"1"位时除前照灯的远、近光不亮外，其余灯全亮（包括前照A灯内的小灯）；在"0"位时灯全不亮；在"Tag"位为通常位置，在"S1"位置时，防空小灯亮；在"S2"位置时，防空大灯亮；在"S3"位置时，防空灯全亮。"A"为正常照明灯与防空灯切换开关，将"A"扳向左侧，可以选择"1"、"2"位；将"A"扳向右侧，可以选择"0"、"S1"、"S2"和"S3"位。

图8-8 防空灯开关挡位

五、电动备胎升降机构

机构由电动升降器、备胎固定架、翻转架、锁紧拉杆及控制开关等组成。翻转架上装有两根钢丝绳，一条与电动升降器相连，另一条将备胎拴在翻转架上。控制开关与升降机构采用了分离式结构，固定架下方斜支承板内侧装有控制开关插座，控制开关作为随车工具放入工具箱内，使用时将控制开关插头插入插座内，放开开关引线可在较远距离进行操作，开关盒上标有"上升"、"停止"和"下降"3 个位置，水平方向为"停止"，上方为"上升"，下方为"下降"，转动开关旋钮进行操作。

（1）拆卸备胎的步骤

1）松开锁紧架两侧的锁紧拉杆，并放下锁紧架。

2）顺时针旋转控制开关由"停止"位到"下降"位置，将拉紧翻转架的钢丝绳放松，备胎随架一起下降。

（2）安装备胎的步骤

1）用钢丝绳将备胎拴到翻转架上。

2）逆时针旋转控制开关由"停止"位到"上升"位置，启动电动升降器，钢丝绳则拉动翻转架连同备胎一起向上移动，到位后立即关掉控制开关。

3）用锁紧拉杆锁紧锁紧架。

（3）注意事项

1）操作者远离操作机构，有异常现象时立刻关掉电源，排除后再操作。

2）由于电动机运转时存在惯性，操作控制开关时不要从一个方向立即反向启动，否则损坏电动机。

3）每年须给电动升降器传动部位加注锂基润滑脂一次，添加时打开上方的保护罩，加后盖好防护罩。

第三节　导线色符标识与电气连接

一、导线色符标识

1. 作用

利用注塑在导线外绝缘层上的颜色符号及其简单的排列组合，不仅使导线的标识永久保留，并寓意其具有导线的性质作用、走向方位、连接次序的含义，省去了繁乱、重复的查号、校线的过程，为现场处理连接导线中的问题有了可靠的依据，使操作准确、快捷。

2. 命名规则及标注形式

（1）命名规则

电路导线的标识共采用了 13 个色符，每个色符为一个英文字母，代表汽车电气原理图所标注导线的颜色，如表 8－5 所示。

表8-5　导线色标与颜色对照

字母	A	B	C	D	E	F	G	H	J	L	M	N	K
色符	红	黑	白	黄	灰	绿	紫	橙	深蓝	棕	无色	粉红	浅蓝

此色标的英文字母与我国现行流行的差别较大，是因为斯太尔采用了欧洲的标准，要注意区别对待，如表8-6所示。

表8-6　EQ2102汽车电气线路图电线颜色对照

代号	英文	中文	代号	英文	中文
W	WHITE	白	P	PINK	粉红
R	RED	红	B	BLACK	黑
BL	BLUE	蓝	Br	BROWN	棕
Y	YELLOW	黄	V	VIOLET	紫
Gr	GRAY	灰	Lg	LTGHTG	浅
G	GREEN	绿	BR	BLACK, RED	黑底/红条

（2）色符的标注形式

绝缘层及附加在其上的条状、点状注塑的颜色，构成了导线的3位色符标识。由于加工工艺的原因，有些导线点状的颜色以细条状的颜色代替。第1位色符为基色，就是导线绝缘层的底色；第2位色符为条色；第3位色符为点色或细条色，具体的标注形式如图8-9所示。

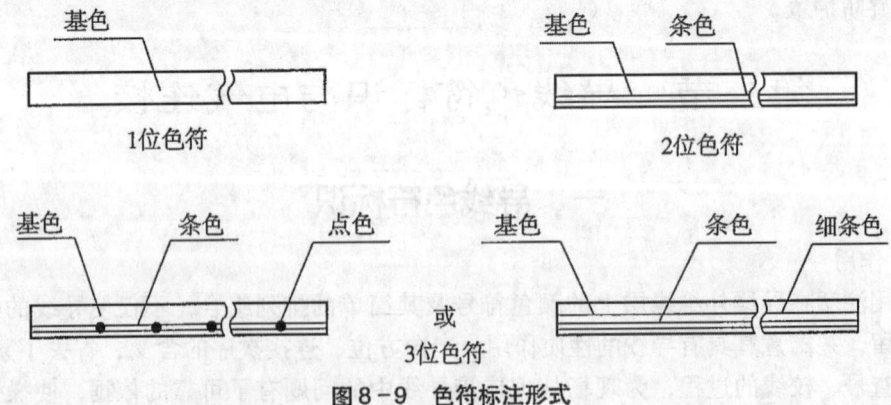

图8-9　色符标注形式

色符后面的数字表示导线的编号。

3. 色符表征导线的电气性质

色符所表征的电气性质如表8-7所示。

表 8-7 导线色符与其电气性质对照

位 数	颜 色		电 气 性 质
一位色符	红		全车电路的电源线
	黑		受钥匙开关控制的电源线
	白		前大灯远光电源线
	黄		前大灯近光电源线
	灰		小灯、示宽灯电源线
	棕		搭铁线、各种电器负载、开关的电流回线
二位色符	红	黑	点烟器电源线
		白	室内灯、收放机电源线
		绿	雾灯电源线
	黑	绿	仪表及翘板开关电源线
		红	制动灯及充电指示灯电源线
		棕	暖风电动机及报警灯电源线
		紫	转向闪光灯电源线
		白	倒车及警告灯电源线
		深蓝	刮水器电源线
	棕	黄	润滑油压力表至润滑油传感器线
		黑	燃油表至燃油传感器线
		绿	水温表至水温传感器线
	白	绿	左前大灯远光
		红	右前大灯远光
	黄	绿	左前大灯近光
		红	右前大灯近光
	紫	绿	左转向信号灯
		红	右转向信号灯
	灰	绿	左小灯(位置)
		红	右小灯(位置灯)
三位色符	黑绿	红	轮间差速
		白	桥间差速
		黄	举升
		灰	全轮驱动
		紫	取力器

4. 色符在电路中的变化规律

（1）直接连接

在实际电路中，经过几个接线盒、接插器（件）、分线器对应连接的导线，其色符完全一致。进行修理时需更换、借用其他导线，应作记录，以免在以后维修时接错线，造成事故。

（2）间接连接

导线经过多个功能控制开关或熔断器后，其标识色符就要出现变化或者升位。如果升位超过 3 位，则按色符顺序，以点色符变化维持下去，同时利用跳位，避免相同颜色的色符在一条导线中出现。

导线的色符升位以后，仍具有原来基本电气属性，如红、红□、红□□，它们都不受钥匙开关的控制；黑、黑□、黑□□仍都受控于钥匙开关；棕色标识搭铁线，棕□、棕□□则准是搭铁线。

制动灯黑红线、倒车灯黑白线，按规律也应升为 3 位色符，因其线路简单，不易与其他导线混淆，而灯泡是易损件，2 位色符比较醒目，与其他后围灯光导线标识位数一致，这算是个特例。

二、电 气 连 接

1. 连接原则

全车电路按车辆结构形式、电器设备数量、安装位置、接线方法不同而各有不同，但线路一般都遵循以下几条原则：

1）汽车上各种电器设备的连接大多数都采用单线制。

2）汽车上装备的 2 个电源（发电机与蓄电池）必须并联连接。

3）各种用电设备采用并联连接，并由各自的开关控制。

4）电流表必须能够监测蓄电池充、放电电流的大小。因此，凡是蓄电池供电时，电流都要经过电流表与蓄电池构成回路。但是，对于用电量大且工作时间较短的起动机电流则例外——启动电流不经过电流表。

5）各型汽车均配装有保险装置，用以防止发生短路而烧坏用电设备。

了解上述原则，对分析研究各种车型的电气线路以及正确判断电路故障很有帮助。

2. 主要电器零件线路连接

（1）主要电器接线

主要电器零件接线明细如表 8-8 所示。

表 8-8　主要电器零件接线明细

名称	接头	接通元器件	图　　示
发电机 G3	B+	A001 接通起动机	
		A002 接 X58/1、通灯光和预热继电器	
	D+	K001 接 X56/3、通充电指示灯	
	W	KGB1 接通发动机转速表	
润滑油压力传感器 B3	○	LD01 接 X56/5、通润滑油压力表	
	○	KFL 接 X56/3、通机油压力警告灯	
燃油传感器 B2	○	LB01 接 X56/5、通燃油表	
	○	L005 接地	
空气滤清堵塞传感器 S29	+	IK101 接 X56/5、通空气滤清堵塞指示灯	
	−	L004 接地	
燃油表 P2	+	BF10 接润滑油压力表火线	
	−	L035 接地	
	G	LB03 接 X14、通燃油传感器	
	◎	EF10 接通仪表照明灯火线	
水温表 P1	+	EF09 接通燃油表火线	
	−	L034 接地	
	G	LF03 接 X14、通水温感应塞	
	◎	EF09 接通仪表照明灯火线	
润滑油压力表 P3	+	BF11 接通发动机转速表火线	
	−	L036 接地	
	G	LD04 接 X14、通润滑油压力传感器	
	◎	EF11 接通仪表照明灯火线	
气压表(内装低气压警告开关 S28)	○	KF01 接 X14、通低气压警告灯	
	○	L 接地	
	◎	EF12 接通仪表照明灯火线	
低气压蜂鸣器 H4	○	LFB20 接 X14、通气压表内的低气压警告开关	
	○	BF 接通仪表火线	

续表

名称	接头	接通元器件	图　示
发动机转速表 A7	La	EF13 接通仪表照明灯火线	
	W	KGB3 接通发电机 W 接线柱	
	Ge	BF11 接通润滑油压力表火线	
	–	L087 接地	
	◎	LFB13 接通仪表照明灯火线	
里程表	◎	EF14 接通转速表仪表照明火线	
	◎	EF08 接 X15、通熔断丝 F8	
弱光继电器 K4	15	BG02 接通熔断丝 F12（钥匙开关 15 接头）	
	1	BGE1 接通前置副箱指示灯	
	2	BGE2 接通低速挡指示灯	
	3	LG01 接通牵引车转向指示灯	
	4	LG02 接通挂车转向指示灯	
	58	EB03 接通熔断丝 F6（位置灯继电器 30 接头）	
	–	L086 接地	
刮水间歇继电器 A2	15	BK01 接通熔断器 F13（钥匙开关 15 接头）	
	86	BD04 接 X35、通洗涤电动机	
	S	LK01 接 X35、通刮水开关接头 31b	
	I	BKL1 接 X35、通刮水开关接头 J	
	31	L0041 接地	
	31b	LKC3 接通刮水电动机的接头 31b	
转向闪光继电器 A2	49	BGC1 接通紧急闪光开关的 49 接头	
	49a	GC01 接通紧急闪光开关 49a 和转向开关的 49 接头	
	30b	AGC1 接通紧急闪光开关的 30b 接头	
	C1	KG01 接通牵引车转向指示灯	
	C2	KGA1 接通挂车转向指示灯	
	31	L042 接地	
灯光继电器 K2	85	B004 接通钥匙开关的 75 接头	
	86	BDC1 接通灯光开关的 56 接头	
	87	A007 接通位置灯继电器的 87 接头	
	30	CD01 接通 6 灯光开关的 56 接头	
位置灯继电器 K30	85	接通本继电器的 87 接头	
	86	H001 接通灯光开关的 58 接头	
	87	A007 接通灯光继电器的 87 接头	
	30	E001 接通熔断丝 F6、F7、F8	

续表

名称	接头	接通元器件	图　　示
雾灯继电器 K13	85	L002 接地	
	86	EAC2 接通雾灯开关的接头 8	
	87	EB01、EB02 接通雾灯	
	30	AF01 接通熔断丝 F1	
制动灯继电器 K1	85	LN03 接通制动灯开关	
	86	BA02 接本开关 87 接头	
	87	BA01 接通熔断器 F10	
	30	BA09 接 X56/2、通左右制动灯和 24V7 孔插座	
24V7 孔插座 X5	EA	EA 接 X12/8、通熔断丝 F7(挂车右停车灯)	
	EF	EF 接 X12/9、通熔断丝 F8(挂车右停车灯)	
	BA	BA 接 X12/9、通制动继电器	
	GF	GF 接 X12/9、通转向灯开关(左转向信号灯)	
	GA	GA 接 X12/8、通转向灯开关(右转向信号灯)	
	L	L 接地	
	BC	BC 接倒车灯	
钥匙开关 S1	30	A005 接通起动机的 30 接头(电源)	
	30	A024 接通灯光开关	
	75	B004 接通灯光继电器的 85 接头	
	15	B027 接 X74 通启动按钮开关、熔断丝 F9、F10、F11、F12、F13 和 F14	
灯光开关 S2/1	15	L143 接地	
	30	L031 接地	
	56	BDC1 接通灯光继电器的 86 接头	
	X	LEB1 接 X4、通各翘板开关 S2/10、S2/12、S2/14、S2/15、S2/13 的指示、照明灯接头 X	
	58	H001 接位置灯继电器 86 接头	
	◎	A024 接钥匙开关的 30 接头	
变光开关 S3a(在组合开关内)	56	接 X36、通灯光继电器的 30 接头	
	15	接 X36、BC01 通熔断丝 F14	
	56a	接 X36、C001 通前照灯的远光灯丝	
	56b	接 X36、D001 通前照灯的近光灯丝	
雾灯开关 S2/5	7	EA01 接 X61、通熔断丝 F7	
	9	EA02 接通本开关 X 接头	
	X	EA02 接通本开关的 9 接头	
	8	EAC2 接 X56/1、通后雾灯和雾灯继电器的 86 接头	
	6	EAC1 接通本开关的 5 接头	
	5	EAC1 接通本开关的 6 接头	
	◎	L001 接地	

续表

名称	接头	接通元器件	图　示
差速锁和 取力器开 关 S2/10、 S2/12、 S2/13、 S2/14、 S2/15	7 X 31 8 5	BF 接 X3、通熔断丝 F9 LEB 接 X4、通灯光开关的 X 接头 BF 接 X3、通熔断丝 F9 BFA 接 X56、通电磁阀 Y LKA 接 X56、通指示灯开关 S20～S25	
紧急闪光 开关 S2/2	15 30 X 49 30b 49a R L 31	BG01 接通熔断丝 F12 AC01 接通熔断丝 F15 EA08 接 X42、通熔断丝 F7 BGC1 接通闪光继电器的 49 接头 AGC1 接通闪光继电器的 30b 接头 GC01 接通闪光继电器的 49a 接头 GA07 接 X69、通右转向信号灯 GF07 接 X68、通左转向信号灯 L026 接地	
转向灯开关 S3b（在组 合开关内）	49a L R	接 X36、GC02 通闪光继电器的 49a 接头 接 X36、GF08 通左转向信号灯 接 X36、GA03 通右转向信号灯	
刮水开关 S3C、洗涤 开关 S3d、 喇叭开关 S3e（在组 合开关内）	J 53 53b 31b 53c H	接 X35、BKL1 通刮水间歇继电器 J 接头 接 X35、BKD1 通刮水电动机的 53 接头 接 X35、BKC1 通刮水电动机的 53b 接头 接 X35、LK01 通刮水间歇继电器 S 接头 接 X35、通洗涤电动机和刮水间歇继电器的 86 接头 接 X36、BCL1 通喇叭	

电磁阀的电气连接如图 8-10 所示。

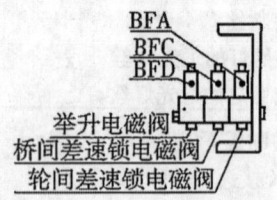

图 8-10　电磁阀电气连接

(2)元件与元件的对应连接

为了方便阅读新型斯太尔汽车的电路图，表 8-9 给出了电路图中各连接的对应关系。

表 8-9　新型斯太尔汽车的电路图连接对应

连接线路或元件	插接件号	线路位置号	线路位置号	插接件号	连接线路或元件
发电机 G3 的 W 接点	X26/3	1	285	A7/A	电子转速表 P1
发电机 G3 的 D₊ 接点（励磁线路）	X126/2	3	528	X126/20	空调控制继电器的 86 接点
		4	20		启动继电器的 N 接点
		5	218	A2/3	火焰预热继电器的 D₊ 接点
		5	312	A7/B	充电指示灯
		6	44		电源开关继电器的 86 接点
起动机的 30 接点（直接来自蓄电池的火线）	X20	11	152	XF3	熔断丝 F1 熔断丝 F2 位置灯继电器的 87 接点 远光灯继电器的 87 接点 近光灯继电器的 87 接点
钥匙开关 S1 的 75 接点（旋至第"3"挡时输出火线）	XF4	13	273		熔断丝 F16 熔断丝 F17 熔断丝 F18 熔断丝 F19 熔断丝 F20
发电机 G3 的 B 接点（直接来自蓄电池的火线）	X21	14	41		电源继电器的 87 接点
	X21	17	184	XF4	熔断丝 F11 熔断丝 F12 熔断丝 F13 熔断丝 F22（备用）
启动继电器的 N 接点		20	4	X126/2	发电机的 D₊ 接头
启动继电器的 S 接点（启动控制线路火线端）	X77/3	25	215		火焰预热继电器的 50 接点
电源总开关的 30 接点（工作时，此点接地）	X56/11	32	303	X56/7	时钟 P11
电源开关 S6/29 的 5 接点		37	179	X14/30	熔断丝 F11（直接来自蓄电池火线）
电源开关 S6/29 的 9 接点（内灯）		39	132	X14/58	熔断丝 F3
电源开关 S6/29 的 10 接点（内灯）		39	170	X14/31	接地（搭铁点㊏）

续表

连接线路或元件	插接件号	线路位置号	线路位置号	插接件号	连接线路或元件
电源继电器的 30 接点		42	230	X110/9	熔断器 F14
电源总开关继电器的 87 接点		43	389	X201	闪光继电器的 30b 接点
电源继电器的 86 接点		44	226	X110/9	火焰预热器的 15 接点、排气制动继电器的 30 接点、熔断丝 F19
灯总开关的 8 接点（打开小、大灯时此点接地）	X76/2	54	480	X76/3	取力器开关、全轮驱动开关、轴间差速锁开关、轮间差速锁开关内的指示灯接地点
灯光总开关的 2 接点		55	176	X14/31	接地（搭铁点㊵）
灯光总开关的 9 接点（内灯火线）		57	133	X14/58	位置灯继电器的 30 接点（位置灯火线）
灯光总开关的 10 接点（内灯的接地端）		57	171	X14/58	接地（搭铁点㊵）
位置灯继电器的 86 接点（线圈火线接点）		62	180	X14/3	熔断丝 F11（直接来自蓄电池的火线）
位置灯继电器的 87 接点（触点火线接点）		64	161	XF3	直接来自蓄电池的火线
位置灯继电器的 30 接点（触点输出接点）		64	115		熔断丝 F3 熔断丝 F4 熔断丝 F5
位置灯继电器的 87 接点（来自蓄电池火线）		66	78ˊ		远光灯继电器的 87 接点（触点火线输入端）
灯光总开关的 1 接点（大灯输出接点）	X14/56	65	154		前雾灯开关的 5 接点（火）
	X14/56	66	171		后雾灯开关的 5 接点（火）
变光开关 S3a 的 15 接点（火线输入）	X126/5	71	385	XF2	熔断丝 F18
		72	392	X76/1	紧急闪光开关的 8 接点
远光继电器的 85 接点		73	89		近光继电器的 85 接点（接地）
远光继电器的 87 接点		80	91		近光继电器的 87 接点（触点火线输入）
熔断丝 F7（大灯远光火线）	X126/6	80	143	X76/1	辅助远光开关的 5 接点
		81	257	X7/B	远光指示灯

续表

连接线路或元件	插接件号	线路位置号	线路位置号	插接件号	连接线路或元件
近光继电器K3的85接点（线圈输入端）		86	151		接地
熔断丝F3（位置灯火线）		120	453		喇叭开关内灯的9接点
	X126/1	123	206	X70	点烟器内灯接点
	X15/58	129	268	A7/C	里程表照明灯
	X14/58	133	557		工作灯开关内灯的8接点
		134	148		辅助远光灯开关内灯的9接点
		135	159		前雾灯开关内灯的9接点
		136	176		后雾灯开关内灯的9接点
		137	399		紧急闪光灯开关内灯的7接点
		138	374		车速里程表照明灯的4接点
辅助远光灯继电器的85接点（接地、搭铁点(51)）		140	273		排气制动继电器的85接点
辅助远光灯开关的10接点		148	172	X14/31	接地（搭铁点(65)）
前雾灯继电器的85接点（接地、搭铁点(51)）		151	445		喇叭继电器的85接点
前雾灯开关10接点（内灯接地端）		159	173	X14/31	接地（搭铁点(65)）
接地（搭铁点(65)）	X14/31	169	374		车速里程表的31接点
		174	400		紧急闪光开关的10接点
		175	558		工作灯开关的10接点
熔断丝F11（来自蓄电池火线）	X14/30	178	363		车速里程表的30接点
		181	303	A7/C	时钟（时钟火线）
		182	393		紧急闪光开关的2接点
火焰预热开关的9接点	X67/1	204	535		空调暖风开关的9接点
		209	546		空调开关的9接点
火焰预热开关的5接点	X70	212	350	A7/C	火焰预热指示灯
火焰预热开关的10接点		217	535		空调暖风开关的10接点
火焰预热继电器的15接点	X110/9	227	275		排气制动继电器的30接点
		227	426	XF2	熔断器F19

续表

连接线路或元件	插接件号	线路位置号	线路位置号	插接件号	连接线路或元件
电源继电器的 30 接点		245	530		熔断器 F21
牵引车转向指示灯	A7/A	260	400		转向闪光器的 C2 接点
拖、挂车转向指示灯	A7/A	263	398		转向闪光器的 C1 接点
蜂鸣器(火线端)	X80/1	279	440	XF2	熔断丝 F20
车速里程表的 2 接点		365	470	X14/15	
刮水电动机的 31b 接点		440	463		刮水间歇继电器的 31b 接点
熔断丝 F20	X14/15	470	553		工作灯开关的 5 接点
轴间差速锁信号灯开关接地端		499	512	X12/7	
中桥轮间差速锁信号灯开关接地		508	513	X12/7	接地(搭铁点㉔)
后桥轮间差速锁信号灯开关接地		510	514		

注：表中"线路位置号"即是指该电路断开位置的位置标号。如表中第一栏：插接件号"X26/3"线路位置号"1"、"285"、插接件号"A7/A"的含义如下：在电路图位置号为"1"的位置有一断开的连接导线，是从插接件 X26/3 上引出的，线路图上标明此线与线路位置号为"285"上的一根指向"1"的线路相连接。

(3)插接件的相关连接

为了方便对新型斯太尔汽车的各插接件的线路比较直观地查找，表 8-10 给出了主要插接件明细。

表 8-10　新型斯太尔汽车主要插接件明细

插接器代号	名称	插脚代号	接线色符	连接电器元件		图　示
				插座	插头	
X13	钥匙开关线束插接器	1	A	接 X20、通起动机 M1 火线 30 接点	接通钥匙开关 S1 的 30 插座	BAC ○2　1○ A B ○4　3○ BDC ○6　5○
		2	BAC	接 56/7、通起动机保护继电器 A8 的 SW 插脚	接钥匙开关 S1 的 50a 插脚	
		3	BDC	接通灯光开关 S6/1 的 3 插脚	接通钥匙开关 S1 的 15 插脚	
		4	B	接 XF4、通熔断器 F16、F17、F18、F19、F20	接通钥匙开关 S1 的 75 插脚	

续表

插接器代号	名称	插脚代号	接线色符	连接电器元件		图　示
				插座	插头	
X56/1	车架线束插接器	3	DFC	接 X12、通后雾灯 E9/R、E9/L	接、通熔断器 F10	BD ○1　4○ LKA ○2　5○ DFC LKC ○3　6○
		4	BD	接 X12、通拖挂半接头 X1	接 X63、通熔断器 F20	
		5	LKA	接 X12、通轮间差速锁信号灯开关 S20、S21	接 X76/4、通轮间差速锁开关 S6/12 内信号灯	
		6	LKC	接 X12、通轴间差速锁信号灯开关 S22	接 X76/3、通轴间差速锁开关 S6/11 内信号灯	
X56/2	车架线束插接器	1	GF	接 X12、通左右转向灯 E54 和拖挂车接头 X1	接 X36/L、通转向灯开关 S3b 的 6 插脚	GF　EA ○1　4○ EF　BC ○2　5○ GA　BA ○3　6○
		2	EF	接 X12、通左后尾灯 E1 和拖挂车接头	接、通熔断器 F5	
		3	GA	接 X12、通右后转向灯 E55 和拖挂车接头 X1	接 X36/R、通转向开关 S3b 的 7 插脚	
		4	EA	接 X12、通右后尾灯 E2 和拖挂车接头 X1	接 X126/4、通熔断器 F3	
		5	BC	接 X12、通左右倒车灯 E14L 和 E14/R	接 X56/7、通熔断器 F15	
		6	BA	接 X12、通左右制动灯 E52、E53	接 XF2、通制动灯继电器 K6 的 87 插脚	
X56/3	发动机线束插接器	1	LFB	接、通火焰预热温度传感器	接、通火焰预热控制器 A2 的 T 插脚	BKA L LFB ○3　○2　○1 KGB LF KF ○6　○5　○4 LD KD K ○9　○8　○7
		2	L	接、通水温传感器 B6	接、通搭铁点	
		3	BKA	接、通火焰预热电磁阀 Y21	接、通火焰预热控制器 A2 的 MV 插脚	
		4	KF	接、通水温报警开关 S51	接 A7/B、通水温警告指示灯	
		5	LF	接、通水温传感器 B6	接 A7/A、通水温表 P6	
		6	KGB	接、通发电机 G3 的 W 接头	接 A7/A、通电子转速表 P1	
		7	K	接、通发电机 G3 的 D₊ 接头	接 X126/2、通充电指示灯 H4/1 等	
		8	KD	接、通润滑油压力警告开关 S32	接 A7/B、通润滑油压力警告灯 H4/2	
		9	LD	接、通润滑油压力传感器 B1	接 A7/A、通润滑油压力表 P3	

续表

插接器代号	名称	插脚代号	接线色符	连接电器元件		图示
				插座	插头	
X56/4	发动机线束插接器	1	C	接、通火焰预热塞 R3、R4	接 A2/1、通火焰预热控制器 A2 的 FGK 插脚	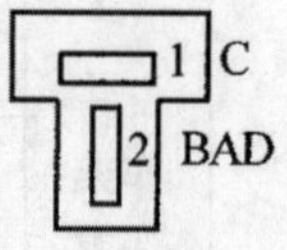
		2	BAD	接、通起动机 M1 的 50 接点	接 X77/3、通起动机保护继电器 A8 的 S 插脚	
X56/5	油箱、电磁阀线束插接器	1	BFA	接、通轮间差速锁电磁阀 Y3	接 X76/4、通轮间差速锁开关 S6/12 的 1 插脚	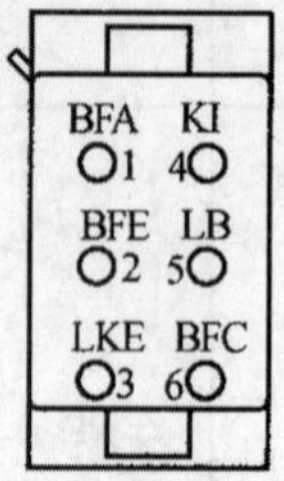
		2	BFE	接、通全轮驱动电磁阀 Y4	接 X76/3、通全轮驱动开关 S6/10 的 1 插脚	
		3	LKE	接、通全轮驱动信号灯开关 S25	接 X76/3、通全轮驱动开关 S6/10 的 8 插脚	
		4	KI	接、通空滤堵塞开关 S29	接 A7/B、通空气滤清堵塞指示灯 H4/7	
		5	LB	接、通燃油传感器 B7	接 A7/A、通燃油表 P7	
		6	BFC	接、通轴间差速锁电磁阀 Y33	接 X76/3、通轴间差速锁开关 S6/11 的 1 插脚	
X56/7	变速器线束插接器	1	BAC	接、通空挡开关 S14	接 X13、通钥匙开关 S1 的 50a 插脚	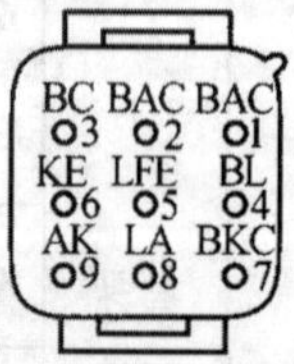
		2	BAC	接、通空挡开关 S14	接、通启动保护继电器 A8 的 SW 插脚	
		3	BC	接、通倒车灯开关 S15	接 X56/2、通左右倒车灯 E14/L 和 E14/R	
		4	BL	接、通倒车灯开关 S15	接 XF2、通熔断器 F15	
		5	LFE	接、通低速挡开关 S26	接 A7/B、通低速挡指示灯 H4/29	
		6	KE	接、通前置副箱指示开关 S33	接 A7/B、通前置副箱指示灯 H4/24	
		7	BKC	接 X56/12、通工作灯 E23	接 X76/1、通工作灯开关 S6/14 的 1 插脚	
		8	LA	接 X56/11、通蓄电池 C1 负极	接 A7/C、通时钟 P11	
		9	AK	接 X56/11、通电源总开关 Q2 的 86 接头	接、通电源开关继电器 K21 的 87 插脚	
X56/8	取力器线束插接器	1	LKD	接、通取力器信号灯开关 S24	接 X76/3、通取力器开关 S6/9 的 8 插脚	
		2	BFD	接、通取力器电磁阀 Y2	接 X76/3、通取力器开关 S6/9 的 1 插脚	

续表

插接器代号	名称	插脚代号	接线色符	连接电器元件		图　示
				插座	插头	
X56/9	空气干燥器线束插接器	1	BE	接 XF2、通熔断器 F14	接、通空气干燥器加热开关 R11	
		2	L	接、通空气干燥器加热开关	接地、搭铁点	
X56/11	变速箱中接电源总开关线束插接器	1	LA	接 X56/7、通时钟	接、通电源总开关 Q2 的 30 接头	
		2	AK	接 X56/7、通电源总开关继电器 K21 的 87 插脚	接、通电源总开关 Q2 的 86 接头	
X56/12	变速箱线束中接工作灯的插接器	1	BKC	接、通工作灯 E23	接 X56/7、通工作灯开关 S6/14 的 1 插脚	
X61/L	左侧转向灯线束插接器	1	GF	接左侧转向灯 E11	接 X36/L、通转向灯开关 S3b 的 6 插脚	
		2	L			
X61/R	右侧转向灯线束插接器	1	GA	接、通右侧转向灯 E13	接 X36/R、通转向灯开关 S3b 的 7 插脚	
		2	L			
X62/L	左前照灯线束插接器	1	CF	接、通左前照灯 E3 的 56a 插脚	接 X126/6、通熔断器 F7	
		2	DF	接、通左前照灯 E3 的 56b 插脚	接 XF1、通熔断器 F9	
		3	GF	接 X25、通左前转向灯 E10	接 X36/L、通转向灯开关 S3b 的 6 插脚	
		4	EB	接、通左前照灯内的位置灯 E5	接 X126/12、通熔断器 F4	
		5	EBD	接、通左前雾灯 E38	接、通前雾灯继电器 K8 的 87 插脚	
		6	CFN	接、通左辅助远光灯 E40	接、通辅助远光灯继电器 K7 的 87 插脚	

续表

插接器代号	名称	插脚代号	接线色符	连接电器元件		图示
				插座	插头	
X62/R	右前照灯线束插接器	1	CA	接、通右前照灯 E4 的 56a 插脚	接 XF1、通熔断器 F6	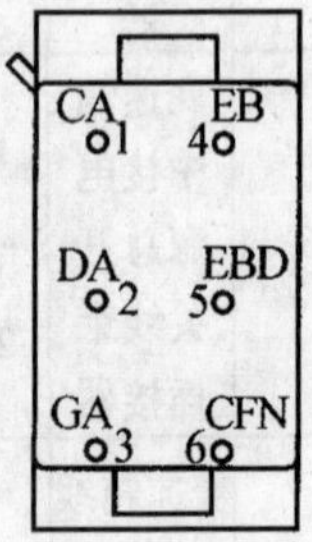
		2	DA	接 X26、通右前照灯 E4 的 56b 插脚	接 XF1、通熔断器 F8	
		3	GA	接 X26、通右前转向灯 E12	接 X126/12、通熔断器 F4	
		4	EB	接、通右前照灯内的位置灯 E6	接 X126/12、通熔断器 F4	
		5	EBD	接、通右前雾灯 E39	接、通前雾灯继电器 K8 的 87 插脚	
		6	CFN	接、通右辅助远光灯 E41	接、通辅助远光电器 K7 的 87 插脚	
X80/1	蜂鸣器线束插接器	1	KLD	接 A7/A、通警告停车指示灯 H4/27	接、通蜂鸣器 H3 接地端	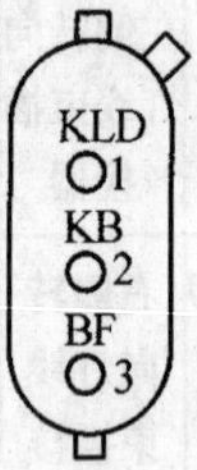
		2	KB	接 A7/C、通公共报警指示灯 H4/26	接、通蜂鸣器 H3 接地端	
		3	BF	接 XF2、通熔断器 F20	接、通蜂鸣器 H3 火线端	
A7/A	组合仪表插接器	1	KGB	接 X56/3、通发电机 G3 的 W 接头	接、通发动机电子转速表 P1	
		2	LD	接 X56/3、通润滑油压力传感器 B1	接、通润滑油压力表 P3	
		3	BDF	接 X63、通排气制动开关 S9		
		4	LF	接 X56/3、通水温传感器 B6	接、通水温表 P6	
		5	LB	接 X56/5、通燃油传感器 B7	接、通燃油表 P7	
		6	KGA	接、通闪光继电器 A1 的 C2 插脚	接、通挂车转向指示灯 H4/22	
		7	BC	接 XF2、通熔断器 F16	接、通仪表线路火线	
		8	KLD	X80/1、通蜂鸣器 H3	接、通警告停车指示灯 H4/27	
		9	KG	接、通闪光继电器 A1 的 C1 插脚	接、通牵引车转向指示灯 H4/21	
		10	L	接地、搭铁点	接仪表盘内接地线	

续表

插接器代号	名称	插脚代号	接线色符	连接电器元件		图　示
				插座	插头	
A7/B	组合仪表插接器	1	CF	接 X126/6、通熔断器 F7	接、通远光指示灯 H4/23	
		2	K	接 X126/2、通发电机 G3 的 D₊接头	接、通充电指示灯 H4/1	
		3	KE	接 X56/7、通前置副箱指示灯开关 S33	接、通前副箱指示灯 H4/24	
		4	KA	接 X63、通低气压警告开关 S30、S31	接、通停车制动低气压警告灯 H4/11	
		5	LFE	接 X56/7、通低速挡指示灯开关 S26	接、通低速挡指示灯 H4/29	
		6	KF	接 X53、通水温报警开关 S51	接、通水温报警指示灯 H4/3	
		7	KFL	接 X53、通驾驶室锁止开关 S27	接、通驾驶室锁止指示灯 H4/7	
		8	KI	接 X56/5、通空气滤清堵塞开关 S29	接、通空气滤清堵塞指示灯 H4/7	
		9	KD	接 X56/3、通润滑油压力警告灯开关 S32	接、通润滑油压力警告灯 H4/2	
		10	LG	接、通转向油位警告灯开关 S69	接、通转向油位警告灯 H4/4	
		11	KLA	接 X63、通前制动低气压警告灯开关 S28/1	接、通前制动低气压警告灯 H4/15	
		12	KLB	接、通后制动低气压警告灯开关 S28/2	接、通后制动低气压警告灯 H4/16	
A7/C	组合仪表插接器	1	KB	接、通公共报警指示灯 H4/26	接 X80/1、通蜂鸣器 H3	
		2	EFC	接、通火焰预热指示灯 H4/25	接 X70、通火焰预热开关 S6/51 的 5 插脚	
		3	AC	接、通时钟 P11	接 X14/30、通熔断器 F11	
		5	LA	接、通时钟 P11	接 X56/7、通电源总开关 Q2 的 30 接点	
		6	EA	接、通里程表照明灯 E20	接 X126/1、通熔断器 F3	

续表

插接器代号	名称	插脚代号	接线色符	连接电器元件		图 示
				插座	插头	
X35	组合开关插接器	1	BF	接、通组合开关 S3C 的 15 接头	接 X126/8、通熔断器 F20	
		2	BKD	接、通组合开关 S3C 的 53 接头	接、通刮水电动机 M2 的 53 接头	
		3	BKC	接、通组合开关 S3C 的 53 接头	接、通刮水电动机 M2 的 53b 接头	BKC BKD BF
		4	BKL	接、通组合开关 S3C 的 53 接头	接、通刮水间隙继电器 A3 的 J 插脚	3 2 1
		5	BD	接、通组合开关 S3C 的 53C 接头	接、通刮水间隙继电器 A3 的 86 插脚	6 5 4
		6	LK	接、通组合开关 S3C 的 31b 接头	接、通刮水间隙继电器 A3 的 S 插脚	LK BD BKL
X37	组合开关插接器	1	CD	接 X76/1、通灯光开关 S6/1 的 1 插脚	接、通组合开关 S3a 的 56 插脚	
		2	C	接、通远光继电器 K4 的 86 插脚	接、通组合开关 S3a 的 56a 插脚	
		3	D	接、通近光继电器 K3 的 86 插脚	接、通组合开关 S3a 的 56b 插脚	BG D C CD
		4	BG	接 X126/5、通熔断器 F18	接、通组合开关 S3a 的 15 插脚	4 3 2 1
		5	GC	接、通组合开关 S3b 的 49a 插脚	接 X36/49a、通紧急闪光开关 S6/2 的 5 接点	8 7 6 5
		6	GF	接、通组合开关 S3b 的 L 插脚	接 X36/L、通左转向信号灯 E11、E54	BCL GA GF GC
		7	GA	接、通组合开关 S3b 的 R 插脚	接 X36/R、通右转向信号灯 E13、E55	
		8	BCL	接、通组合开关 S3d 的 H 插脚	接、通喇叭开关 S6/50 的 4 插脚	
X64	刮水喇叭线束插接器	1	FA	接、通喇叭	接、通喇叭继电器的 87 插脚	
		3	FC	接 X76/4、通喇叭开关	接、通气喇叭电磁阀	FA BD 1 4
		4	BD	接 X50、通洗涤电动机	接、通刮水间歇继电器的 86 接头	2 5
		6	LC	接、通室内灯开关	接 X85/4、通室内灯	FC LC 3 6

续表

插接器代号	名称	插脚代号	接线色符	连接电器元件		图示
				插座	插头	
X63	气压开关线束插接器	1	KA	接、通驻车制动与辅助气路低气压开关	接 A7/B、通驻车制动与辅助气路低气压指示灯	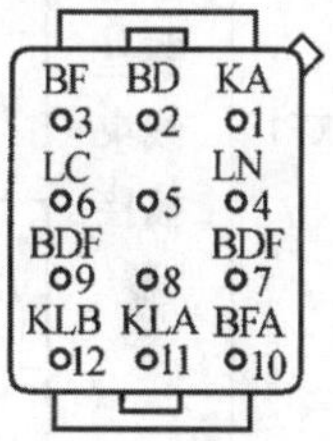
		2	BD	接、通第三制动开关	接 X56/1、通挂车接头	
		3	BF	接、通第三制动开关	接 X126/8、通熔断丝 F20	
		4	LN	接、通制动灯开关	接、通制动灯继电器的 85 插脚	
		6	LC	接 X85/4、通室内灯	接、通室内灯开关	
		7	BDF	接、通排气制动开关	接 A7/A、通熔断丝 F16	
		9	BDF	接、通排气制动开关	接、通排气制动继电器	
		10	BFA	接、通排气制动继电器	接、通排气制动电磁阀	
		11	KLA	接、通前制动低气压开关	接 A7/B、通前制动低气压警告灯	
		12	KLB	接、通后制动低气压开关	接 A7/B、通后制动低气压警告灯	
X70	点烟器、火焰预热控制器线束插接器	1	AB	接 XF2、通熔断丝 F12	接、通点烟器	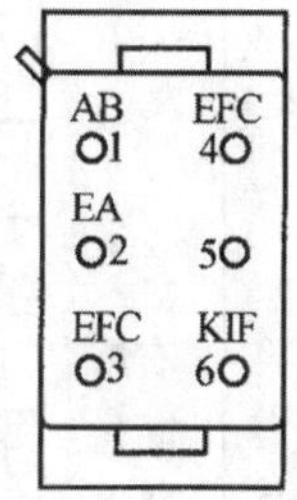
		2	EA	接 X126/1、通熔断器 F3	接 X67/1、通点烟器指示灯	
		3	EFC	接 A7/C、通火焰预热指示灯	接、通火焰预热开关的 5 插脚	
		4	EFC	接 X70、通火焰预热开关	接、通火焰预热控制器	
		6	KIF	接、通火焰预热控制器的 L 插脚	接、通火焰预热开关的 1 插脚	
XF1	左熔断丝线束插接器	1	H	接、通后雾灯开关	接 X76/2、通熔断丝 F10	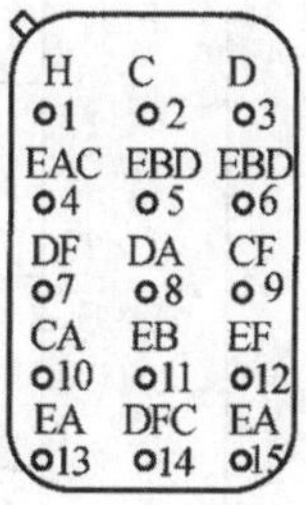
		2	C	接、通远光继电器	接、通绒组合开关 S3a	
		3	D	接、通近光继电器	接、通绒组合开关 S3a	
		4	EAC	接、通前雾灯继电器	接 X76/2、通前雾灯开关	
		5	EBD	接 X62/L、通左前雾灯	接、通前雾灯继电器	
		6	EBD	接 X62/R、通右前雾灯	接、通前雾灯继电器	
		7	DF	接 X62/L、通左前大灯 56b	接、通熔断丝 F9	

续表

插接器代号	名称	插脚代号	接线色符	连接电器元件		图示
				插座	插头	
XF1	左熔断丝线束插接器	8	DA	接 X62/R、通右前大灯 56b	接、通熔断丝 F8	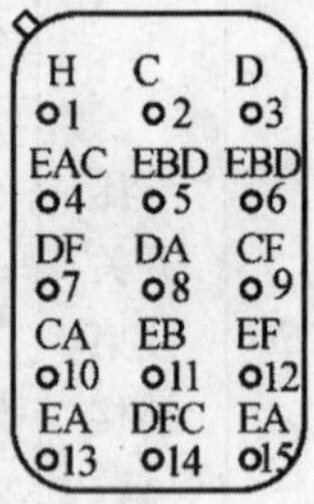
		9	CF	接 X162/6、通左前大灯 56a	接、通熔断丝 F7	
		10	CA	接 X62/R、通右前大灯 56a	接、通熔断丝 F6	
		11	EB	接 X162/12、通前大灯内位置灯	接、通熔断丝 F4	
		12	EF	接 X162/14、通左后尾灯和左示高灯	接、通熔断丝 F5	
		13	EA	接 X126/4、通右后尾灯、左右发光二极管	接、通熔断丝 F3	
		14	DFC	接 X76/2、通后雾灯	接、通熔断丝 F10	
		15	EA	接 XF1、通位置灯	接、通熔断丝 F3	
XF2	右熔断丝线束插接器	1	LN	接、通制动灯继电器	接 X63、通制动灯开关	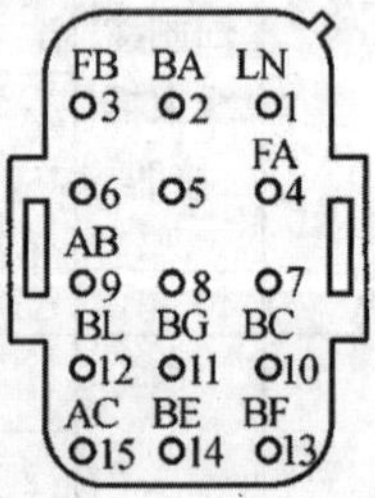
		2	BA	接、通制动灯继电器的 87	接 X56/2、通左右制动灯	
		3	FB	接、通喇叭开关	接、通喇叭继电器	
		4	FA	接 X64、通喇叭	接、通喇叭继电器	
		9	AB	接、通熔断丝 F12	接 X70、通点烟器	
		10	BC	接、通熔断丝 F16	接 A7/A、通仪表火线	
		11	BG	接、通熔断丝 F18	接 X126/5、通组合开关 S3a 的 15 点	
		12	BL	接、通熔断丝 F15	接 X56/7、通倒车灯开关	
		13	BF	接、通熔断丝 F20	接 X126/8、通组合开关 S3c 的 15	
		14	BE	接、通熔断丝 F14	接 X56/9、通空气干燥器	
		15	AC	接、通熔断丝 F11	接 X53、通驾驶室顶灯	

续表

插接器代号	名称	插脚代号	接线色符	连接电器元件		图 示
				插座	插头	
XF3	左熔断丝线束插接器	1	A	接 X20、通起动机的 30 接头	接、通熔断丝 F1	
XF4	右熔断丝线束插接器	1	A	接 X21、通发电机的 B₊头	接、通熔断丝 F11、F12、F13 和 F22	
		2	B	接、通熔断丝 F16～F20	接 X13、通钥匙开关的 75 接头	
X76/1	左翘板开关线束插接器	1	BF	接 X14/15	接 X126/8、通熔断丝 F20	
		2	CD	接 X36、通组合开关 S3a 的 56 插脚	接 X14/56、通前雾灯开关和后雾灯开关的 5 接点	
		3	AC	接 X14/30、通里程表、位置灯继电器	接 X126/7、通熔断丝 F11	
		4	EA	接 X14/58、通各开关内指示灯火线	接 X126/1、通熔断丝 F3	
		5	L	接地、搭铁点⑥	接 X14/31、通各开关指示灯地线	
		7	CH	接、通辅助远光灯开关	接、通辅助远光灯继电器的 86 接点	
		8	CF	接 X126/6、通熔断丝 F7	接、通辅助远光灯开关的 5 插脚	
		9	AGC	接、通闪光继电器的 30b 插脚	接、通紧急闪光开关的 4 插脚	
		10	BGC	接、通闪光器的 49 插脚	接、通紧急闪光开关的 6 插脚	
		11	BG	接 X126/5、通组合开关 S3a 的 15 插脚	接、通紧急闪光开关的 8 插脚	
		12	GA	接 X36/R、通右前、侧转向灯	接、通紧急闪光开关的 3 插脚	
		15	BKC	接 X56/7、通工作灯	接、通工作灯开关的 1 插脚	

续表

插接器代号	名称	插脚代号	接线色符	连接电器元件		图示
				插座	插头	
X76/2	左翘板开关线束插接器	1	GF	接 X36/L、通左前、侧转向灯	接、通紧急闪光开关的 1 插脚	
		2	GC	接、通紧急闪光开关 5 插脚	接 X36/49a、通组合开关 S3b 的 49a	
		3	AK	接、通电源开关的 1 插脚	接、通电源开关继电器的 87 插脚	
		4	EAC	接、通前雾灯继电器的 86	接、通前雾灯开关的 1 插脚	
		6	BDC	接、通灯光开关的 3 插脚	接 X13、通钥匙开关的 75 插脚	
		7	DFC	接、通熔断丝 F10	接、通后雾灯开关的 1 插脚	
		8	LEB	接、通灯光开关的 7 插脚	接 X76/3、通差速锁、全轮驱动、取力器等翘板开关的 10 插脚	
		9	H	接、通灯光开关的 8 插脚	接、通位置灯继电器的 85 插脚	
X76/3	右翘板开关线束插接器	1	BF	接 X126/8、通熔断丝 F20	接 X15/15、通差速锁、全轮驱动、取力器等开关的 3 插脚	
		2	EA	接 X15/58、通里程表照明灯	接 X126/1、通熔断器 F3	
		3	LEB	接、通灯光开关的 7 插脚	接 X15/3、通差速锁、全轮驱动、取力器开关的 5 插脚	
		4	L	接 X15/31、通喇叭开关的 10 插脚	接地、通搭铁点⑤	
		5	LKD	接 X56/8、通取力器指示灯开关	接 X76/3、通取力器开关的 8 插脚	
		6	BFD	接 X56/8、通取力器电磁阀	接、通取力器开关的 1 插脚	
		7	LKC	接 X56/1、通轴间差速锁信号开关	接、通轴间差速锁开关的 8 插脚	
		8	BFC	接 X56/5、通轴间差速锁电磁阀	接、通轴间差速锁开关的 1 插脚	
		9	LKE	接 X56/5、通全轮驱动指示灯开关	接、通全轮驱动开关的 B 插脚	
		10	BFE	接 X56/5、通全轮驱动电磁阀	接、通全轮驱动开关的 1 插脚	

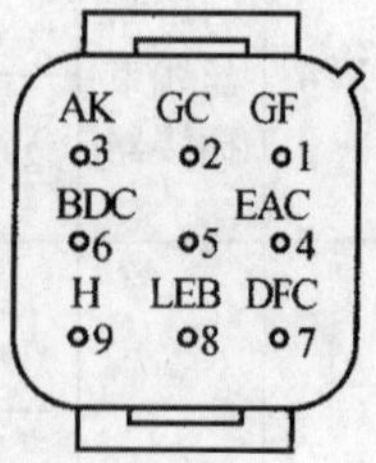

图示（X76/2）:
```
AK   GC   GF
○3   ○2   ○1
BDC        EAC
○6         ○4
H    LEB  DFC
○9   ○8   ○7
```

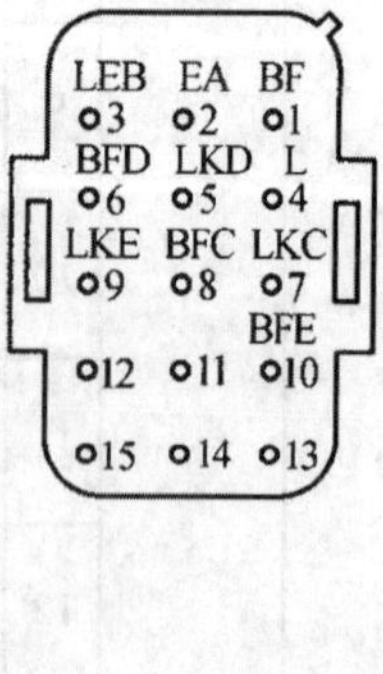

图示（X76/3）:
```
LEB  EA   BF
○3   ○2   ○1
BFD  LKD  L
○6   ○5   ○4
LKE  BFC  LKC
○9   ○8   ○7
        BFE
○12  ○11  ○10
○15  ○14  ○13
```

续表

插接器代号	名称	插脚代号	接线色符	连接电器元件		图示
				插座	插头	
X76/4	右翘板开关线束插接器	1	LKA	接X56/1、通轮间差速锁指示灯开关	接、通轮间差速锁开关的8插脚	
		2	BFA	接X56/5、通轴间差速锁电磁阀	接、通轮间差速锁开关的1插脚	
		6	BCL	接X36、通组合开关S3c	接、通喇叭开关	
		8	FB	接、通喇叭开关	接、通喇叭继电器	
		9	FC	接、通气喇叭电磁阀	接、通气喇叭开关的2插脚	

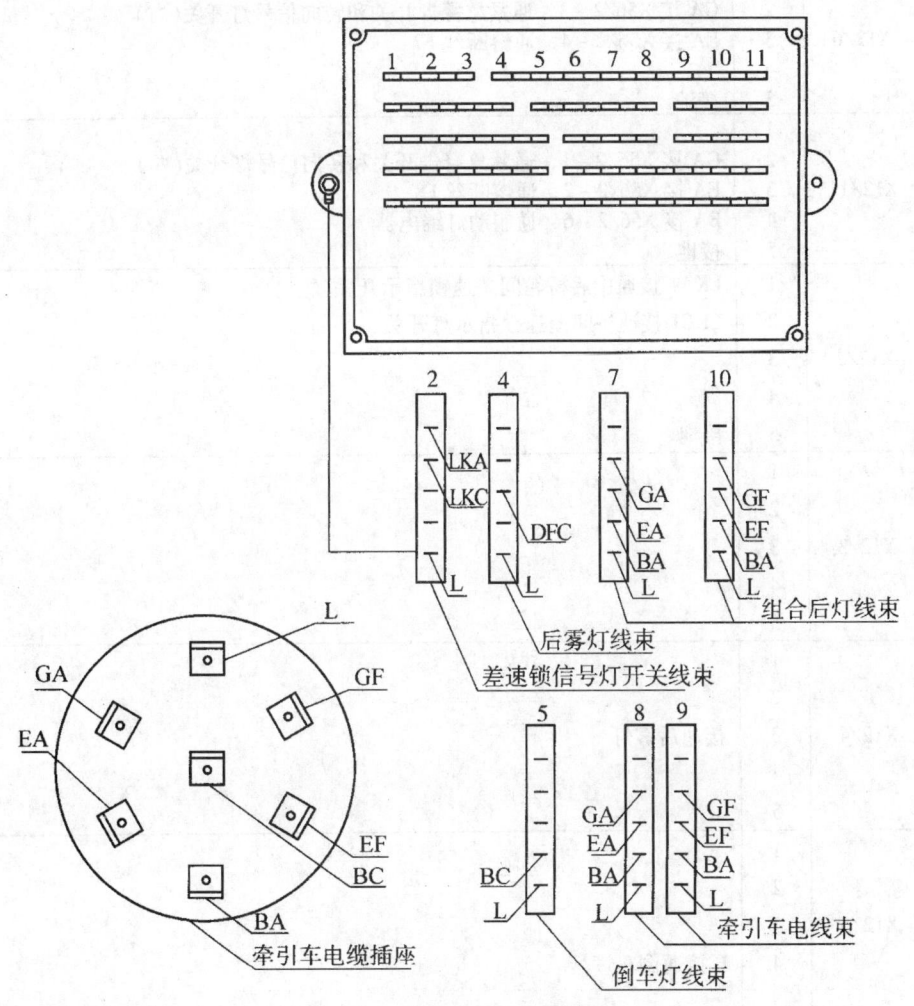

图8-11 后围电气接线位置

3. 后围电气接线

（1）后围电气接线位置

后围电气接线位置如图 8-11。

（2）后围电气接线盒

汽车后围电器接线盒接线如表 8-11 所示。图 8-12 为后围接线盒 X12 通断图。

表 8-11　后围电器接线盒接线明细

	接线盒号	脚号	接连部位与接通元件
接线盒输入端	X12/1	1	LKA 接 X56/1-5，通轮间差速锁开关内的指示灯
		2	LKC 接 X6/1-6，通桥间差速锁开关内的指示灯
		3	DFC2 接 X56/1，通雾灯开关
		4	BC 接 6/1-4，通熔断丝 F14
		5	
	X12/6	1	
		2	GA 接 X56/2-3，通紧急警告开关和转向信号灯开关（右）
		3	EA 接 X56/2-4，通熔断丝 F7
		4	
		5	接地
	X12/11	1	
		2	GA 接 X56/2-1，通紧急警告开关和转向信号灯开关（左）
		3	EA 接 X56/2-2，通熔断丝 F8
		4	BA 接 X56/2-6，通制动灯继电器
		5	接地
	X12/2	1	LKA1 接通中后桥轮间差速锁指示开关
		2	LKC1 接通桥间差速锁指示灯开关
		3	
		4	
		5	接地
	X12/3	1	
		2	
		3	
		4	
		5	
	X12/4	1	
		2	
		3	接通后雾灯
		4	
		5	
	X12/5	1	
		2	
		3	
		4	B 接通倒车灯
		5	

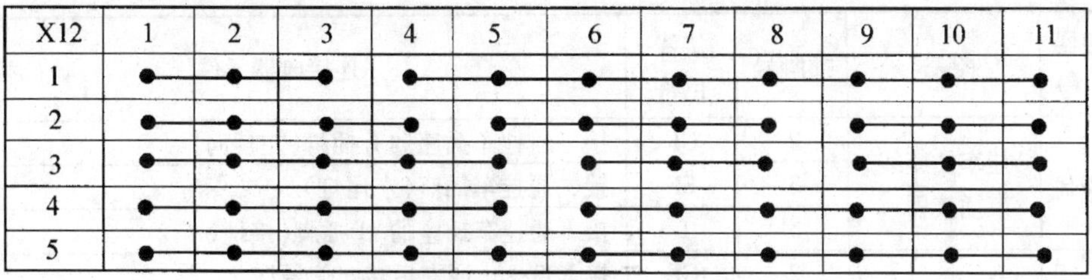

X12	1	2	3	4	5	6	7	8	9	10	11
1	●	●	●	●	●	●	●	●	●	●	●
2	●	●	●	●	●	●	●	●	●	●	●
3	●	●	●	●	●	●	●	●	●	●	●
4	●	●	●	●	●	●	●	●	●	●	●
5	●	●	●	●	●	●	●	●	●	●	●

图 8-12　后围接线盒 X12 通断

表 8-12 为新型斯太尔底盘后围分线盒插接器的接线明细表，图 8-13 为底盘后围分线盒内部电气连通图，图 8-14 为底盘后围分线盒的插接器各插脚接线色符。

表 8-12　新型斯太尔底盘后围分线盒插接器的接线明细

插接器代号	名称	插脚号	接线色符	连接电器元件
X12/1	轮、轴间差速锁指示灯线束插接器	1	LKA	接 X56/1、通轮间差速锁开关的 8 插脚(指示灯)
		2	LKC	接 X56/1、通轴间差速锁开关的 8 插脚(指示灯)
		3	DFC	接 X56/1、通熔断器 F10
		4	BC	接 X56/2、通熔断器 F15
X12/2	轮、轴间差速锁开关线束插接器	1	LKA	接、通轮间差速锁指示灯开关
		2	LKC	接、通轴间差速锁指示灯开关
		5	L	接地、通㉔号搭铁点
X12/3	挂车插座线束插接器	3	B	接、通挂车插座(雾灯)
		4	EF	接、通挂车插座的 54 号插脚(倒车灯)
X12/4	右后雾灯、倒车灯线束插接器	3	BD	接 X33/R、通右后雾灯
		4	EF	接 X33/R、通右倒车灯
X12/5	左后雾灯、倒车灯线束插接器	3	BD	接 X33/L、通左后雾灯
		4	EF	接 X33/L、通左倒车灯
X12/6	右转向开关线束插接器	2	GA	接 X56/2、通转向开关的 R 插脚(右转向)
		3	EA	接 X56/2、通熔断器 F3
X12/7	右后组合灯线束插接器	2	GA	接 X33/R、通右后转向灯
		3	EA	接 X33/R、通右后尾灯
		4	BA	接 X33/R、通右后制动灯
		5	L	接地、通㉛号搭铁点
X12/8	挂车插座线束插接器	1	BD	接、通挂车插座的 54 号插脚(第三制动)
		2	GA	接、通挂车插座的 R 插脚(右转向)
		3	EA	接、通挂车插座(右尾灯)

续表

插接器 代 号	名称	插脚号	接线 色符	连接电器元件
X12/9	挂车插座线 束插接器	2	GF	接、通挂车插座的 L 插脚(左转向)
		3	EF	接、通挂车插座(左尾灯)
		5	L	接、通挂车插座的 31 插脚(接地)
X12/10	左后组合灯 线束插接器	2	GF	接 X33/L、通左后转向信号灯
		3	EF	接 X33/L、通左后尾灯
		4	BA	接 X33/L、通左制动灯
X12/11	左转向开关 制动灯线束 插接器	1	BD	接 X56/1、通第三制动开关
		2	GF	接 X56/2、通转向开关的 L 插脚(左转向)
		3	EF	接 X56/2、通熔断器 F5
		4	BA	接 X56/2、通制动灯继电器的 87 号插脚

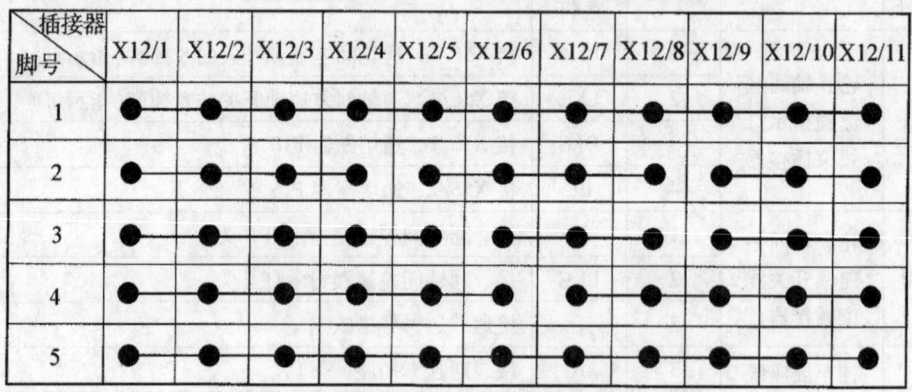

图 8-13　新型斯太尔底盘后围分线盒内部电气连通

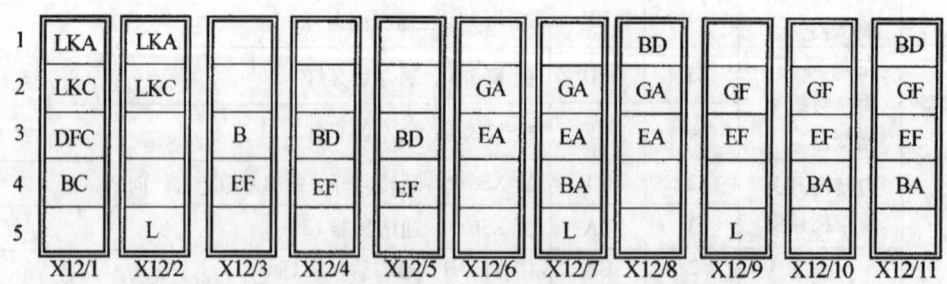

图 8-14　新型斯太尔底盘后围分线盒的插接器各插脚接线色符

4. 驾驶室与底盘线束连接

驾驶室与底盘线束接线连接如图 8-15 所示。

拆下从起动机、发电机来的 2 条红色导线,拨开 X56-1 至 X56-10 插接器,驾驶室与底盘间的电气连接就可解脱。然后,拆除气路,旋出翻转轴螺栓就可以把驾驶室

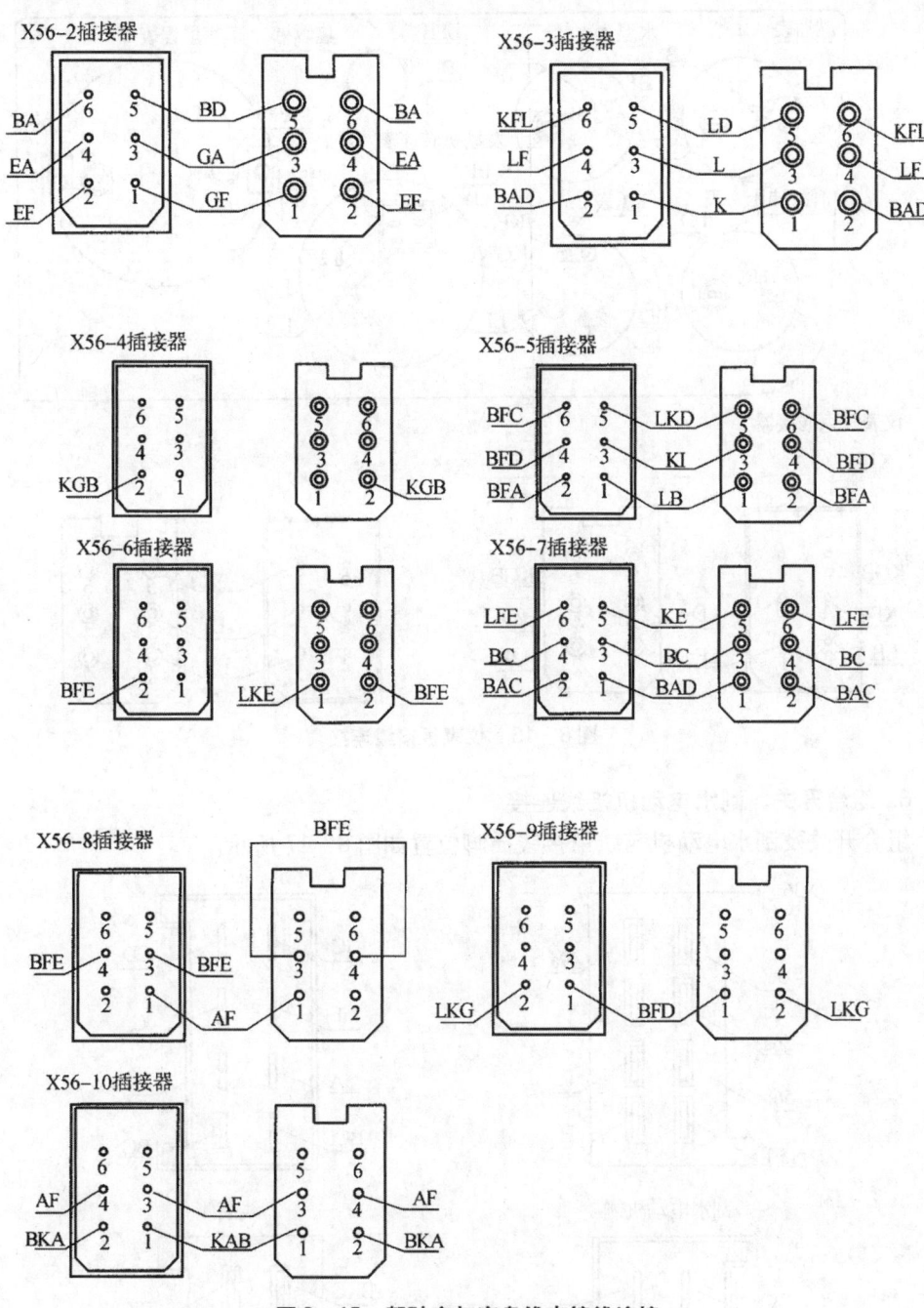

图 8 - 15 驾驶室与底盘线束接线连接

从底盘上吊起。

5. 仪表板接线连接

仪表板分立元件接线分为仪表板接线插脚和仪表线束插接器，如图 8 - 16 所示。

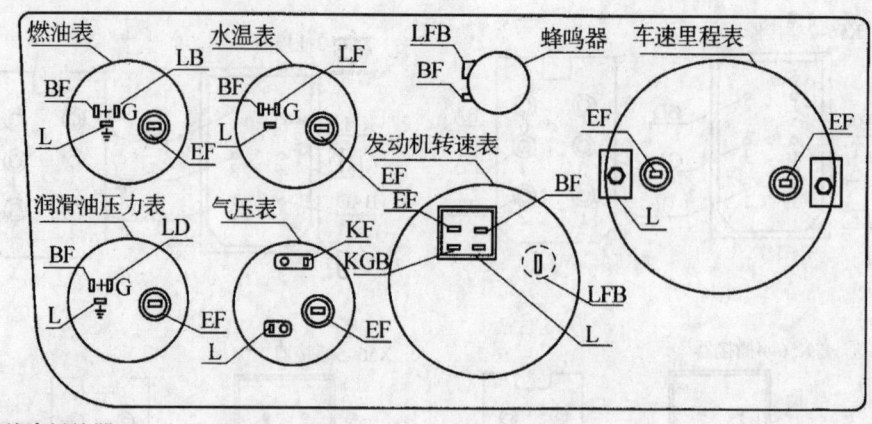

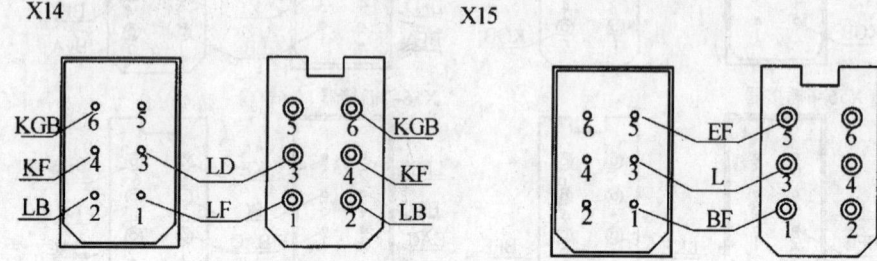

图 8-16　仪表板接线连接

6. 组合开关、刮水电动机接线连接

组合开关及刮水电动机与线束接线插脚位置如图 8-17 所示。

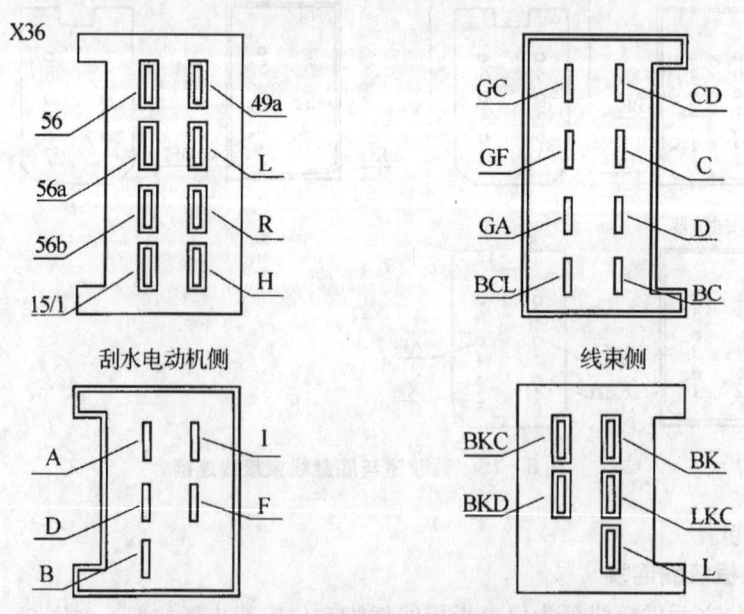

图 8-17　组合开关及刮水电动机接线插脚

第9章 柴油车空调系统维修

第一节 空调系统的组成与分类

一、空调系统的组成

1. 空调器的结构

汽车空调系统作用是对车内空气温度、湿度、清洁度、风速、通风等进行自动调节，使乘室内处在舒适的环境中，并能够防止车窗产生雾和霜，以确保驾驶人视线清晰。系统主要由制冷、采暖、通风、空气净化等4部分组成。汽车空调器的结构如图9-1所示。

汽车空调系统应包括以下装置：

（1）暖风与冷气装置

调节温度是空调系统的基本要求。中、小型车辆暖风装置一般采用发动机冷却液作为热源，大型车辆常采用独立加热器；冷气装置则由制冷系统完成。

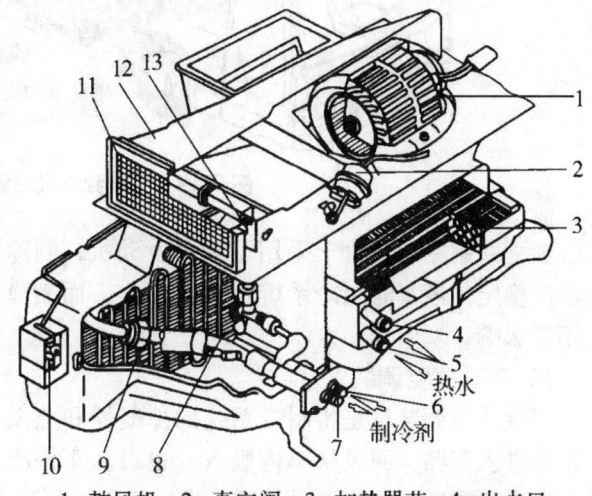

1-鼓风机　2-真空阀　3-加热器芯　4-出水口
5-进水口　6-制冷剂进口　7-制冷剂出口
8-膨胀阀　9-蒸发器芯　10-温控开关
11-进风罩滤网　12-进风罩　13-环境温度开关

图9-1　汽车空调器

（2）除湿与加湿装置

一般是通过通风和冷气的方法来完成。

（3）通风装置

通过风机使车内空气循环和车内空气与车外进行交换，改变车内空气状况；同时改变车内空气流速和方向。

（4）空气净化装置

通过空气净化器和空气过滤装置对车内空气质量进行调节。

（5）除霜装置

一般通过通风和加热方法对车辆前、后风挡玻璃的雾、霜进行清除。大型车辆也有对侧车窗的雾、霜进行清除。

2. 大型柴油客车空调系统

（1）整体独立式空调装置

整体独立式空调装置是把制冷系统和辅助发动机装在一个机架上，成为完整的独立装置。独立式制冷装置一般安装在汽车中部车架下，也有安装在汽车后部车架上，如图9-2所示。

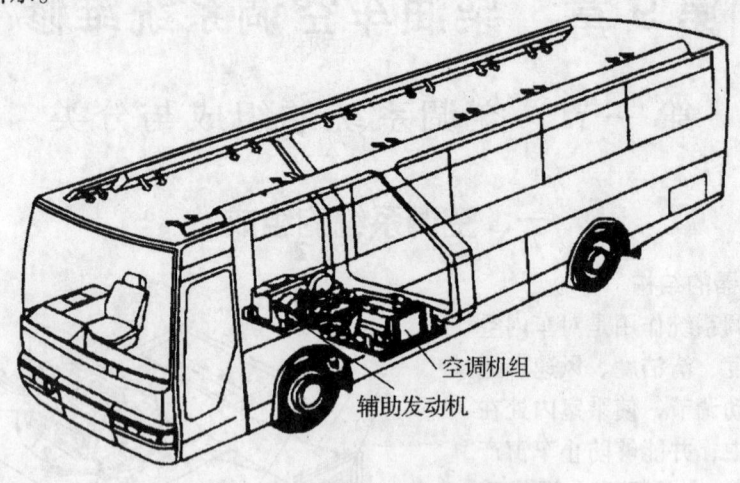

图9-2　整体独立式空调装置

独立式制冷装置由于采用了辅助发动机，制冷装置工作不受行车影响，因而车厢内温度稳定，停车时制冷系统仍可以工作。而制冷装置工作时，汽车的使用性能基本上不受影响。

（2）顶置式空调装置

顶置式空调装置是将制冷系统的冷凝器和蒸发器前后水平安装在车顶外面。冷风从车顶进入车厢，回风从车内吸入，也可从车外吸入部分新鲜空气。空调压缩机可由汽车发动机带动，也可以采用辅助发动机。为了减小对汽车发动机及行车性能的影响，一般都带有供空调装置需要的发电机。顶置式空调装置结构如图9-3所示。

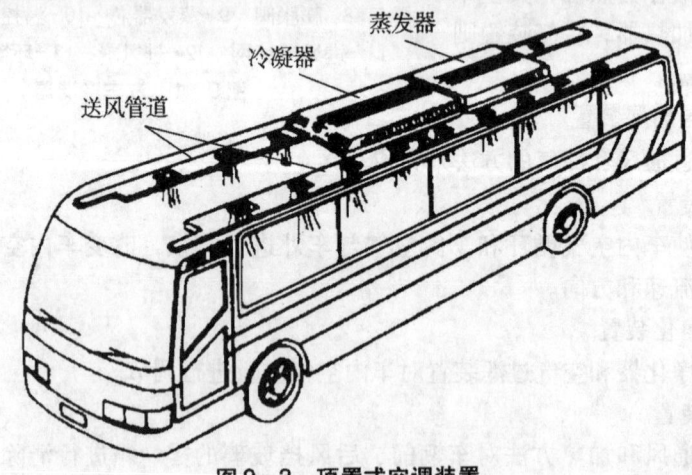

图9-3　顶置式空调装置

顶置式空调装置具有不占用车内有效空间、冷凝效果好等优点，不仅使用在大型客车空调系统，同样适合于大型货车上。

（3）后置式空调装置

后置式空调装置适合于后置发动机的汽车，与顶置式空调装置不同的是冷凝器和蒸发器的安装是上下垂直布置在汽车的后围，其结构如图 9-4 所示。

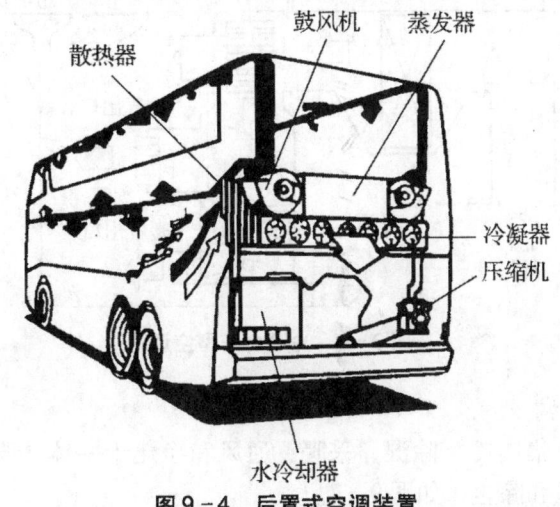

图 9-4　后置式空调装置

二、空调系统的分类

1. 按驱动方式分

空调按驱动方式分为独立式空调和非独立式空调，按功能分为单一功能型、冷暖一体型和全功能型 3 种。

（1）冷暖分开型空调

制冷和采暖系统各自分开，由两个完全独立的冷风机和暖风机所组成，各有各的送风机，控制系统也是完全分开的，如图 9-5。

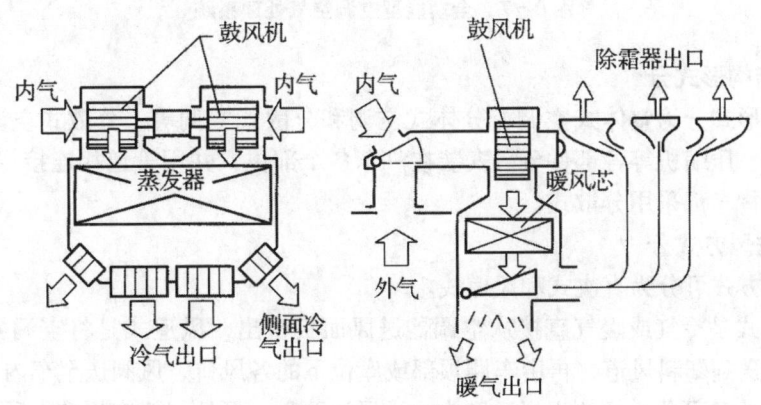

图 9-5　冷暖分开型空调

（2）冷暖合一型空调

冷暖合一型空调是在暖风机的基础上增加蒸发器芯子和冷气出风口，但制冷和采暖各自分开，不能同时工作，如图 9-6。目前，许多轿车都采用这种结构形式。

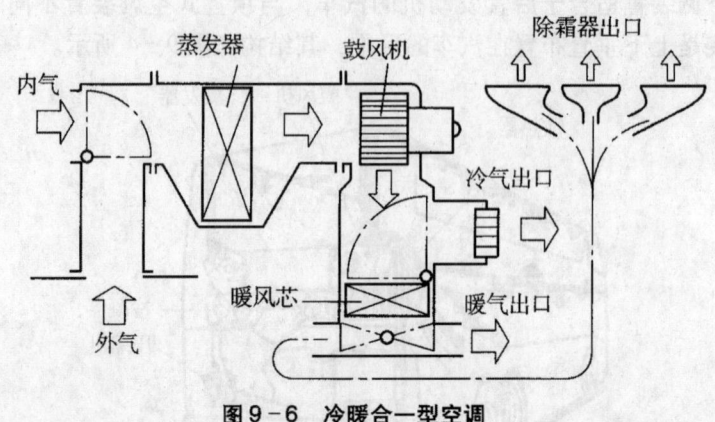

图9-6　冷暖合一型空调

（3）全功能形空调

全功能形空调是集制冷、除湿、采暖、通风和净化于一体，既可供冷气，又可供暖气，还可进行通风和除尘，如图9-7。

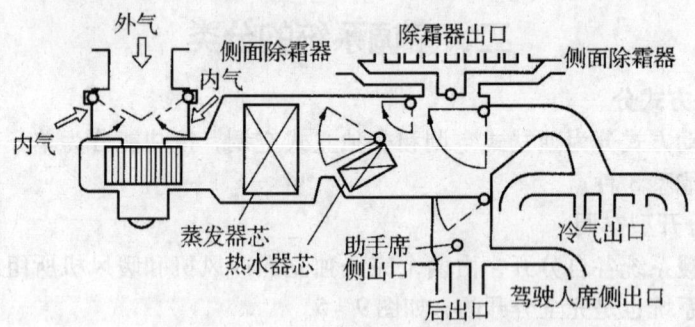

图9-7　全功能型空调空气处理系统

2. 按结构形式分

按结构形式分为整体式空调、分体式空调和分散式空调等。分散式空调是将蒸发器、冷凝器、压缩机等各部件分散安装在汽车各个部位，并用管道相连接。轿车和中、小型客车及货车都采用分散式。

3. 按送风方式分

按送风方式可分为直次式和风道式。

1）直次式是冷气或暖气直接从空调器送风面板吹出，风道式是将空调器处理后的空气用风机送到塑料风道，再由车厢顶部或座位下的各风口、风阀送至车内。

2）风道式又可分为两侧送风道和中央送风道两种。两侧风道布置在车顶转角处。

目前，有的汽车空气调节系统通过电子控制，实现车内温度、换气风置和流速的自动控制。主要部件有电子元件、真空管路和手动或自动操纵机构。

第二节 空调制冷工作原理与主要部件结构

一、空调制冷系统工作原理

1. 组成

如图9-8所示，汽车空调系统一般由5个主要部件组成。

（1）压缩机

将低温、低压的制冷剂蒸气转变为高温、高压的制冷剂蒸气。

（2）冷凝器

将高温、高压的制冷剂蒸气通过强制换热转变为中温、高压的制冷剂液体。

（3）储液干燥器

储存制冷剂并且除去制冷剂中的杂质和水分。

（4）膨胀阀

通过对制冷剂节流减压，使之容易汽化；并且根据制冷负荷调节进入蒸发器的制冷剂量。

（5）蒸发器

将节流减压后的制冷剂在蒸发器中汽化，制冷剂在汽化过程中吸收大量热量转变为制冷剂蒸气。

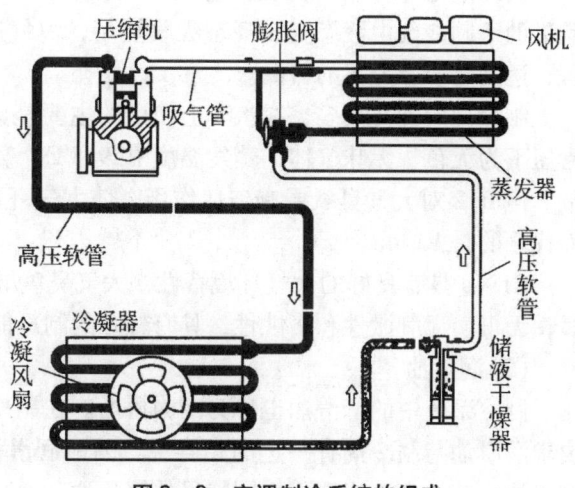

图9-8 空调制冷系统的组成

2. 空调制冷系统的工作循环

空调制冷原理基于工程热力学和传热学理论。制冷剂从气态转变为液态放出热量，而从液态转变为气态时吸收热量，这样周而复始的循环，实现空气温度的调节。如图9-9所示，为空调制冷系统的工作循环。压缩机工作时，将蒸发器内的低温、低压制冷剂蒸气吸入压缩机，在外功的作用下，转变为高温、高压的制冷剂蒸气而进入冷凝器；在冷凝器中通过强制散热（电风扇）转变为中温、高压的制冷剂液体；经膨胀阀节流减压，制冷剂的温度、

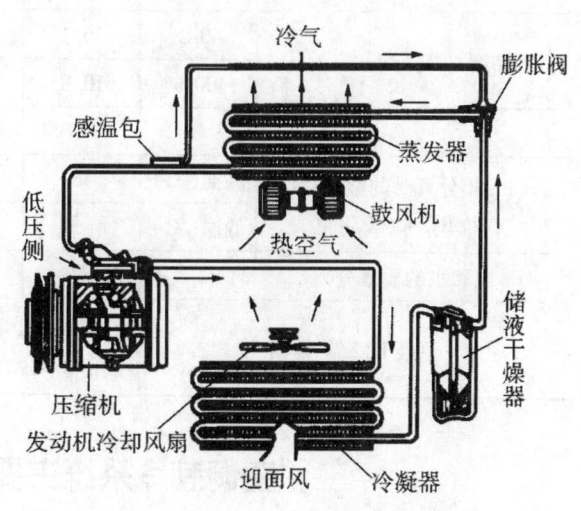

图9-9 空调制冷系统的工作循环

313

压力都降低形成雾状制冷剂而进入蒸发器；制冷剂在蒸发器中吸收大量热量又变成制冷剂蒸气被压缩机吸回。这样，制冷剂在系统内经过压缩、冷凝、膨胀和蒸发完成一次制冷循环，通过蒸发器吸收车厢内的热量，然后经冷凝器将该热量散发到车厢外，实现车厢内温度降低的功能。

3. 制冷剂与润滑油

（1）制冷剂

制冷剂是一种化学物质，它在常温、常压下为气态。汽车制冷剂在制冷循环中就是借助于制冷剂由液态变成气态吸收热量，由气态冷凝成液态放出热量的反复变化过程，达到制冷、降温的目的。

制冷剂的种类很多，在汽车上使用的主要是氟利昂即 R12 和 R134a。R12 在常温、常压下为无色、无味气体，蒸发温度 -29.8℃，凝固温度 -158℃，是一种理想的制冷剂。但 R12 对大气臭氧层有破坏作用，使大气环境特性变坏，目前已经停止使用，取而代之的是 R134a。

R134a 具有良好的大气环境特性，大气臭氧层破坏系数为 0，安全性高，不易燃易爆，无毒、无刺激性和腐蚀性，具有较好的制冷能力，是一种新型理想的制冷剂。

（2）润滑油

制冷系统中的润滑油也称为冷冻机油。在制冷循环中，润滑油随制冷剂一同循环，要求润滑油与制冷剂有一定的相容性，因而润滑油是专用的。不可随便用其他种类的润滑油代替，也不应混用不同牌号的润滑油。

对于 R134a 的制冷系统使用的润滑油为合成油，主要有 PAG（合成多元醇）和 POE（合成多元醇酯）。表 9-1 为 R134a 汽车空调用润滑油的性质。

表 9-1　R134a 汽车空调用润滑油的性质

润滑油牌号		PAG-1	PAG-2	改性 PAG	POE
黏度/(10~4m²/s)	40℃	56.1	49.3	51.3	96.8
	100%	10.8	10.2	9.8	10.3
黏度指数		187	201	179	95
二相分离时的温度（油/R134a = 2/8）	高温（℃）	46	69	80	80 以上
	低温（℃）	-50	-50	-50	-23
饱和水的质量分数（25%时）		2.6%	2.1%	2.4%	0.15%
更换 R12/矿物油		需用 RII 等清洗剂彻底清洗，残留物≤1%			可用 POE 清洗，残留物允许 <5%

二、空调制冷系统主要部件结构特点

1. 压缩机

压缩机的作用是吸入低压制冷剂蒸气，并将其压缩到所需压力后进入冷凝器。压缩机安装在发动机前部，由发动机的驱动轮的驱动带驱动旋转。其作用是驱动制冷剂循环流动，将低温（约0℃）低压（约150kPa）的气态制冷剂压缩成高温（约65℃）高压（约1 300kPa）的气态制冷剂。

常用的空调压缩机有斜盘式（翘板式）、曲轴活塞式、转子式、叶片式、螺杆式和涡旋式6种，汽车空调系统一般都采用斜盘式或曲轴活塞式压缩机。

曲轴活塞式压缩机是目前应用最广泛的压缩机，基本用于大型公交车和旅游用车。斜盘式或摆盘式压缩机则大部分应用于轿车和中小型客车。

（1）曲轴活塞式压缩机

如图9-10所示，是压缩机的传统类型。近年来，中、小型汽车已普遍使用斜盘式压缩机，而大型客车仍主要采用该种压缩机。其特点是排量大、体积也大。具体组成如下：

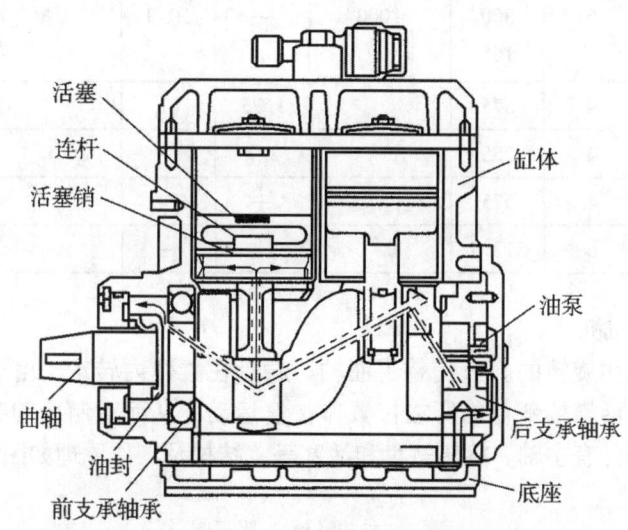

图9-10 曲轴活塞式压缩机

1）曲轴活塞机构。由活塞、活塞销、曲轴、连杆等组成。

2）进、排气阀机构。由吸气阀片、排气阀片、进气口和排气口等组成。

表9-2 常见曲轴活塞式压缩机主要参数

牌号（厂家）	型号	缸数	排量（mL/r）	最大连续转速（r/min）	初次加油量(L)	质量（kg）	备 注
YORK	5F-30	3	488	2 200	—	—	—
BOCK	FK4	4	466	3 000	—	51	—
BOCK	FK3	2	233	3 000	1.5	—	—
开利	5F30	3	483	2 100	—	64.5	—

续表

牌号 （厂家）	型号	缸数	排量 （mL/r）	最大连续转速 （r/min）	初次加 油量（L）	质量 （kg）	备　注
开利	05G	6	606	2 200	4.3	—	三级卸载 （0～30%～60%～100%）
开利	05K	4	400	2 200	2.6	—	二级卸载（0～50%～100%）
塞莫金	X426	4	426	3 000	4.2	52.2	
塞莫金	X430	4	492	2 600	4.2	52.2	
BnZER	4PF	4	541	—		42	斗源采用
电装	6C500C	6	495	4 000	—	49.9	—
电装	6C500C	6	495 300 165	4 000	—	50.9	排量可变（三级）
富士	CKH－2	4	575		1.75	61	万都采用
杰克塞尔	DKP－55	4	555		2.7	—	—
万都	MBA58	4	575				韩国
金星	6F308HB	6	512.5				韩国

（2）斜盘式压缩机

斜盘式压缩机用旋转的斜盘代替了曲轴。斜盘在缸体内转动，由于每个活塞在斜盘位置不一样时，活塞按斜盘的所在位置作往复运动，从而对制冷剂吸入和压缩。斜盘式压缩机主要部件有主轴、旋转斜盘和活塞等，结构及工作原理如图9－11所示。

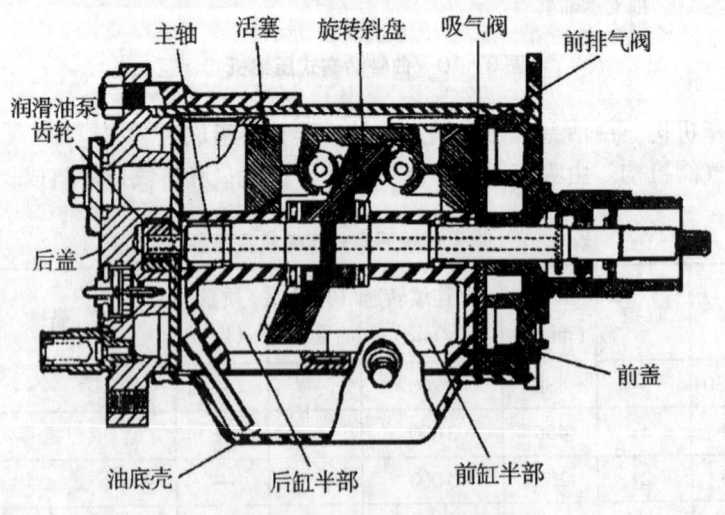

图9－11　斜盘式压缩机

常见斜盘式压缩机主要参数见表 9 - 3。

表 9 - 3　常见斜盘式压缩机主要参数

厂家	日本富士	日本中央	美国 GM	日本中央	日本 Unicia		美国 York	日本 Clarion	
型号	CS - 26	FS - 508	DA - 6	FS - 607	U - 120	U - 150	YA - 12	C - 120	F - 140
结构	斜板	摇板	斜板	斜板	斜板	斜板	斜板	斜板	斜板
缸数×缸径 ×行程(mm)	6×42 ×30.7	5×36.5 ×25.4	—	6×37 ×18.6	—	—	6×37 ×18.6	10×28.5 ×19.1	10×30.6 ×19.1
理论排量 (mL/r)	255	132.8	164	120	118	153	120	121.7	140.3
质量(kg)	—	6.4	5.7	4.2	4.2	5.2	5.5	5.3	5.6
最高转速 (r/min)	—	—	6 000	—	—	—	7 000	7 000	7 000
润滑油 (mL)	—	—	100	—	—	—	150	120	120

2. 冷凝器

冷凝器的功用是将空调压缩机送来的高温、高压气态制冷剂中的热量散发到车外，使制冷剂冷凝成高温、高压液体再进入储液干燥器。

冷凝器一般都安装在汽车发动机冷却液散热器的后面，以利车辆行驶时的迎面来风冷却散热。为了保证良好的散热效果和提高制冷能力，在冷凝器前面还安装有电控风扇。当空调系统工作或发动机的冷却液温度上升到一定值时，温控开关自动接通风扇电路，增强冷凝器和散热器的散热效果。

冷凝器是由铜管（或铝管）与散热片（铝片或铁片）组成的热交换器，结构如图 9 - 12 所示。制冷剂在铜管或铝管中流动，散热片套装或焊接在管的周围以便散热。冷凝器的制冷剂入口必须设在顶部，以便冷凝后的液态制冷剂流到冷凝器底部。

按散热片结构不同，冷凝器可分为管片式和管带式两种。管片式冷凝器由铜管或铝管套装散热片而构成，其结构形状与家庭取暖用新型热交换器相似，如图 9 - 12(a) 所示。管带式冷凝器由 S 形异形多孔扁管焊接 S 形散热带而构成，结构如图 9 - 12(b) 所示。管带式冷凝器的散热效率可比管片式冷凝器提高 10% 左右，但工艺复杂、成本较高，一般多用于小轿车空调系统。空调系统使用 R134a 制冷剂后，由于制冷系统压力升高，因此为了提高冷凝效果，已将原来的管片式冷凝器改为传热效果更好的全铝管带式冷凝器。

进入冷凝器的气态制冷剂温度通常为 80～120℃，制冷剂压力为 1 400～1 800kPa，经过冷凝器散热冷却后的液态制冷剂温度为 50～65℃。

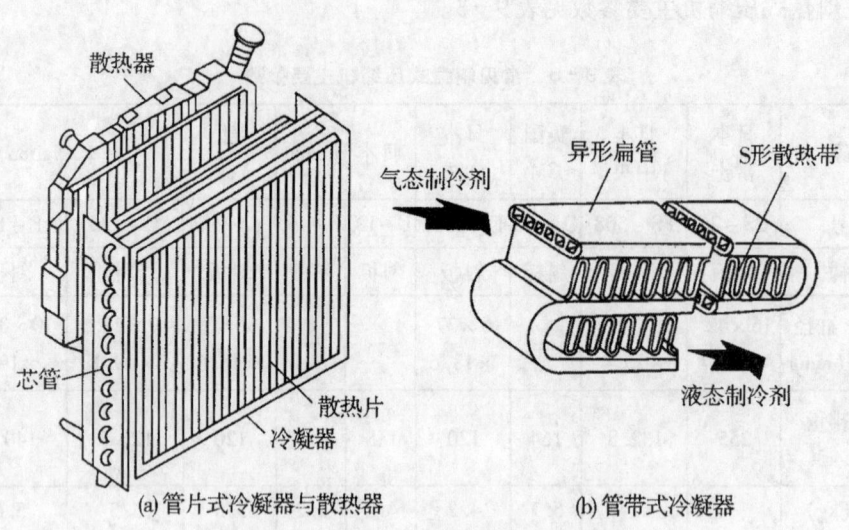

(a) 管片式冷凝器与散热器　　　(b) 管带式冷凝器

图 9-12　管片式和管带式冷凝器的结构

3. 膨胀阀

膨胀阀是空调制冷系统重要组成部件，安装在蒸发器入口前，为制冷循环高压与低压的分界点。在膨胀阀前，制冷剂是高压液体，在膨胀阀后，制冷剂是低压汽化物。汽车空调制冷系统一般采用感温式膨胀阀，有 3 种类型。

（1）内平衡式膨胀阀

内平衡式膨胀阀结构主要由针阀（或球阀）、阀座、弹簧、膜片、毛细管和感温筒等组成，其结构如图 9-13 所示。

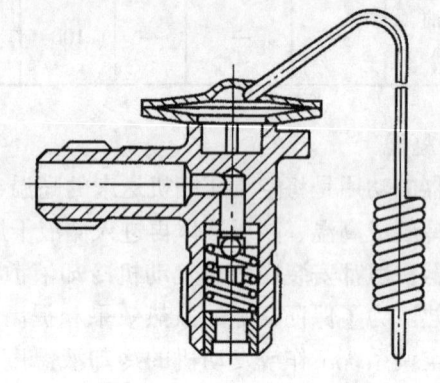

图 9-13　内平衡式膨胀阀

内平衡式膨胀阀的工作原理如图 9-14 所示。P_1 为感温筒内气体压力，P_2 为弹簧的弹力，P_3 为冷凝器入口处制冷剂蒸发压力。在制冷系统正常运行时由 P_1 与 $P_2 + P_3$ 的平衡保持膨胀阀开度一定。当制冷负荷变大时，蒸发器中制冷剂显得不足，制冷量不足使蒸发器出口温度升高；感温筒被加热，感温筒中气体膨胀压力增大超过 $P_2 + P_3$ 之和

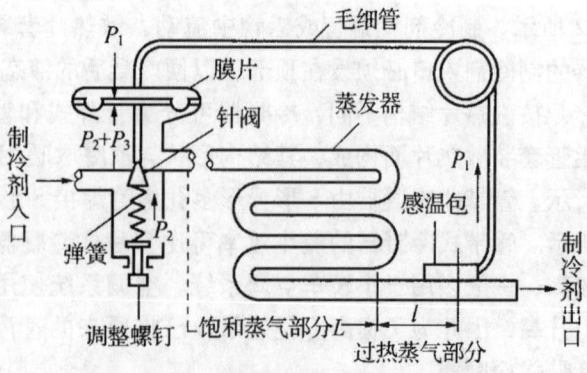

图 9-14　内平衡式膨胀阀工作原理

（即 $P_1 > P_2 + P_3$），在 P_1 的作用下，膨胀阀的阀门开度增大，进入蒸发器中的制冷剂的量增多。反之，当制冷负荷变小时，蒸发器中制冷剂足够，制冷量达到要求使蒸发器出口温度下降，感温筒中气体膨胀压力减小而低于 $P_2 + P_3$ 之和（即 $P_1 < P_2 + P_3$），在 $P_2 + P_3$ 的共同作用下，膨胀阀的阀门开度减小，进入蒸发器中的制冷剂的量减少。

（2）外平衡式膨胀阀

在内平衡式膨胀阀中，由于冷凝器入口处制冷剂蒸发压力直接作用于膨胀阀的膜片上，而冷凝器入口处制冷剂蒸发压力较高。因此，只有在蒸发器出口温度较高时，才能使膨胀阀的阀门开度增大，这样使制冷效率降低。为了充分发挥蒸发器的效率，改变内平衡式膨胀阀的不足，采用外平衡式膨胀阀，其结构如图 9-15 所示。

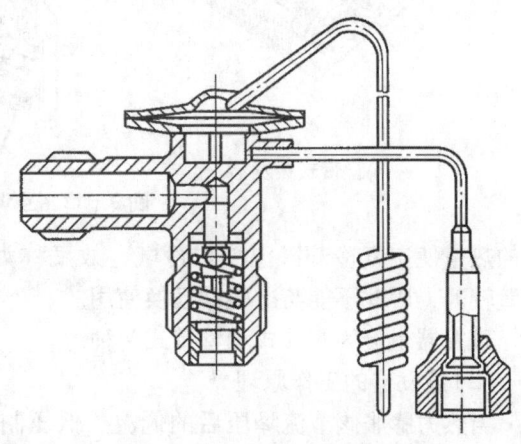

图 9-15　外平衡式膨胀阀

外平衡式膨胀阀与内平衡式膨胀阀工作原理基本相似，只是在膜片上作用的不是冷凝器入口处制冷剂蒸发压力，而是冷凝器出口处制冷剂蒸发压力。由于感温筒检测的温度也是冷凝器出口处的温度，所以弥补了内平衡式膨胀阀的不足。

（3）H 型膨胀阀

H 型膨胀阀从工作原理上讲是外平衡式膨胀阀的另外一种形式，结构如图 9-16 所示。H 型膨胀阀没有毛细管和感温筒，直接与蒸发器进、出口相接；蒸发器出口的制冷剂直接通过阀体内腔作为感受信号，使感受系统的灵敏度得以提高。

4. 蒸发器

蒸发器在外形上与冷凝器基本相同，不同的仅是翅片距和传热面积互有差异，常见的蒸发器主要有管翅式、管带式和板翅式 3 种，如图 9-17 所示。作用是使节流后送入其中的制冷剂蒸气，在其内吸热而沸腾，以达到制冷的目的。

（1）蒸发器的结构特点

蒸发器的结构与冷凝器相似，也是由铜管（或铝管）与铝片（或铁片）组成的一种热交换器。有所不同的是冷凝器是通过散热片散热使制冷剂冷凝成高温、高压液体，而蒸发器则是通过铝片（或铁片）吸收其周

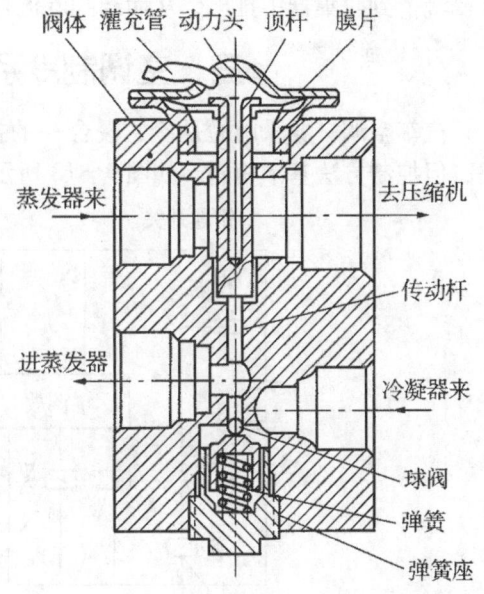

图 9-16　H 型膨胀阀

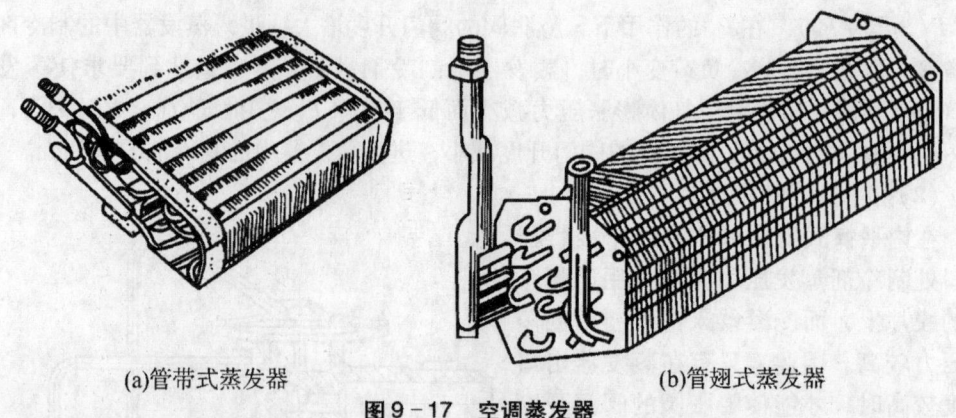

(a)管带式蒸发器   (b)管翅式蒸发器

图9-17 空调蒸发器

围的热量使空气冷却降温变成冷气，故又称为冷却器。由于蒸发器的芯管管径较大、管壁较薄，因此不能与冷凝器互换使用。

蒸发器也分为管片式和管带式两种。

(2)蒸发器的工作原理

当热力膨胀阀节流降压后的低温、低压制冷剂在蒸发器内流动时，由于制冷剂蒸发汽化吸热，并通过管壁和吸热片吸收风道中空气的热量，因此空气冷却降温变成冷气(即产生冷源)，再用鼓风机将冷空气从各出风口送入车内(乘员室内)，从而达到降温目的。

在蒸发器产生冷气的同时，空气中的水分由于温度降低而凝结在蒸发器表面变成水滴滴落到收集器中排出，从而起到除湿作用。

三、空调制冷系统主要控制部件

汽车空调一般采用的是冷、暖合一的控制方式。虽然各种车型有其不同的控制电路，但控制方法基本相同。如图9-18所示，为汽车空调的基本控制电路。

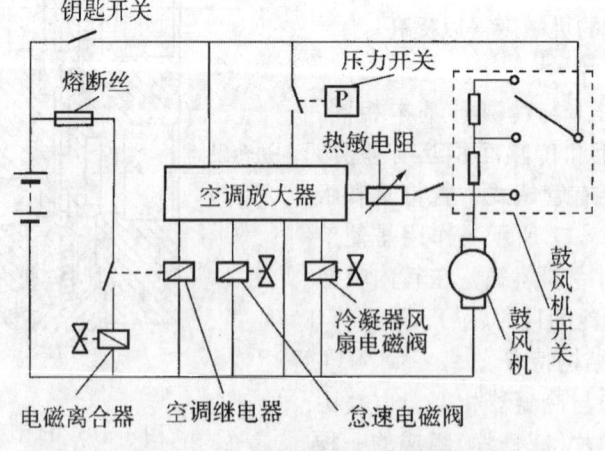

图9-18 汽车空调基本控制电路

1. 非独立性式空调制冷系统

（1）电磁离合器

电磁离合器是用来接通和断开压缩机与发动机之间的传动连接，结构如图 9－19 所示。

电磁离合器由主动皮带轮、从动压力板、弹簧片、电磁线圈和轴承等组成。主动皮带轮通过皮带由发动机带动，从动压力板与压缩机相连。

当制冷系统不工作时，主动皮带轮由发动机带动空转，压缩机没有动力而不工作。当制冷系统工作时，电磁线圈有电流通过，电磁线圈产生较强的电磁吸力将从动压力板和主动皮带轮吸合在一起，压缩机随主动皮带轮在发动机的带动下一起转动而工作。当需压缩机停止工作时，切断电磁线圈中的电流（关闭空调开关），电磁线圈的电磁吸力消失，在弹簧片的作用下使从动压力板和主动皮带轮分离，压缩机停止工作。

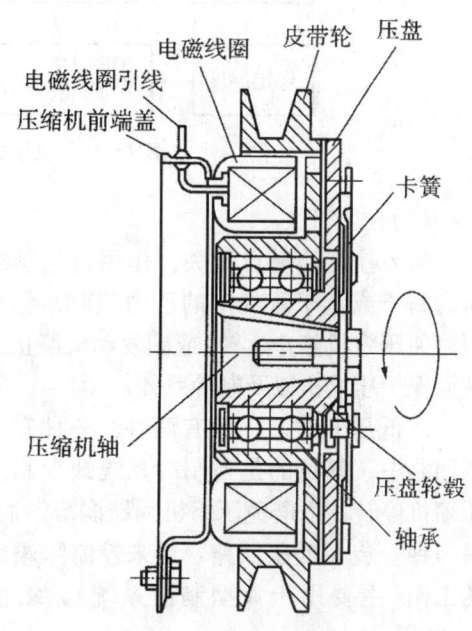

图 9－19　电磁离合器结构

（2）温度控制器

温度控制器又称温度调节器、温度控制开关，是一种开关控制元件，作用是根据车厢内所需温度使压缩机工作或停转。温度控制器主要有机械式和电子式两种。

1）机械式温度控制器（感温筒式）。机械式温度控制器的基本结构图及其工作原理，如图 9－20所示。

当车厢内温度升高时，毛细管中的气体膨胀使膜片向上凸起，触点闭合，将电源与电磁离合器接通，压缩机运转。当车厢内温度下降后，毛细管中的气体收缩使膜片向下，触点打开，将电源与电磁离合器断开，压缩机停止运转。

2）电子式温度控制器（热敏电阻式）。以热敏电阻式作为感温元件，检测蒸发器出口的温度。将温度变化转变成电信号，经放大电路，与选定的车厢温度相比较而控制压缩机的运转或停止。电子式温度控制器的工作原理，如图 9－21 所示。

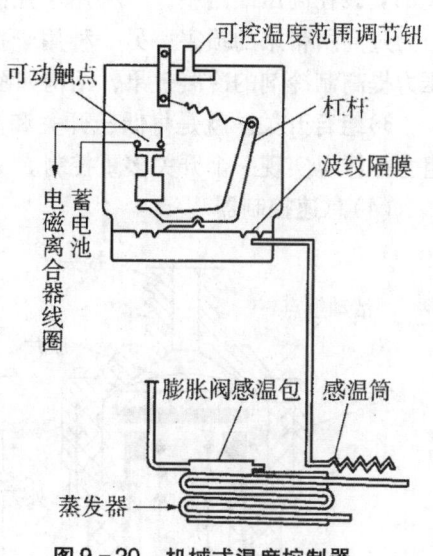

图 9－20　机械式温度控制器

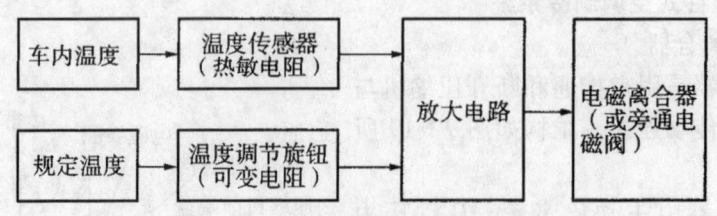

图9-21　电子式温度控制器工作原理

（3）压力开关

压力控制的触点开关，作用是当制冷系统压力高于或低于所规定的压力值时，切断供电回路使压缩机停止运转（或副发动机停止工作），从而保护压缩机以及制冷系统。

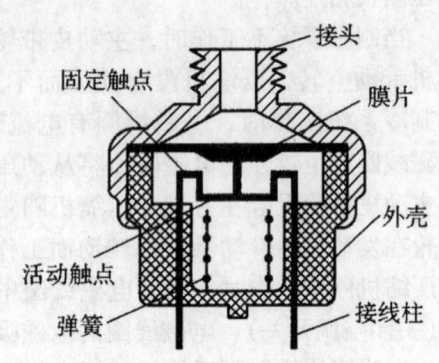

图9-22　低压开关结构

1）低压开关。一般有两种：一种安装在高压回路中，其目的是当制冷系统缺少制冷时使压缩机停转，以避免压缩机因缺润滑油而损坏；另一种安装在低压回路，用来控制除霜继电器的工作（主要用于大型制冷系统），结构如图9-22所示。

2）高压开关。一般也有两种，两种高压开关都安装在高压回路中，一种用于控制电磁离合器和压缩机的工作，以防因制冷系统压力过高所带来的损害；另一种用于控制冷凝器风扇高速运转，以降低冷凝器温度和压力提高制冷剂的冷凝效果，结构如图9-23所示。

3）组合开关。就是将低压开关和高压开关组合为一体，也有将高、中、低压开关组合一体以实现一个开关多重控制。

（4）怠速控制器

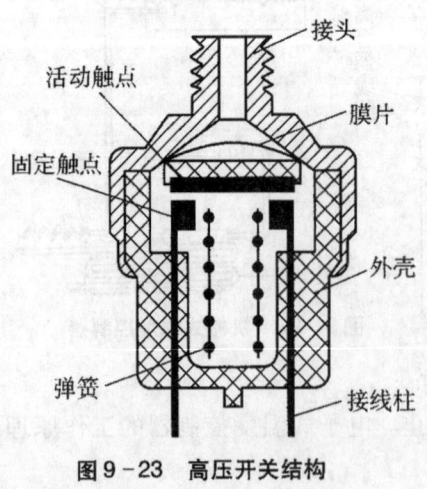

图9-23　高压开关结构

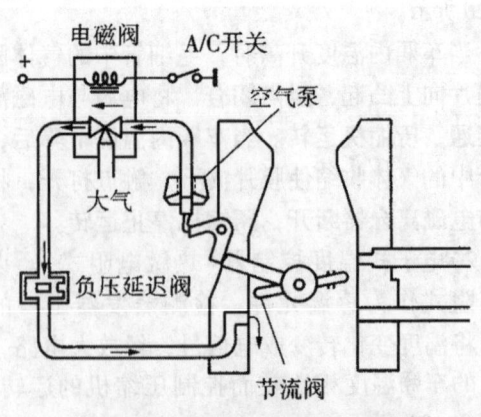

图9-24　怠速控制工作原理

对于非独立式空调系统，由于制冷压缩机的动力来自发动机，在使用空调时会增加发动机的负荷，特别是发动机在怠速或低速运转时，造成发动机熄火或过热。因此，在使用空调时，将发动机的怠速相应提高，以满足在怠速或低速运转时负荷增大的要求；在停止使用空调时，将发动机的怠速恢复到原来的转速。

油门控制式怠速控制装置，主要部件有真空泵、电磁阀、联动机构等，工作过程如图 9-24 所示。

在使用空调时，空调开关打开，电磁阀通电将真空通路关闭，而将大气通路开启，真空泵中膜片在弹簧力的作用下使油门的开度增大，怠速升高。

在不使用空调时，空调开关关闭，电磁阀不通电，大气通路关闭，而真空通路开启，真空泵中膜片克服弹簧力的作用下使油门的开度减小，怠速恢复到原来的转速。

（5）真空转换阀

真空转换阀是靠电磁控制的气路来控制，结构原理如图 9-25 所示。主要用于发动机怠速控制、风门控制、暖风与冷气转换。

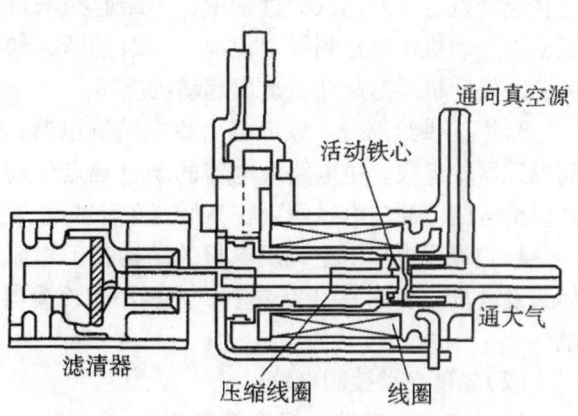

图 9-25　真空转换阀结构

2. 独立性式空调制冷系统

独立性式空调制冷系统采用独立发动机压缩机组，不同档次、不同车型的冷气空调控制电路不尽相同，但其控制内容大同小异，总体上可分为启动电路、温控电路、保护电路和空调发动机调速等部分。如图 9-26 为大客车独立式冷气空调的控制电路。

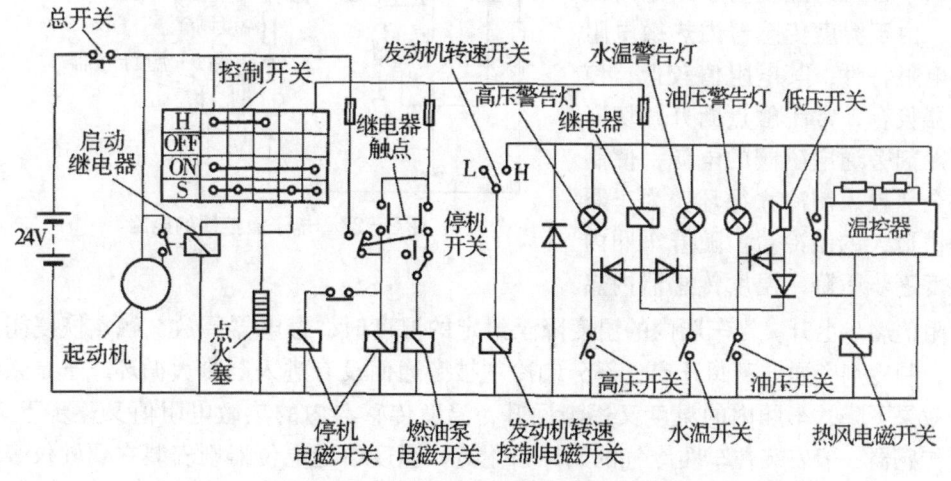

图 9-26　大客车独立式冷气空调控制电路

323

（1）启动电路

是指系统从启动至正常运转这个过程中所涉及的电路。启动电路由启动预热、起动机、燃油供给、发电机供电及其负载等几个部分组成。

1）启动预热部分。该部分由预热开关、预热塞继电器和 4 个电预热塞等元器件组成。作用是在启动冷气空调发动机之前，先预热发动机的燃烧室，提供良好的工作条件，使启动能顺利进行。预热时间约为 5s。

2）起动机部分。该部分由起动机、启动继电器、启动电磁阀、起动机保护器和启动开关（双联开关）等元器件组成。其中器件是一种新型的电子起动机保护器；其作用是在起动机启动发动机的过程中，不断监测来自发动机转速传感器传来的转速信号电压，当发动机转速达到规定值时，及时切断起动机电源，使起动机迅速与发动机分离避免因发动机反拖起动机造成起动机损坏。

3）燃油供给部分。该部分由主电路继电器、燃油电磁阀、油门继电器、油门电磁阀等元器件组成。主电路继电器的 3 组触点分别控制安全保护装置、起动机电源和燃油供给电路。油门电磁阀可在高低速 2 种或高、中、低 3 种情况下工作。

4）空调发电机。空调发电机的结构与工作原理与汽车用发电机相同，一般采用整体式发电机，功率为 2kW 左右，主要用于冷凝器、蒸发器风扇、车厢内通风装置等供电。

（2）温度自动控制电路

1）温度控制电路。温度控制电路由电子自动温控器、温度传感器、车厢温度给定电位器和温控继电器等元器件组成。图 9-27 为日野 RC 大型客车空调电子温控器的电路图。

当车厢内的温度高于给定的温度时，由于温度传感器内热敏电阻的负电阻特性，其电阻值较低，使继电器吸合，常闭触点断开，切断了制冷剂旁通电磁阀的电源，使制冷剂全部投入制冷大循环，为车厢内提供最大的制冷量。随着车厢内的温度逐步下降，温度传感器内热

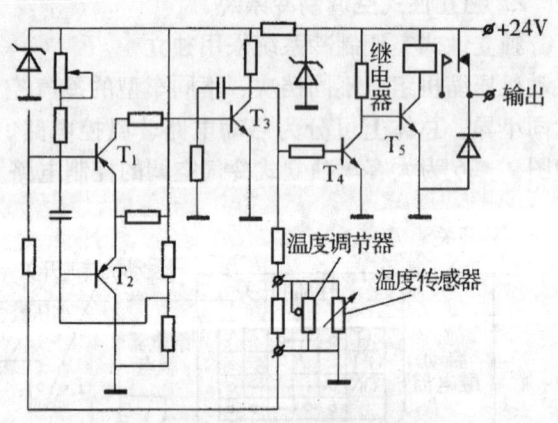

图 9-27　电子温控器的电路

敏电阻值逐步上升。当车厢内的温度降至给定的温度时，继电器释放，触点恢复闭合状态，制冷剂旁通电磁阀开启，部分制冷剂被旁通而没有进入制冷大循环，于是系统制冷效果下降，车厢内的温度又逐渐回升，温度传感器内的热敏电阻值又逐步下降。温度传感器一般安装在车厢冷气的回风口附近，温度给定电位器则安装在驾驶仪表操纵盘上，便于操作。改变电位器的电阻值，即可调节车厢内的温度。

2）制冷剂旁通电磁阀。制冷剂旁通电磁阀是一种利用电信号控制开与关的自动阀门。在大型客车冷气空调系统中，制冷剂旁通电磁阀通常安装在调节制冷量的旁通回

路上。还有一种制冷剂旁通电磁阀是作为压缩机的一部分，直接安装于其顶部。图9-28所示为旁通回路的工作原理，旁通电磁阀用作连接储液器和压缩机低压回路。当车厢内温度低于规定温度时，旁通电磁阀打开，一部分高压制冷剂蒸气直接回到压缩机，减少循环制冷剂的流量；当车厢内温度高于规定温度时，旁通电磁阀关闭，切断这一循环，制冷剂通过膨胀阀和蒸发器产生制冷效果，如此循环达到调节车厢内温度的目的。

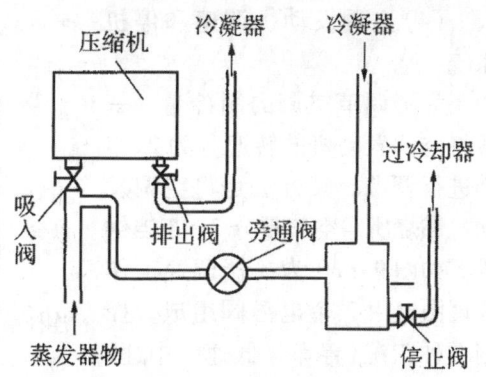

图9-28 旁通回路的工作原理

制冷剂旁通电磁阀的构造形式较多，安装部位也因车型而异，但其工作原理则大同小异。图9-29是日野RC大型客车空调系统制冷剂旁通电磁阀的构造原理图。

制冷剂旁通电磁阀主要由电磁线圈、复位弹簧、阀杆、导阀和主阀等零部件组成。阀体内有空腔，空腔可通过阀体与阀套之间的径向间隙及辅助孔分别与进出口连通。当车厢内的温度降至给定的温度值时，电磁线圈通电，导阀在电磁力的作用下被提起，辅助孔被打开，空腔与出口连通，腔内压力下降，低于进口压力，这时主阀下部压力大于其上部压力，主阀被顶起，阀门打开，部分制冷剂通过制冷剂旁通电磁阀的进出口被旁

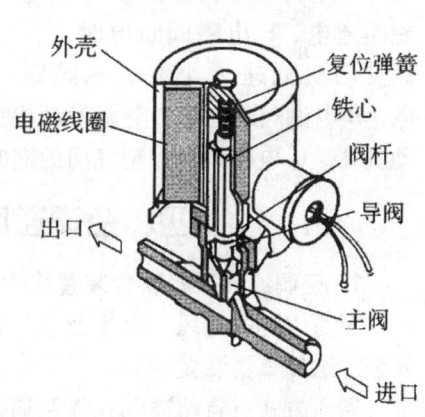

图9-29 制冷剂旁通电磁阀的构造

通。当车厢内的温度升至给定的温度值时，电磁阀断电，导阀在复位弹簧的弹力作用下回落，将辅助孔关闭，空腔内的压力在流入阀体径向间隙之间的制冷剂补充下升高，并很快与进口压力相等，高于出口压力，在空腔与出口压力差的作用下，主阀紧紧地盖住阀口，切断了进出口通道，制冷剂就全部投入制冷大循环。制冷剂旁通电磁阀通常是由电子温控器根据车厢内温度的变化自动控制其开与关。通过调节制冷剂的旁通量，达到控制车厢内温度的目的。

(3)安全保护装置

安全保护装置由发动机安全保护开关、高水温保护开关、制冷剂、高低压保护开关等元器件组成。当发动机的润滑油循环压力低于极限值(约0.1MPa)或发动机冷却水温度超过极限值(约100℃)时，相应的低油压保护并关或高水温保护开关闭合，安全开关通电，其常闭触点断开，切断了主电路继电器的电源；燃油供给电磁阀随之关闭，迫使发动机迅速停机。当制冷剂高压部分的压力大于其极限压力(约2.4MPa)或低压部分的压力低于其极限压力(约0.05MPa)时，相应的高压保护开关或低压保护开关动作，直接切断燃油供给电磁阀的电源，迫使发动机迅速停机。

（4）空调发动机调速和停机系统

为了调节空调的制冷量，一般将空调发动机的转速分为2、3挡进行调节。其方法是将空调发动机燃烧所需空气量分2、3挡供给。如图9－30为3挡调速工作原理图，由2个电磁阀组成，控制4种工况（停车、低速、中速、高速）。

当A电磁阀和B电磁阀都通电时，空调发动机停机；当A电磁阀通电、B电磁阀断电时，空调发动机低速；当A电磁阀断

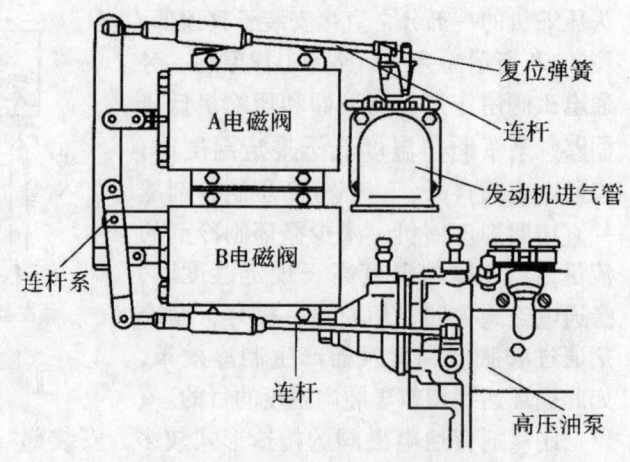

图9－30　空调发动机调速机构

电、B电磁阀断电时，空调发动机中速；当A电磁阀断电、B电磁阀通电时，空调发动机高速；电磁阀在控制气门的同时还控制发动机喷油泵的供油。

四、空调通风、采暖及空气调节装置

1. 空调通风采暖联合装置结构

车身内部的通风、采暖及空气调节装置是维持车内正常环境，保证驾驶人和乘员安全舒适的重要装置。

通风方式有自然通风和强制通风两种。自然通风是不依靠风机而利用行驶时迎面气流进行车内空气交换的。通风采暖联合装置结构，如图9－31所示。工作原理如下：

车外新鲜空气经进风口被风机强制压入车内以进行通风。在寒冷季节，则可将发动机中的高温冷却液直接导入采暖装置的散热器对空气加热，再将加热后的空气引至风窗进行除霜，同时引至室内供暖。较温暖的室内空气可经由进口导入该装置重新加热，形成内循环，使车室内温度上升。

2. 空调通风、采暖、冷气联合装置

空调通风、采暖、冷气联合装置结构如图9－32所示。冷凝器置于汽车的最前部，压缩机右侧的带轮由发动机带动。带轮与压缩机主轴之间有电磁离合器，只有在制冷时主轴才与带轮接合。在压缩机的作用下，制冷剂从储液罐经高压管道通过膨胀阀进入蒸发器，然后经管道被吸入压缩机，再通过冷凝器回到储液罐。车外空气在鼓风机的作用下，从外部空气进口经过空气过滤进口流过蒸发器进入分配箱。在制冷系统工作时，分配箱可将冷却的空气导向出风口。制冷系统不工作时，出风口排出的是从室外导入的新鲜空气；在暖气系统工作时，分配箱还可将空气导向热交换器，然后经由各出风口和除霜出口排出。

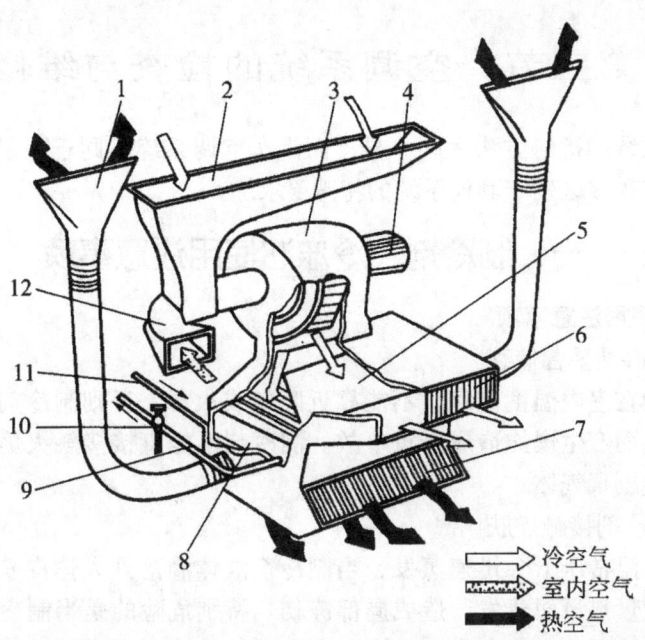

1-除霜喷嘴 2-冷空气进口 3-风机 4-电动机 5-冷热变换阀门 6-冷空气出口 7-热空气出口 8-散热器 9-出水管 10-放水龙头 11-进水管 12-内循环空气进口

图9-31 典型通风采暖联合装置

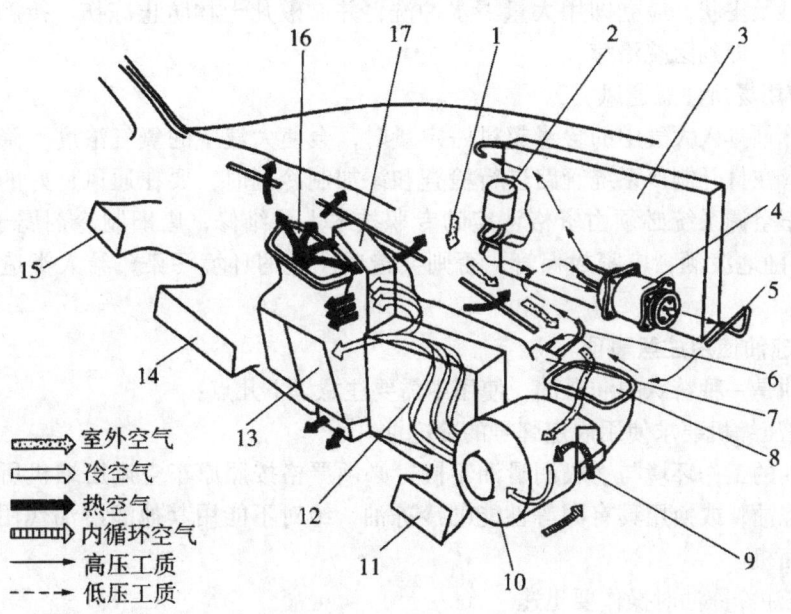

1-外部空气进口 2-储液罐 3-冷凝器 4-压缩机 5-高压管道 6-吸入管道
7-膨胀阀 8-空气过滤进口 9-内部循环空气进口 10-风机 11-右出风口 12-蒸发器
13-分配箱 14-中出风口 15-左出风口 16-除霜热空气出口 17-热交换器

图9-32 空调通风、采暖、冷气联合装置

第三节　空调系统的检查与维修

汽车空调系统的检修方法大同小异，而汽车空调系统不同于一般的控制系统，使用与维修都具有很多区别于其他系统的特殊要求。

一、制冷剂、冷冻油使用注意事项

1. 制冷剂使用注意事项

（1）制冷剂必须妥善储存

制冷剂必须在室内温度储存，不能靠近暖气或火源，否则制冷剂容器受热就会引起内部压力升高而产生爆炸造成严重事故。制冷剂不能直接接触火焰或高温的金属表面，否则会产生剧毒气体。

（2）避免制冷剂接触皮肤

制冷剂在常温常压下会迅速蒸发，当制冷剂液体滴落到人体皮肤上时，就会迅速吸收皮肤上的大量热量而蒸发，造成局部冻伤。特别危险的是当制冷剂液体进入人的眼睛时，就会冻结眼球中的水分，可能造成失明等重大安全事故。因此，在处理制冷剂时应戴上眼镜和防护手套，万一不慎让制冷剂触及眼睛，应尽快用冷水冲洗，不要用手或手帕揉搓。当有疼痛感觉时，可用稀硼酸溶液或2%以下的食盐水溶液冲洗；如果制冷剂触及皮肤，应立即用大量清水冲洗，并涂敷凡士林防止冻伤。接触皮肤面积较大时，应立即到医院治疗。

（3）使用场所注意通风

当制冷剂排入大气中的含量超过一定量时，会使大气中的氧气浓度下降而使人窒息。因此，在打开制冷系统管路进行检查和添加制冷剂时，要在通风良好的地方进行操作。汽车空调系统必须由资格认定的专职技术人员维修，废旧制冷剂属于"特殊垃圾"，不得随地泼洒，应密封保管。否则会造成严重的环境污染，给人类造成重大损失。

2. 冷冻油使用注意事项

冷冻油是一种特殊的润滑油，使用中需要注意以下几点：

（1）按压缩机要求使用规定牌号的冷冻油

冷冻油的工作环境与一般润滑油不同，必须严格按照原车空调压缩机所规定的牌号使用冷冻油，或换用具有同等性能的冷冻油，绝对不能用其他润滑油代用，否则就会损坏压缩机。

（2）充注冷冻油时操作要迅速

冷冻油吸收潮气的能力极强，因此，在充注或更换冷冻油时操作必须迅速，以免潮气浸入制冷系统而影响制冷效果。充注冷冻油的准备工作尚未就绪时，不得打开油罐的密封盖。冷冻油充注完毕后，剩余冷冻油应立即密封罐盖储存，不得有渗漏现象。

（3）冷冻油用量要适当

冷冻油是润滑油，既不能制冷，而且还会妨碍热交换器的换热效果。因此，充注时要用油尺进行测量，只允许充注到规定用量，绝不允许过量使用，以免减少制冷量。

（4）排放制冷剂时要防止冷冻油排出

在排放制冷剂时，排放速度要缓慢，以免冷冻油与制冷剂一起喷出。

（5）禁用变质冷冻油

冷冻油是一种淡黄色、无味、不起泡、不含硫的清澈液体。任何杂质都会使其颜色变深，不纯净的冷冻油不能用于空调系统。如果制冷系统含有很重的气味，表明冷冻油已不纯净，应换新油。

冷冻油变质的原因很多，主要原因如下：

1）混入水分。冷冻油混入水分后，在氧气作用下会生成一种酸性物质，腐蚀金属零部件。

2）高温氧化。当压缩温度过高时，冷冻油就会被氧化分解而炭化变黑。

3）混用冷冻油。不同牌号的冷冻油混合使用时，由于牌号不同的冷冻油添加的氧化剂不同，因此就会产生化学反应而导致变质。

二、空调系统的常规检查

汽车空调系统在使用过程中应当定期进行常规检查，以便保证空调系统能正常运行。检查汽车空调系统时，应将汽车停放在通风良好的场地上，使发动机转速维持在 2 000r/min 左右，鼓风机风速调至最高挡，使车内空气处于内循环状态，此时便可进行下列检查：

1. 检查制冷管路表面温度

当制冷系统工作正常时，低压管路呈低温状态，高压管路呈高温状态。从膨胀阀出口经蒸发箱至压缩机入口为低压区；从压缩机出口经冷凝器、储液干燥器至膨胀阀为高压区。检查低压区时，由膨胀阀出口经蒸发箱至压缩机入口应当是由凉变冷，但无霜冻。检查高压区时，由压缩机出口经冷凝器、储液干燥器至膨胀阀入口应当是由暖变热。**注意**：检查时手与被检查部位之间应保持一定的距离，以避免烫伤。

如压缩机入口与出口之间无明显的温差，说明制冷剂泄漏或无制冷剂。如储液干燥器特别凉或其入口与出口之间温差明显，说明储液干燥器堵塞。

2. 观察制冷系统有无渗漏

一旦发现制冷系统的连接部位或冷凝器表面有油渍，就说明该处可能有制冷剂泄漏。可用较稠的肥皂水涂抹在可疑之处，查看有无气泡。如有气泡，则说明有制冷剂泄漏。

3. 检查制冷系统工作情况

制冷系统的工作情况，可以通过储液罐顶部的观察窗观察制冷剂的状态进行判定。

（1）制冷剂清晰、无气泡

制冷剂清晰、无气泡有 3 种可能：一是出风口排出冷风，说明制冷系统工作正常，系统内制冷剂充足，看起来像盛满水的玻璃瓶；二是出风不冷，说明制冷剂严重泄漏，没有制冷剂，看起来像个空玻璃瓶；三是出风口冷气不足，切断压缩机 1min 后仍有气泡慢慢流动或在压缩机停止工作的一瞬间就清晰无气泡，说明制冷剂过多。

（2）制冷剂常有气泡出现

若膨胀阀结霜，则说明有水分，需要更换储液干燥器，并补充20mL冷冻油和适量制冷剂；若膨胀阀没有结霜，则可能是制冷剂不足或内部有空气。

（3）观察窗玻璃上有油纹

若出风口不冷，说明制冷系统完全没有制冷剂。在系统运行时油滴挂在观察窗上，当其离开观察窗，玻璃上就会留下油痕。

（4）出现混浊泡沫

可能是制冷系统中加入冷冻油过多。

三、空调系统常用检修设备

在检测与维修车用空调系统过程中，会用到各类检测与维修设备。这里介绍几种常用设备及其操作使用方法。

1. 检修阀

检修阀是一种在维修空调时，对系统进行测量、检漏、回收制冷剂、抽真空和充注制冷剂必不可少的控制阀。

检修阀通常安装在压缩机两侧，即1个在低压侧，另1个在高压侧，如图9-33所示。

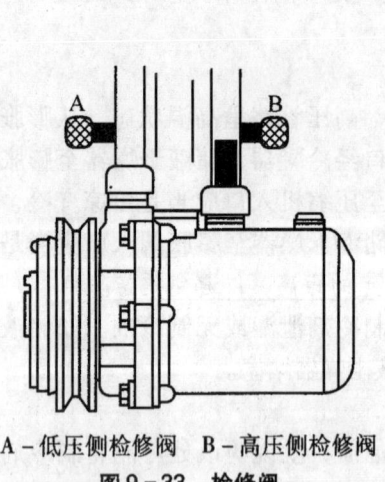

A-低压侧检修阀　B-高压侧检修阀
图9-33　检修阀

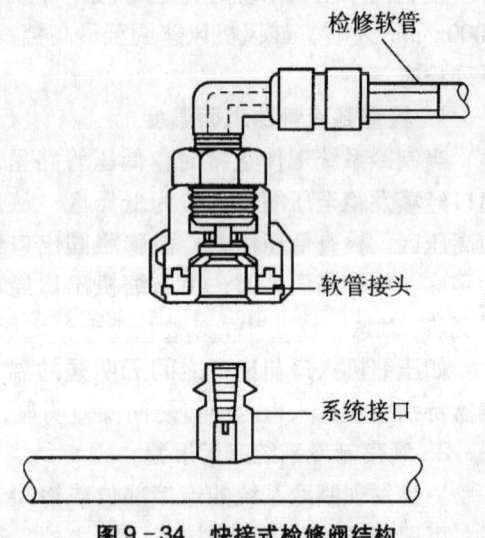

检修软管
软管接头
系统接口
图9-34　快接式检修阀结构

制冷剂R134a系统用快接式检修阀结构如图9-34所示。插入软管接头，阀门自动打开；断开软管接头，阀门自动关闭。

检修阀无需修理，如有泄漏现象或破损，必须换用新件。

检修阀在制冷系统的安装位置并非固定不变。系统如有两只检修阀，则低压侧检修阀在蒸发器出口和压缩机入口之间，高压侧检修阀通常在压缩机出口和冷凝器入口之间。

2. 支管压力表

（1）支管压力表的结构

支管压力表用于充注制冷剂、添加润滑油、系统抽真空与故障排除等作业，是维修汽车制冷系统必不可少的专用设备，主要由 2 个压力表、2 个手动阀、3 个软管接头组成，如图 9 - 35 所示。

使用支管压力表时，先将高、低压手动阀关闭，再将高压软管和低压软管分别连接到压缩机的高、低压检测接口上，然后利用制冷系统内部的制冷剂将支管压力表中的空气排净，即可测得压力。低压表测量系统低压侧压力，高压表测量系统高压侧压力，正常压力指示为：低压 118 ～ 216kPa，高压 1 373 ～ 1 668kPa。

支管压力表中间的软管接头用于抽真空、充注和回收制冷剂作业。

制冷剂 R134a 系统检修软管颜色的标识与 R12 系统基本相似，蓝色带黑色镶条或黑色带蓝色镶条软管用于低压侧，红色带黑色镶条或黑色带红色镶条软管用于高压侧，黄色或绿色带黑色镶条或黑色带绿色或黄色镶条为中间软管。

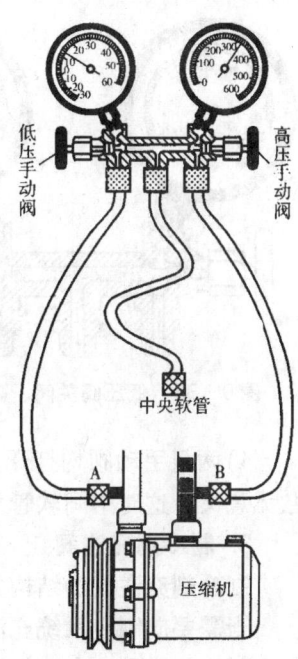

图 9 - 35 支管压力表

（2）支管压力表的工作状态

当支管压力表上的高、低压手动阀分别与压缩机上的高、低压维修阀检测接口正确连接后，支管压力表的工作状态如下：

1）2 个手动阀均关闭。如图 9 - 36 所示，制冷系统高、低压侧分别与各自的压力表相通，高、低压力表彼此互不相通。当 2 个手动阀均关闭时，通过高、低压侧压力表可以分别测出制冷系统高、低压侧的压力。

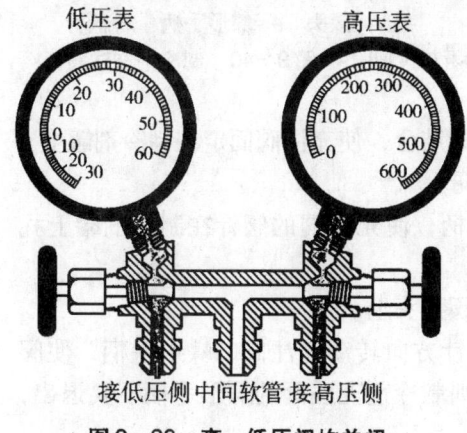

图 9 - 36 高、低压阀均关闭

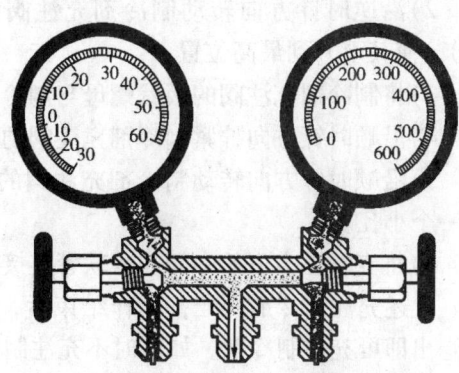

图 9 - 37 低压阀打开、高压阀关闭

2）低压阀打开、高压阀关闭。如图 9 - 37 所示，制冷系统低压侧接口与中间软管接通，中间软管的压力为低压侧压力，高压表因高压阀关闭仍保持制冷系统高压侧压力。

3)低压阀关闭、高压阀打开。如图9-38所示，制冷系统高压侧接口与中间软管接头接通，中间软管压力为高压侧压力，低压侧因关闭仍保持低压侧压力。

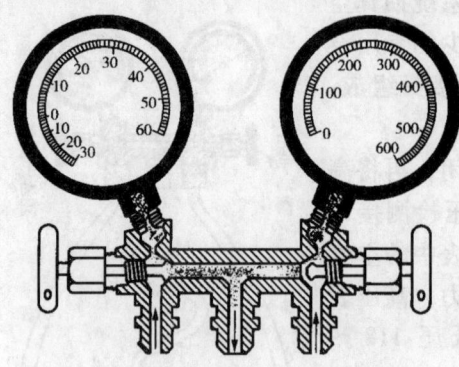

图9-38　低压阀关闭、高压阀打开

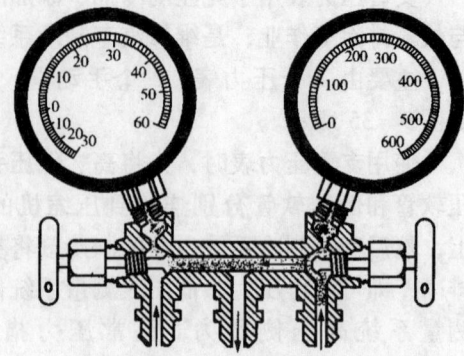

图9-39　高、低压阀均打开

4)两只手动阀均打开。如图9-39，高、低压侧接口均与中间连通，表上指示的读数无意义，这时中间软管为混合压力。

3. 制冷剂充注阀

制冷剂充注阀的结构如图9-40所示。

当需要向制冷系统充注制冷剂时，将制冷剂充注阀安装在制冷剂罐上，充注阀接头与支管压力表的中间软管连接，然后根据充注方法调节支管压力表的高、低压阀状态，再旋动制冷剂充注阀蝶形手柄，阀针刺穿制冷剂罐盖后即可充注制冷剂。

使用制冷剂充注阀的操作步骤如下：

1)将制冷剂充注阀的蝶形手柄沿逆时针方向旋转，直到阀针完全缩回为止。

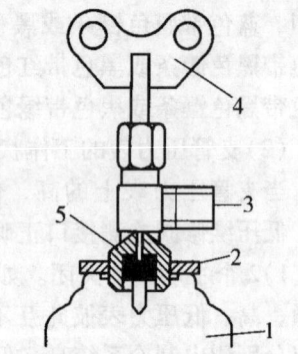

1-制冷剂罐　2-板状螺母　3-接头　4-蝶形手柄　5-阀针

图9-40　制冷剂充注阀

2)沿逆时针方向转动制冷剂充注阀的板状螺母(圆盘)，使其上升到最高位置。

3)将制冷剂充注阀的板状螺母与制冷剂罐螺栓结合，使充注阀固定在制冷剂罐上。

4)沿顺时针方向拧紧制冷剂充注阀的板状螺母。

5)沿顺时针方向转动制冷剂充注阀的蝶形手柄，使充注阀的阀针在制冷剂罐上扎开一个小孔。

6)将支管压力表的中间注入软管连接到充注阀接头上。

上述充注制冷剂的准备工作结束后，沿逆时针方向转动充注阀的蝶形手柄，使阀针退出即可充注制冷剂。如暂时不充注制冷剂，则制冷剂充注阀的蝶形手柄不要退出，以免制冷剂泄漏。

4. 真空泵

真空泵用于制冷系统抽真空。安装和维修制冷系统之后，在充注制冷剂之前都必须对制冷系统进行抽真空处理，否则制冷系统内部的空气和水分会引起系统内部压力升高和膨胀阀产生冰堵，影响制冷系统正常工作。

5. 制冷剂检漏仪

制冷剂检漏仪分为卤素检漏仪和电子检漏仪两种类型。虽然检漏仪的结构各有不同，但其原理基本相同。

卤素检漏仪是一种乙醇(或丙烷)气燃烧喷灯，故又称为卤素检漏灯，检测原理是利用气态制冷剂进入检漏灯的检测管内会使喷灯的火焰改变颜色来检测制冷剂泄漏程度。当泄漏部位的空气中制冷剂浓度达到 0.1% 时，卤素检漏灯就可检测出来。

电子检漏仪的检测原理是在检漏仪内设有一对电极和加热元件，在电源电压和加热元件的加热作用下，电极之间就会产生电流。当气态制冷剂流过电极时，回路中的电流就会明显增大，经过信号处理和放大后，即可发出制冷剂泄漏的报警信号。

四、空调装置的检查与维修

1. 空调压缩机的检查与维修

当空调制冷系统出现低压侧压力高、高压侧压力低和制冷效果不良等常见故障时，与压缩机有关的故障原因及其排除方法如表 9-4 所示。

表 9-4　空调压缩机故障原因及其排除方法

故 障 现 象	故 障 原 因	排 除 方 法
低压侧压力高	压缩机内部泄漏磨损	拆下压缩机缸盖检修压缩机，必要时更换阀板
高压侧压力低	缸盖密封垫漏气	更换密封垫
制冷效果不良	压缩机传动带打滑	调整驱动带挠度

2. 电磁离合器的检查与维修

电磁离合器的检修主要是对电磁线圈进行检查。因为电磁线圈工作比较稳定可靠，出现故障的概率很小。所以，当压缩机上的电磁离合器不能结合时，首先应当检查空调继电器以及空调系统的控制部件。在确认电磁线圈的工作电压不正常后，再检查电磁线圈是否有故障。检查方法如下：

(1)检测电磁线圈电阻

在空调开关断开的情况下，将指针式万用表的功能转换开关拨到 R×1Ω(数字式万用表拨到 OHM×200Ω)挡，测量电磁线圈插座上两个接线端子之间电阻值，12V 空调系统电磁线圈的电阻值应为 3～5Ω，24V 空调系统电磁线圈的电阻值应为 4～6Ω。如果电阻值过小，说明线圈短路；如电阻值为无穷大，说明线圈断路。无论短路或断路，都需更换电磁离合器。

(2)检测工作电压

接通空调开关，用电压表测量电磁线圈插座上两个接线端子之间电压值，12V 空调系统应不低于 11V，24V 空调系统应不低于 22V。如果电压过低或为 0V，则应检修空调开关、蓄电池和空调系统线路。

（3）检测工作电流

将电流表串联在电磁线圈电路中，接通空调开关时，电流表读数：12V 空调系统应为 3～3.6A，24V 空调系统应为 4～5A。如果电流值为 0A，说明线圈断路；如果电流过大，说明线圈短路。无论短路或断路，都需更换电磁离合器。

（4）检查噪声

空调压缩机与电磁离合器噪声异常时，故障原因与排除方法如表 9-5 所示。

表 9-5　空调压缩机与电磁离合器噪声异常的原因及其排除方法

故 障 原 因	排 除 方 法	故 障 原 因	排 除 方 法
驱动带打滑	调整驱动带挠度	压缩机油封泄漏	更换油封
驱动带偏斜	调整平行度	零件匹配不当	更换零部件
离合器打滑	调整间隙或更换离合器轮毂	离合器压盘油污	修理或更换新件
轴承损坏	更换轴承或离合器		

3. 冷凝器的检查与维修

冷凝器与发动机散热器安装在一起，检查时应先检查冷凝器外部散热片是否破裂或脏污堵塞，接头和管路有无损伤、泄漏等。散热片被脏污或灰尘堵塞，应用清水冲洗干净；散热片弯曲或凹瘪，可用尖嘴钳或其他工具进行矫正；散热片漏气需要焊接修补或换用新件。

需要拆卸冷凝器进行修补或更换时，应按制冷剂排出方法先缓慢排出冷凝器中的制冷剂，再进行拆卸。连接管路拆开时，管口应及时封堵，防止潮气浸入系统。冷凝器修复后，制冷系统应当补加 50mL 制冷剂，并对接头进行检漏试验。

4. 蒸发器的检查与维修

蒸发器一般都安装在车内隐蔽的地方，检查时需要拆除外部装饰部件，并拆下蓄电池搭铁线。

蒸发器的检修方法与冷凝器相同。除此之外，在更换蒸发器后，还应向压缩机补充 40～50mL 冷冻油；安装完毕应抽真空、补加制冷剂和进行系统性能试验。

五、制冷系统检漏

空调系统常用检漏方法有检漏仪检漏、压力检漏、抽真空检漏、充注制冷剂检漏和外观检漏。

1. 使用检漏仪检漏

检查制冷剂有无泄漏，既可使用电子式检漏仪，也可使用火焰式检漏仪。

使用电子式检漏仪检漏时，检漏仪探头必须尽可能接近检漏部位（在 3mm 之内），探头的移动速度必须低于 3cm/s。探头脏污或电压偏低都会影响检漏的准确性。

使用卤素检漏灯（也称火焰式检漏仪）检漏时，要注意燃烧后的生成物有毒，因此必须在通风良好的环境下作业，以免中毒。

2. 压力检漏

利用氮气瓶提供压力进行检漏的操作方法如下：

1）正确连接支管压力表。在空调系统没有制冷剂的情况下，先把支管压力表的高压软管连接到空调系统的高压维修阀上，把压力表的低压软管连接到低压维修阀上，再把中间软管连接到氮气瓶上。

注意： 严禁使用压缩空气进行检漏，因为压缩空气中含有水分，水分随空气进入制冷系统会使系统造成冰堵。而氮气无腐蚀性、无水分，且价格便宜，但瓶装氮气一定要用减压表才能充注。

2）打开氮气瓶开关，然后打开支管压力表的高、低压手动阀，向系统充注干燥氮气。当压力达到1.2～1.5MPa时，关闭支管压力表高、低压手动阀。

3）用肥皂液涂抹在容易漏气的管路接头处或焊接处，仔细观察有无气泡。如有泄漏，则漏气处会有气泡涌出，漏气量大的地方有微小声音，并会出现大量气泡，漏气量小的地方则会间断出现小气泡。

4）在漏气处做上标记，再反复检查几次，直到全部漏气处都找到为止，并对漏气处进行维修。

5）维修完毕后，应再次进行检漏。如空调系统压力保持24～48h不变，说明泄漏已经排除；如压力稍有降低，还应继续检漏。

六、制冷系统抽真空

制冷系统检修完毕后，只有抽完真空才能充注制冷剂。因此，抽真空是充注制冷剂之前必须进行的操作步骤。在抽真空的过程中，还要进行检漏操作。

1. 抽真空必需的专用机具

（1）真空泵

流量必须大于18L/min。

（2）支管压力表

应当采用高压表与低压表组合在一起的复合式压力表。

（3）检漏仪

卤素检漏仪或电子检漏仪。

2. 抽真空的操作步骤

利用真空泵进行抽真空的操作方法如下：

1）连接支管压力表。先把支管压力表高压软管接到空调系统高压维修阀上，再把低压软管接到低压维修阀上，把中间软管接到真空泵上。

2）打开支管压力表高压手动阀与低压手动阀。

3）启动真空泵开始抽真空。观察低压表上的读数，直到低压表指示的真空度达到负压100kPa为止。抽真空时间为5～10min，如真空度达不到100kPa，应关闭高、低压手动阀，停止抽真空，检查泄漏处。

4）当低压表指示的真空度达到100kPa后，关闭高、低压手动阀；静置5min后，观察压力表指示情况。如真空度变化，说明有泄漏，可用检漏仪检查排除；如真空度不变，说明系统正常，可继续下述操作。

5）继续抽真空 20～25min。

6）关闭支管压力表上的高、低压手动阀，停止抽真空。从真空泵接口上拆下中间注入软管，抽真空完毕，准备充注制冷剂。

七、充注制冷剂

1. 充注制冷剂必需的专用机具

（1）支管压力表

应当采用高压表与低压表组合在一起的复合式压力表。

（2）制冷剂充注阀

灌注小瓶制冷剂。

（3）制冷剂计量工具

小瓶制冷剂用制冷剂充注阀，大瓶制冷剂用制冷剂计量器。

2. 制冷剂的充注方法

充注制冷剂的方法有两种：一种为抽完真空后，不启动发动机，不开空调，从高压端直接加入液态制冷剂。这种充注方法特点是快速、安全，适用于制冷系统第一次充注制冷剂。另一种是从压缩机低压端充注，充入的是制冷剂气体，这种充注方法的特点是充注速度慢，适用于补充充注制冷剂。

3. 从高压端加注制冷剂

通过抽真空确认制冷系统没有泄漏之后，即可充注制冷剂。从高压端加注制冷剂的操作步骤如下：

1）在制冷系统抽完真空后，关闭支管压力表上的高、低压手动阀和抽真空机。

2）将支管压力表上的中间软管从抽真空机上拆下，然后将其接到制冷剂充注阀上。

3）将小型制冷剂罐固定到制冷剂充注阀上，然后沿顺时针方向拧紧充注阀的蝶形手柄，使充注阀的阀针在制冷剂罐上扎开一个小孔。

4）沿逆时针方向拧松充注阀蝶形手柄，使充注阀阀针退出，与此同时，制冷剂罐中的制冷剂注入中间软管，此时不能打开高、低压手动阀。

5）拧松支管压力表的中间软管螺母，当看到白色制冷剂气体外溢、听到"嘶嘶"声时（目的在于排出中间软管中的空气），拧紧该螺母。

6）拧松高压手动阀，将制冷剂罐倒立，以便从高压端注入液态制冷剂（注意：从高压端向系统注入制冷剂时，发动机应停转，不可拧开支管压力表上的低压手动阀，以防对压缩机产生液击现象），此时从储液干燥器观察窗能看到制冷剂流动。

使用小罐制冷剂加注时，在第一罐加注完毕，用第二、三罐加注时，仍应先关闭高压手动阀，再更换另一个制冷剂罐，此时中间软管还要放出空气。直到加入规定量的液态制冷剂后，再关闭高压手动阀。

7）启动发动机，接通空调开关使空调系统运行，并使鼓风机以高速运转，观察压力表压力是否正常。

4. 从低压端充注制冷剂的步骤

从低压端充注制冷剂的操作步骤如下：

1）当抽真空完毕后，关闭支管压力表上的高、低压手动阀，把中间软管从抽真空机上拆下，并将中间软管接到制冷剂充注阀上。

2）将小型制冷剂罐固定到制冷剂充注阀上，然后沿顺时针方向拧紧充注阀的蝶形手柄，使充注阀的阀针在制冷剂罐上扎开一个小孔。

3）沿逆时针方向拧松充注阀蝶形手柄，使充注阀阀针退出，与此同时，制冷剂罐中的制冷剂注入中间软管（此时不能打开高、低压手动阀）。

4）拧松支管压力表的中间软管螺母放出中间管内的空气，当看到白色制冷剂气体外溢、听到"嘶嘶"声时拧紧该螺母。

5）拧松低压手动阀，将制冷剂以气体形式从低压侧注入制冷系统，当高压表压力达到400kPa时，关闭低压手动阀（**注意：在从低压侧充注制冷剂时，一定要以气态形式注入制冷剂。如以液体形式注入，会对压缩机造成液击现象而损坏压缩机**）。

6）启动发动机，接通空调开关使空调系统运行，并使鼓风机以高速运转，观察压力表压力是否正常。此时再打开低压手动阀让制冷剂继续注入制冷系统，直到充注压力达到规定压力值。充注完毕后，关闭低压手动阀。

7）断开空调开关，使发动机停止运转，静止1～3min后，拆下支管压力表与压缩机连接的高、低压管路接头。卸下接头时动作要快，以免制冷剂泄出过多。压缩机停止运转后，高、低压管路内的压力会持平，以利于压缩机下次启动。如压差过大，会使压缩机启动困难。

5. 制冷剂的补充

在汽车运行过程中，由于汽车震动或其他原因，空调系统某些管路接头难免松动而导致制冷剂泄漏，造成制冷效果变差。遇此情况时，需要从低压端向系统补充制冷剂，方法如下：

1）连接支管压力表。先把支管压力表高压软管接到空调系统高压维修阀上，再把低压软管接到低压维修阀上，并关闭高、低压手动阀。

2）拧松低压软管与支管压力表接头，放出管内空气并拧紧；再拧松高压软管与支管压力表接头，放出管内空气并拧紧。

3）启动发动机，接通空调开关使空调运行，从储液干燥器观察窗处查看制冷剂流动情况。若气泡连续出现，则表明系统内缺少制冷剂。

4）先将支管压力表的中间软管接到制冷剂充注阀上，再将制冷剂罐接到充注阀上并拧紧，然后沿顺时针方向拧紧充注阀的蝶形手柄，使充注阀的阀针在制冷剂罐上扎开一个小孔。

5）沿逆时针方向拧松充注阀蝶形手柄，使充注阀阀针退出，与此同时制冷剂罐中的制冷剂注入中间软管，再拧松中间软管与支管压力表接头处螺母，放出管内空气后拧紧。

6）启动发动机，接通空调开关使空调系统运行，并使鼓风机以高速运转。同时打开低压手动阀让制冷剂以气体形式进入低压管，直到系统压力达到规定值，出风口温度达到4～7℃为止。

7）关闭低压手动阀，断开空调开关，使发动机停止运转。等待1～3min后，快速拆下支管压力表，以免制冷剂泄出过多，补充制冷剂结束。

第四节　空调系统故障维修案例

一、空调制冷系统间歇制冷

1. 故障现象

空调制冷系统在使用过程中，发现有间歇制冷现象。

2. 故障检查和排除

1）检查压缩机驱动皮带，若松弛，应调整。

2）检查压缩机电磁离合器，若因打滑、线圈松脱或接触不良引起其工作不正常，应对症检修，排除故障。

3）检查空调电动机和空调电路开关、继电器、配线等，若有故障，应予检修或更换新件。

4）检查膨胀阀感温包，若失灵，应更换新件。

5）检查蒸发器控制阀，若已黏结不能开启，应检修或更换。

6）检查 A/C 放大器，若有故障，应予更换新件。

7）检查系统中制冷剂品质，若含水分而引起部件间断结冰和间歇工作，应按"制冷系统中有水分"的处理方法处理。

二、制冷系统中出现"冰堵"

1. 故障现象

制冷系统周期性地忽而制冷，忽而不制冷，在运行过程中，支管压力表上低压侧的指针经常在负压与正常值之间波动。

2. 故障原因

制冷系统内的制冷剂中混入水分，因水分与制冷剂是不相溶的，当制冷剂流经膨胀阀的节流小孔时，温度骤然下降，这些混合在制冷剂中的水分就容易在节流阀小孔或阀针孔周围附近结成很小颗粒的冰粒，呈球状或半球状，当冰粒结到一定程度时，阻塞了节流通道，形成冰堵故障。当产生冰堵后，制冷系统不能正常工作，制冷效果明显下降，甚至不制冷。此时，低压表出现负压，于是冰堵处温度明显回升，冰堵的冰粒融化成水，使冰堵现象消失，制冷系统又恢复正常工作，制冷良好，低压侧压力恢复正常。一会儿系统又出现冰堵，系统工作不正常。

3. 故障维修

1）因为干燥剂处于过饱和状态，所以必须更换带有干燥剂的储液器，并添加 30mL 的冷冻油。

2）对系统抽真空，并加入规定量的制冷剂。

三、制冷系统中的"脏堵"

1. 故障现象

制冷效果差或不制冷。空调系统运行时，支管压力表上高、低压力表的读数均小于正常值（在压缩机转速为 2 000r/min，环境温度为 35℃左右时，高压侧压力低于 6kgf/cm²，低压侧压力处于负压状态），且储液器及膨胀阀前后管路上有结霜或结露。如图 9-41 所示。

2. 故障原因

制冷系统中灰尘黏粒或附着于膨胀阀进口端滤网处，或储液器内过滤网处，使得此位置形成局部的节流现象，温度即迅速下降，出现结露或结霜。

3. 故障维修

1）若是储液器处结露或结霜，需要更换储液器及补加 30mL 的冷冻油后抽真空，加注规定量的制冷剂。

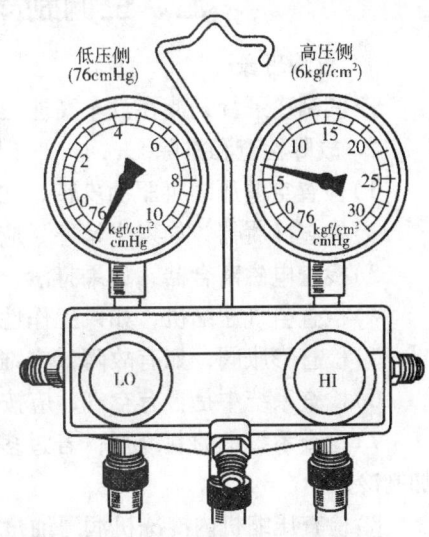

图 9-41　制冷剂不循环时，支管压力表读数

2）若是膨胀阀进口处有结霜现象，又听到断断续续的气流声，用小扳手轻击膨胀阀体，气流声有所改变，同时膨胀阀节流孔前霜层融化，可判断膨胀阀进口滤网堵塞。此时应：

a. 拆下膨胀阀，清洗滤网并吹干后重新装上。

b. 更换储液器，并加入 30mL 的冷冻油。

c. 抽真空，加注制冷剂到规定量。

四、制冷系统中混入空气造成制冷能力下降

1. 故障现象

整车制冷能力下降；用支管压力表检查时发现高压侧压力偏高，低压侧压力有时也会高于正常值（在压缩机转速为 2 000r/min 左右，环境温度为 35℃时，高压侧压力高于 2 000kPa），且高压表指针有摆动；另外从视液镜中可看到许多气泡流动。

2. 故障原因

系统中混入了空气。主要是在组装或大修后，抽真空不彻底；充注制冷剂或加冷冻油时，将空气带入系统，或系统在负压工作时，通过不严密处混入了空气。制冷剂中有空气进入后，具有一定的压力，而制冷剂也具有一定的压力，在一个密闭容器内，气体总压力等于各分压力之和，所以高低压表读数均高于正常值。

3. 故障维修

1）放出制冷剂（用压力表从低压侧徐徐放出）。

2）检查压缩机润滑油的清洁度。

3）抽真空后重新加注制冷剂。

五、空调制冷系统仅在高速下才制冷

1. 故障现象

空调制冷系统只能在汽车高速运转情况下才制冷，一旦降低车速就不制冷。

2. 故障检查和排除

1）检查空调压缩机驱动皮带，如果打滑，应调整张紧度。

2）检查冷凝器，如发生堵塞，应清洁疏通。

3）检查电磁离合器，如果打滑，应维修。

4）检查空气压缩机，如果工作性能下降，应予维修。

5）检查膨胀阀，如有故障，应维修或更换新件。

6）检查系统中是否有空气，应按"系统中有空气"故障处理。

7）检查系统中的制冷剂，若过多，则排出多余部分；若不足，应检修泄漏点并补加制冷剂。

8）检查压缩机内冷冻机润滑油量，若过多，则应适量放出一部分。

六、空调系统发生异响

1. 故障原因

（1）机械方面

1）检查各运动件是否磨损超限或损坏。如压缩机皮带松动或过度磨损，皮带张紧轮轴承磨损或损坏，压缩机气缸、活塞及轴承磨损，压缩机安装支架破裂，电磁离合器打滑或轴承损坏，鼓风机叶片断裂、破损或与其他部件擦碰，鼓风机电动机或其固定支架损坏等，都会产生异响。

2）检查各紧固件。如压缩机和鼓风机电动机的安装支架固定螺栓松动。

3）检查运动件润滑情况。如压缩机内冷冻机润滑油不足，会引起其内部机件产生干摩擦声；若皮带张紧轮和离合器轴承缺油，也会使空调系统发生异响。

4）如果压力保护开关有故障，会使高压压力过高，并将引起压缩机震动产生噪声。

（2）检查系统中制冷剂量及含水情况

当系统中制冷剂过量时，会因工作负荷过大而产生沉闷的敲击噪声；而当系统中制冷剂不足或系统中有水分时，则将会引起膨胀阀产生"咝咝"的异响。

2. 故障维修

（1）机械方面

1）可针对各运动部位进行检查，并对症采取措施。如调整过松的皮带张紧度，更换磨损过度或损坏的皮带、压缩机和鼓风机安装支架、压缩机缸体、活塞、轴承、风扇叶片，检修打滑的离合器和损坏的鼓风机电动机等。

2）对于因"各紧固件螺栓松动"而造成的故障，应将其进行紧固。

3）对于"压缩机内冷冻机润滑油不足"的情况，应补足冷冻机润滑油；对于"皮带张紧轮和离合器轴承缺油"造成的故障，应用规定的润滑剂加以润滑。

4）对于"压力保护开关有故障"而造成的异响情况，此时应检修或更换高压保护开关。

（2）制冷剂量及含水情况

对于"系统中制冷剂量及含水情况"未达标准而造成的故障，应根据检查结果采取相应的措施。如放出多余的制冷剂，找出系统泄漏点并修复，然后添加制冷剂；排除系统中的水分等。

七、空调系统制冷量不足

空调系统制冷量不足的原因主要有制冷剂不够、压缩机不运转、冷凝器散热不佳、制冷剂管路阻塞、出风量太小、混入暖气。

1. 制冷剂不够故障

如果管路中的制冷剂因久未补充、管路渗漏、混入空气等造成系统中制冷剂量不够，就会造成制冷量不足的现象。用户可以在使用空调时由储液罐上的透明窗口检查管路内的制冷剂量，假如在窗口看到很多气泡，就表示制冷剂量不够。此外，制冷剂若过度充填也会导致制冷量不足的毛病，而且还会增加管路泄漏的可能。

2. 压缩机不运转故障

制冷剂在管路中的工作循环必须依赖压缩机的输送，假如压缩机因制冷剂压力异常、线路故障、温度传感器损坏或压缩机电磁离合器烧毁而不能接合运转，那么制冷量就会不足。

3. 冷凝器散热不佳故障

制冷剂经压缩机压缩后成为高温高压气体，需依赖冷凝器的冷却和膨胀阀的降压方能成为低压低温的液态制冷剂，最后到达蒸发器吸收车厢热量而蒸发。倘若冷凝器（位于水箱前方）散热效果不好，比如：辅助风扇不运转、冷凝器散热片尘垢阻塞等，便会使制冷剂液化不良，降低制冷能力。

4. 制冷剂管路阻塞故障

这种情形最常发生在储液罐或膨胀阀上，排除方法有清洗管路并重抽真空，灌制冷剂和更换新件。

5. 出风量太小故障

很多制冷量不足的问题是由于空气滤网堵住而导致出风口吹出的风量太小所致。现在越来越多的中高档车装置活性炭微滤网，它的确能阻绝车外的尘埃和臭味，但这种配备在高污染地区很快就会被堵。此外，有很多驾驶人使用空调总是喜欢把温度调至最冷，风速转至最大，到太冷或风声太吵就把风量转小，而通过温度调节杆调温，以风量来控制温度。这会造成出口极冷而车厢不冷的情形，且易导致出风口吹出霜雾，使蒸发器结冰的现象。

6. 混入暖气故障

由于汽车的空调系统结合了冷气与暖气，假如在需要冷气的情况下，又因冷暖调节板故障而混入过多的暖气时就会造成制冷量不足。这种情形可从两个现象判断：一是在冷车时空调温度较热车时为冷；二是发动机舱内的制冷剂低压管（通常管径较粗且覆有隔热材料)极冷，但冷气温度却不冷。

八、空调压缩机不能启动

1. 故障现象

启动汽车空调时空调压缩机不转。

2. 故障检查与维修

1) 检查电路的电器元件，若接触不良，应维修或更换该元件；检查电路的熔断丝，若有烧断的，应予更换新件，并查明烧断原因和排除其故障；检查继电器，若线圈脱焊，不起作用，应接好脱焊处或更换继电器；检查电路连线，若有端头接触不良、松脱或连线折断、搭铁等情况，应逐一处理，使之恢复正常。

2) 检查电磁离合器，若工作不正常，应进行修复。

3) 检查温度控制开关所调定的温度值，如果高于驾驶室内温度，则应把开关转至最低温挡。

4) 检查驾驶室内温度，如果低于低温保护开关规定的温度，压缩机不能启动是正常的。此时作为应急措施，可将蓄电池与离合器直接相连(连接时间不能超过5s)，进行启动。

5) 若检查系统制冷剂量严重缺乏甚至没有，因低压保护开关起作用而不能使压缩机启动，此时应对系统进行检漏，排除泄漏点，再加足制冷剂。

6) 若检查系统制冷剂量正常，压缩机仍不能启动，可将低压保护开关短路，检查压缩机启动情况；若能启动，表明原低压保护开关已坏，应更换新件；若仍不能启动，应拆检压缩机，更换烧坏的轴承或补足缺量的冷冻机润滑油。

7) 检查各热敏电阻，并更换性能不良件。

九、空调压缩机工作时震动过大

1. 故障原因

1) 压缩机排气压力过高。

2) 紧固螺钉松脱或断裂。

3) 压缩机皮带安装不正确。

4) 离合器没有装紧在压缩机机体上。

5) 制冷剂太多。

6) 皮带轮与惰轮轴承磨损过度。

7) 皮带松动或损坏。

2. 故障检查与维修

1) 若压缩机排气压力过高，是因系统管路和储液干燥过滤器堵塞、系统内制冷剂过多、冷凝器散热不良等引起的，可分别检查和对症处理。

2) 若紧固螺钉松脱或断裂，应拧紧或更换新件。

3) 若压缩机皮带安装不正确，应将压缩机轴与曲轴调整平行，并拧紧固定螺钉。

4) 若离合器没有装紧在压缩机机体上，应拧紧连接螺钉。

5)若制冷剂太多,应排出多余的制冷剂。

6)若皮带轮与惰轮轴承磨损过度,应更换轴承。

7)若皮带松动或损坏,应调紧或更换皮带。

十、冷凝器风机不转故障

1. 故障原因

1)鼓风机滑动轴承缺油。

2)鼓风机滑动轴承烧坏。

3)鼓风机电动机的线圈烧坏。

2. 故障维修

1)若是鼓风机滑动轴承缺油,可在鼓风机的电动机尾部滑动轴承吸油毛毡上端的小孔处加注30号的机械油。

2)若是鼓风机滑动轴承已经烧坏,可将电动机后盖拆下,更换滑动轴承(青铜制)。

3)若是鼓风机电动机的线圈已经烧坏,应更换新鼓风机。

4)若上述故障排除后,鼓风机仍然不转,可用万用表检查鼓风机:若不搭铁,鼓风机插座无电压,而空调熔断丝又未烧断,应再检查空调继电器,若继电器白金触点吸合而无电流输出,则为敷铜板输出电路有烧断之处,可在焊接后用细砂纸打磨继电器白金触点。

十一、蒸发器结冰故障

1. 故障现象

汽车空调工作时蒸发器有结冰现象。

2. 故障检查和维修

1)检查恒温开关或放大器,若失灵,应更换新件。

2)检查恒温开关或放大器的调定温度,若过高,应调整到工作位置。

3)检查系统制冷剂量,若过多,应放出多余部分。

4)检查经过蒸发器的风量,如不足,应检查鼓风机工作状况及风道是否堵塞等。

5)检查膨胀阀,若失灵,应更换新件。

6)检查蒸发器压力控制器的调定压力,若过低,应重新调定或更换新件。

十二、蒸发器风扇只有一个挡起作用

1. 故障原因

1)其他各挡触点因锈污所侵蚀,使接触不良。

2)其他各挡的接触片在频繁动作下,已产生变形。

2. 故障检查和维修

1)拆下各挡触点,用砂布或锉刀将锈污擦洁,并加入少许润滑油,使之旋转灵活。

2)用尖嘴钳将各接触片调低,使其接触良好。

十三、蒸发器风扇由慢风转快风时间间隔太短

1. 故障原因

风扇电阻器之中感温触点金属片距离太近，在小热量传递或行车震动下发生变形而接触。

2. 故障检查和维修

冷气风扇由慢风自动转为快风是原厂的设计，但若跳动时间间隔太短，则为不正常。这时可拆下冷气风扇电阻器，用尖嘴钳及螺丝刀将感温金属片调高，使其离触点稍远一些。

十四、膨胀阀关闭故障

1. 故障现象

1）当压缩机运转时，低压侧的压力急剧下降（为 80.0～93.3kPa）。

2）膨胀阀壳体不冷，即使用热水冲淋或以火焰加热数分钟也无反应。

2. 故障检查和维修

1）拆下膨胀阀检查，膨胀阀不通，可用手指压力按动其膜片，判断为膨胀阀感温器损坏或膜片破裂，从而导致感温系统内的压力和大气压力相等，使得膜片上方的压力降低或消失，针阀在其下的弹簧压力作用下，紧压在节流孔上，造成了膨胀阀关闭不通。

2）更换新的膨胀阀总成。

3）更换破裂的膜片等损坏件后，重新向感温器充注规定量的感温物质。

十五、空调系统膨胀阀的冰堵故障

1. 故障现象

1）当膨胀阀发生冰堵时，膨胀阀和蒸发器上的白霜全部融化，制冷量大幅度下降，直至不能制冷。

2）这时空调制冷系统低压侧的压力很低，可达到 80.0～93.3kPa。

3）对于装有低压保护开关、压缩机由电磁离合器控制运转的非独立空调制冷系统，当发生冰堵时，在低压保护开关的作用下，电磁离合器分离，会出现压缩机间歇停、开现象，系统继续制冷。

4）对于独立空调制冷系统，冰堵故障一旦发生，系统低压保护开关动作，切断专用空调制冷发动机的油路，发动机停机，整个系统也随之停止运转。

2. 故障原因

制冷剂中含有水分，当液态制冷剂流经膨胀阀的节流小孔时，温度骤然下降，其中的水分就在节流小孔或阀孔周围凝结成很多的小冰粒。当较多的冰粒凝结在节流部位时，就堵塞了节流通道，发生了膨胀阀冰堵故障。

3. 故障维修

1）把制冷剂全部排出，并将系统解体，用工业汽油或四氯化碳清洗，吹干或烘干

各总成，不能残留水分及杂质。

2）严格按操作规程装复，同时换上新的干燥剂或"干燥过滤器"，或将原来失去效能的干燥剂，加热再生处理后重复使用。

十六、储液干燥过滤器发生堵塞

1. 故障现象

1）制冷量不足或完全不制冷。

2）系统低压侧的压力大幅度下降。

3）当检查储液干燥过滤器时，进、出口之间的温差较大。

4）用手摸储液干燥过滤器时感觉不热，或上部热而下部凉。

2. 故障维修

1）对于不可拆式储液干燥过滤器，很难检修，在失去过滤和干燥能力时，要换新件。

2）对于可拆式储液干燥过滤器，在其失去过滤和干燥能力时：

a. 当滤网堵塞时，可拆开储液干燥过滤器，将滤网清洗干净。

b. 当其中的干燥剂（分子筛及硅胶）处于吸湿饱和状态时，将失去工作能力，此时应更换新干燥剂，或对干燥剂进行脱水（又称再生或活化）处理后，重新使用。

十七、冬天暖风效果差

1. 故障原因

风扇电磁离合器一直处于吸合状态；暖风机芯体内无热水循环；环境温度过低。

2. 故障维修

1）检查节温器是否损坏，节温器损坏会造成风扇电磁离合器一直吸合；检查离合器线路是否短路而造成风扇电磁离合器处于常吸状态，若是，应进行检修或更换新件。

2）检查水阀开关拉线是否断裂或脱开，检查水阀开关是否损坏而造成水阀无法打开，若是，应进行维修或更换新件。

3）在柴油发动机水箱前加挡风帘，同时将裸露在车厢底板下的两根金属管用聚氨酯海绵进行保温隔热。

十八、客车采暖系统接通电动机后电动机不转

1. 故障现象

客车采暖系统接通电动机后发现电动机不转。

2. 故障维修

1）检查线路。如果接错或未接地，应改正和接好。

2）检查电压。如果太低，应予充电并调高电压。

3）检查导线。若接触不良，应进行清洁并连接好。

4）检查电刷与换向器的接触情况。如果表面脏污或接触不良，应清洁电刷和换向器的表面，或更换电刷。

5)若因机械擦碰而卡滞，应拆检电动机，排除卡滞。

6)检查熔断丝。若已熔断，应查出原因，并在排除故障后更换熔断丝。

7)检查电动机绕组。若已烧坏，应予更换新件。

十九、客车采暖系统加热器点不着火

1. 故障现象

客车采暖系统接通后加热器点不着火。

2. 故障维修

1)检查油路。若发生堵塞，应予疏通。

2)检查油箱内油量。若缺少，应加添足够。

3)检查油阀及接头处。若发生漏油，应进行密封处理或更换损坏件。

4)检查助燃通风口。若发生堵塞，应予疏通。

5)检查电热塞。若电热丝损坏或间隙不当，可调整间隙或更换电热塞。

6)检查电压。若太低而使电热丝不红，应予充电或调高电压。

7)若气温太低而使油料凝固，应换用低温油料。

二十、车内暖气不足

1. 故障原因

1)发动机散热器内的冷却液量不足；加热芯与有关水管、软管有漏损。

2)风扇熔断丝断开；点火开关与鼓风机电动机之间的线路断开。

3)风暖控制系统的密封性能不好，以及有关部件工作不正常。

4)当发动机冷却系由于内壁腐蚀或其他杂质沉积而导热不良时(如水垢会明显恶化加热芯的传热效果)，也会导致风暖系统暖气不足。

5)风暖系统管道或软管发生扭结。

6)有杂物将加热芯水道堵塞。

7)由于温度风门调节不当，空气风门会不工作，而引起暖风升温迟缓、发动机舱与驾驶室之间漏气、车身地板窜风、后座暖气不足、发动机冷却水量不足和发动机冷却系水温上不去等，都将引起车内暖气不足。

2. 故障维修

1)若在暖风系统中有噪声，表明空气混入冷却系的冷却液中，这时应检查发动机散热器内的冷却液量，不足时应立即加满；检查加热芯与有关水管、软管，有漏损时应更换新件。

2)检查暖风系统的风扇。若鼓风扇不工作，应检查其熔断丝是否完好；点火开关与鼓风机电动机之间的线路是否断开；风扇开关是否完好以及鼓风机电动机的电阻值是否符合厂家规定。

3)真空控制式风暖系统要使用真空试验器进行检测。该试验器的作用是将该风暖控制系统抽成真空，以测定其密封度与是否有漏气处，以及有关部件工作是否正常。

4)当发动机冷却系由于内壁腐蚀或其他杂质沉积而导热不良时(如水垢会明显弱化

加热芯的传热效果），也会导致风暖系统暖气不足。这时应将加热芯卸下，彻底清除水垢及其他杂质。

5）若风暖系统管道或软管发生扭结，将扭结管道展开或更换。

6）若加热芯发出挤压声，表明有杂物将加热芯水道堵塞，应清除杂物或更换加热芯。

7）若"温度风门调节不当，空气风门会不工作"而引起的故障，应调节其风门位置，检查其安装情况，调整其控制机构。

二十一、暖风电动机运转无力

1. 故障现象

暖风机控制开关无论旋至高速挡还是低速挡，电动机运转都很慢，暖风机供热效能过差。

2. 故障原因

1）将暖风机控制开关旋至高速挡，用导线将控制开关的高速控制引线搭铁，观察电动机运转情况：如电动机运转正常，则是控制开关、触点接触不良。

2）如按上述检测，电动机运转无力，则是电动机本身问题，可能是电刷磨损过度或电刷弹簧过软、转子轴弯曲、换向器脏污或烧蚀等。

3. 故障维修

1）对于触点氧化或烧蚀严童造成的故障，应对触点进行清洁、修磨或更换开关。

2）对于电刷磨损过甚或电刷弹簧过软、转子轴弯曲、换向器脏污或烧蚀等造成的故障，应对电动机逐项进行检修。

参 考 文 献

1　舒华．汽车电控系统结构与维修．北京：北京理工大学出版社，2005．

2　蒋耘龙．新型柴油汽车维修800问．北京：金盾出版社，2005．

3　顾尚忠．解放、东风六吨平头柴油汽车结构与维修．北京：机械工业出版社，2003．

4　吴文琳．图解汽车电器与电控系统．北京：化学工业出版社，2007．

5　李林．东风军用汽车使用维修技术手册．北京：国防大学出版社，2001．

6　张春润．解放军用汽车使用维修技术手册．北京：解放军出版社，2004．

7　张春润．斯太尔军用汽车使用维修技术手册．北京：国防大学出版社，2001．

8　肖永清．汽车蓄电池使用与维修．北京：中国电力出版社，2005．

9　黄玮，等．东风系列汽车的构造与维修．北京：国防工业出版社，2003．

10　华道生．柴油汽车故障检修300例．北京：金盾出版社，2006．

11　朱宏．汽车构造电气部分．上海：上海科学技术出版社，1997．

12　李宪民．现代汽车电子控制系统故障诊断与检修．北京：人民邮电出版社，2004．

13　姜京花．汽车电气设备构造与维修．北京：人民交通出版社，2005．

14　肖永清．现代汽车使用与维护技巧．北京：化学工业出版社，2004．

15　舒华．大型运输车辆电器设备与维修．北京：北京理工大学出版社，2005．

16　杨晓勤．大型运输车辆电气设备构造与维修．北京：人民交通出版社，2005．

17　陆涛．斯太尔重型载货汽车维修手册．北京：金盾出版社，2005．

18　李春亮．新编解放系列载货汽车使用与检修．北京：金盾出版社，2002．

19　汪时武．解放柴油汽车维修手册．北京：金盾出版社，2004．